KB220308

키에르케고르의
콤플렉스와
사이버신학사상

키에르케고르의
콤플렉스와
사이버신학사상

심영보 지음

Kierkegaard's Complex and Cyber Theology

키에르케고르의 '재판관의 책'

감사의 글

　"계절의 여왕"이라는 5월입니다. T.S. 엘리엇은 시 "황무지"에서, "4월은 잔인한 달"이라고 고백합니다. 지구촌은 물론 대한민국에서도 3년째, 코로나로 몸살을 앓으면서, 생명의 시련과 고통으로 '잔인한 슬픔'을 겪고 있습니다. 덧없이 지나온 부침의 세월과 한꺼번에 얼어버린 얼음 덩어리가 녹아내리던 "시간의 화살들"을 회상해 보면서, 어줍잖은 필자, 또한 야곱의 고백처럼, "험한 세월"을 보냈습니다.

　2022년은 키에르케고르가 출생한지 209주년이 되는 해입니다. 그의 생일 5월 5일에 맞추어 42년 동안, 한국 철학계와 신학계에 소개된 적이 없는, 틈틈이 읽어 온 키에르케고르의 저널과 일기-재판관의 책-와 연대신학대학원의 논문, 메타버스-"하이퍼텍스트의 관점에서 디지털 처치"를 중심으로, 키에르케고르의 콤플렉스와 사이버신학사상이라는 제목으로 출판하게 되었습니다.

　"지붕위에 홀로 앉아 있는 참새"처럼, 냉정한 고독의 세상을 경험하면서, 그래도 '세상은 따뜻하고 아름답다'라는 고백을 아니 할 수 없습니다. 필자의 이름, 세 글자를 기억해 주시는 믿음의 동역자들과 '인생의 길동무들'이 되어 주신 모든 분들에게 이 지면을 통하여 고마움을 전합니다. 세상은 "웹"이요, "인드라 넷"이요, 서로 얽히고 설 켜 있는 끈이기 때문에, "너와 나", "우리"라는 관계성의 숨결이요, 에테르적 호흡으로 생기가 솟나 봅니다.

이 책이 나오기까지 기도해주시고 물심양면으로 출판을 후원해
주신 믿음의 동지들에게 진심으로 고마움을 전합니다. 연대목회클
럽(YPCC) 전-현직 회장단, 이혜정, 김현철, 정형호, 김동석, 박상배,
최용운, 문수경, 박정우 회장님, 부회장님, 총무, 회계, 감사, 동고동
락했던 멤버님들에게 고마움을 전합니다. 또한 후원해 주시고 이름
을 밝히지 않으신 동문들에게 머리 숙여 감사를 표합니다.

이 책이 나오기까지 '특별한 에너지'를 공급해 주신, 임동우 대
표님, 장연희 집사님, 김현주 차장님, 그리고 CEO 김희승 원장님,
국전 심사위원이신 김정렬 초대작가님에게 진심으로 감사드립니다.
<실버랜드 교회>, <대전대둔산한방병원교회>, <사이버은총교회>와
암 환우들, 백혈병 어린이들을 위하여 일편단심 기도해 주시는 김
한나 대표님과 노금선 이사장님께 감사의 마음을 전합니다.

이 "사랑의 빚"을 갚기 위하여, <사이버은총교회>는 사회적 약
자들을 위한 관심과 실존적인 노력을 게을리 하지 않겠습니다. 고
맙습니다. 감사합니다. 사랑합니다. 그리고 "크고 깊은 한숨"으로
기도하겠습니다.

끝으로, 존 케이지의 <4분 33초> 피아노 연주처럼, 그 부대끼는
세월의 침묵 속에서, 속절없이 흐르는 삶의 여정 가운데, 9권의 책
이 출판되기까지 조언과 후원해준 아내 채정, 그리고 딸 경진, 아들
규헌, 사위 정중, 며느리 서형, 손주들 이준, 이한이와 호랑이띠에
태어난 이설이의 '세상 나들이'에도 고마움을 전합니다.

이 모든 것이 여호와 하나님의 은혜입니다.

2022년 5월
진정한 채무자

들어가는 말

　젊은 학창시절, 종로 YWCA, YMCA에서 임춘갑 선생님의 강연이 주마등처럼 스치고 지나간다. 선생님은 종로 거리를 오가는 수많은 인파들의 뒷모습을 바라보면서, "왜, 이 많은 사람들은 어디로 향하고 있는 것일까? 사람들의 뒷통수를 바라보면서 무한한 우수(憂愁), 멜랑콜리를 느낀다"라는 담론이 아직도 생생하다.

　SK를 만나는 사람마다 멜랑콜리를 느끼지 않는다면, 모르긴 해도 그는 SK를 모르는 사람일 것이다. 필자 또한 마찬가지이다. 한 인간의 사상을 연구하다 보면, 그렇게 물들어 갈 확률이 농후하다.

　그 동안 한국에 소개 된 SK의 번역서들은 임춘갑 선생님의 SK가 익명으로 출판된 10권으로, 선생님의 노고가 적지 않았다. 그의 사상을 한국 독자들에게 소개하는데 선구자적 족적을 남기셨으며, 든든한 징검다리 역할을 해 주었다. 임춘갑 선생님의 번역서들은 대부분 SK의 익명으로 출판된 책들이기 때문에 SK의 속마음, 그 비밀들(?)을 알 수 없다. 또한 임춘갑 선생님은 SK의 *재판관의 책* (*The Book of Judge*)을 정독하지 않은 것 같다. 선생님의 "번역을 마치고", "역자 후기", "키에르케고르 소전", 등에서 SK에 대한 오류들이 적지 않게 발견되기 때문이다.

　표재명 교수님의 번역서와 *키에르케고어의 연구*, *키에르케고어의 단독자 개념*, 표재명 지음/박정원 엮음, *덴마크에서 날아온 엽서*,

(드림디자인, 2021)에서도 SK의 *재판관의 책*을 정독 및 행간을 제대로 파악하지 못한 탓으로 오류들이 발견된다.

SK에 대한 논문을 쓰려면, 반드시 *재판관의 책*을 읽고 익명의 책들과 비교 검토해 보아야 할 것이다. 그렇지 않으면, 전임자들의 오류를 그대로 답습하는 반복패러디 수준에 머무를 것이다. 이 책은 그러한 오류반복 패러디를 바로 잡는데 작은 일조를 하게 될 것이다.

그동안 필자(SYB)는 사이버은총교회(Cyber Grace Church)의 "키에르케고르와 사이버신학"의 칼럼을 통하여 216여개의 글과 사진들을 소개하며 발표해 왔다. 여기에는 학회 등에서 발표한 논문 등, 그의 핵심적인 사상들을 집약해 놓았다.

필자는 40여 년간 SK 사상에 천착하여 *재판관의 책*들을 통독하고 번역하여 25년 전, 모 출판사에 번역을 의뢰했으나 그 당시 분량이 너무 방대하며, 시장성을 고려한 나머지 그 출판사로 하여금 거부당한 적이 있었다.

40년이 지난 오늘, 그의 주요 철학과 사상을 그의 유언에 따라서 그의 *저널과 일기*들을 *재판관의 책*으로 '책명'으로 변경했으며, *키에르케고르의 콤플렉스와 사이버신학사상*이라는 제목으로 중요한 내용들을 비판적 성찰로 정리해 보았다.

19세기, 그의 진정한 실존주의와 신학 사상이 21세기 디지털 시대 사이버세계에 전해주는 울림이 동일하다는 것을 파악하게 되었다. 특히 우리나라에 소개되지 않은 그의 비밀스런 사생활의 내용들과 발표되지 않은 내용들을 소개함으로써, 후학들에게 키에르케고르 사상과 정보들을 좀 더 자세한 내용을 전달하기 위한 목적이다.

필자는 23년 동안, 연세대 연합신학대학원에서, 논문- "Hypertheology and Digital Church"을 *사이버신학과 디지털교회*(한국학술정보, 2008) 로 증보 출판하여 우리나라 사이버 신학의 초석을 마련해 놓았다. 실존 사상이 내재성, 영성의 추구라고 한다면, 사이버신학의 핵심은 초월성을 추구하고 있기 때문에 하드웨어의 내재성과 소프트웨어의 초월성을 추구하는 과정에서 진정한 세계의 통합, 융합이 무엇인지 보여주는 것이 이 시대의 시대정신이라 할 것이다.

21세기 사이버 공간에서, 그 동안 SK의 실존주의 사상과 사이버 신학사상을 연구한 자료들을 Cyber Grace Church 블로그에 탑재해 오던 중, 필자의 제목-*키에르케고르의 **콤플렉스와 사이버신학사상** Kierkegarrd's Complex and Cyber Theology*-을 오프라인에서 출판하게 되었다. 한국학술정보(주) 채종준 사장님, 출판기획팀과 기획팀원들에게 감사와 고마움을 표한다.

2022년 5월 5일

서문

　키에르케고르(SK)는 42세 나이에 덴마크 기성교회에 대한 애증 관계 속에서 격동의 짧은 생애를 코펜하겐에서 보냈다. 그는 부르 주아의 자기만족을 흔들어놓고 자아-구속의 환상을 몰아내려는 노 력을 했다. 인간들이 자신들을 폐쇄시켜 왔던 자만의 껍질을 공개 적으로 폭로했으나 공개적으로 하나님을 추구하고 발견할 수 있다 는 희망을 가지고 있었다.

　덴마크 학자들은 질문한다. "미국, 영국인들이여, SK의 저널을 소유하고 있지 않으면서, 어떻게 SK를 이해할 수 있겠느냐? 여러 분들은 성경에 이르는 열쇠를 가지고 있지 않는 것이다?" 라고 반 문할 정도로 SK의 저널은 대단히 중요하다. 그의 저널을 꼼꼼히 읽어 보지 않고서 SK를 말할 수 없다고 단정한다.

　SK는 26권의 저서를 남기고 있지만, 그의 *재판관의 책(BJ)*은 특 별히 3가지 관점의 가치가 있다. 첫째, 익명의 저자들[1]로 쓰여 진 책들은 언제나 사실이 아니지만, 이 *재판관의 책*은 SK 자신의 정 체성을 말하고 있기 때문에 그를 좋아하던 싫어하던 사실을 고백하 고 있다. 둘째, 많은 출판된 책들 속에서 결코 발견할 수 없는 씨 앗, 그 핵심이 되는 사상들을 내포하고 있다. 셋째, 출판된 책들을 마치 참고서처럼, 조명해 주고 설명해준다. 즉 자기 자신을 도마 위 에 올려놓고 칼질하는 비판자로서 가장 최근에 출판된 책을 비평하는 위치에 서 있다. 왜 SK는 익명으로 쓴 책들을 익명으로 싸인하고 있는가? 이 문제는 그의 철학적 사상들을 문학적 내러티브 테크닉, 아이러니(Irony)를 최대한 극대화시키기 위한 글쓰기 방법론이다. *작가로서 나의 작품에 관한 관점*(POV)에서, 그는 자신의 주특기인 아이러니한 방법을 자세히 언급하고 있다.

SK는 어떤 생각이 떠오를 때마다 방과 방 사이 오가는 순간에도 즉시 기록으로 남기었다. 그는 하만(Hamann)의 경구를 메모해 놓았다. "인간은 저마다 일생에 단 한번 생각할 수 있는 어떤 사상들이 있다"(There are certain thoughts a man is capable of thinking only once in his life.)[2] SK의 위대성은 짧은 소견으로 다 논증할 수 없다. 그러나 4가지로 요약해 볼 수 있다. 그는 예언자만큼 위대했다. 그는 철학자만큼 위대했다. 그는 심리학자만큼 위대하다. 그는 신학자만큼 위대하다. 처음부터 끝까지 그는 종교저술가요, 신학자였으나 조직신학자는 아니었다.[3]

19세기 낙천주의 전성기에 SK는 대단한 투시력을 가지고 인류에게 불어 닥칠 재앙을 예견했다. 그를 가장 놀라게 한 것은 그 시대의 결정, "무조건성이 없는 실험"(the experiment of doing without the unconditional), 즉 하나님이 없는 결정이었다. 이 결정에 비추어 보면, SK는 유신론에서 인본주의, 물질주의로, 인간 몰락의 궤도를 정확하게 계획할 수 있었다.

프랑스 혁명의 합법적인 열망들이 결국은 그 열망들을 좌절시키는 방향의 가정들에 달려있었다. "자유, 평등, 우애"[4]는 SK에게는 소중한 개념들이었다. 그러나 사람들은 왕뿐만 아니라 하나님, 교회 또한 그만두기로 결정했기 때문에 그 때, 혁명적 슬로건은 다음과 같이 번역되어야만 했다: 인간이 하나님에게서 자신을 해방시킬 때, 평등에 대한 투쟁은 평범한 사람들 가운데서 단지 평등을 낳는다. 그리고 우애 대신에 우리는 인습에 찌든 집단주의로 끝이 난다. 우리는 표준을 높일 수 없다. 우리는 표준을 낮춘다. SK적 예측은 이것이다: 만약 기독교를 다시 회복시키지 못하면, 서방세계는 몰락하는 논리를 피할 수 없다: 군주제에서 민주주의로, 공산주의로, 즉 책임 있는 자아의 포기와 괴물 같은 표준화와 인생의 조직화.

요약하면, 세속주의(secularism)[5]가 절정에 달했을 때, 그것이 무엇인가를 예견했으며 세속주의의 실제적인 문제는 인간은 결코 세속적인 상태에 머물러 있을 수 없으며 필연적으로 인간은 종교적이며 종교적인 상태로 돌아갈 것이라고 주장했다.

만약 인간이 세속주의에서 벗어나 책임 있는 종교가 되지 못한다면, 악마적 종교가 될 것이다. 새로운 "종교를 위한 대리자들"이 "비 온 뒤에 나타나는 독버섯"들처럼 나타나게 될 것이며 수많은 사이비 종파들이 발생할 것이다. 그리고 더 사악한 부수적인 사탄의 종교가 나타날 것이다. 절대자를 폐지시킨 인간들은 새로운 절대자를 만들어 낼 것이며 SK는 새로운 절대자의 최고의 유혹이 무엇인지 알게 되었다: 시민들의 무비판적 충성, 무조건적 복종, 종교적 헌신, 그리고 자아-부도덕을 교구하는 국가이다. SK는 명석한 진단가라는 것을 부정할 사람은 없을 것이다. 역사가 *그것*을 증명해 주고 있다.[6] 칼 막스(Karl Marx)가 *공산주의 선언Communist Manifesto*(1848)을 출판했을 때, 그는 생존하면서 글을 썼지만, 막스의 과학적 사회주의나 1830년대 프랑스 사회주의에 대한 그의 사상에서 그 어떤 인상도 찾아 볼 수 없다." 이러한 비판은 난센스다! 더욱이 "키에르케고르적 실존주의는 기독교와 무관한 것으로 문화적 문제를 포기 한다"라는 바보 같은 말(*기독교와 문화*에서)을 했던 니버(H. Richard Niebuhr)는 "성 어거스틴 이래로 종교생활의 심리학 영역에서 가장 심오한 해석자이다"라고 평가하기도 한다. 에밀 브르너(Emil Brunner)에 의하면, 19세기, SK는 모든 교리신학을 종합한 것보다도 뛰어난 선교신학자로 평가한다. 파브로(padre Fabro)는 "키에르케고르는 의심할 여지없는 그리스도의 제자이다."라고 주장한다.7)

SK를 '실존주의 대부'로 평가하는 것은 매력적인 일이다. 사르트르(Sartre) 같은 실존주의 작가도 그를 놀라게 할 수 없었다. 실존주의가 무엇이 잘못되었는가를 알아보려면, SK에게 물어보라.

왜, 미학적 실존주의가 무엇이 문제인가를 철학적 통찰력으로 그는 설명해 준다. 그는 헤겔의 변증법을 주로 차용했다. 헤겔에게서 그는 철학적 정당성을 발견했다. 형식을 부여할 때, 국가(*Reich*)의 형식, 그것은 절대 이성의 화신이었기 때문에 모든 개인들은 그 의지에 굴복해야만 한다. 그리고 그렇지 않는 사람들은 해체된다.

기독교와 완전히 적대적이며 잠재적으로 인간을 파괴시키는 헤겔 철학은 SK와는 적으로 만난다. 대단히 강적이기 때문에 그가 제시하는 양자택일을 수용할 수 없다할지라도 그를 이해하는 사람은 헤겔적인 것 혹은 다른 것, 합리적인 교만함에 다시 희생이 될 수 없다. 피터 F. 로드(Peter F. Rhode)가 언급하는 것은 정당하다: "논리와 철학의 가장 미묘한 무기를 사용하고 있는 SK는 궁극적인 실존의 문제를 다루기 위하여 무기력한 논리와 철학을 논증하는 장점을 수행했다."8) 이러한 논증은 그가 명성을 얻을 만한 실제적인 타이틀이다. 이것은 논리와 철학을 비하하는 것이 아니다. 그러나 그것들은 해결하기에 무기력하다는 문제의 허구적인 해답을 얻기 위해서 우리가 이 도구들을 남용하는 것을 어렵게 만들었다.

파스칼(Pascal)의 사상에서, SK는 우리에게 이성의 한계를 가르치기 위하여 이성을 활용했으며 비합리적인 것이라기보다는 자율적인 인간 이성의 허위를 보여주었다. 그리고 우리에게 "경이로운 것의 경계들"(the borders of the marvellous)[9]로 안내해 주었다. 즉 거룩한 계시의 수용을 우리가 준비하는 것이다. 신학적 자유주의 경우처럼 계시를 날려 보내는 것도 아니고 헤겔처럼 국가에서 정점을 찍는 진화론적 과정의 동의어도 아니다. 신-인간 가운데서 그리고 교회 안에서 그가 오심의 창조 속에 유일하게 초점을 맞춘 계시이다.

따라서 SK가 헤겔을 공격하는 것은 기독교 신앙에 대한 변증이다.[10] SK는 자신의 *PF*에 대한 어느 독일인의 비평에 상당히 불쾌했다.

그는 26권의 저서와 저널을 남겼는데 약 8,000페이지에 해당한다. 필자는 SK의 *BJ*를 통독했다. *BJ*를 제외한 익명의 저서들은 SK의 정체성을 파악할 수 없다. 왜냐하면, 익명의 저자와 주인공들이 전하는 전략과 한계가 있기 때문이다.

SK를 이해하는데 *BJ*는 필수불가결하다. 이것을 읽지 않고서 SK 사상을 이해한다고 말하는 것은 수박 겉핥기와 같다. SK는 자기 자신에 관해서 글을 쓸 때, 자기 자신을 더 확대시켜 나갔다. 고백적으로 *BJ*는 때때로 지루할 정도다. 말이 많고 장황하고 반복적이다. 그는 자주 동일한 주제와 동일한 용어로 되돌아가기 때문에 참을성이 없는 독자들은 "전에 이것을 보았잖아!"하면서 책을 내던져 버릴 것이다. 그러나 그것은 성급한 거부반응일 것이다. 각각의 서문에서 새로운 차원과 전개를 보여준다. *BJ*의 매력은 어떻게 개념들이 위대한 인간의 마음에서 자라고 있는지를 지켜보는 것이다.

필자는 SK가 사이버신학자요, 사이버목사라는 것을 밝히는데 있다. 특히 철저하게 하나님 앞에 홀로선 "단독자" 사상과 그의 기독교 사상이 기본적으로 **SBNR**[11]을 추구하는 사이버신학을 대변해 주고 있다는 점에서 샤르댕(Teilhard de Chardin)[12]이나 가일롯 (Jacques Gaillot)[13]처럼, 21세기 새로운 패러다임과 지평을 열어주고 있다.

목차

SK 작품리스트

1834.4.15. *The Book of Judge(first Journals and Papers)*

1837.9.7. *From the Papers of One Still Living*(미번역)

1841.9.16. *On the Concept of Irony with Continual Reference to Socrates*

1843.2.20. *Either/Or* by Victor Eremita

1843.5.16. *Two Edifying Discourses*

1843.10.16. *Repetition* by Contantin Constantius *Fear and Trembling* by Johnnes de Silentio *Three Edifying Discourses*

1843.12.6. *Four Edifying Discourses*

1844.3.5. *Two Edifying Discourses*

1844.6.8. *Three Edifying Discourses*

1844.6.13. *Philosophical Fragments* by Johnnes Climacus

1844.6.17. *The Concept of Anxiety* by Vigilius Haufniensis *Prefaces* by Nicolaus Notabene(미번역)

1844.8.31. *Four Edifying Discourses*

1845.4.29. *Three Discourses on Imagined Occasions*

1845.4.30. *Stages on Life's Way*

1845.5.29. *Eighteen Edifying Discourses*

1846.2.27. *Concluding Unscientific Postscript to Philosophical Fragments*

1846.3.30. *Two Ages: the Age of Revolution and the Present Age. A Literary Review*(미번역)

1847.1.24. *The Book on Adler(On Authority and Revelation)*(미출판)

1847.3.13. *Edifying Discourses in Diverse Spirits Purity of Heart is to Will One Thing*

1847.9.29. *Works of Love*

1848.4.26. *Christian Discourses*

1848.7.24.-26. *The Crisis and a crisis in the Life of an Actress*

1848.4.19. SK notes: "My whole nature is changed. My concealment and inclosing reserve are broken-I am free to speak."

1848.11. *The Point of View of My Work as an Author: A Report to History* by Peter Christian Kierkegaard(1859) "Armed Neutrality"(1848.말-1849.초, 미출판)

1849.5.14. *The Lilies of the Field and the Birds of the Air*

1849.5.19. *Two Minor Ethical-Religious Essays* by H.H.

1849.7.30. *The Sickness Unto Death* by Anti-Climacus

1849.11.13. *Three Discourses at the Communion on Fridays*

1850.9.27. *Training in Christianity*

1850.12.20. *An Edifying Discourse*

1851.1.31. *"An Open Letter...Dr. Rudelbach"*

1851.8.7. *On My Work as an Author Two Discourses at the Communion on Fridays*

1851.9.10. *For Self-Examination*

1851-1852. *Judge for Yourselves* (1876, 사후출판)

1854-1855. *Attack Upon "Christendom"*

1855.5.24. *This must Be Said; So Let it Now Be Said*

1855.6.16. *Christ's Judgement on Official Christianity*

1855.9.3. *The Unchangeableness of God*

1855.9.25. *The Instant The Book of Judge(last Journals and Papers), No.6969. 마지막 일기*

약 어

AC Attack upon "Christiandom". 1968.

ANOL Armed Neutrality and An Open Letter. 1968.

AR On Authority and Revelation. 1966.

BJ The Book of the Judge. 1849. *Søren Kierkegaard's Journals & Papers*. No. 6380.

CA The Concept of Anxiety.

CD Christian Discourses. 1952.

CDR The Concept of Dread. 1957.

CI The Concept of Irony.

CLA Crisis in the Life of an Actress. 1967.

CUP Concluding Unscientific Postscript. 1941.

ED Edifying Discourses. 1943-46.

E/O Either/Or. 1972.

FSE For Self-Examination and Judge for Yourselves. 1944.

FT Fear and Trembling. 1970.

GS The Gospel of Our Suffering. 1964.

JFY Judge for Yourselves.

JG Joakim Graff

JP Søren Kierkegaard's Journals & Papers. 1967-78.

KM Joakim Garff, *Kierkegaard's Muse, The Mystery of Regine Olsen*. 2013.

OWA On My Work As An Author

PA The Present Age.

PF Philosophical Fragments. 1962.

PH Purity of Heart Is to Will One Thing. 1966.

POV The Point of View of My Works as Author. 1962.

R Repetition

SD The Seducer's Diary

SLW Stages on Life's Way. 1967.

SKP Søren Kierkegaard Papirer. 1900-48.

SK Søren Kierkegaard. 1813-1855.

SKB Soren Kierkegaard A Biography. 2000.

SUD The Sickness unto Death. 1941.

SYB Shim Young Bo.

TC Training in Christianity. 1944.

WL Works of Love. 1962.

I
왜 *재판관의 책*이라고 하는가?

기독교적으로, 인간은 영이다.

−BJ., No.81.

1 | 키에르케고르가 "SYB-하늘나그네"에게 보내 온 편지
A Letter from Søren Kierkegaard to "SYB-Heaven Wayfarer"

사랑하는 하늘나그네에게

나의 책, *저널과 일기* 7권, *JP*라고 하지 말고, ***재판관의 책, BJ***이라고 제목을 바꾸어 출판해 주세요. 이것이 나의 유언입니다.

부탁이오.

키에르케고르로부터 From Søren Kierkegaard

2/3. 2021.

Dear Mr. Heaven Wayfarer

My books, *Seven volumes of Journals and Papers* not called as a *JP*,

Please publish them as the title of *The Book of Judge*.

This is my will.

From Søren Kierkegaard

2/3. 2021.

* Heaven Wayfarer is a nom de plume of Shim, Youngbo.[14]

유언장, 왜, *재판관의 책*이라고 하는가?
Kierkegaard's Will, Why is *The Book of Judge* called?

*키에르케고르는 왜, "서광"(書狂, Graphomania)에 걸려 있는 것일까?

위 사진의 책들 중에 필자가 소장하고 있는 SK의 녹색의 7권, *재판관의 책*들을 볼 수 있다.

이 저널들은 하워드 홍과 에드나 홍(Howard V. Hong and Edna H. Hong) 교수들이 인디에나 주립대학에서 출판된 것으로, 덴마크 코펜하겐 대학교(The University of Copenhagen) 그레고르 매란츠척(Gregor Malantschuk) 교수의 도움으로, 1967년에 시작하여 1978년, 5-6권과 함께 무려 18년에 걸쳐 완성된 저널과 일기들이다.

이 책들 중, 제6권, No. 6380, 137쪽, 1849년의 일기로써 다음과 같이 기록되어 있다.

만약 누군가 내가 죽고 난 후, 나의 저널들을 출판해 낸 다면, 다음과 같은 제목으로 출판할 수 있다: *재판관의 책, The Book of Judge.*

1981년 11월 11일, SK가 소천한 지 126주년 되던 날, 필자는 예일 대학교에서 출판한 *키에르케고르의 진실: 자아의 폭로(Kierkegaard's Truth: The Disclosure of the Self)*(1981)라는 원서를 읽고 있었다. SK는 "자아의 예언자"(the prophet of the self)[15]라는 케리간(Kerrigan)의 비평에 동의하면서, 이 같은 SK의 유언에 따라서 야심차게 그의 *재판관의 책*들을 한국어로 번역 작업을 해오던 중, 한국의 모 출판사에 번역 출판을 의뢰한 적이 있었다. 그러나 그 출판사는 그의 실존주의 철학과 사상이 어려운 것도 있겠지만, 독자층이 그리 많지 않다는 상업성 때문에 그 같은 제안에 거절을 당했다.

SYB는 SK의 *저널과 일기*들을 왜, **재판관의 책**(*The Book of Judge*)이라고 부르는가? 그것은 SK의 *저널과 일기*들 속에서 발견된 그의 **유언** 때문이다. 그는 자신의 *저널과 일기*들이 사후에 출판되기를 원했으며, 책의 제목을 *재판관의 책*이라고 불러 주기를 원했다.

이 같은 제목은 마치 구약성경의 *판관기*라고도 하는 *사사기(The Book of Judges)*와 같은 제목인데, SK는 마치 자신이 구약의 사사들과 같은 반열에 서기를 원했을 것이다. 12명의 사사들 중에 자신도 포함 될 수 있다는 의지를 드러낸 것이 필자의 생각이다. 이 같은 생각은 그의 일기의 내용들이 주는 의미와 내용이 그 **빛**을 드러내 주기 때문이다. SK의 이 같은 의도는 그의 나이 21살 되던 1834년, 4월 15일, 최초 저널과 일기를 쓰기 시작한 첫 제목, "지식"(Knowledge)에 잘 나타나 있다.[16]

하나의 빛을 결정적으로 보기위하여 우리는 또 다른 빛이 항상 필요하다. 만약 우리 자신들이 칠흑 같은 어둠 속에 있다고 상상한 다면, 그때, 한줄기 빛이 있는 유일한 곳이 나타난다면, 우리는 그 것이 무엇인지 결정할 수 없을 것이다. 왜냐하면, 우리는 어둠 속에서 공간적 비율을 결정할 수 없기 때문이다. 또 다른 빛이 나타날 때 비로소 다른 빛과 관련하여 첫 번째 빛의 위치를 결정하는 것이 가능하다.

*사사기*의 핵심은 역사에 대한 새로운 해석이다. 새로운 세대들이 전통적인 과거역사를 기억하고 있는지에 대한 야훼 하나님의 시험, 테스트의 치열한 영적 현장이다. 역사를 망각하고 자아의 우상을 섬긴 **죄**[17], 전혀 알지 못했던 새로운 민족들에 의한 **처벌**[18], 역사 의식을 되찾고 고난 중에 울부짖는 **회개**[19], 어둠 속에서 새로운 빛을 가지고 나타나는 영적 지도자, CEO 판관들과 사사들를 통한 생명과 자유를 회복시키는 **은혜**[20]의 과정을 묘사하고 있다. 전통적인 빛과 어둠이라는 이분법적 혼돈 속에서 있어야 할 삶의 자리, 그 '시공간적 비율'을 상실하고 헤매던 기독교 신앙에 대하여, 또 다른 **'새로운 햇불'(New Torch)**을 높이 들어 올려야 겠다는 미션이 SK에게 주어졌던 것이다. 그 역사적 도전과 응전의 과정을 하나님이 주신 달란트, 자신만의 필력으로 기록한 비판적 성찰의 여정, *재판 관의 책*을 마치 자신의 예언서처럼, 미래 세대들을 위하여 유언으로 남기고 있다.

SK의 *재판관의 책*은 주전 1200-1020년의 사건들과 1세기 예수 그리스도가 걸어 가셨던 동시성과 동시대성의 관점에서, 빛과 어둠의 전쟁, 저항과 투쟁의 그 역사를 새롭게 써야한다는 미션이 그 주제였다. 단순한 한 인간의 사생활에 대한 기록을 초월하여 21세기를 넘나드는 영적 어둠과 그림자에 대한 생존투쟁사였다.

SK의 *재판관의 책*은 24년 동안의 기록으로, 자신의 전 생애 절반을 훨씬 넘는 기간 동안 그는 펜을 놓지 않았다. 이러한 그의 필력은 에머슨(Emerson)이나 괴테(Goethe)의 *대화(Conversations)*에 비유될 정도이다.

총 7권으로 구성되어 있으며, 1-4권은 225개항의 다양한 주제어가 표현되어 있다. 다양성을 추구하고 있다는 관점에서, SYB는 SK의 실존철학과 신학사상을 '포스트모던 사상가'라고 족히 칭할 만하다고 본다. 5-6권은 자서전적인 내용이 주를 이루고 있기 때문에, 전체적인 주제어가 없지만, 간간히 주제어가 등장하며, 특히, 6권에서는 "나 자신에 관하여"(About Myself)라는 타이틀이 돋보인다. 마지막 7권은 132쪽에 달하는 *색인과 종합대조표(Index and Composite Collation)*로 구성되어 있으며 저자들 또한 다르다.

No.1, 추상개념(Abstract), 추상작용(Abstraction)로 시작한 *재판관의 책*은 No.6969, "이 생의 운명에 관한 기독교적 이해"(The Christian Understanding of the Destiny of This Life)로 끝을 맺는다. 편집과정에서 SK의 형, 페드로(Kierkegaard, Peter Christian, 1805-1888)과 그의 비서, 바포드(H. P. Barfod, 1811-1896)[21]는 가문과 개인적인 명예를 위하여, 의도적(?)으로 삭제했거나 상실된 일기들을 고려해 본다면, SK의 원본들은 요한의 과장법처럼[22], 상상을 초월할 것이다.

3 | *재판관의 책 주제어들*

제1권, A-E

1. 추상, 추상성 2. 모순 3. 행동 4. 고대, 고전 5. 안셀름 6. 인류학, 인간의 철학 7. 불안, 공포 8. 사도 9. 아리스토텔레스 10. 예술, 예술가들, 예술품, 예술성

11. 금욕주의 12. 어거스틴 13. 권위 14. 존재 15. 클리북스의 버나드 16. 바이블 17. 소명 18. 카테고리 19. 가톨릭 20. 명분

21. 확실성 22. 기회, 존재화 23. 어린 시절, 어린이 24. 그리스도 25. 기독교계 26. 기독교 27. 크리스마스 28. 크리스톰 29. 교회 30. 충돌, 갈등, 역경

31. 커뮤니케이션, 소통 32. 양심 33. 동시대성 34. 모순원리 35. 교정 36. 죽음 37. 악마 38. 데카르트 39. 절망 40. 변증법

41. 불연속성, 연속성 42. 돈 주앙 43. 돈키호테 44. 의심 45. 꿈 46. 교육, 양육 47. 열정 48. 시기 49. 유미주의, 미학 50. 영원, 영생

51. 윤리성, 윤리적 의식 52. 평등 53. 존재, 존재적 경험 54. 특이성, 예외

제2권, F-K

1. 신앙 2. 가족 3. 파우스트 4. 피히테 Fichte, Johann Gottlieb 15. 피히테 Fichte, Immanuel Herman 6. 힘, 무력 7. 용서 8. 프랭

1기, 초기 1829-1837

2기, 출판시작 1838-1839

3기, 위기와 결정 1840-1842

4기, 이주민과 같은 사고 1843-1844

5기, 익명출판 결론 1845-1846

6기, 제2기 출판도서 1847-1848. 5.

제6권

자서전 1848-1855 (No.6141-6969)

7기. 권위 없이-중화 1848. 5-1851

8기. 증폭되는 폭풍우 852-1854.12.

9기. 무장된 중립성을 넘어서 185412-1855.9

Volume 1, 1-1093

Volume 2 1094-2303

Volume 3 2304-3828

Volume 4 3829-5050

Volume 5 5051-6140

Volume 6 6141-6969

Volume 7 Index and Composite Collation

이러한 SK의 *재판관의 책 저널과 일기들*(*Journals and Papers*)을 한국에 소개하는 것은 아마도 필자가 처음인 것으로 안다.[23]

이 책의 대표적인 특징 중의 하나는 SK가 성경의 인용을 게을리 하고 있지 않다는 것이다. 로고스인 하나님의 말씀 중에서, 복음서에서 마태복음 6:24-34절[24]을 가장 선호하며, 서신중에서, 야고보서 1:17-21절[25]을 "나의 첫사랑", "나의 유일한 사랑"[26]이라고 고백한다. SK는 신구약성경 텍스트를 바로 곁에 두고 변함없이 자신의 글에 인용하고 있다.[27]

21세기에, SK를 사랑하고 그의 실존에 대한 연구를 하려는 미래의 독자들과 연구자들은 반드시 이 *재판관의 책*을 필독해야 만 할 것이다. 특히, SK의 익명의 저서들과 비교 분석해 본다면, 철학, 신학, 심리학, 문학비평에 이르기까지 풍성한 사상적 결실을 맺게 될 것이다.

4 | 콤플렉스와 사이버신학
Kierkegarrd's Complex and Cyber Theology

왜, SYB는 SK의 콤플렉스와 사이버신학을 말하는가?

오늘 날까지 한국에 소개된 SK의 사상은 대부분 긍정적이며 좋은 내용으로 일관되어 왔다. 그러나 SYB는 SK의 사상이 어디에서 왔을까 고민하면서, 4,066쪽에 달하는 그의 *재판관의 책*의 '프리텍스트-텍스트-컨텍스트'(Pretext-Text-Context)를 분석한다. SK의 멘토가 누구인가를 연구해 본 후, 그의 '의식의 흐름' 속에 잠복해 있는 그의 **콤플렉스**를 찾아보았다.

SK의 사이버신학 사상은 1851년, *The Book of Judge*, No. 526에서 다음과 같이 주장한다.

> 기독교 없어도, 인간은 성도가 된다.
> One becomes a Christian-without Christianity.

SYB의 사이버은총교회(Cyber Grace Churcu)[28] 칼럼- "키에르케고르와 사이버신학"-에서 이라는 창에는 216개의 글들을 탑재되어 있다.

SYB는 사이버신학을 연구하고 연대 신대원에서의 논문- "The Digital Church in the Viewpoint of Hypertheology"(2000)-을 책으로 출판하여, 연대대학원 특강, 한국 기독교 정보학회, 한국문화와 신학학회 등에서 사이버신학이 무엇인지 발표하면서 21세기 신학적 패러다임의 개혁을 추구해왔다.

SYB의 과제와 미션은 분명하다. 18세기 돌연변이가 되어가고 있는 잘못된 기독교에 대한 몸부림을 사이버신학으로 온전히 흡수하여 21세기의 상징, WWW라는 패러다임을 다음과 같이 제시했다.[29]

WWW(WORD-Word-word)
WWW(WEB-Web-web)
WWW(World-Wide-Web)
WWW(WORD-Web-World)

WWW의 상징적 기호는 지금까지 전통적인 신학의 흐름들을 포용하면서 급변하는 영적 세계의 흐름을 하나님의 신학으로 새롭게 사이버 신학을 실존적 리얼리티와 접목해 본 것이다.

코로나-19는 지구촌을 흔들어 놓았다. 질병과 바이러스를 보내시는 하나님[30]은 자신의 접촉방식(Contact Way)을 비접촉 방법(Untact Method)으로 변화와 개혁을 추구하라는 징조, 싸인이었다. 온라인 교육과 예배, 사이버선교와 구제의 방법을 새롭게 제시해 준 것이다. 신체적 접촉에서 오는 병폐와 역기능을 사회적 거리두기나 신체적 거리두기, 물리적 거리두기의 순기능으로 그 전환을 추구해 보라는 것이다. 또한 하나님은 신앙공동체인 "에클레시아"에서 "미쇼데이", "코이노니아"에 이르기까지 제3의 종교개혁, 그 대전환을 요구하고 있는 것이다.

19세기 언어(language)[31]를 21세기 언어와 조화를 이룰 수 있는지 궁금하기도 하다. 19세기의 실존주의 사상과 21세기의 사이버, 디지털 세계의 실존이 어떻게 조화를 이룰 수 있는가? 이러한 의심의 배경을 "성경"이라는 매체를 통하여 통합을 지향하는 21세기의 패러다임에 맞게, 세기와 시공간을 초월하여 학제 간 통섭(consilience)의 결과물을 내놓게 된 것이다.

SYB의 사이버신학사상은 한국학술정보(주)에서 출판한 3권의 저서, *사이버신학과 디지털교회*(2008), *사이버신학과 사이버은총*(2011), *은유신학과 디지털-생태신학*(2012)에서 집약해 놓았다.

5 | 왜 "서문"을 중시하는가?
Why does Kierkegaard value the "Prefaces"?

SK의 서문형식은 아주 특이하다. 그 서문 속에 보물이 들어 있다. 서문이 결론이요, 결론이 서문과 같은 형식이다. 이와 같은 글쓰기의 형태는 각주가 본문보다 더 많은 포스트모던 내러티브 테크닉의 형태로써 그는 포스트모던 글쓰기의 대부라 할 수 있다. 왜냐하면, 서문, 머리말(Preface)을 하나의 문학 장르로서 새로운 내러티브 테크닉을 제시하고 있기 때문이다. 그의 예시가 바로 *CLA*, *POV*, *ANOL*, *TC* 등이다.[32]

장르로서 그가 서문을 사랑하는 것은 1839년 5월 17일, "모든 객관적 사고를 포기하는 말로 형용할 수 없는 기쁨"이라는 글을 썼다. 이 글의 목적은 서문의 서정적인 숲에서 이상적으로 자기 자신에게 몰입하고 있지만, 독자들과 함께 은밀한 속삭임으로 자기 자신을 드러내는 데 있다.

서문은 하나의 분위기이다.
머리말을 쓰는 것은 큰 낫을 가는 것이다.
머리말은 기타 줄을 조율하는 것과 같다.
머리말은 어린이와 이야기하는 것과 같다.
머리말은 창문 밖으로 침을 뱉는 것과 같다.
머리말은 놀리기 위하여 초인종을 울리는 것과 같다.

머리말은 소녀의 창문을 지나 조약돌을 보는 것과 같다.

머리말은 지팡이를 가지고 바람을 치는 것과 같다.

머리말은 인사를 할 사람이 없을지라도 정중히 모자를 벗는 것과 같다.

머리말은 많은 관심을 끌기 위하여 타이틀을 부여해주고 일을 마치는 것과 같다.

머리말은 숙녀에게 춤을 추자고 요청하는 것과 같다. 그러나 움직이지 않는다.

머리말은 최소한의 불편함이 없이 참여하는 것과 같다.

머리말은 밸비 언덕 위에 서서 야생 거위들을 보는 것과 같다.

머리말은 안락한 의자에 앉아 오랫동안 기다리면서 파이프를 입에 물고 불을 붙이 는 사람에게 인사하면서 아늑한 현관에 도착하는 것과 같다. 그리고 서로 할 이야 기가 너무나도 많은 것과 같다.

머리말은 말에게 왼쪽 발로 누르고, 오른 쪽으로 고삐를 당기고, "잠깐"이라고 말이 듣도록 말해주고 세상을 향하여 길을 잃었는가 라고 말하는 것과 같다.

머리말은 사랑에 빠져 있다는 것을 인식하는 것과 같다. 재스민 가지를 옆으로 구부려 덮고서 은밀하게 내 사랑, 그녀를 보는 것과 같다.

SK의 서문은 대단히 중요하다. 서문을 연구해 보면, 그 속에 결론이 들어 있다. 1845년 4월 30일에 출판된 *SLW*에 있는 "죄인가/아닌가?"(Guilty?/Not Guilty)[33])의 초고, 아직 사용되지 않은 부분의 제목, "서문의 지속성"에서, 인간은 자기 자신을 폐쇄시킬 때, 지루해지며 피곤해진다고 주장한다. SK의 폐쇄성은 "자아-캡슐"(Self-encapsulation)로서 자신의 침묵, 마음의 비밀을 왜 노출시켜서는 안 되는가를 암시해준다. '보물에 이르는 열쇠'가 머리말에 들어 있다.

1848년 4월 19일 수요일, 빈민의 발을 씻겨주는 세족식의 목요일 (Maundy Thursday)과 성 금요일(Good Friday)에 SK는 "나에게는 거룩한 날이 되었다"고 고백한다.

> 나의 전 성격이 변했다. 나의 숨김과 둘러치는 마음의 숨김은 은어의 기미를 발산시킨다 할지라도, 역시 자아-캡슐의 의미에 가깝다. 이것은 마치 *공포와 전율*에서 아브라함의 입장과 같다. 그러나 상당한 이유들이 있다할지라도, 결국은 자아의 고통이 깨졌다. 나는 자유롭게 말해야 한다. 위대하신 하나님, 나에게 은혜를 베푸소서! ..... 이 얼마나 놀라운 타이밍인가! 내가 말하기로 결정했을 때, 나의 의사가 왔다. 그러나 나는 그에게 말할 수 없었다. 그것은 너무나 갑작스러운 일이다. 그러나 나의 결정은 확고하다. 말하는 것이."34)

서문형식은 항상 황혼녘을 생각게 한다. 황혼은 의심할 여지없이 가장 아름답다. 반성의 압력이 추수하는 농부들의 웃음소리처럼, 스산하고 희미하게 멀리서 들려오는 저녁때마다, 우리 주 하나님께서도 시원한 저녁 황혼녘에 산책하셨다.

서문을 요약해 보면, SK 자신의 생애는 하나님의 "은혜"라는 것이다.35)

Ⅱ
키에르케고르의 스토이시즘과
금욕주의

당신이 거주하는 집은 하나님의 집이 되어야 한다.

−BJ., No.590.

1 | 아버지는 대도이다.
Kierkegarrd's father is a Master-thief.

최초의 대도(大盜, master-thief)의 스토리는 애즈브죄르센과 모에 (Peter Chr. Asbjørnsen and Jørgen Moe)에 의해서 수집된 노르웨이의 동화이야기이다.

대도에 관한 SK의 최초의 관심은 그의 아버지, 미카엘 페더슨 키에르케고르(Michael Pedersen Kierkegaard)가 "대도"였기 때문이다. 그렇다고 그가 홍길동이나 임꺽정 같은 역할을 한 것은 결코 아니다. 아들이 아버지를 향하여 "대도"라고 하는 것은 결코 밝힐 수 없었던 아버지의 비밀이며, 수수께끼였기 때문이다.

SK는 이 대도의 주제를 앞에 놓고 최초 문학적 시도를 했지만, 파우스트(Faust)와 "방황하는 유대인"(The Wandering Jew)[1]처럼 공개적으로 발표하지는 않았다. 아버지와 연관된 문제로서 그는 상당 기간 동안 고뇌하며, 이 주제에 대한 폭넓은 연구를 생각했다. 이러한 증거자료를 그의 저널에서는 밝히고 있다.[2]

어떤 이상적인 도둑들의 이미지를 상상해 볼 수 있다. 대도는 특별한 인내력과 노련함과 현명함과 더불어 천부적인 선, 친절, 자비를 가지고 태어난 사람이다. 기존 질서에 반기를 들고 타자의 권리들을 빼앗음으로서 자신의 불만을 토로해낸다. 도둑으로서, 그의 행동에서 그는 기존의 질서에 반항아로 의식하거나 혹은 그에게 반대하는 불의한 권력자들에 대한하는 복수자로서 의식하기도 한다.

또한 그는 가진 자들이나 권력자들에게 모욕을 주며, 어리둥절하게 만들며, 상대적으로 가지지 못한 사람들에게 쾌감을 주기도 하는 사람이다. 그가 가난한 사람들을 돕기 위하여 부자들의 재산을 훔치는 사람으로 생각하는 것은 주목할 만하다. 그는 관대하게 행동하며, 결코 자신의 이익을 위하여 훔치지 않는다. 다른 사람의 재산을 사적으로 소유하기 위하여 훔치지 않지만, 상당한 이유를 가지고 있는 사람이다. 권력자들이 그를 체포하려고 추적할 때, 어려움에 처한 그를 무명의 서민들은 수호천사3)로서 그를 돕는다. 대도는 단순한 도둑과 구별하기 위하여 자신만의 필요한 낭만적인 특성을 가지고 있다.

세상의 도둑들에 관한 스토리는 적지 않게 많이 등장한다. 그러나 자신의 아버지가 대도라는 것을 어떠한 관점에서 폭로하고 있느냐 하는 것이 문제다. 아버지의 도적질, 이 문제 때문에 SK는 소름이 끼칠 정도였다고 고백한다.

아버지의 대도의 비밀은 처녀를 겁탈한 성폭행이었다. 아버지로부터 처녀성을 범했다 할지라도 모든 죄를 용서 받은 "사면장"(letters of indulgence)4)을 받았다는 이야기를 SK는 들었다. 한 여인이 임신했을 때, 조용하고 진지하게 오직 아이만을 생각하고 키워냈을 것이다. 아버지의 수수께끼 같은 이야기를 들었을 때, 그는 자신의 방으로 뛰어 들어가 거울에 비친 자신의 모습을 보면서 온 몸을 떨었다고 고백한다.

아버지는 "하나님의 지속적인 도움으로만 싸우게 되는 범죄들이 있다." 그리고 "비밀을 털어 놓을 수 있는 나이가 지긋한 선배와 존경하는 고백자가 있다는 것은 유익하다"라고 자주 말씀하셨다.

밤 10시, 야경꾼의 노래 소리가 코펜하겐 거리에서 들려온다.

"현명하고 영리하라"
"너의 빛과 불을 주의하라"[5]

SK는 도둑들에게 전해야 할 말이다. 왜냐하면, 잠자고 있는 사람들보다 깨어 있는 사람들이 더 문제이며, 그들에게 충고해주어야 할 혜안과 지혜가 야경꾼의 노래 소리에 깃들어 있기 때문이다.

사면을 받은 아버지의 대도를 낭만적 테러라고 규정할 수도 있겠지만, 한 인간의 출생 비화를 오늘의 현실에서, "저도요"(*Me Too*) 운동[6]으로 연상하기에는 너무나도 거리가 먼 아이러니한 스토리가 아닐 수 없다.

2 | 어머니를 모르는 불효자이다.
Kierkegaard is not an filial Son not knowing his Mother.

1843년, SK는 처음 가상 소설[7] *미스테리한 가족*에서 허구적이면서 개연성이 농후한 소설로써 구상하고, 178년이 지난 후, 사이버 공간에서 하이퍼텍스트로 독자들에게 전달한다. *미스테리한 가족*은 총 8부-제1부 주트랜드 황야, 제2부 아버지의 연인, 제3부 어머니의 연인, 제4부 탕자, 제5부 짐승 같은 웃음, 제6부 대지진, 제7부 가족력, 제8부 나의 하나님, 나의 하나님-로 구성되어 있으며, 제3부의 스토리에서, 그는 자신의 정체성을 밝히면서, 참회자로서, **"나는 진정한 자유를 누리지 못하며 살아왔다"**고 고백한다.

어머니의 품은 대지와 같아서 자식들은 그 대지의 온기를 느끼며 그 젖과 꿀, 우유를 먹고 자란다. 그러나 인간에게는 어쩔 수 없는 운명, 낳은 정과 기른 정을 만들어 내는 환경이 있을 수 있다. 설령 그것이 '기른 정'이라 할지라도 어머니를 부르며 존경의 표현을 해야 하는 것이다. 설령 그것이 '낳은 정'이라 할지라도 어머니를 찾아야 하는 것이 기본적인 윤리이며 도덕이다.

아버지, 미카엘의 외도는 결혼 전부터 이어졌다. 그는 결혼 후 첫 번째 부인과 사별했다. 사별 후, 2년 후에 읽고 쓸 줄 모르는 문맹의 가정부, 앤(Ane Sørensdatter Lund)과 서둘러 결혼했으며, 가정에서 그녀는 아버지 앞에선 고양이 앞에 쥐와 같은 신세로 살았다. 미카엘은 결혼 후에도, 자신의 또 다른 성욕을 채우기 위해 사창가를 드나들었다. 그가 사창가의 매춘부, 프렐스라는 여성과 관계를 맺은 것이 발각되어 하룻밤 유치장 신세를 지게 되었다. 경찰서에서 취조를 당한 후, 간음죄라는 명목으로 구금을 당하는 위기에 처하자, 당시 경감이었던 괴쯔허에게 알려서 뇌물을 주고 풀려나게 되었다.

프렐스라는 여성은 코펜하겐 대학에서 미학을 전공하던 여대생이었다. 가난 때문에 중퇴를 했으며, 밑으로 4명의 어린 동생들이 있었다. 그녀의 사창생활은 가족들의 생계를 책임져야 하는 생계형 매춘이었다. 미카엘은 그녀의 매력에 끌려서 1년 동안 비밀리에 지속적인 관계를 유지하고 있었다. 그녀는 미카엘에게 임신했다는 사실을 통보하고, 임신한 아이를 낳고 싶다고 애원했다. 미카엘을 프렐스의 입막음으로 1,000 릭스 달러를 주었다. 그 이후, 미카엘과 프렐스의 밀착관계는 오직 바다에서 불어오는 코펜하겐의 밤바람만이 아는 사실이었다.

바다는 모든 것의 어머니라고 불리는 것은 당연하다. 모성애의 젖가슴 사이에서, 바다는 배를 흔들어 누인다. 아들은 어머니에게서 바다 같은 어머니다운 포근한 모성애를 전혀 느끼지 못했다. 아기가 젖을 떼게 될 때, 어머니는 가슴을 어둡게 한다. 그러나 어머니의 눈은 아이를 사랑스럽게 바라본다. 아이는 그것이 변화된 가슴이라는 것을 믿고 있지만, 어머니는 전혀 변화되지 않았다. 왜 어머니는 자신의 가슴을 어둡게 하는가? 어머니는 말한다. 아기가 어머니의 가슴을 가져서는 안 될 때, 가슴이 매력적으로 보이게 하는 것은 수치가 되기 때문이다. 아이의 정상적인 성장을 위해서 최소한 어머니가 해 주어야 할 정상적인 과정이다.

정자의 "밤바다 여행"(Night-Sea Journey)[8]은 진정한 난자를 만나기 위한 사랑의 여정이다. 아이와 어머니는 모태에서 부터 무의식적인 충돌이 존재한다. 젖가슴은 단지 어머니의 일부일 뿐이다. 그러나 원치 않는 끔찍스런 충돌을 더 이상 경험하지 않는 것이 아이들에게는 행운이다. SK는 이러한 행운을 경험하지 못했다. 아니, 할 수도 없었다. 이것이 그의 인생을 어둡게 만들었으며, 비극의 씨앗이 되었다.

어느 날, 아버지 미카엘은 술에 취해 들어와 잠꼬대하는 큰소리가 2층에서 잠을 자고 있는 아들의 귀에까지 들릴 정도였다.

나는 너를 사랑했다. 프프프..... 렐스야.

아버지, 프렐스가 누구예요?

.....

아이를 기쁘게 해줄 마음으로 아이가 돌아올 시간에 맞추어 아이의 방에서 엄마가 장난감을 만들고 있었다. 그런데 아이가 너무 일찍 집에 들어왔다. 아이는 문을 노크했지만, 문이 열리지 않았다. 자기의 방에 불이 켜져 있는 것을 알고 있는 아이는 이상한 생각이 들었다. 그러나 계속 노크를 한다. 그럼에도 문은 열리지 않는다. 이 때, 아이는 낙심을 하게 된다. 왜 문이 열리지 않는 것일까?

"엄마, 문 열어줘!"

아이의 기쁨을 위해 어머니는 아직 준비가 덜 된 것이다. 이것이 어머니의 마음이다. 그는 이 같은 기쁨을 담보로 아이를 기다리는 어머니의 촉촉한 모성애를 느끼고 싶어 했다. 그러나 SK는 전혀 이러한 모성애를 느껴보지 못했다.

아버지 마이클은 지독한 수전노였다. 금전적인 문제로 어머니 앤을 학대하며 폭언을 일삼았다. 더군다나 그의 잦은 외도로 어머니의 불만은 용광로의 뜨거운 불길처럼 속에서 뜨겁게 이글거리고 있었다. 그녀가 자주 시장에 갈 때마다 거래하는 양말 장수 가게 주인과 눈이 맞아 남편의 폭력과 학대의 한을 그에게 풀게 되었다. 남편 마이클이 스웨덴으로 장사를 떠난 1812년 7월, 여름 밤, 그녀는 양말가게 주인집에서 하룻밤을 묵게 되었다.

아버지 나이 56세, 어머니 나이 45세, 이른바 일곱 번째 늦둥이로 태어난 아들9)은 자신의 출생의 비밀, 그것의 밑바닥에 자리하고 있는 수수께끼의 모든 것을 인식하고 절망한다. 그 절망이 '불안의 개념'이 되었으며, '죽음에 이르는 병'이 되었다. 그래서 자살을 시도했었다.[10] 아버지의 '죽음에 이르는 죄'를 스스로 뒤집어 쓴 채, 십자가를 짊어져야 한다는 삶의 무게가 아들로 하여금 숨을 거둘 때까지 그 정체성을 감히 발설하지 못하게 한 것이다.

*미스테리 가족*이라는 소설은 익명의 저자를 내러티브 기법으로 활용하던 SK는 가족의 불행을 "대지진"(Great Earthquake)[11]이라고 표현할 정도이다. 대지진 속에서 지속적으로 이어지는 본인은 물론 형과 누나들의 여진들이 사실적으로 묘사되었다. 그의 가정은 욥의 가정과 유사성이 있는 비극적인 가정이었다. 아버지, 미카엘은 "나도 욥처럼, 하나님의 처벌을 받는 구나"라고 고백할 정도였다.

SK가 익명의 저자들과 3인칭 관찰자의 시점으로 쓴 저서들과는 다르게, 자신의 정체성, 자신의 고백이 진솔하게 담긴 4,000페이지가 넘는 *재판관의 책*, BJ 속에서, 단 한 마디도 "나의 어머니"라고 표현하지 않는다. 여기 일기 속에서 표현하는 어머니는 세상의 보편적인 어머니, 이웃집 어머니를 말한다. 어머니에 대한 감정, 기억, 회상을 전혀 찾아 볼 수 없으며, 소 닭 보듯 자신의 어머니를 처리한다. BJ의 표제어인, "Family", "Children", 등에서도 어머니는 찾아 볼 수 없다. 왜 그럴까? 그가 그럴 만한 이유를 알았기 때문이다.

왜, SK는 그녀의 이름을 한 번도 언급하지 않는 것인가? 왜, "나의 어머니"라고 고백하지 않는가? 어머니의 무식함, 문맹 때문일까? 아닐 것이다. 어머니의 냉정함 때문일까? 아닐 것이다. 어머니의 회색으로 색칠한 어두운 가슴 때문일까? 아닐 것이다.

소설 속의 주인공, 앤의 어머니는 어떤 분인가? 1834년 7월 31일, 66세의 나이로 발진티푸스에 걸려서 세상을 떠나기 까지 그녀는 SK

를 애지중지하게 키웠다. 아들은 왜 '어머니'라고 부르지 못했을까? 어머니의 사랑과 애정이 없었던 것일까?[12] 그가 비밀노트에서 가장 숨기고 싶어 하는 내용 중의 하나가 바로 어머니란 말인가? '나는 사생아이다!' '나는 어머니가 누군지 모른다. 알 수 없다!'

그가 이 수수께끼 때문에 우울증이 왔으며, 세상에 절대로 알려져서는 안 되는 이 소설 같은 비밀 때문에 24여 년 동안 하루도 마음 편히 발을 뻗고 잠을 자지 못했을 것이다.

"그대의 어머니가, 누구요?"

이러한 질문을 SK가 받았을 때, 그는 무엇이라고 대답을 했을까? 침묵을 지켰을 것이다. 침묵이 그 대답이었을 것이다. 수수께끼 그 자체가 대답이었을 것이다. 그럼에도 불구하고, 20여 년 동안 기른 정을 생각하여 한 마디 쯤은 '나의 어머니는 .....'라는 표현으로 토를 달았어야 하지 않았을까? 신앙인의 한 사람으로, 그의 사전에는 "어머니"가 없었다.[13]

3 | 첫사랑, 숨겨둔 애인이 있다.
Kierkegaard's First Lover, Hidden Lover is .....

SK가 레기네를 처음 본 것은 1837
년 5월 8일, 어느 봄날이었다. 그의 나
이가 많은 신학교 동료, 페드로(Peter Rørdam,
1806-83)[14)를 방문하던 중이었다. 친구의 어
머니, 캐더린(Cathrine Rørdam)[15)은 미
망인으로 아들 둘과 엘리자베스, 엠마,
보레트라는 세 딸을 두고 있었다. 세 딸
들은 모두 아름답고 품행이 단정한 미인
들이었다. 이 날 이 집에 방문하기로 되
어 있었던 한 여성이 있었다. 바로 14살
의 아가씨 레기네였다.

*레기네 아버지는 왜, 딸의
약혼파혼을 찬성하는 것일까?

SK의 눈에 들어온 여성은 22살의 매우 아름답고 센스 있는 막내
딸, 보레트(Bolette)[16)였으며 그녀에게 온 정신이 다 팔려 있었다.
뢰르담(Rørdam)을 방문한 목적은 보레트를 보기 위한 것이었다.
이 둘만의 대화가 많았으며, 서로에 대한 "인상"을 갖게 되었다고
고백한다. 적어도, 3년 3개월 동안, SK는 보레트와 알게 모르게 연
애를 하고 있었다. 특히 SK가 "고독한 가문비나무"에 비유한다거
나, "산비둘기가 자신의 가지에 둥지를 틀려고 한다"고 묘사하는
것, "서 있지만 그림자가 없다"라고 알레고리적으로 묘사하는 것은

그가 바로 뢰르담을 방문하고 난 직후의 고백이다.17) 이것은 그가 보레트와 관계가 적지 않았다는 것을 반증해주며, 보레트 때문에 얼마나 고뇌하고 있는 것을 알 수 있다. 결과적으로, 그는 이중적 의식을 보여준다. 이것은 마치 아브라함이 이삭을 죽일 준비를 하는 것처럼, SK는 보레트와 레기네를 농락하고 난 후에 차버리는 것과 같은 것이다.

SK는 1840년, 7월 3일, 최종 박사학위 종합시험을 치루고, 아버지의 고향, 주트랜드를 2주 동안 여행하고 8월에 돌아온다. 그가 거리에서 레기네를 만나 그녀의 집으로 함께 들어간 그는 그녀에게 피아노 연주를 부탁하지만, 음악에 관심이 없이 갑자기 마음이 바뀌어 "내가 찾은 것은 바로 너야. 2년 동안 나는 너를 찾았다."라고 사랑을 고백한다.

레기네는 잘 생기고 예의바르고 품위 있는 그녀의 피아노 가정교사였던 슐레겔(Schlegel, J. F.)에게 마음이 있었다. 슐레겔 또한 그녀의 매력에 푹 빠져 있었다. 주변에서는 이 둘 사이의 약혼이 있을 것이라는 소문이 자자했었다. 이 소문을 들은 SK는 일방적으로 말한다.

"그 관계는 (괄호)가 되게 해야 한다. 왜냐하면, 결국 내가 우선권이 있다."

그러나 SK의 이 같은 일방적인 억지요구에 대하여 그녀는 침묵했다. SK는 레기네의 집을 빠져 나와 그녀의 아버지, 테르킬드 올센(Terkild Olsen)의 사무실로 달려가 결혼 요청했지만, 그는 가부간의 즉답을 피한다.18)

SK는 아마도 미망인, 캐더린의 딸, 보레트와 결혼하는 것보다는 자신의 신분에 맞게 일국의 국회의원이며, 재무성의 관리자였던 테르킬드 올센을 장인으로 모시면서 그의 딸, 레기네와 '정략결혼'을 생각했을지 모른다.

　SK의 행동으로 볼 때, 자신의 에로틱한 사랑이 얼마나 즉흥적이며 순간적이라는 것을 알 수 있다. 그에 의해서 선택된 레기네는 마치 새의 부리에 의해서 쪼아 파헤쳐지고 찢겨져 나간 열매와 같은 신세였다. 그는 유혹의 전문가였다. 그러면서 그는 양심의 가책으로 후회하며 그녀와의 사랑을 회상하면서 "참회자"(penitent)[19]로서 살아간다. "나는 그녀가 나에게 보여 준 순수한 에로틱한 사랑을 이해할 수 없다. ..... 하나님께서 처벌이 내릴 것이라는 것이 나의 생각과 판단이다."[20]

　여기서 SK가 언급한 "괄호"(parenthesis)[21]의 의미를 생각하지 않을 수 없다. 괄호를 입히는 것은 객관적 세계에 대한 모든 견해들로부터 초연해 지는 품격과 경험들의 영역을 괄호 안에 묶어 둠으로써, 즉 판단을 중지하고, 의식적 자아에로 되돌아가야 한다는 것을 의미한다. 이 판단의 중지는 위대하고 아름다우며, 가장 훌륭한 면을 드러내 준다는 것이 훗설(Edmund Husserl)의 현상학적 *에포케(Epoché)*이다.[22]

　SK는 슐레겔[23]을 애정의 정적(antagonist)로 삼고 시기하며 질투하고 있었다. 더 이상 자신의 에로틱한 감정을 참지 못하고 레기네에게 그와의 결혼 생각을 '중지하라'는 판단중지를 강요한다. 여기에서 그는 자신의 욕심을 채우기 위한 부정적 에포케로 심리적 압박과 심리적 실험을 한 것이다.

　그가 SD에서, "약혼은 하나의 희극적 장애물에 불과하다"라고 주장하는 것은 자신이 사용하는 괄호를 선택적으로 이용하고 있는 것이다. 어린 레기네는 "괄호가 되게 해야 한다"는 뜻을 아마도 이해하지 못했을 것이다. 그가 진정으로 실재와 현실의 중심, 의식적 자아에로 되돌아 가야할 곳은 바로 보레트였다. 그녀의 아픈 심정을 조금이라도 헤아려 주었을까?

레기네에 대한 심리적 괄호폭력이외에, *BJ*에서 주장하는 SK의 '괄호철학'은 다양한 관점에서 언급된다. 그가 주장하는 괄호에는 긴 괄호와 짧은 괄호가 있다. 전자는 시험공부를 할 때, 후자는 불안을 느낄 때 사용한다. 자연과학과 물질적 생리학과 궤변적 생리학을 부정하면서 과학은 궤변적이며, 하나의 괄호라고 주장한다. 생각 없이 불안해하고 염려하는 것은 안전한 곳에 서 있던 사람조차도 때때로 추락의 원인이 되어왔기 때문에, 그러한 불안에 대해서는 괄호 안에 단단히 묶어두라는 뜻으로 괄호를 사용하기도 한다.[24]

SK의 첫 사랑과 마지막 사랑은 루소의 닮은 꼴이다. 그는 "결혼"이라는 주제를 다루면서, 한 장의 그림을 묘사한다. 루소와 젊은 소녀가 함께 있는 그림이다. 이 그림을 설명하는 표제에는 다음과 같은 제목이 붙어 있다. "루소의 첫사랑"(Rousseau's first love) 바로 옆에 또 다른 그림이 붙어 있다. 이 그림의 표제에는 다음과 같은 제목이 붙어 있다. "루소의 마지막 사랑"(Rousseau's last love)

SK는 1847년에, "이 얼마나 멋진 풍자인가! 단지 하나의 그림에 "루소의 유일한 사랑"이라는 표제의 그림이 있었다는 것을 상상해 보라."[25]고 제안한다. 1845의 고백에 의하면, "결혼에 대한 나의 관계성은 다이애나(Diana)와 같다." 그리스 신화에 등장하는 다이애나는 독신으로서 아이를 낳은 여인들을 옆에서 도와준 처녀성과 사냥의 수호신인 달의 여신이었다.[26]

SYB에 의하면, SK의 첫사랑은 보레트이며, 마지막 사랑은 레기네였다. 신학을 전공한 그는 두 여인 사이에서 고뇌와 갈등을 일으켰다. 목사의 딸인 보레트와 국가 의원의 딸인 레기네 사이에서 저울질을 했다. SK는 "어떤 의미에서 나는 보레트에 대한 상당한 책임이 있다. 나는 처음부터 보레트에 대한 인상을 받았다"고 토로한다. 그는 보레트에 대한 사랑과 집착에 푹 빠져 있었다. 그러나 레기네를 만나고 난 후, 그녀와 에로틱한 사랑을 나눈다. 독신이 자신의 운명이라는 것이 하나님의 뜻으로 알고 약혼을 포기하려고 했을 때, SK의 아버지,[27] 형 등의 충고를 들어야만 했다. 그럼에도 불구하고 그는 약혼파기의 변명을 다음과 같이 언급한다. "너의 방으로 들어가 문을 닫고 하나님께 기도하라. 그러면 나를 존경하는 하찮은 부스러기 보다 무한정으로 더 많은 것을 얻게 될 것이다-이것이 내가 이기주의자(egotist)라고 불리는 이유이다."[28]

레기네의 입에서 비명 소리(shriek)를 들었던 코펜하겐 시민들은 가만있지 않았다. SK를 향하여, 두 여인을 가지고 놀아난 불한당이라는 소문을 퍼트리며 언론과 시민들은 그를 깡패라고 비난했다. 첫사랑과 마지막 사랑조차 발로 차버린 윤리적으로 도덕적으로 이해할 수 없는 문제아라고 비아냥 거렸다. 그럼에도 불구하고, SK는 모든 사람들이 자기를 경멸할 것이라는 사실을 알면서도 첫사랑과 마지막 사랑을 저버렸다. 그러나 SK의 저서들에 의하면, 저버린 마지막 사랑, 레기네를 그의 유일한 첫사랑이라고 고백하면서 그녀를 불멸의 여인으로 만든다.

SK의 첫사랑, 보레트(1815-1887)는 그 보다 2살 아래였다. 그녀의 가족은 아버지, Thomas Schatt Rørdam(1776-1831)가 목사로서 먼저 세상을 떠나고 미망인이 된 그녀의 어머니, Cathrine

Rørdam(1777-1842)과 오빠, Peter Rørdam, 장녀 Elisabeth, 둘째, Emma, 셋째, Englke, 그리고 보레트가 막내였다.

SK는 보레트와 1836-38년 3년 3개월 동안 사귀면서, 레기네에게 프로포즈 전까지 양다리를 걸치고 있었다. 이 기간 동안 보레트에 얼마나 푹 빠져 있었는지를 잘 보여 준다. 그가 스스로 고백하고 있는 것처럼, 보레트에 대한 책임을 져야 한다고 말한다. 보레트에게 결정적으로 집착하게 된 날짜는 1837년, 5월 8일이다. 그리고 다음 날의 날짜가 지워져 있다.[29] 그는 보레트 집을 방문하는 문제와 그녀와 대화의 내용, 그녀에게 심취해 있는 상태와 갈등을 잘 묘사하고 있다. 마치 악마와 화염검을 든 천사사이에서 고민하기까지 한다. 이른바 SK의 대리인, **"아바타"(avatar)**[30]로 등장한다 해도 전혀 도움이 안 되는 상황을 토로하고 있다.[31]

SK에 배신을 당했다고 생각한 보레트는 남성들에 대한 트라우마로 1857년, 결혼 적령기를 훨씬 넘긴 34세가 되어서야 페일버그(Nicolai L. Feilberg, 1806-99) 목사와 결혼한다.

SK는 무슨 생각으로 루소의 사생활, 첫 사랑과 마지막 사랑을 언급하고 있는 것인가? 루소의 아내, 마리아 테레쯔(Marie Therese Levasseur)와 *에밀*(*Emile*)에서 등장하는 젊은 여인 소피(Sophie)와의 관계성을 상상하고 있을 것이다.[32]

4 | 소달구지를 보았다.
Kierkegaard saw two cows with an Oxcart.

1841년 8월 5일, 애르후스(Aarhus)로 가는 길이었다. 그는 아주 재미있는 광경을 목격했다. 두 마리 암소들이 함께 목에 멍에를 매고 느린 구보로 걸어가고 있었다. 한 마리는 꼬리를 아주 흥겹게 흔들면서 까불어 대듯 걸어간다. 다른 한 마리는 아주 스트레스를 받은 듯, 이 같은 여정에서 반드시 내가 참여해야만 하는지를 고뇌하면서 상당히 지루하고 무미건조한 발걸음이었다.

이 광경을 목격하고 난 후, 66일이 지난 후에, SK는 10월 11일, 약혼을 파기한다. "이것은 내가 괴물들을 낳은 이유이다. 이것은 나의 불타는 욕망을 측정할 수 없는 현실적 이유이다. 하나님, 이것은 진정한 사랑이 아닙니다. 제가 이상과 실재를 혼돈하여 애매모호한 불안에 사로잡혀 있습니다." SK는 그의 인생에서 가장 행복한 실수를 한 것이다. 어떠한 이유와 명분을 제시하든, 그는 역설적 실수를 범한 것이다. 그는 *E/O*의 "Preface"에서 가정법으로 "만약 그대가 결혼한다면, 후회할 것이다; 만약 결혼하지 않는다면, 역시 후회할 것이다."(If you marry, you will regret; If you do not marry, you will also regret.)라고 주장한다.[33] 직접 목격한 이 장면에서, 그는 반신반의의 결혼관을 지향한다. 결혼생활을 알레고리적인 해석을 하고 있지만, 레기네와의 약혼 파기의 실재성을 현실적으로 보여준다.

사람들은 이상과 실재 사이의 혼돈은 물론 애매모호한 불안 속에서 살아간다. 그것은 미래를 알고 싶어 하는 불안 때문이다. 그래도 이 불안은 좋은 것이다. 인간은 언제나 행복에 겨워 살 수 없기 때문이다. 누구처럼, '불안의 개념'[34]에 함몰되어, 인생을 낭비할 수는 없는 것이다. 만약 암컷과 수컷이 함께 멍에를 매고, 함께 즐거워했더라면, 얼마나 좋았을까! 그 무거운 멍에는 훨씬 가벼웠을 것이다. 서로에 대한 믿음은 지성이 아닌 의지와 개성을 지향한다.

인간의 개성은 경구의 종합이 아니며, 즉각적인 접근성도 아니다. 개성은 그 자체 속으로 굽어지는 곳, 클라우숨(clausum), 즉 폐쇄된 곳, 닫힌 곳, 숨긴 곳, 가장 깊은 내면의 지성소, 비밀스러운 곳으로 쏠리는 것이다. 개성은 "그곳-안"(in-there)에 있는 것이다. 그것 때문에 페르소나(persona)[35]의 외적 인격은 암시적이다. 어느 것과 곳에 대한 그 안에 존재하는 것, 그 자신 하나의 독자적인 개성은 자기 자신과 관계해야만 한다. 개성과 개성 사이에, 다른 관계성은 불가능하다. 두 사람의 열정적인 애인들을 생각해보라. 두 몸 안에 한 영혼이 존재한다고 하지만, 그럼에도 불구하고 그 혹은 그녀는 사랑하는 한 사람의 신앙을 결코 초월하지 못한다.

결혼은 신체적인 연합이다. 아무리 사랑으로 결속된다할지라도, 영혼과 진리의 연합이 아니다. 창세기에서, "그들이 한 몸을 이룰 것이다"[36]라고 언급하고 있지만, 제2의 결혼에 대한 가능성이 존재한다. 그것은 바로 그리스도와의 영적인 연합이다.

검은 머리 팥 뿌리가 되도록 살아가려는 다짐의 결혼식장, 그리고 결혼 생활! 몸은 한 몸이 될지 모르지만, 영혼은 결코 한 몸이 될 수 없다. 아무리 그 사랑이 지고지순한 사랑이라 할지라도, 그 사랑이 천길 만길 뿌리 깊은 사랑이라 할지라도, 영혼은 오로지 고독한 단자의 외톨이로 살아갈 수밖에 없는 운명이다. 하늘이 무너져도 영혼은 하나가 될 수 없다. 코람데오(Coram Deo)[37]! 오직 하나의 영혼뿐이다.

당신의 시간, 공간, 인간의 관계성에서, 특히 연애, 결혼, 생활은 어느 정도 행복한가?[38]

5 | 탕자이다.(1)
Kierkegaard is a Prodigal Son.(1)

어느 날 점심을 먹을 때, 나는 소금이 들어 있는 그릇을 엎질렀다. 성미 급하시고 감정적이신 아버지가 이 모습을 보시더니, 매우 호되게 꾸지람을 하셨다.

"아니, 이 탕자 같은 놈아, 밥도 제대로 먹을 수 없냐? 그 귀한 소금을 왜 엎지 럿!"

아이는 깜작 놀랐다.

"다른 건 몰라도 소금을 엎지르면, 돈이 새나가는지 몰라!"

불호령이 떨어진다.

나는 이 순간을 놓치지 않았다.

"아빠, 누나는 전에 스프 사발을 깨트렸을 때, 혼내지 않았잖아요. 왜, 나만 가지고 그래요. 나는 사발도 깨지 않았어요. 아빠, 나쁜 사람이야.”

아버지는 한 마디도 하지 못했다. 그러더니 아무 일도 없었듯이 밥 한 숟갈 더 넣으시더니. 입을 여셨다.

“너무나 비싼 물건을 망가트렸을 때는, 책망이나 꾸지람이 필요 없다. 사소한 물건을 망가트렸을 때나, 책망이나 꾸지람이 필요하다.”

SK가 어린 시절 밥상에서 소금 접시를 엎었을 때, 아버지, 마이클은 그에게 엄청난 화를 내며 “이 탕자 같은 놈”이라고 호되게 꾸짖었다. 아버지는 밥상에서 소금을 흘리면, 돈이 새나가고 그 날의 장사와 일진이 좋지 않다고 생각했기 때문이다.

그러나 이것에 비하여, 누이 크리스틴(Nicoline Christin)이 스프를 담은 아주 귀하고 값비싼 도자기 그릇을 깨트린 적이 있었다. 이 때, 아버지는 아무런 말씀도 하지 않고 침묵으로 일관했다. 가족로맨스(family romance)와 같은 이 사건에서, SK는 콤플렉스가 싹트기 시작한다. “내가 10살 때, 인생을 이해했던 방법”이 되었다.

아버지로부터 탕자 같은 놈이라는 심한 비난을 듣고 “내 영혼 속에서 비범한 논쟁이 일었다”고 고백한다. 그의 논쟁의 투사의식이 싹트기 시작했다. 그가 25살 때 이해한 방법이나, 34살 때도 역시 마찬가지라고 SK는 고백한다. 아버지의 비난이 그를 “가장 철저한 논객”(the most throughly polemical)이라고 부르게 되는 단초를 제공해 주었다.[39]

이 사소한 사건인 경우에는, 반드시 책망이 필요하다는 아버지의 담론 속에는 위대한 뜻이 담겨있다. 징계하는 자, 질책하는 자는 이미 엎질러진 물과 같은 것, 손해를 본일, 피해를 당한 것을 근거로 책망해야하는 것이 아니라, 순수하게 객관적으로, 징계를 위한 그 필요성을 근거로 책망해야하는 객관성이다. 주체성(subjectivity)[40]을 강조하는 SK가 유일하게 객관성을 강조하는 부분이다.

징계 여부의 판단기준이 어디에 있는가?
나이 많은 아버지인가?
그릇을 깬 누이인가?
소금을 엎지른 어린 아들인가?
깨진 그릇인가?
물건의 가치인가?

예수의 일일 노동자의 임금지급 비유에서처럼, 객관성에 대한 정의? 주관성에 대한 정의? 징계하는 자의 의식? 주는 자의 맘인가?

상속재산

형, Peter와 SK가 물려받은 상속은 상상을 초월할 정도의 엄청난 재산이었다.

1839년, 유산 상속분: 31,335 릭스-달러(rix-dollar)
주식, 채권이자 수익: 6,500
저서 수입: 5,000
가족 집 판매 수입: 2,200

총 45,035

1855년 사망 당시, 남겨진 재산은 제로에 가까웠다.

45,035*500 = 22,517,500(미화달러)

= 245,692,500/245,692,500*(400*5)2000

= 12,278(1년 동안의 생활비)

브란드(F. Brandt)와 라멜(E. Ramel)의 에 의하면, SK는 1847년 8월 이후부터 레이첼로부터 책 판매와 사례금으로 총순이익을 17년 동안, 해마다 평균 300릭스달러를 받았다. 이 돈은 1935년, 덴마크 화폐, Danish crown 1500달러에 해당하는 것으로 매년 300달러 혹은 1973년 기준, 대략 1500달러를 받았다.[41]

"아직도 살아있는 자의 재정보고서로부터"(From the Financial Papers of One Still Living)에 의하면, 그 당시, 덴마크 화폐단위, 1릭스 달러는 6 marks였으며, 1마르크는 16 shillings였다. 1847년, 자신의 죽음예상이 빗나가자, 상속재산 31,355 릭스 달러 중에서, 17,760은 왕실 채권과 화재보험 주식에 투자하며, 증권거래를 즐겼다. 이때, 전체 투자 수익은 6,500릭스 달러였다. 집을 렌트하여 들어오는 수입으로 년 295 릭스 달러였다. 한해에, 출판 서적의 인세로 500릭스 달러 수입이 있었다.

생활비용

개인적인 사생활의 편의를 위하여 남녀 하인들을 두었으며, 그들에게도 각각 방을 하나씩 주었다. 종처럼 여겼던 개인비서, 31세의 엔더스 크리스텐센 에스터가드, 39세, 마부 겸 목수인 프레데릭 크리스챤 스트르브를 별도로 두고 이들에 대한 생활비를 지급했다.

1850년, 마차여행을 위하여 고용된 마부 라센의 월 계산서에 마차비용으로만 132릭스달러 지급했다. 대형 아파트를 렌트하여 살면서 년 집세 400릭스 달러를 지불했다.

그의 식사 취향으로는 구운 오리, 거위, 절인 양고기, 카레, 시금치, 프랑스 콩, 연어, 비둘기 새끼 등이며 특히 점심, 저녁으로 고기스프를 먹었다. 후식으로 맥주, 와인, 커피 등을 마셨다. 이러한 내용은 마담 안데르센이 정리한 회계장부를 통하여 알 수 있다. 1847.5-1848. 3월까지, 10개월 동안 식대비용으로만 269릭스 달러, 4마르크, 6실링을 소비했다.

경제적인 관점에서 볼 때, 해외여행 경비 등, 엄청난 낭비를 초래했다는 결론이다. 현금은 17년 동안, 평균, 1년에 2600릭스 달러 소비했다. 출판비용으로 1500, 생활비로 2000릭스 달러를 소비했다.

그 당시 화폐가치를 추정해 보면, 세무소장 연봉이 600릭스 달러였으며, 중산층 가족부양 1년 생활비가 년 400릭스면 가능했다. 일용직 기술공 연봉이 200릭스였다. 함께 항상 식사를 한 비서, 레빈 (Israel Levin)[42]의 증언에 의하면, 그의 생활비는 놀랄 정도로 소비했다. 그러나 SK가 살던 아파트 길 건너편 이웃들의 삶은 가난하고 초라하고 희망이 없는 절망적인 빈곤층, 최저 기초 연금수혜자들, 가엾은 사람들 거주하고 있었다.

그러나 17년 동안, SK는 저자로서 미친 사람처럼 일했다. 그의 출판 노동의 가치를 현금으로 계산 할 수는 없을 것이다.

출판비용

출판 인쇄업자 레이첼(C.A. Reitzel, 1789-1853)과 루노(Bianco Luno, 1795-1852)에게 보낸 편지에서, SK의 경제적 위기를 엿볼 수 있다. SK는 1847년, 7월, 자신의 저서, 10권 출판 소매가격과 자신의 제안가격 및 잔고를 자세히 제시한다.[43)]

1) *공포와 전율*
2) *서문들*
3) *반복*
4) *인생의 제단계*
5) *철학적 단편*
6) *두 시대, 문학비평*
7) 상상 사건들에 대한 3개의 강론
8) *불안의 개념*
9) *클리마쿠스의 후기*
10) 강화담론

1845년 당시, SK는 자신이 출판업자였다. 1838-45년까지, 이미 출판된 16권의 전체 출판비용을 자신이 지불했다. 그러나 다 팔리지는 안했다. 예를 들면, *CDR*, 525권 중에서 250권만 팔리었다. *CD*들의 재고가 남았다. 모든 남아있는 재고들은 레이첼에게 팔았다. 1847년, 8월, 단지 *E/O*는 완판 되었다.

SK는 결국 책 출판에 관한 비용을 회복시키기 보다는 더 많은 비용이 들었다. 그러나 그는 작가로서, 자신의 확고부동한 시간과 노동에 대한 대가는 전무였다. 출판 노력에 대한 이익은 아무것도 받지 못했다. 다행스러운 것은 아버지로부터 물려받은 상속 재산으로 현상적인 출판업 프로젝트를 가능하게 해주었다. 만약 아버지로부터 상속받은 재산이 없었더라면, SK는 자신의 작가로서 달란트와 사상들을 세상에 드러내지 못했을 것이다.

"나 자신에 관하여"(About Myself)에서, "덴마크에서, 나는 신문에 글을 기고하는데 엄청난 수수료를 받았다. 1850년, 가르텐센(Carstensen, 1791-1860)이 피가로(Figaro, 1841-42) 혹은 포르테페위렌(Portefeuillen, 1839-41) 출판사를 운영하고 있을 때, 그는 헤이베르그(Heiberg, Johan Judvig, 1791-1860)[44]에 반대하는 원고 한 장에 대하여 100릭스달러를 받았다. 나는 다른 저서들의 출판에 상당히 많은 돈을 지불했다. 1년 혹은 1년 반 동안 근면에 대한 열매였다."[45]

1846년, SK는 국가보조금의 아이디어, 예술과 문학의 후원금을 추구한다. 그러나 특별한 것은 아니었다. SK는 정부채권에서 투자의 주식에 일부 투자했지만, 전쟁 중이라서 심하게 손해를 보았다. 1848-49년 불경기 동안에 상당한 주식에 투자했다. 그리고 상당한 현금을 보유하고 있었다. 그러나 이 또한 인플레이션 때문에 손실을 보았다.[46]

방탕에 대한 비판

SK의 생활 속에서 소비행태에 대하여 코펜하겐 신대 선배인 트로젤(F. W. Trojel)은 "그대는 돼지와 함께 저녁 식사를 하고 있다."(You dine with the swine)라고 비난할 정도로 그의 식탐과 낭비벽을 비판한다. 또한, SK는 절제를 모르는 폭식가이며 주색가라고 비난한다.

코펜하겐 대학에서 함께 공부했던 신학과 선배, 쑤라(Christian Hendrik de Thurah)에 의하면, SK를 향한 인신공격의 시에서 SK는 "개자식", "뱀장어", "부랑아" "교묘한 놈", "원숭이", "그대는 아웃이야!"라는 등으로 비난한다. 특히 그는 SK를 "소방서장"(fire chief)에 비유하면서, 로마에 불을 지른 네로(Nero)[47]와 동일시한다. 개인적인 재산과 부, 돈에 관심이 많으면서, 자신은 호화로운 생활과 사치를 누리면서 방탕생활을 지속해 왔다. 타인에게는 금욕주의(asceticism)[48]를 강요하며 절제를 주장하는 위선자라고 신랄하게 공격한다.[49]

모든 것이 당신에게 주어졌다
생활비를 벌어본 적이 결코 없다
그리스도인은 당신의 고통스런 채찍을 느낀다
그러나 당신은 결코 현금이 부족한 적이 없다
당신은 직물상인인 아버지로부터 부를 상속했다
도시의 모든 사람이 다 알고 있다
그는 눈처럼 금을 당신에게 남겼다
당신의 얼굴은 미소를, 당신의 유머는 춤을 춘다
당신은 진정한 기회를 가진 적이 없다
....
약혼의 서약에서 도망쳤다
한 여인에게 당신의 무덤까지 따라오라고 말한 자가 누구냐

단지 참을 수 있는 자에게 인내를 시험하느냐

야비한 독신자

그대의 다리를 보라

그대 성미 급하고 거친 목사의 증오자

그대는 아이의 아비가 될 수 없다

당신은 똥개들만 가득하다

사람은 지가 좋아하는 것을 생각 한다

SK의 기부활동

SK는 과연 가난한 이웃들에게 기부하며 살았는가?

앤더스라는 집사의 회계장부에 의하면, 그도 기부를 했다. 1847.1.2.-1848.3.28. 사이에 1847년에만 271릭스 자선기부를 했다. 그러나 SK가 자신의 부에 걸맞는 규모로 자선활동을 했다는 기록은 없다. 잘레(Peter Christian Zahle)의 증언에 의하면, "만약 그가 자선 기브를 했다면, 그는 은밀하게 했을 것이다."라고 추정한다.[50]

이러한 추정은 SK 자신이 "나 자신에 관하여", 혹은 "나 자신에 관한 심판"(Judgment upon Myself)의 고백에 의하면, 전혀 설득력이 없다. 전체 경제적 상황에서 자선은 땅콩 수준이었다.

탕자에 대한 정당방어논리

1840년 12월 30일 레기네에게 보내는 편지에서, SK는 방탕을 즐겼다고 고백한다. 1849년 11월, 21일, 레기네에게 보낸 편지의 초안과 그녀의 남편, 슐레겔에게 보낸 편지에서, 자기 자신에게 너무나 많은 방탕생활을 함으로써 너무 많은 것을 자기 자신에게 요구했다는 것을 오직 하나님만이 아신다고 고백한다.[51]

"나 자신에 관하여"라는 타이틀에서, SK는 자신만의 변명 논리를 이렇게 주장한다.

"가난하게 살 수 있는 능력, ... 나는 이 능력을 가지고 있지 못하다. 내가 항상 인정하고 있듯이, 나는 사적인 수단의 혜택을 가지고 있다. 이것이 모든 것을 변경해 놓았다. ..... 만약 내가 가난하게 사는 것, ... 순수한 사람들과 함께 동정심을 받는 것은 두렵다"라고 고백한다.[52]

"나 자신에 대한 심판"에서, SK는 자신의 낭비벽, 방종을 다음과 같이 인정한다.

"내가 얼마나 낭비했는지를 하나님은 아신다. 나는 기꺼이 그것을 인정한다. 그리고 나의 죄를 고백한다. 그럼에도 불구하고 나의 낭비벽은 본질적으로 나의 책 출판과 연관되어 있다. 나는 그것을 나의 유일한 가능성으로 이해하며 동시에 하나님께서 나의 삶에 의미를 부여해 준 해석할 수 없는 은혜로 보았다. 나는 책 출판을 위하여 모든 것을 낭비했다. 만약 내가 그 반대로 생활방식을 바꾸거나 검소한 생활을 했었더라면, 좀 더 하나님을 기쁘게 해드리고, 진정한 그리스도인으로 살 수 있었을 텐데. 나는 이제 사 이것을 이해하지만, 그 당시 나는 그것을 이해하지 못했으며, 그것이 나에게 가능하리라고는 믿지 못했다. 다른 한편으로, 나는 하나님을 의지한 것은 확실하다. 나는 하나님께 기도했으며, 매 시간 나는 값비싼 기분전환으로 오락에 의지해야만 했다. 나는 오락을 허용할 수 있다는 청춘의 감각을 가지고 있었다는 것도 확실하다. 나는 진정으로 그 같은 유람, 일탈에 나 자신을 즐길 수 있도록 해달라고 하나님께 기도했다. 그리고 나는 그 분에게 그 문제를 맡겼다."

SK는 자신의 낭비는 자기의 사상을 위한 것이라고 방어한다. 여기서 그는 최소한 그의 돈이 어디에 있었는가를 자신의 입으로 설명하는 것처럼 보이며 선용에 사용한 것처럼 들린다. "낭비가 없었더라면, 내가 했던 것보다 더 큰 그 규모로 일을 할 수 없었을 것이다. 왜냐하면, 이 엄청난 규모로 내가 책을 출판할 수 있도록 나의 낭비는 항상 유일하게 계산되어 왔다"고 주장한다.

SK를 연구하는 학자들은 그의 이 같은 낭비 습관에 대하여 언급할 때, 즐거워할지 모른다. 그러나 질투와 편견 가운데도, SK는 자신을 금욕주의에 복종해야만 했다는 것을 피력한다. 그러나 그것에 대하여 긍정적으로 평가하는 내용은 거의 찾아 볼 수 없다.[53]

SK에게 '그대는 어떤 방법으로 자선활동을 했는가?'라고 물으면, 그는 할 말이 없을 것이다. 그는 예수 그리스도의 약자들을 위한 '사회보장복지정책'[54]에 무관심했다고 볼 수 있다. "똑똑히 들어라. 여기 있는 형제들 중에 가장 보잘 것 없는 한사람에게 해주지 않은 것이 나에게 해주지 않은 것이다"라는 예수 그리스도의 대체 케어(Substitution Care)에 대한 무관심은 영원히 처벌 받으며 쫓겨날 것이라고 그리스도는 주장한다.

SK의 실존적 사상 중에 핵심은 1세기 그리스도와의 '함께함'의 "동시대성"(Contemporaneity)[55]이다. 계시된 진리로서 그리스도와 함께 하는 것으로 시공을 초월하여 동고동락의 여정을 강조하지만,

가난한 이웃들을 외면한 그의 생활방식과 자선활동 사이에는 심각한 괴리가 존재한다.

말년에, SK는 "개인적으로 나 자신에 관하여"에서, 자신의 낭비를 억제했더라면, 하나님을 섬기는데 좀 더 헌신을 했을 것이라는 후회한다.

"내가 만약 전적으로 재정적 자산이 없었더라면, 그것이 나에게 도움이 되었을 것이라고 믿는다. 왜냐하면, 그 때, 나는 나의 생계에 관하여 내가 할 수 있는 일들을 어쩔 수 없이 했을 것이다. 그리고 그렇게 하는 것이 허락되는 것에 대하여 나는 양심의 가책을 느끼지 안했을 것이다. 사실 여전히 돈이 있었기 때문에, 내가 엄청난 혜택을 의지했다는 것을 이해할 수 있을 때, 나는 있던 그 자리에 그대로 있어야만 한다. 이 같은 갈등에 관한 어려운 점은 한편으로는 "영혼을 슬퍼하는 것"이 두렵고, 다른 한편으로는 "하나님을 유혹하는 것"이 두렵다. 1848년의 재정적 위기 때문에 갑자기 나는 슬퍼지게 되었다. 그리고 지금 종합소득세가 매우 다급했으며 그것은 나를 재정적인 위기 속으로 몰아넣었다. 그리고 나를 이해해 주는 사람은 아무도 없을 것이다. 내가 비록 탕자가 되었지만, 그럼에도 또한 그것은 나에게는 순수한 이상적 의미를 지니게 되었다. 왜냐하면, 그것은 얼마나 많이 의지가 되었는가를 이해하고 있기 때문이다. 만약 내가 원칙에 대한 어떤 세속적이며 일반적인 감각 전망을 허용했더라면, 나는 내가 성취한 것을 결코 성취하지 못했을 것이다. 나는 완전히 다른 사람이 되었을 것이다. 하나님 앞에서, 나는 쉽게 낭비를 고백한다. 하나님 앞에서, 모든 곳에서처럼,

여기서도 잘못되었다고 고백한다. 하나님은 권능적으로 나에게 말씀하셨다. '너는 절약했어야만 했다.'"56)

성령의 아홉 가지 열매 중에서 가장 기초적인 초석은 절제(Self-Control)57)이다. 이 절제를 금할 법이 없는 것이다.

해아래서, 호랑이는 죽어서 가죽을 남기지만, 인간은 죽어서 '사상'을 남긴다. 그는 분명한 탕자였다. 그러나 그의 사상만큼은 탕자가 아니었다. 언제나 자유로운 영혼의 소유자로서 그는 변화와 개혁을 추구했다.

6 | 탕자이다.(2)
Kierkegaard was a prodigal son.(2)

1) SK와 탕자의 비유

경제적 위기가 닥쳐오자, SK는 마치 돼지우리에서 주엄나무 열매를 먹고 살았던 탕자처럼, 엄청난 재산 상속에 대한 후회와 방탕생활에 대한 양심의 가책을 느끼고 있었다.

SK는 예수 그리스도의 탕자의 비유를 선데이 스쿨에 다닐 때부터 귀가 못에 박히도록 들어왔다. 자신이 둘째 아들과 같다. 자신의 방탕생활은 비밀노트에 기록해 두었을 것이다. 겉으로 드러난 SK의 방탕은 그의 일기에서 암호로 표현되어 있다. 이러한 와중에서 탕자처럼, 그는 "제정신이 들었다." 육신의 부모는 단지 계부, 계모에 불과하다, 의붓 아버지, 의붓 어머니에 불과하다라는 인식을 갖게 된다. 진정한 부모는 영의 아버지, 야훼라는 것을 고백한다. 그 결과 그는 180도로 달라져 시인으로, 작가로, 문필활동에 더 박차를 가한다.

예수 그리스도의 탕자의 비유에서, 방탕의 클라이맥스는 "나는 여기서 굶어 죽게 되었구나"라는 절대 절명의 상황의 고백이라고 할 수 있다. "어서 돌아가자." "아버지, 제가 하늘과 아버지께 죄를 지었습니다." 그러나 사람은 결코 어떤 다른 방법으로 하나님과 함께하는 일을 공유할 수 없다. 하나님은 항상 올바르게 되는 것으로 판명이 난다. 어떤 일에 실재적으로 모험을 하는 사람은 매 순간 그 일을 참아낼 수 있다는 것이 미리 결정되지 않는다. 그것은 모험하는 것이다. 결과적으로, 모험하는 사람이 두려워한다면, 하나님은 말씀 하신다. "그렇다. 너는 그것 때문에 너 자신을 비난해야만 한다." 그러나 다른 한편으로, 하나님을 신뢰하는 사람은 하나님이 분명히 자기를 도울 것이라는 신앙에 의지한다. 그러나 인간은 항상 하나님과 관계에서 잘못을 범하고 있다. 만약 성공이 있다면, 그 영예는 내가 아니라, 하나님의 도움이다. 하나님은 그 어떠한 순간이든 내가 자유롭게 갈 수 있도록 허용하신다. 만약 성공하지 못하면, 그 실수는 나의 탓이다. 나는 그렇게 모험했다. 이처럼, 하나님과 연루되는 것은 실제적으로 끔찍스러운 일이다. 하나님은 긍정적인 확신이나 어떤 계약적인 관계를 제공해 주시지 않는다. 그러나 그것이 복이다. 아무리 상황이 변한다 할지라도, 빈손이라 할지라도 그것이 복이다. 그럼에도 불구하고 영원히 존재하시는 하나님은 변함없는 사랑이시다. 나는 확실히 이것만을 가지고 있다. 비록 내가 이런 저런 실수를 했다할지라도, 하나님은 여전히 사랑이시다. 나는 이것을 믿는다. 내가 만약 실수 한다면, 그것은 나에게 분명해질 것이다. 그 때, 나는 회개한다. 하나님은 사랑이시다. 그 분은 그렇게 존재하신다. 나의 미래는 너무나 더디게 다가올 것이며 그분은 그렇게 존재한다. 얼마나 놀라운 일인가! 아마도, 나의 회개에 대하여 오랜 기다림이 될지 모른다. 그리고 그때, 미래가 존재한다. 그러나 하나님은 그에게 어떤 기다림을 허용하지 않을 것이다. 그분은 사랑이시다. 샘의 물이 여름과 겨울에 변하지 않는 동일한 시원함을 지니고 있듯이, 하나님의 사랑도 그러하다. 그러나 때때로 봄의 메마름이 발생한다. 내가 어떻게 찬양할 수 있을까! 여기서 주체이신 그 분에게 특별히 언급하는 외침보다 더한 외침- '하나님 찬양을 받으소서'-은 없다. 그러나 하나님 찬양을 받으소서. 하나님은 메마른 사랑이 아니시다. 하나님의 사랑은 봄이다. 결코 마르지 않는다."

SK의 이 같은 고백은 예수 그리스도의 탕자의 비유를 자신에게 적용하고 있는 것이다. 타락과 실패로 인해 아버지 집으로 귀환하는 탕자의 모습을 연상케 한다.[58]

SK의 신앙적 회심은 "너희는 스스로 조심하라 그렇지 않으면 방탕함과 술취함과 생활의 염려로 마음이 둔하여지고 뜻밖에 그 날이 덫과 같이 너희에게 임하리라."는 아마도 그리스도의 경고의 목소리를 들었을 것이다. SK는 1847년 "3개의 강화에 관하여"(About the Three Discourses)에서, 그리스도의 이 경고의 말씀을 인용하고 있다.[59]

그러나 그는 말년에 뮌스터(Mynster, J. P.)[60], 마르텐센 등 고위 성직자들의 호화로운 생활 강력히 비판한다. 이러한 비판에 대하여 SK는 내로남불이라는 혹독한 비난을 받는다.[61]

2) SK의 "탕자에 관한 설교"

1849-50년 사이에, SK는 복음서에 나오는 그리스도의 탕자의 비유를 가지고 "그 탕자"- "그 아버지"- "그 형"이라는 제목으로 다음과 같이 설교를 한다.

3가지 담론

혹은 아마도 완벽하게 새로운 형태가 선택될 수 있다. 강화를 위한 경건한 전환으로 가볍게 읽을 수 있다.

이것은 소설도 아니다. 이야기는 매우 짧다. 낭만적인 사랑에 관해서는 한 마디도 없다. 여성은 등장하지 않는다. 이 같은 상황은 소설가에게 결코 발생하지 않는다. 아버지와 두 아들, 그 이상 그 이하도 아니다. 완전히 단순한 스토리다.

탕자

처음부터 시작해 보자. 그는 세상에 나가기를 원한다. 집에 있는 것이 짜증이 난다. 낡고 오래된 것을 보고 듣는다는 것은 싫증이 난다. 그것은 옛이야기다. 이 스토리는 젊음, 청춘을 어떻게 볼 것인가에 관한 방법론이다. "아버지의 집이 너무 답답하다"라는 때가 온다. 아버지의 창문에서 내다보는 소녀에게도 마찬가지다. 때때로

창밖을 내다보도록 허락을 받은 것에 대해 소녀는 만족한다. 소녀는 소년이 하는 것처럼 외출할 수 없다. 소녀는 먼 곳에서 그녀가 보고 있는 것이 무엇인지 발견할 것이라고 생각한다. 그리고 이것은 그녀의 모든 행복가운데서 한 숨을 내쉬는 이유이다. 그러나 이것 때문에 그녀는 아버지 집에서 조용히 머무르고 있는 것에 반대하지 않는다. 그녀의 갈망은 단지 고요한 내공이다. 그녀 전 생애의 부이다.

그러나 아들은 외출한다. 떠남을 선택한다. 지금부터 그 이야기이다. 아버지의 재산에서 자신의 몫을 가지고 외국으로 떠난다. 그렇다. 자기의 권리를 주장하는 것은 가능하다. 그러나 우리는 다른 시간을 이야기 할 수 있다. 그 상황과 가장 밀접하게 연관된 분이 아버지이기 때문에 이의를 제기할 수 없다. 우리도 마찬가지다. 만약 그가 세상에서 실패하면, 어떠한 경우에서 그는 아버지는 수전노요, 엄격한 분, 아들이 가는 길을 방해하는 분, 아들의 해외여행을 위해서 여비를 주지 않는 분이라는 것을 말할 수 없을 것이다.

그래서 그는 여행을 떠난다. 이것이 소설이 아니라는 것을 한 눈에 알 수 있다. 이 스토리는 매우 급속도로 파멸의 길로 안내한다. 나는 이 외국이라는 낯선 나라의 어휘에 관심이 있다. 왜냐하면, 바로 그 외국에서 대 격변이 발생하기 때문이다. 그는 여행을 계속한다. 최소한 첫 파트에서, 그와 그 이야기도 외국에 도착하자마자 끝이 난다. 이 부분에서 눈에 드러날 정도의 간결하게 끝나는 것은 매우 깊은 의미를 지니고 있다는 것을 보여준다. 아주 신속하게 이 탕자는 자신의 돈을 낭비한다. 탕자 자신도 마찬가지다.

최대의 이 탕자의 시간 낭비이야기를 몇 권 분량으로 길게 연장시키는 것은 자기모순이다. 그렇게 보았을 때, 우리도 역시 간결하게 처리했을 것이다.

만약 그가 아버지와 가까운 거리에서 머물렀더라면, 그는 분명히 그렇게 낭비하지 않했을 것이다. 그의 불행은 너무나 멀리 떨어져 여행을 했기 때문이다. 그러나 그것이 아마도 그의 구원의 모티브가 되었다. 아버지는 손에 닿을 만큼 가까이 계시지 않했다. 그가 마쳐야만 하는 학교의 졸업이 심각한 문제가 되는 것을 막을 수 있을 정도로 가까이 계시지 않았다.

일반적으로 아버지들은 이것을 이해하지 못하며 아들을 멀리 내보내는 고급스런 의도를 가지고 있지 못하거나 혹은 아들은 반드시 떠나야 한다는 것을 이해하지 못한다. 그래서 이것은 특히 무로 결론이 난다.

처음부터 끝까지 탕자의 사회생활은 좋지 못했다. 그는 그의 돈을 매춘에 낭비했으며 돼지를 치는 일로 끝낸다. 그의 사회생활은 대략 한 조각이었다.

그가 돈으로 인생을 낭비했을 때만으로 탕자라고 생각하는 것은 잘못이다. 그가 매춘부들에게 돈을 낭비한 만큼 자신의 인생을 낭비한 것이다.

"그는 정신을 차리게 되었다." 보라. 해외에서 여행이 끝났다. 이야기는 그가 집으로 돌아오는 것에서 종결, 종편이 되는 것이 아니라 그 여행이 자기 자신에게로 돌아오는 것으로 끝난 것이다. 그리고 지금부터 우리는 탕자에 관한 또 다른 분위기를 시작해보자.

그 아버지(혹은 부성애?)

모든 관심이 탕자에게 집중될 때, 아버지는 거의 잊혀 진다. 그러나 이것은 불공평하다. 왜냐하면 이 아버지는 매우 특별한 사람이다. 내가 지금 여러분들에게 여기서 말하는 특별한 것이 무엇인가 알고 싶다면, 주의를 기울여야 할 것이다. 그 특이한 주목할 만한 내용은 탕자를 맞이했을 때, 비로소 아버지는 가장 진정한 아버지가 되는 것이다. 다른 아버지들은 정상적인 상태에서 아들이 모범생이 일 때, 아버지가 되기를 원한다. 그러나 자신의 아들이 탕자가 될 때, 아버지는 말 한다: 나는 더 이상 그의 아버지가 되기를 원치 않는다. 자신의 카누를 스스로 젓게 내버려 두어라. 탕자의 아버지가 되기를 원하는 아버지는 거의 없다. 그러나 이 아버지, 특별한 아버지, 그는 진정으로 탕자의 아버지가 되기를 원한다. 마치 탕자의 형, 모범생에 관하여 아비로서 그렇게 많이 돌보지 않은 것과 거의 유사하다. 이것이 특별한 것이 아닌가? 그리고 만약 동화에서 화자가 "이것이 특별한 것이 아닌가?" 라는 표현으로 이야기를 끝낼 권리를 가지고 있다면, 그때, 나는 동일한 방법으로 출발지점에서 결론을 낼 권리가 있다. 탕자는 실재적으로 등장한다. 그러나 이처럼 실재적으로 한 아버지로서 여러 번 등장한다는 것을 하나님은 알고 있다. 나는 그가 동화이야기에 정말로 속해있는지 그 여부가 궁금해진다. 그리고 복음서에서? 왜냐하면, 이야기가 되는 아버지는 실재적으로 하늘에 계신 아버지이기 때문이다.

그러나 다시 사랑 많으신 아버지를 면밀하게 살펴보고 그를 알고 배우기 위하여 다시 시작해보자.

그 아들은 세상으로 나가기를 원한다. 아버지의 집이 너무 답답하다. 어떤 의미에서 그것은 아버지에 대한 배은망덕이다. 그러나 이것에 관하여 한마디도 언급된 적이 없다. 그 반대로, 아버지는 전혀 스스로 생각하지 않는 아들과 사랑으로 동일시한다.

그래서 아들은 자신의 부동산을 분할해 줄 것을 요구한다. 이 얼마나 불의한 일인가! 아들은 조금이라도 요구할 권리가 없다. 이얼마나 배신적인 행동인가! 거의 아버지에게 이렇게 말하는 것과 같다. "나는 당신이 죽기를 원합니다." 만약 이것이 아들을 행복하게 진정으로 자신에게 유익하게 만드는 일이라면, 사랑스런 아버지는 기꺼이 자신의 생명을 내 놓았을 것이다.

그래서 그는 재산을 분배한 것이다. 어떤 아버지가 기꺼이 이렇게 한다면, 결코 이러한 사건은 벌어지지 않을 것이다. 그러나 그는 "잘 가라. 다시는 돌아오지 마라"고 했을 것이다. 그러나 이 아버지는 무엇을 참아야 하는가에 대한 제한을 두지 않는다. 그는 여전히 아버지가 되기를 원한다. 부성은 타이틀로서 느슨하게 매달려 있지 않다. 아들은 사라지기를 원한다. 그는 아버지다. 아들은 재산 분배를 원한다. 그는 아버지다. 아들은 떠난다. 그는 아버지다. 모든 것을 잃었다. 아들을 잃었다. 그는 아버지다. 그러나 지금 만약 여러분들이 다양하게 흥미를 유발시키기를 주장한다면, 우리는 신속하게 중단할 것이다. 왜냐하면, 이 아버지는 이 세상에서 가장 피곤한 사람이 될 것이다. 그리고 나는 단순히 그 같은 아버지는 결코 실제적으로 나타나지 않을 것이라고 여러분을 위로해 주는 이야기 할 것이다.

이 모든 것은 조금씩 경험해야 할 것이다.

형

　우리는 저절로 이 마음이 굳어있는 아들을 상상하는데 익숙해져 있다. 우리는 그의 냉혹함으로부터 주눅이 들면서 이 큰 아들보다 더 우수하다고 느낀다. 우리가 복음서에서 어떤 혜택을 얻기를 원한다면, 우리는 주의해야 하며 특히 자동적으로 그것을 하지 않도록 주의해야 한다.

　인간적으로 말해서, 그는 정당하다. 그 점에서 토론의 여지가 없다. 그의 만족은 결코 지나치지 않으며 적절한 범위 안에서 유지된다. 따라서 우리는 결코 이 큰형과 같지 않다는 것을 믿게 하기 위하여 주일마다 이 복음을 사용해서는 안 된다. 그의 불만족에는 쉽게 파악할 수 없는 한 가지 이유가 존재한다. 왜냐하면, 그는 착한 아들이며 아버지를 진심으로 사랑한다. 그리고 아버지의 사랑을 마땅히 받을 만하다고 그는 생각한다. 그가 동생에게 화를 내기 때문이 아니다. 그러나 마치 자신은 유일한 외아들, 탕자인 것처럼 보일 때까지 아버지의 기쁨이 도달하는 한, 그 형은 자신을 희생시키는 것을 더 좋아한다. 다른 아들의 위치가 바뀐 것처럼, 마치 아버지가 "나는 의로운 아버지가 되는 것을 원치 않는다"라고 말씀하시는 것처럼.

　나는 여기서 사소하지만 중요한 방법으로 한 가지 상기시키고 싶다. 문제아는 종종 은총을 입는다. 조금 더 착하게 되면 더 고마워한다. 그리고 가정과 국가에서 가장 혜택을 누리는 것은 거의 문제 아들이다. 탕자의 경우, 우리가 주목해야 할 것은 이상적인 회개가 있어야 한다.

　장남에 대한 나의 이의제기는 이것이다: 그의 아버지가 형용할 수 없을 정도로 부성애의 사랑에서 나온 행복해 하는 것을 보았을 때, 그는 아버지의 기쁨에 동참해야 한다.

일반적으로 우리는 부성애와 형재애 사이에 차이가 있다는 예시를 여기서 볼 수 있다. 좀 더 부연해 보면, 이 장남에 관하여 활용할 수 있는 모든 것들을 철저하게 전개시키는 것이다. 또한 아마도 두 형제들의 비유를 사용하기 위하여, 둘 중의 하나는 "그래, 그리고 그것을 하지 못했다." 다른 하나는 "아니다. 아버지의 뜻을 행했다."라고 말했다.[62]

3) SK의 탕자론: 인류는 모두 탕자들이다.

복음서에서, 탕자(인류)라는 형(외아들)이 있다. 그는 모든 일을 다 한다. 처음부터 아버지의 뜻을 따라서, 탕자를 구하기 위하여 생명을 잃는다.[63] 복음서에서, 아들로서 자신의 아버지 하나님에게 인류가 말을 해야만 하는 그 순간이 왔다: "우리와 함께 나누어 분배하고 더불어 공유하자. 우리에게 오는 상속을 받도록 하자."[64]

4) SK의 "탕자를 위한 기도"

하늘에 계신 아버지!

아버지가 아이를 세상에 보내시는 것처럼, 당신은 이 땅에 인간을 두셨습니다. 그는 세상에 의하여 당신으로부터 분리되었습니다. 그는 자신의 눈으로 당신을 보지 못합니다. 그는 그의 인간의 귀로는 당신의 목소리를 들을 수 없습니다. 그는 지금 세상에 서 있습니다. 그리고 그 길이 그 앞에 놓여 있습니다. 지루하고 낙담하여 절망적인 순간이 너무나 오래 되었습니다. 그래서 그 자체로도 시간을 부여해 주고 싶지도 않습니다. 참을 수 없는 고통의 순간 속에서 매우 실제적이지도 않습니다. 이것은 그에게 시간을 주고 싶어 하지 않습니다. 그 같은 시간에 당신은 이 광활한 세상에서 당신의 자녀에게 유쾌한 담력을 주고 있습니다. 수많은 거짓 길들처럼 보이는 것들이 있을 때, 걱정과 염려 요소들의 타락한 격동 속에서, 사건들의 공포 속에서, 실망시키는 인간의 불행 속에서, 기반처럼 보일 때, 유쾌한 담력과 올바른 길은 인정하기 매우 어렵습니다. 아버지가 세상에 아이를 보내신 것처럼, 당신은 이 땅에 인간을 두셨다는 것을 기억하고 믿을 수 있도록 유쾌한 담력을 그에게 주시옵소서.

자비로운 하나님, 탕자처럼,65) 그가 다시 그 길을 찾을 때, 그의 형의 성격조차도, 모든 것이 변했다는 것을 발견했습니다. 그러나 아버지의 사랑은 변하지 않았습니다. 아버지의 사랑은 잔치를 베풀어 주시면서 집으로 돌아오는 그를 받아들였습니다. 잔치를 베풀어 주시는 부성애는 잃어버린 자식, 그에게 유쾌한 담력을 주셨습니다. 인간이 그처럼, 당신에게로 돌아올 때, 당신은 그에게 회개의 노상에서 유쾌한 담력을 주셨습니다. 그가 집으로 돌아오는 것은 사랑하는 아이가 집으로 돌아오는 것처럼, 동일하게 즐거운 것이 아닙니다. 그러나 만약 그가 잃어버린 아이라면, 어렵고 힘든 일입니다. 사랑하는 사람을 기쁘게 기다리는 사랑하는 아버지에 의하여 동일한 방법으로 그는 기다리지 않습니다. 파멸을 염려하며 두려하고 계시는 자비로운 아버지에 의하여, 그는 기다려지고 있다는 것을 믿을 만한 유쾌한 담력을 그가 여전히 가지게 하옵소서.66)

5) SK가 본 하나님 아버지

하나님은 세속적인 아버지와 같은 의미의 아버지가 아니다. 세속적인 아버지는 자연적인 관계 속에 한정된다. 그는 아버지가 되기를 원하고 싶어 하지만 아닐 수 있다. 자기 자신을 아버지로 만듦으로서 자기를 투옥시키고 감금시키는 존재로 만든다.

하나님의 입장은 다르다. 왜냐하면, 하나님은 단지 영이시기 때문이다. 만약 그대가 하나님을 아버지로 원하지 않는다면, 하나님은 그대의 아버지가 될 수 없다. 하나님 또한 그대의 아버지가 되어 주는 것을 원치 않을 것이다.

그러나 여전히 한 가지 차이점이 있다. 종종 발생하는 일이지만, 회개하고 돌아온 탕자에게 세속적인 아버지는 어려워지며 용서할 수 없고 아버지가 될 수 없다. 그러나 이것은 결코 하나님에게는 일어나지 않는다. 진지하게 그대가 그것을 기꺼이 받아들이자마자, 하나님은 또한 그대의 아버지가 될 수 있다.[67]

6) 신구약의 방탕에 대한 경고

완악하고 패역한 아들이 있다. 부모의 말에 순종치 않고 충고하여도 듣지 않는다. 해서 부모는 아들을 붙잡아 성읍 장로들에게 데리고 간다. 아들을 돌로 쳐 죽인다. 방탕한 탕자는 악한 무리들이다. 그래서 "네가 너의 중에 악을 제하라"

방탕하고 술에 취한 자기의 아들을 고발하여 성문으로 들어오기 전, 성문 밖에서 돌로 쳐 죽이는 아버지가 구약의 신명기서 율법[68]에 등장하는 것과 전혀 다른 신약의 예수비유[69], 탕자의 스토리는 극과 극의 대조를 이룬다.

그리스도는 이 신명기의 율법을 잘 알고 있었을 것이다. 그러나 그 분은 신명기법을 초월하는 휴머니즘, 인간애, 측은지심, 동정심, 자비와 사랑을 보여준다.

누가복음 15장에는 아버지의 가슴이 얼마나 넓고 깊은지를 보여주는 탕자의 스토리가 등장한다. 예수의 이 비유는 잃어버린 것에 대한 상실의 아픔과 다시 찾게 된 그 회복에 대한 기쁨이 얼마나 소중한가를 그리고 있다.

창녀촌에 들어가 주색잡기로 아버지의 재산을 다 날려버린 동생의 행태에 대하여 비판하는 큰 아들의 볼멘소리까지도 아버지는 "애야, 너는 늘 나와 함께 있고 내 것이 모두 네 것이 아니냐?"라고 위로해 주며 품에 안는다.

베드로는 과거의 방탕은 방탕대로 지나간 것에 대하여 그것으로 족하는 것을 인정한다. 이방인들이 이러한 욕정, 술취함, 우상숭배 등의 유혹을 지속적으로 요구해 오지만, 여기에 굴하지 않고 단호히 벗어나는 것이 더 중요하다고 경고한다. 왜냐하면, 우리는 모두 하나님 앞에 서야 하기 때문이다.[70] 바울 역시 방탕에 대한 경고로 절제(abstinence)[71]를 호소한다.

과거에 '내가 탕자와 같은 삶을 살았다' 할지라도, 회개하며 돌아설 때, 야훼 하나님은 그 넓으신 가슴으로 받아 주시는 것을 믿는다. 그러나 레갑 족속들(Rechabites)의 가훈, 7가지 원칙[72]처럼, 입에 포도주조차 대지 않을 때, 우리는 탕자처럼, 방탕(debauchery)이 무엇인지 모를 것이다. SK는 레갑 사람들의 가훈과 생활방식을 조금이라도 관심을 가졌더라면, SK처럼 그렇게 방탕한 생활은 하지 않았을 것이다.

7 | 키에르케고르는 자살했다?
Kierkegaard committed suicide?

자살에 실패했다! 레기네에 대한 사랑의 실패로 SK는 자살을 고민했다. "만약 내가 자살을 혐오하지 않했다면, 내 인생은 끝냈을 것이다. ..... 나는 하나님의 처벌이라고 여기는 고통을 수용할 수 있다."[73]

기독교적 관점에서, 인간의 삶은 처벌의 고통이다. 그러나 하나님의 섭리는 자살을 반대한다. 자살은 배은망덕한 행위이다.[74] 자살은 폭동이다. 그 이유는 산자들을 감옥에 처넣기 때문이다. 자살은 탈영병이다. 그 이유는 산자들을 군복무중인 병사들로 보기 때문이다.[75]

자살은 시간 속에서 집착하는 자아 정체성 원리의 유일한 윤리적 결과이다.[76] 자살을 생각하며 길을 걷고 있었다. 바로 그 순간 돌이 위에서 떨어져 그를 죽게 만들었다. 그가 마지막 숨을 거두면서 하는 말이 무엇이었나? "하나님을 찬양합시다!"[77] 스스로 자신이 생명을 저버리는 윤리 도덕적인 악보다는 자연적, 사회적인 악이 더 낫다는 아이러니한 상황이 벌어 질 수 있다.

1839년 7월 20일, SK는 자살에 관한 통계 정보를 가지고 논문을 쓰고 싶어 할 정도였다.[78]

자살의 위험성은 항존 한다.

절망이 가장 깊은 자살의 동기이다.

자살은 실존의 감옥에서 탈옥하는 것이다.

자살은 인간의 실존을 깨는 의미상실의 과정이며 결과이다.

자살은 가장 결정적인 죄로써 하나님에 대한 저항이다.

자살은 하나님의 섭리를 부정하는 것이다.

자살은 하나님의 섭리에 반기를 드는 것이다.

자살은 하나님을 가장 기분 나쁘게 하는 일이다.

스토이시즘에는 이상한 자아 모순이 존재한다. 자살은 궁극적인 도피의 수단이라고 권장된다. 자살을 인생의 "방편"이라고 주장하는 스토아학파들에 대하여 SK는 신랄하게 비판한다. 그 비판하는 이유는 육적인 자살뿐만 아니라 영적인 자살 또한 강하게 반대하고 있기 때문이며, 그가 생명의 소중함을 누구보다도 절실하게 느꼈기 때문이다. 그러나 자살은 바보짓이다.[79]

특별히 SK가 자살을 극복할 수 있었던 이유 중의 하나는 만남의 사건이다. 고통 중에 모차르트(Mozart, 1756-1791)를 만났기 때문이다. 모차르트의 음악이 SK의 생명을 살린 것이다.

에왈드(Ewald)의 시, "자살에 반대하는 충고"(Advice against Suicide)는 의미가 있는 멋진 시이다.

나는 궁금하다

바다의 파도를 어떻게 다 사라지게 할 수 있을까?

나는 궁금하다

독이 하나님의 도장을 어떻게 갉아 먹을 수 있을까?

칼이 인간들의 생각을 어떻게 살육할 수 있을까?[80]

이상할 정도로 성경은 "살인하지 말라"는 계명처럼, '자살하지 마라'라는 직접적인 경고의 계명이 없다. 천하보다 더 소중한 생명을 사랑하라는 계명[81])을 우리는 잘 알고 있다. 그러나 '자살하지 말라' 라는 계명을 피부에 와 닿게 그리고 자살의 결과에 대한 해석과 해명이 전혀 없다. 그러나 살인과 자살을 방지하기 위한 그리스도의 사랑과 십자가의 죽음을 생각해 보아야 한다. 영적 자살의 가능성, 의식적으로 하나님을 잊으려는 시도가 하나님을 살해하는 것이 가장 끔찍한 자살이다.

8 | 키에르케고르는 의사와 커피논쟁을 벌인다
Kierkegaard's Coffee Controversy.

*왜, 키에르케고르는
커피 중독자가 되었을까?

SK는 커피 마니아(mania)로 알려져 있다. 과연 그는 커피를 정말 좋아했을까? 그것이 궁금하다. 1844년부터 1850년까지 6년 동안, SK의 비서였던 레빈에 의하면, SK는 수많은 지팡이 수집과 마찬가지로 찬장에 50여개의 커피 잔을 가지고 있었다. 그는 자신이 원하는 물건을 수집하는 이상한 수집 마니아라는 것을 알았다.

SK는 "커피를 마시는 자신의 아주 독특한 방법을 가지고 있었다. 기쁘게 그는 설탕이 들어 있는 가방을 잡고 설탕을 커피 컵에 부어 가장자리 위에 쌓일 때까지 붓는다. 그런 후에, 믿을 수 없을 정도로 강한 검은 커피를 가지고 천천히 그 하얀 설탕 피라미드를 녹였다."[81]

레빈은 이러한 과정 속에서 SK의 손가락들이 컵의 가느다란 손잡이를 잡고 있을 때, 어슴프레한 불빛 속에서 그의 손가락들이 몹시 떨리는 것을 알 수 있었다.

SK는 보통 사람들이 즐기는 커피 마시는 습관이 아니었다.

SYB의 논문- "키에르케고르의 콤플렉스"-에서, SK의 주치의, 뱅(Oluf Lundt Bang)과의 대화를 소개한다. SK의 주치의는 무엇을 알고 있었는가? 1845년, "유머 있는 개인에 의한 진술들"(Lines for a Humorous Individual)의 타이틀로 *BJ*에서, SK는 항상 몸이 불편하고, 기운이 없고, 기분이 언짢다고 고백 한다: 나는 주치의와 함께 길을 걸을 때, 내 언짢은 기분에 대하여 불평을 늘어놓는다. 이 때, 주치의는 "당신은 너무 많은 커피를 마시면서 너무 적게 걷습니다"라고 응수한다.

3주가 지난 후, 다시 SK는 주치의와 대화를 한다.

"나의 기분은 엉망입니다. 그러나 지금 커피를 마신 것 때문에 그럴 수는 없습니다. 왜냐하면, 나는 전혀 커피를 마시지 않습니다. 또는 운동부족 때문도 아닙니다. 왜냐하면, 나는 하루 종일 걷고 있으니까요." 이 말을 들은 주치의 뱅은 SK에게 다음과 같이 대꾸한다.

"그래요. 그것이 분명히 이유가 될 것입니다. 당신은 커피를 마시지 않습니다. 그리고 당신은 너무 많이 걷습니다."

"결과적으로, 내 기분이 안 좋은 것은 지속적으로 동일하다. 그러나 내가 커피를 마실 때, 내 기분이 엉망인 것은 커피를 마시기 때문이며, 내가 커피를 마시지 않을 때, 내 기분이 언짢은 것은 커피를 마시지 않기 때문이다. 이것은 우리 모두에게 해당되는 것이다. 이 땅의 모든 실존은 일종의 내키지 않는 기분이 언짢은 찌뿌드드함이다. 누구에게는 너무 많은 운동과 노력으로, 누구에게는 너무 적은 운동과 노력으로 그런 것이다."

주치의와 SK의 이른바 커피 논쟁은 SK가 생각하는 실존적 의미의 한 줄기를 예측해 볼 수 있다. 그가 내적으로 가장 좋아하는 철학자가 있다면, 단연코 반기독교적 허무주의를 지향했던, *의지와 표상으로서의 세계*(The World as Will and as Representation)[82]의 저자인 쇼펜하우에르(Authur Schopenhauer)였다.

"아주 이상할 정도로, 나는 Søren Aabye의 이니셜, S. A.라고 불린다. 그래서 우리는 서로에 대한 역관계성을 지니고 있다"라고 주장한다. SK는 이것을 증명하기 위하여, 쇼펜하우에르의 첫 글자, A. S.를 사용하고 있으며, A. S.는 역설적으로 S. A.가 된다는 의식을 항상 지니고 있었다. 특히 A. S.의 실존적 철학에 동의하지 않했지만, "나에게 엄청난 영향을 주고 있다는 것을 알고 깜짝 놀랐다"라고 고백한다.

이 둘의 유사성은 아주 밀접하게 연계 되어 있다. 예를 들면, "윈백"(windbag)과 "윈서커"(windsucker)라는 단어를 두고 A. S.와 S. A.는 서로 역으로 대칭이 되는 상황에서 연합이 된다.[83] A. S.는 바람 주머니들과 저항하여 싸웠다. S. A.는 숨을 거칠게 쉬면서, 여물통 따위를 무는 버릇이 있는 말에 대항하여 싸웠다. 이들은 때때로 유쾌한 허무주의와 우울한 허무주의적 관점에서 서로 닮아 있다.

SYB가 파악하고 있는 SK의 멘토 중에서 가장 영향을 미친 인물은 바로 쇼펜하우에르라고 할 수 있다.

9 | 서리꽃을 맞았다.
Kierkegaard was exposed to the Frost Flower.

우리의 언어들도 꽃과 같이 되게 하지 마소서.
오늘은 푸른 초장에 있다가 내일은 용광로 속에 던져지는 꽃처럼 되지 않게 해주소서.
꽃들의 화려함이 솔로몬의 영광을 초월한다할지라도,
꽃과 같이 되게 하지 마소서.[84]
-키에르케고르의 기도:
-재판관의 책(BJ)

1)

자연은 실수하지 않는다. SK는 왜, 꽃을 그렇게 부정하는 것일까? SK는 "공중의 새와 들의 백합화"를 인간의 스승으로 묘사한다. 공중의 새와 "들의 백합화를 보라"고 할 정도로 자연의 꽃을 사랑하고 있었다.

그는 언어를 꽃에 비유한다. 언어는 마음의 거울이다. 말은 그 사람의 인격이며 정체성이다. 언어는 바로 그 사람이다. 그러나 사상들이란 인생의 나무에서 자연적으로 피어나는 꽃과 같지는 않다.[85]

들리는 소리보다 들리지 않는 소리가 더 아름답다. SK는 귀에 들리지 않는 "침묵"(Silence)의 언어를 중시한다.[86] *들의 백합과 공중의 새*(The Lily of the Field and the Bird of the Air)[87]를 구성하는 3가지 거룩한 담론, 첫 부분에서, SK는 말한다. "인간만이 말할 수 있기 때문에, 바로 그 이유 때문에 침묵을 지킬 수 있다는 것은 예술이다." SK에게 "말하는 것"은 공개성(openness)[88]과 직접성(immediacy)[89]을 위한 표현이다. 반면에 침묵은 사색을 전제로 한다. 침묵함으로써 SK는 결코 문자적 의미에서 침묵을 의미하지 않는다. 그 반대로 어떤 사람에게 이야기함으로써 실재적으로 본질에 관하여 침묵을 지킬 수 있다. 그러나 오히려 인간은 의식적으로 이상적인 것 혹은 영원한 가치에 집중하기 위하여, 자기 자신을 자기를 둘러쌓고 있는 상대적 세계의 다양한 인상들로부터 혹은 타자들과의 소통을 차단시킨다.

SK에 의하면, 이상적인 윤리적 행동은 침묵을 전제로 한다. 왜냐하면, 말로써 직접 표현할 수 없는 영원성이 포함되어 있기 때문이다. 특히 SK가 담론들을 강화할 때, 어떻게 침묵이 하나님께 복종하며 윤리적-종교적 시작이 되는지를 지적한다. 위에서 언급한 *세 가*

지 거룩한 담론들(*Three Godly Discourses*)에서 스승으로서 들의 백합과 공중의 새로부터 인간이 배우는 방법을 다루고 있다. SK는 다음과 같이 말한다. "가장 깊은 의미에서 침묵하게 되는 것은, 하나님 앞에서 침묵하는 것은 하나님을 경외하기 시작하는 것이다. 그리고 이 침묵은 ..... 신실하게 순종하기 위한 첫째 조건이다." 내적으로 기도하면 할수록 말 수가 적어지는 놀라운 일이 발생한다. 마침내 그가 침묵하게 될 때까지, 그는 마침내 침묵 보다는 말하는 것과 더 대조적인 것이 된다. 즉 그것이 가능하다면, "청자"가 된다.[90]

사적인 생활에서, 침묵이란 여성의 처녀성, 동정과 같다. 침묵을 깨는 사람은 두 번째 사랑을 시작한 여성과 같다. 두 번째 사랑을 시작하는 여인은 부서진 꽃과 같다.[91]

2)

SK는 윤리적이며 종교적인 상관성을 설명할 때, 신약성서의 잘 알려진 비유를 사용한다. 그가 반복하여 사용하고 있는 가장 잘 알려진 비유로는 "들의 백합", "공중을 나는 새"이다. 그러나 그는 자신의 비유를 가지고 윤리적이며 종교적인 실재성을 예로 들고 있다. 예를 들면, 엄격한 의미에서, 고통 받고 있는 사람들의 버거운 운명에 대한 스토리가 내포되어 있다. 그는 다른 말들과 마구간에서 살면서 그들의 고통을 공유하고 있지만, 자신의 고통에 대해선 결코 그 어떤 것도 들을 수 없는 "말의 비유"(metaphor of a horse)가 있다. 팀을 이루어 나쁜 말들을 이끌어 가고 있는 묘사에서, 그는 자신에게 주어진 권력과 능력을 신중하지 못하게 낭비하고 있는 인간의 모습을 보여주려고 노력한다. SK는 마부와 말들의 관계성을 사용하여 하나님과 인간 사이의 관계성을 설명한다. 하나님에 의하며 이끌려지는 인간은 그 어떠한 일도 성취할 수 있다.

SK는 자신들의 운명에 관하여 꿈을 꾸는 젊은이들에게 호소한다. "청춘은 주변의 환경에 조화롭게 생각하며 조화를 이루며 반사해주는 사랑스런 이슬방울을 모아 담아내는 새벽에 피는 한 송이 꽃과 같다. 그러나 곧 태양이 지평선 위로 떠오르면, 이슬방울은 증발해버린다. 이슬처럼 인생의 꿈도 사라진다. 그리고 지금 문제는 한 번 더 꽃의 메타포를 이용하는 것이다. 협죽도 꽃(oleander), 혹은 만병초 꽃(rosebay)처럼, 자신의 노력으로 자신의 인생의 열매로서 버틸 수 있는 이슬방울을 만들어 낼 수 있는지 여부이다."92)

이것은 무엇보다도 인간은 자신이 속해 있는 (꽃의) 토양을 발견하는 것이다. 그러나 그 발견은 항상 쉽지 않을 것이다.

물망초(The forget-me-not)의 자리는 숨어서 겸손함을 보여주는 들판이어야 하지만, 공원에 있을 땐, 아주 볼품이 없어 보인다.93)

SK는 꽃을 비유적으로, 사도 바울을 다음과 같이 비판한다. "사도 바울이 공식적인 직함이 있었는가?" 아니다. 바울은 어떤 공적인 직책이 없었다. "그는 다른 방법으로 많은 돈을 벌었는가?" 아니다. 그는 어떤 방법으로도 돈을 벌지 못했다. "적어도 그는 결혼했는가?" 아니다. 그는 결혼하지 않았다. 그러나 "바울은 분명히 성실한 사람이 아니었다!" 그렇다. 바울은 진지한 사람이 아니었다.94) 위 문장의 마지막은 다음과 같이 끝이 난다: ["기존 기독교계"의 무덤 위에 공손하게 심어진 한 송이 꽃]이라는 제목 하에, 바울은 진지한 사람이 아니었다]95)

풍요와 다양성이 인디언의 시에서 발견된다. 몇몇은 그것을 낭만적인 것으로 규정하지만, 낭만적이 아니다. 그것은 "생장력 있는 풍요"(vegetative-prolification)이다. 대체로 동양에서 생명은 생장력이 있다. 진정으로 그들의 신들은 "꽃받침"(calyx)으로 태어나 기어 나와 꽃으로 자란다. 식물왕국에서, 무한한 형태들과 색깔들의 유희 등 많은 매력들이 있다. 보는 이들의 눈동자 속에서, 식물들이 순수하고 아무런 의식 없이 자신들의 속내를 펼쳐 보인다. 그래서 감동적이다. 그것이 생의 이유이다.[96]

태양의 온기가 사라질 때, 겨울 추위가 창문에 형상들을 그리듯이, 역경은 사람들을 뭉치게 할 뿐만 아니라, 아름다운 내적 연합을 불러일으킨다. 역경은 사람들을 한데 묶으며 미와 조화를 삶의 관계성 속으로 끌어들인다. 마치 겨울 추위가 유리창에 마술을 부리듯이, 온기로 사라지는 꽃들을 만들어 낸다.[97]

이교사상은 관능적이며 삶을 관능적으로 꽃피우게 만든다. 따라서 우리가 프로메테우스(Prometheus)[98]를 보고 있는 것처럼, 독수리에 의하여 간이 쪼이고 지속적으로 다시 자라며 지속적으로 깨어난다. 그러나 결코 만족하지 못한다. 기독교는 뇌에 호소한다. 지적 대상이다. 그래서 "골고다"(Golgotha)를 "해골의 장소"(the place of the skull)라고 부른다.[99]

3)

SK는 꽃을 메타포(metaphor)로 자신의 심정을 다음과 같이 표현한다. "내 마음의 모든 꽃들이 서리꽃(frost flower)으로 변하고 말았다."[100]

우리는 하나님으로부터 사랑이 무엇인지 배워야 한다. 하나님은 제일 먼저 우리를 사랑하신 분이다. 그리고 최초의 스승이요 선생님이시다. 우리를 사랑해 주심으로 우리에게 사랑하는 법을 가르쳐 주셨기 때문에 우리는 하나님을 사랑해야 한다. 마지막 임종의 자리, 죽음의 자리가 그대를 위해 준비되었을 때, 그대는 결코 다시 그 자리에서 일어날 수 없다는 것을 알았을 때, 그대 주위에서 사랑의 꽃이 피어나 아름답게 자란다. 그 꽃을 볼 수 있는 사람, 그 향기를 맡을 수 있는 사람과 그 믿음은 이 세상 그 무엇보다도 숭고하고 아름답다.[101]

SK에 의하면, "하나님을 사랑하는 것은 추한 것을 사랑하는 것이다." 기독교계에서 기독교의 이름으로 하나님을 사랑하는 것은 인간의 생명, 시간, 세속성을 추구하는 사상들, 성공을 위하여 하나님께 기도하며 감사하는 것을 채우는 일이다라는 주제를 가지고 많은 강의들이 이루어진다. 달리 표현하면, 하나님을 사랑하는 것은 미를 사랑하는 것이다. 따라서 기독교계에서, 기독교가 최근에 개발한 가장 아름다운 꽃이라고 부르는 것을 자랑스럽게 생각하며, 또한 그것이 성도의 가정생활에서 번창하고 있다. 가관이다![102]

은유적으로, "남성과 여성은 한 꽃이다." "남성과 여성은 한 줄기이다."[103] 이것의 의미에 의하면, 남성과 여성은 전체적으로 경쟁의 필요성에 종속된다. 그들은 어떤 이상적인 개인적 독립 없이 유일하게 특별한 존재들이다. 이 관계는 *In Vino Veritas*[104]에 나오는 "젊은이", 아이러니스트에 의하여 매우 정확하게 묘사된다. 실재적인 사실에서, 그것을 그가 말할 때, 그것은 그들의 연합 속에서 자신들의 목표를 추구하는 남성과 여성, 개성들이 아니라, 그 경쟁은 그 이면에 놓여 있다. 따라서 그 연합에서, 개인들은 "속은 사람들이며 동시에 천재는 개인에 대하여 승리한다. 천재는 승리한다.

반면에 개인은 그 섬김에 있는 존재에 종속된다."

개인의 중요성이 더 강력하게 통합된다. 그 목표는 모든 사람들이 "아름다운 개성"이 되는 것이다. 그러나 이 목표 또한 유한성 안에 존재한다. 익명의 저자 A는 "여성성" 혹은 "여성성의 사상"은 아직 인식할 수 없다는 이 실존의 차원을 이야기 한다. 그러나 또한 남성성의 사상에도 동일하게 적용된다.

결과적으로 SK의 견해는 남성과 여성 사이에는 신체적, 정신적, 영적인 차이가 존재한다. 외적이며 세속적인 관습에 의해 결코 무시되어서는 안 된다. 그러나 그는 "하나님 앞에서 영성의 문제에서 여성은 절대적으로 남성과 동등하다"는 것을 강력하게 강조한다.[105]

SK는 페미니스트(Feminist)였다.[106] 아이를 낳지 못하는 결실이 없는 결혼이라 할지라도, 경험이 있는 관찰자의 눈에 비친 세상에서 가시적인 열매의 축복을 받을 것이다. 왜냐하면, 이 열매들은 꽃이 피지 않는 은화식물(cryptogam)과 같다.[107]

SK는 이 용어를 이중적 의미로 사용한다. 한편으로는 조용한 결혼, 그리스어로 "숨겨진 결합, 결혼"(Krypto Gamos)을 가리킨다. 다른 한편으로는 조용한 결실을 하는 식물 메타포이다. 수정기관이 숨겨져 있거나 혹은 식별하기 어렵고 꽃과 씨도 없으며 포자의 수단에 의하여 번식된다. 예를 들면, 고사리류, 이끼류, 곰팡이류들이다. 그들은 대중들의 관심을 피한다. 그리고 단지 고독한 탐색자만이 그들을 발견하며 그의 발견 속에서 기쁨을 누린다. 그의 인생은 침착하고 고요하게 흐른다. 그리고 그는 취하게 만드는 교만의 잔도, 절망의 쓴잔도 고갈시키지 않을 것이다. 꽃이 보이지 않는 꽃, 은화식물들은 적의 전쟁 수단들을 파괴시킬 수 있다.[108]

4)

SK는 꽃을 통하여 유추(analogy) 해석을 시도한다. 페크너 (Fechner, Gustav Theodor)의 책, *Nanna oder*에서 식물들의 정신생활에 관한 것을 언급한다. 여러 가지 좋은 내용들이 있는데 예를 들면, 유추의 멋진 관찰이다.

"번데기: 잎 = 나비 : 꽃"(pupa : leaf = butterfly : flower)

번데기는 잎에서 살고, 나비는 꽃에서 산다. 그리고 저자가 말하고 있듯이 아마도 잎은 먹히는 고통이 있지만, 꽃에게는 달콤하다. 결국 그 고통은 수지맞는 장사다.[109]

갉아 먹히는 잎의 고통, 자신의 식량의 꿀을 빼앗기는 꽃의 고통, ... 이러한 모든 고통이 어떻게 수지맞는 장사가 될 수 있을까? 있다! 자신의 희생으로 타자의 생명을 살리는 양식이 되기 때문이다.

5)

SK가 생각하는 가문의 저주, 그 "대지진"의 일부 내용에 의하면, 죄가 가족 전체에 임한 것, 하나님의 처벌이 가족에 임한 것, 하나님의 전능한 힘으로 지워지고 하나의 실수처럼 사라질 것이라는 것, 한 사람을 잃는다 해도 보다 좋은 세상이 우리에게 열릴 것이라는 것, 유대인에 대한 처벌이 적들이 위에 임한다 해도 우리를 칠 것이라는 것, 우리의 기억은 완전히 지워지고 흔적조차 사라진다는 것, 아버지가 장수하는 나이는 축복이 아니라 저주라는 것, 가족들의 예외적인 지적 능력이란 서로를 괴롭히는 것, 자신의 죽음의 적막함을 느낀 것, 종교의 위로를 가지고 우리를 안심시키는 것이 아버지의 의무라는 것, 아버지가 우리보다 오래 사는 것은 불행이라는 것, 아버지의 모든 희망은 자식들의 무덤 위에 꽃들을 가져다 놓는 것, 등이다. 여기서 아버지는 꽃을 들고 먼저 세상을 떠난 아내와 다섯 자녀들의 무덤 앞에 꽃을 들고 서 있는 아버지를 연상하며 비통한 생각이 들었을 것이다.[110]

"공동묘지에서"(At the Cemetery)라는 제목에서, SK는 "무덤에 꽃을 갖다 놓는 것은 이미 큰 차이를 보여준다. 무덤에 나무를 갖다 놓는 것은 번영이다. 인생은 이처럼 죽음으로 돌아간다. 어린 시절에 이미 꽃을 갖는 것은 큰 차이가 있다. 나무를 갖는 것은 특별한 일이다. 죽음에 대한 가장 진지한 명상가운데서도 인간은 미소를 지어야 한다. 모든 것이 평등하다는 것이 아니라, 여전히 차이가 있다는 것이다."라고 고백한다.[111]

SK는 레기네 올센(Regine Olsen, 1822-1904)[112]의 오빠로부터 올센의 결혼식 날 한 통의 편지를 받았다. 그녀의 오빠는 브라질 군대의 대위로서, 전쟁터에 가담중이다. 하루에 100여명의 병사들이 죽어나가는 치열한 전쟁터의 현장을 보면서, "죽음이란 보편적인 운명이다."(Death is a universal fate.)라고 토로한다.[113]

SK는 레기네의 결혼식장에 꽃을 들고 찾아갔다. 그녀는 너무 아름다웠다. 기쁨이 넘치는 그녀의 시선과 자신의 눈이 마주쳤을 때, 그는 베드로가 선생 예수를 3번씩이나 배반하고 쫓겨나는 장면에 자신을 비유하며 결혼식장을 나와 눈물을 흘린다.[114]

SK는 "나 자신에 관하여"에서, 나는 천재의 지성을 부여 받았으나 이른바 결코 거룩한 사람이 아니다. 나 자신을 사도에 비유하면,

어린애처럼 느껴진다. 천재는 정신적 우울과 불행이 불가분하다. 천재는 "불균형의 혼합"(disproportionate composition)이다. 햄릿에 대한 괴테의 평가는 천재의 특출 난 모습을 보여 주는데, "그는 꽃밭에 심겨진 도토리나무이다. 천재도 마찬가지이다. 그것을 참아내기 위하여 힘이 없는 잉여이다.[115]

꽃밭에는 꽃들이 있어야 하지만, SK, 역시 "꽃밭에 심겨진 도토리나무와 같다"는 자신의 비유를 언급한다. 이 도토리나무는 SK의 실존주의 핵심어인 "단독자"(The Single Individual)를 상징적으로 잘 보여준다.

6)

*거북이는 왜,
울타리 기둥 꼭대기에 올라와 있을까?

나는 꽃이다. 꽃은 아름답다. 나는 꽃이다. 꽃은 더럽다. 그러므로 꽃은 인간이다. 내가 꽃을 보는 것이 아니라, 꽃이 나를 본다. 꽃은 보편적 인간이며, 주체적 인간이다. 꽃은 뮈토스다. 파토스다. 에토스다. 로고스다. 꽃은 철조망 울타리 기둥 꼭대기에 올라 온 거북이다. 그러므로 꽃은 텔로스, 즉 목적이 존재한다. 인간은 꽃으로서 은유 덩어리다.

인간은 눈으로 꽃을 감상하지만, 꽃은 색깔과 향기로 인간을 감시한다. 인간은 입으로 꽃의 꿀들을 맛보지만, 꽃은 숨결로 인간의 냄새를 맛본다. 꽃은 CCTV이다.

SYB의 미출간 소설, *꽃들의 반란*(*The Insurrection of Flowers*)
은 개연성 있는 팩트를 기초로 한 철학적, 신학적, 형이상학적 심
리 소설이다. 가장 기초가 되는 텍스트는 바울이 쓴 편지, 로마서의
신학적 사상, '죄와 벌'이라는 틈새에서 인간의 의식의 흐름 속에
등장하는 가식과 위선을 고발한다.

꽃의 메타포로 권력에 대한 도전과 응전이 진행되는 가운데 가치
논쟁이 벌어진다. 이분법적 논리에서 탈피하여 삼분법적 메타포의
상징, 키메라(Chimera)의 상부구조 사자머리와 하부구조 뱀 사이에
서, 중간지대, 즉 염소몸통의 가치중립을 핵심전략으로 삼고 있다.
그 결과 '무장된 중립성', 즉 양심을 포함하여 진리, 자유, 평등, 정
의, 공정성, 공평성의 문제 앞에서 어떻게 "*에포케*"(Epoche), "판단
중지"를 선언할 것인가, 무엇이 가치중립적인 것인가를 고뇌한다.

부서진 꽃이 아름답다. 완전한 인간보다 부서진 인간, 그로테스
크한 인간이 아름답다. 특히, 이 스토리에서 IF철학, 괄호철학에 내
포된 의미를 제시하고 있으며, 특히 분수식 암호는 주제와 깊은 연
관성이 있다. 이 수수께끼는 스토리의 전체적인 주제를 파악하는
'보물에 이르는 열쇠'라고 할 수 있다. 그 주제파악의 몫은 열린 결
말의 시스템으로 독자들의 판단에 맡긴다.

꽃들의 반란은 인간들의 몸부림, 부대낌 속에서 피어나는 부서진
꽃들이다.116)

10 | 한 마리 새이다.
Kierkegaard's a Bird.

*산새는 과연, 나를 "친구"로
받아 줄 수 있을까?

인간은 역사이래로 왜 형언할 수 없을 정도로 새가 되려는 갈망을 버리지 못하는 것일까?(Why does everyone, at least at certain times, have such an indescribable longing to be a bird?) 전후맥락이나 설명 없이 이 같은 질문을 하는 것은 즐거운 일이다. 도둑들 사이에서나 혹은 노름꾼으로서 나올 법한 질문인 것 같은 예정된 메시지로서 소설 속에서나 사용될 수 있는 질문일 것 같다.

SK는 자신은 "비가 올 거라고 경고해 주는 새", 즉 "rain-warner"와 같다고 주장한다. 이 "레인-워너"의 역할이 SK의 전 생애의 미션이라고 해도 과언이 아닐 것이다. 1세기와는 전혀 다른 잘못된 기독교에 대한 비판적 성찰이 비록 덴마크에 국한된 것이 아니라는 것을 새라는 메타포를 통해서 21세기에도 그 울림이 전해진다. 한 세대가 지나는 동안 폭풍우쯤으로 생각하는 것은 오해일 것이다. 19세기 실존주의 철학과 신학의 변화와 개혁을 추구했던 SK의 개성이 "한 마리의 새"라는 은유로 집약될 수 있다.

"뮌스터(Mynster) 주교가 나의 *TC*를 읽고 난 후 그와 나의 대화"에서, 뮌스터 주교는 이 책에 대하여, "거룩한 내용을 가지고 세속적인 게임을 하고 있다"고 화가 나서 말했다고 파울리(Paulli)[117] 목사가 SK에게 전해준다. 그래서 SK는 즉시 다음 날 뮌스터 주교를 만나기 위하여 달려간다.

"내가 전에 그대에게 말한 것처럼, 자네를 책망할 권한이 없네. 전혀 그럴 마음이 없어. 모든 새들은 자기 자신의 부리를 가지고 노래하지.(Each bird must sing with its own beak.) 사람들은 나에 관하여 그들이 원하는 것을 또한 말할지 모른다. 그 책은 유익하지 않을 것이다." 뮌스터는 약간 비꼬는 투로 SK에게 겁박을 주었다.

이 때, 뮌스터가 SK에 한 이 말- "모든 새들은 자기 자신의 부리를 가지고 노래한다."-은 듣기에 따라서 다르게 해석할 수 있다. '터진 입이라고 다 말할 수 있는 것은 아니다. 열린 사고라고 무엇이나 다 글로써 책으로 표현하는 것은 아니다. 자신이 가진 부리로 타인의 카테고리를 넘어서는 안 된다. .....' 뮌스터는 "나는 모든 새들이 자신의 부리로 노래하는 그 내용에 전혀 개의치 않는다"고 말하면서, SK를 비판한다.

*TC*의 절반은 뮌스터 주교의 후계자인 마르텐센을 공격하는 내용이며, 나머지 절반은 SK가 기독교를 공격하는 자신의 사상에 관한 내용이라고 SK는 고백한다.

뮌스터 주교는 이 책을 다 읽었다. 그는 SK의 책에 대하여 공식적으로 표명하려고 했으나 포기했다. 그래서 새의 부리를 이야기하고 있는 것이다. 새의 부리는 길이와 그 크기가 다르다. 노래를 부를 때마다 벌어지는 부리의 크기가 또한 다르다.

*SD*에서, SK는 유혹자에 의하여 선택된 여성이란 마치 "새의 부리에 의해서 쪼아 파헤쳐진 열매"(a fruit to be pecked by a bird)와 같다고 주장한다. 새라는 것은 마치 미술품의 감식가요, 그 방면의 통달자, 전문가, 권위자이다. 유혹자 또한 절대적인 감식가이다. SK는 한 마리 새로서 연애의 달인이었다.

기독교는 사탄의 창조물이며, 상상력을 통하여 인간들을 불행하게 만든다. 마치 벌레와 새가 최상의 열매를 찾는 것처럼, 사탄 역시 최고의 정상자리를 획득하기 위하여 애정을 사냥하려고 한다. 여기서 열매가 바로 레기네 올센이었다. 벌레와 새들은 항상 최고로 잘 익은 열매를 찾는다.

SK는 베르린에서 코펜하겐으로 돌아와, *E/O*를 끝마치자마자, 다시 행복한 새처럼 날아갈 것이라고 고백한다. 그는 새처럼 자유를 원했다. 그래서 다시 여행계획을 세운다.

인간들의 손으로 세워진 교회 안에서 들려오는 목사들의 설교소리보다도 새들의 노랫소리가 더 아름답다. 포효하는 폭풍우 소리와 가벼운 미풍으로 들려주는 소리가 교회안의 오르간의 소프라노와 베이스 소리를 대신한다. 그리고 새들의 노래 소리가 회중들의 찬양으로 구성된다.

새들은 하루의 비상을 마무리하면서 그들의 저녁 기도를 위하여 노래한다. SK는 하늘을 새들의 비행하는 새들의 모습을 보면서, 언제나 그리스도의 말씀을 상기시킨다. "천부의 뜻이 아니라면, 참새 한 마리조차도 땅에 떨어지지 않을 것이다."[118]

윌리엄 블레이크(William Blake)는 "순수의 전조들"(Auguries of

Innocence)에서, 다음과 같이 노래한다.

> .....
> 새 장 속 한 마리 울새는
> 온 천국을 분노케 하고
> 각 비둘기로 꽉 찬 둥지는
> 지옥을 구석구석까지 떨게 한다.

　새장 속에 갇힌 울새(Robin)은 자유를 박탈당하고, 빈 둥지가 아닌 채워진 비둘기 둥지(Dove's Nest)는 지옥을 떨게 한다. SK는 고백한다.

> "나는 날개 잘린 참새다."
> "나는 불쌍한 앵무새다."
> "나는 마도요다."
> .....
> "나는 한 마리 새이다."

　SK의 인생은 "자유"에 대한 몸부림이었다. 그는 단순한 새가 아니었다. **그는 채색된 새였다.**(**He is a Painted Bird.**) 한 마리 참새가 성질이 고약한 사냥꾼의 올무에 걸려 잡히었다. 그는 참새의 깃털에 7가지 무지개 색으로 온 몸을 칠하여 하늘로 날려 보냈다. 그 채색된 참새는 동료들이 있는 곳으로 날아갔지만, 친구들은 그를 적으로 보고 부리로 쪼기 시작하여 결국 죽게 만들었다.[119]
　새가 되려는 갈망은 자유에 대한 그리움과 향수 때문이다. 종교의 핵심은 그 무엇에도 얽매이지 않는 자유이다. "진리가 너희를 자유케 하리라"(The truth will set you free)[120]는 그리스도의 말씀은 새가 되려고 하는 자들에게 자유를 부여해 주기 위함이다.

11 | 무정란이다.
Kierkegaard is A Wind-Egg.

*키에르케고르는 왜, '바위'에 계란을 던지는 것일까?

SYB의 사이버은총교회(Cyber Grace Church)에는 "겨자씨 우주알"이라는 칼럼이 있다. 이곳은 SBY의 설교메시지 중심의 담론이 주로 탑재된다.

위의 사진은 이 칼럼의 구독중의 한 분이 SYB에게 전달해 준 알들이다. 7개의 청란과 7개의 일반 알, 총14개를 선물로 받았다. 껍질이 파란 색이라서 "청란"(blue-shelled egg)이라고들 한다. 요즈음 청란의 효능이 현대인들의 건강에 유익하다고들 전한다.

소중한 알들이라서 뭐라 고마움을 표할지 몸 둘 바를 몰랐다. 주신 분의 손품과 어머니 사랑이 듬뿍 담긴 '보자기 손'과 넉넉한 그

마음에 보답할 길이 없어서, 우선 주신 알들을 가지고 공간을 수직적으로 가로지르는 기둥은 청란으로, 수평적으로 가로지르는 공간은 일반 계란으로 하여 십자가를 만들어 보았다. 두 손 모아 기도하는 마음뿐이다.

SK의 계란 스토리는 "아직도 살아있는 자의 일기들로부터"(From the Papers of One Still Living)에서, 세계적으로 유명한 작가, 안데르센(H.C. Andersen)의 메타포 담론에서 등장한다. 안데르센의 화살은 다음과 같이 SK에게로 향하고 있다.

천재는 계란이다.
온기가 필요하다.
성공적인 부화가 필요하다.
그렇지 않으면, 무정란이 될 수 있다.

SK는 안데르센의 책, *쿠넨 스필만드Kun en Spillemand*(Copen hagen:1846), p.161에서, 안데르센의 담론에 대하여 비판한다. 덴마크 문학에서, 한권의 책이란 고무적이며 격려하는 기대감 예상의 필요성 없이도, 비록 E/O의 책에서 아무것도 입증할 수 없다할지라도, "동정의 따뜻한 재킷"(the warm jacket of sympathy)이 없이도, 글은 쓰여 질 수 있다는 것을 주장한다.[121] "한권의 책이 의미가 전혀 없다할지라도, 내가 발붙이며 살아가면서 두서없이 중얼 중얼거리는 철학적 시대에 관하여 글로 써 왔지만, 책을 만드는 것은 여전히 가장 함축성 있는 경구(警句)가 될 수 있다. 흐르는 시냇물이 역류한다할지라도, 그렇게 보이지 않는다 해도 열심히 글을 쓸 수 있고, 실재적으로 모양새도 없고 서투른 방식으로 생활하는 모든 학생들이 그를 뜨내기나 게으름뱅이로 바라보는 동안에도, 개인적으로 주의나 노력을 집중 할 수 있다."

SK가 안데르센을 비판하는 것은 SK의 철학사상에 대한 안데르센이 비난의 화살을 날렸기 때문이다. 안데르센은 그룬드비히(Grundtvig)나 뮌스터(Mynster)에게는 긍정적이었지만, SK의 철학과 신학에 대하여 기본적으로 긍정적이지 않았다.[122]

SK는 천재이다. 그는 "위대한 천재는 상당한 광기가 있어야 한다"는 세네카의 말을 인용하면서, 스스로 천재라는 것은 인정한다.[123] 안데르센은 이러한 천재의 글에 대하여 너무나 날카롭고 무정하고 비판적이라는 생각을 갖고 있는 듯하다. 즉 글들이란 어머니의 온기와 같은 따스함이 절대적으로 필요한데, SK의 글들은 그렇지 못하다는 것이다. 그래서 결론적으로 SK의 작품들은 무정란이라고 비판하고 있는 것이다.

유정란은 수탉과 암탉의 짝짓기로 생산이 된지만, 무정란은 수탉 없이도 암탉 혼자서 생산되는 알이다. 영양학적으로, 안데르센은 무정란의 기능에 대하여 잘 알고 있었던 것이다. 따라서 SK의 글들에 대하여 '천재는 계란이다'라는 메타포를 가지고 간접적으로 비판하고 있는 것이다. 또한 안데르센이 글로써 표현하고 있지 않지만, 천재는 깨지기 쉽다는 것을 암묵적으로 주장하고 있는 것이다.

이러한 안데르센의 비판에 대하여, SK는 마음의 여유가 없었을 것이다. 그것은 당연하다. 왜냐하면, SYB의 주장에 의하면, SK는 그의 인생여정에서 어머니의 이름, 어머니의 사랑, 어머니의 따스하게 품어주는 온기를 느껴보지 못했기 때문이다.

무정란 신세가 될 수 있다는 비판에 대하여, 반기를 들고 있는 SK의 입장을 안데르센은 무시하고 있는 것이다. 이것은 그가 자라온 삶의 여정과 과정을 간과한데서 오는 비판일 것이다.

한 인간의 사상과 글들이 눈에 보이지 않는 겨자씨만큼 작은 것이지만, 알이 될 정도로 변모한다. 그것도 "우주알"[124]이 될 정도의 기적과 풍요를 누릴 수 있다면, 얼마나 좋을까! 그리스도가 비유로 말씀하신 "겨자씨"(mustard)는 새들이 둥지를 틀 정도로 큰 나무가되어 선한 영향력을 끼치고 있다.[125]

비록 유정란이 아닐지라도 계란은 무정란이 될 수 있다. 무정란은 창조주 하나님께서 인간의 건강을 위한 특별한 단백질 공수전략이다. 21세기의 유전자 조작에 의한 실험실 아기의 탄생도 유정란의 결과이다. 그러나 생태학적으로 인간은 무정란이 될 수 없다. 그러나 영적으로, 인간은 성령의 바람(Spirit-wind)[126]을 맞아 무정란이 될 수 있다는 점을 간과해서는 안 된다.

성령으로 태어난 신-인(God-man)[127], 예수 그리스도는 무정란이다.(Jesus Christ is A Wind-Egg.) 성육신(Incarnation)[128]은 바로 무정란의 화신이다. 예수 그리스도는 마리아(Mary)[129]의 홀몸으로 태어났다.

겨자씨를 칼로 잘라보라!(Cut the mustard!) 무엇이 나오는가? 겨자씨의 기준이나 목표에 이르게 될 것이며, 기대에 부응하게 될 것이다. 생명을 잉태하는 과정과 자라는 과정에 좀 더 후한 점수를 주어야 한다. 안데르센의 반응에 대하여, SK는 결과보다는 과정에 방점을 찍고 좀 알아주면, '어디 덧니라도 나느냐?'라고 항변할지 모른다.

'나인 나'와
'나 아닌 나'는
유정란인가, 무정란인가?

12 | 고드름이다.
Kierkegaard is an Icicle.

*키에르케고르의 "포크"가 왜,
"고드름"이 되는 것일까?

SK는 고드름이다. 왜, 마르텐센은 "고드름"(icicle)에 관한 글을 쓰는가? 왜, 그룬드비히는 그를 "고드름"이라고 비난하는가?[130] 왜, SK는 고드름이 되어야 하는가?[131]

메타포는 권력이다. 그 권력은 고드름이다. 그 고드름은 날카롭다. 그러나 그 고드름은 녹아 사라질 것이다. 고드름을 입에 담고 있는 사람들 역시 녹아 사라진다. 고드름은 허무하다.

고드름의 펜 끝이 무디어 질 때, 그 생명은 다한 것이다. 고드름의 펜 끝이 살아 있을 때, 그 생명은 비가시적인 H_2O를 가시적인 H_2O로 만들어 낸다. 또한 가시적인 H_2O를 비가시적인 H_2O로 변형시킨다. 교회처마 끝에 매달린 그 고드름이 진정한 신앙공동체가 아닌 부와 권력, 명예와 매너리즘에 빠져 있는 겉만 번지르한 교회들의 기둥과 지붕을 흔들어 댄다. 맞다. SK는 영적 고드름의 상징이다!

고드름의 녹아내린 물이 살아남은 자들과 원수들의 생수가 된다면, 이 또한 좋은 일이 아닌가! 자신들을 향해 육적 고드름의 공격 화살을 퍼부어 댔다고 교회의 처마 밑에 매달려 있던 고드름이 떨어져 사라지기를 바라는 그리스도인들이 있다면, 그/그녀의 고드름 또한 땅에 떨어져 녹아 사라질 것이다.

혹한과 Covid-19로 고통 받고 있는 이웃들을 위하여, 조금이라도 보듬어 안아서 아우르는 선한 고드름들이 되기를 기도한다.

예수 그리스도가 당부한 대로 비난하지 말라.132) 철저하게 "무장된 중립성"으로 선한 영향력을 세상에 끼칠 수 있다면, 얼마나 좋을까.133)

13 | 용서의 기술을 모르는 이기주의자이다.
Kierkegaard is a Egotist Not knowing
The Art of Forgiveness.

앤드류 마이어스(Andrew Myers)의 "용서의 기술"(The Art of Forgiveness)이라는 제목의 조각품이 있다. 이 문에는 "용서"라는 문패가 달려 있다. 주인공이 열쇠를 끌고가 그 문에 끼우는

*키에르케고르는 왜, 용서하지 않는가?

순간, '용서의 문'은 열리게 되어 있다. 그러나 이 조각의 주인공은 이 조각품이 녹이 슬어 사라질 때까지 절대로 용서할 수 없을 것이다. 비록 1미터밖에 안 되는 가까운 거리에 있지만, "용서"라는 단어가 그 기적을 발휘하기에는 절대로 불가능하다.

용서는
죽을 만큼 어려운 것인가?

SK는 1855년 11월 11일, 프레데릭스 병원에서 마지막 숨을 거두는 순간까지도 그의 형을 용서하지 못했다. 그것은 그의 신념 때문이며 덴마크 대주교 뮌스터의 후계자로서, 그룬드비히 신학과 사상의 전도사 역할을 했던 마르텐센의 생각에 SK는 반대했기 때문이다. 뮌스터는 아버지의 친구였지만, 그를 "독초"라고 비판한다. 자신의 가정교사였으며 코펜하겐 대학의 교수였던 마르텐센을 "바보"라고 힐난한다.

그룬드비히가 누구인가? 덴마크의 정치가요, 역사가요, 교육가요, 시인이요, 목사였다. SK는 그룬드비히를 "난센스"(Nonsense)한 인물이라고 신랄하게 비판한다.[134]

덴마크 로스킬데 대표자 회의에서 마르텐센이 그룬드비히의 사상을 높이 평가하자, 목사인 친형, 페드로는 마르텐센의 평가에 동조하고 박수를 쳤다. 이것을 지켜 본 동생, SK는 사는 날까지 형에 대한 반감을 가지게 되었다. 병원에서 마지막 세상을 떠나는 모습을 보려고 왔던 형은 병실, 앞에서 문전박대를 당하고 발길을 돌려야만 했다.

SK는 "지금 나는 수사적인 형식으로 죄의 용서에 대한 사상을 실행해야만 한다"고 고백한다.[135] 그럼에도 불구하고, SK는 "죄의 용서를 믿지 못하는 것은 인간이 영이 되지 못하는 심각한 위기"일 뿐만 아니라, 용서는 "모든 것을 잊는 것이다."(Everything is forgotten.)라는 것을 강조한다. 용서와 영이 되는 문제를 성숙의 관점[136]에서, SK는 죄의 용서를 이해하기 위한 최우선적인 의식과 인상을 진지하게 언급하면서도, 그 "용서"라는 단어를 망각한다.[137] 자기 자신을 스스로 기만하며, 우유부단한 유아론적인 성격을 마지막 숨을 거두는 순간까지 드러낸다.

동생이 죽자, 형 페드로 또한 아버지와 어머니, 그리고 다섯 동생들이 묻혀있는 가족묘에 동생의 관이 들어오지 못하도록 막았다. 이 같은 묘지에서 소란은 먼저 하늘나라에 있는 선친과 모친뿐만 아니라, 살아남은 친척들과 자신의 부끄러운 수치이다.

SK의 저서, WL는 빈 수레처럼 들려온다. 그가 정의하는 사랑이란 무엇인가? 그가 그토록 강조했던 "사랑의 변증법"은 어디에 있는가? 그가 넘어야 할 저 "분노의 포도"들이 언제쯤 녹아내릴 것인가? 증오의 산들이 언제쯤 용서의 바다로 옮겨질 것인가?

미는 진리요, 진리는 미이다. 진리를 사랑하는 사람들은 뒷모습이 아름답다. 아름다운 사람들은 진리를 사랑한다. 그래도 인간적인 윤리는 용서라는 미의 진리이다. 용서의 파토스를 넘지 못하는

질적 변증법은 달처럼, 지구의 양심이 될 수 없다.[138]

오호라!
여전히,
아직도,
그럼에도 불구하고,
용서하지 못하는 사람이 있는가?
그리스도인으로서, 먼저 손을 내밀라!
먼저 손을 내밀지 못하는 사람은
살았으나, 죽은 목석과 같다.
죽었으나, 살아있는 사람이 될 순 없을까!

14 │ 키에르케고르의 스토이시즘은 자아모순적이다.
Kierkegaard's Stoicism is contradictory.

스토이시즘은 기원전 4세기 말, 제논(Zeno)[139]에 의하여 창시된 개념인데, 금욕철학의 기본적 4가지 미덕-지혜, 용기, 정의, 절제-을 찬양한다. 이 중에서 자신의 욕망을 억제하는 극단적인 절제, 즉 아파테이아(*apatheia*)는 스토아학파[140]의 최고의 이상으로 어떠한 정념이나 욕망에도 휘둘리지 않는 금욕적인 생활의 핵심적인 상태를 말한다. 철저한 내핍생활이 보여주는 도덕적 실천 항목으로, 배고픔의 고난 중에 의연함을 보여주는 고행의 삶을 보여준다. SK는 이 "아파테이아"에서 무너져 이 영역에서 "탕자"라고 할 수 있다.

SK는 인생관을 "그 어떤 경험에 의해서도 흔들리지 않는 자신 속의 힘겨운 승리의 자신감"으로 정의한다. 그리고 그는 두 가지 중요한 형태의 인생관, 즉 보통 인간과 그리스도인이 있다고 주장한다.

스토이시즘은 인간에 대한 인생관의 예시로써 인용된다. 스토이시즘에서, 인간은 세계의 모든 변화들에 관점에서, "흔들리지 않는 자신감"을 유지하려고 노력한다. 여기에 대하여 기독교와 비교해 보았을 때, 비록 그 한계를 언급하고 있지만, 기독교는 "더 깊은 경험주의"와 접촉을 전제로 하고 있기 때문에, SK는 스토이시즘을 긍정적으로 정의한다.

1848년, SK는 스토이시즘(Stoicism)[141]에 대하여 최초로 부정적으로 비판한다. "이것이 인간 속에서 내가 원하는 것이다. 금욕주의자가 악한 의미로 사용하는 어떤 것이다." 금욕주의자인 크리시푸스(Chrysippus)가 열정에 대한 부정적 관점을 "열정에 대한 성향"(disposition to passion)[142]으로 표현하고 있지만, 실존을 강조할 때, SK는 열정의 의미를 강조하는 것이 그의 핵심이다.

마르쿠스 아우렐리우스(Marcus Aurelius Antonius)와 에픽테토스(Epictetus)[143]와 같은 금욕주의자들의 책을 읽는 동안, SK는 기독교적 입장에서 스토이시즘을 비판한다. 예를 들면, 마르쿠스 아우렐리우스가 자살을 찬양하는 것에 대하여 SK는 반대한다. 스토아학파의 입장은 그 자체로 충분하며 어떤 대의명분에도 기여하지 못하는 "이기적"이라는 것이며 이것을 근거로 기독교의 순교를 그가 찬성하지 않는 것에 반대 입장이다.

따라서 금욕주의적 자아는 "가장 고립된 자아"로 불린다. SK는 자신의 자존심 때문에 스토아학파들을 비난한다. 그것은 인간들에 대한 동정의 여지가 전혀 남아있지 않기 때문이다. 스토아학파들이 자살을 도피처로 주장할 때, SK는 자살을 "교만과 비겁함의 연합"(the union pride and cowardice)[144]으로 정의한다.

SK는 특히 에픽테토스의 책들에서 노예 기원의 단서를 인식했다. 그가 변화시킬 수 없는 상황들에 대하여 노예적으로 복종할 준비가 되어 있기 때문이다. 그러나 아우렐리우스와 에픽테토스의 비교는 후자에게 장점이 있다. 왜냐하면, 그는 아우렐리우스 보다 더 결정적인 방법으로 실존적 상황을 다루었기 때문이다. 실존적으로 말하면, 스토이시즘보다 기독교가 우월한 것은 스토이시즘은 자살을 권장함으로써 인간을 실패하게 만들고 있지만, 기독교는 "세상을 향해 죽으라"[145]고 요청하고 있다고 SK는 강조한다. 절망을 치유하는 의미 있는 초월적 가능성을 긍정함으로써 인간의 비참한 현실을 극복하는데 기독교는 도움을 준다고 SK는 믿는다.

SK는 상류층과 엘리트들의 호화판 기독교 행사에 대한 반기를 들면서, 보통사람들을 사랑했다고 고백한다. 그는 기독교의 위선과 비기독교적 낙천주의, 개신교적 행복론, 특히 쾌락주의에 반대한다.[146] "스토이즘과 나의 생활"에서, 보통 사람들을 사랑하는 것, "나의 최대의 기쁨은 이웃에 대한 사랑의 척도를 표현하는 것이다."라고 말한다. 그러나 말과 글과 책에서 이러한 고백을 하지만, 실존적으로, 보통 서민들에 대한 SK의 구체적인 관심과 자선은 나타나지 않는다. 쇼펜하우에르처럼, "삶을 위하여 욕망을 억제하는 것"과 "존재하는 것은 고통이다"라는 것을 인정한다. "기독교적 금욕주의가 진정한 금욕주의"이며, "그리스도인이 되는 것은 고통을 받는 것이다."[147]라고 SK는 주장한다. 그러나 SK는 생활 속에서, 언행일체의 모순을 엿볼 수 있다. 인간의 멋과 의미는 언행일체에 달려있다. 아무리 많은 저서와 훌륭한 사상을 제시했다 할지라도, "행함이 없는 믿음은 죽은 것처럼", 행동으로 옮기지 않는 인간의 업적과 그 그림자는 무용지물에 불과하다.[148]

III
키에르케고르의 콤플렉스
-그는 뇌전증 환자였는가?-

계시된 진리로서

그리스도와 함께 하는

동시대성을 사람들에게 알리는 것이다.

-BJ., No.695.

1 | 뇌전증

B.C. 약 400년 경, 의학의 아버지 히포크라테스(Hippocrates)와 그의 동료들은 *거룩한 질병(On the Holy Sickness)*에 관한 책을 썼다. 이 책에 대한 반론과 논쟁이 있음에도 불구하고, 간질(epilepsy)이라는 질환은 신성하며, 시간과 장소에 상관없이 물불을 가리지 않고 경련을 일으키게 하여 사람을 무너트린다. 의학적으로 간질은 뇌 속에 너무 많은 담과 점액질이 있어서 발생하는 것으로 알려진다.

신경생리학적 해석에 의하면, 간질은 수세기 동안 신비하며 귀신과 관련이 있는 것으로 해석해왔다. 루터는 사탄적인 역병 중에 하나로 간질이 가톨릭 위에 내리기를 기도하기도 했다. 르네상스 말기에, 간질은 다시 히포크라테스의 진단에 관심을 가지게 되었으며, 어느 정도 비신화로 취급한다. 현대에 와서 간질은 신경생리학적 역기능으로 해석한다. 그러나 여전히 고대의 형이상학적 근거를 무시하지 못하고 있다. 신화와 역사적으로, 헤르쿨레스, 모세, 바울, 시저, 칼리굴라, 신성로마황제 찰스6세, 플로베르, 도스토예프스키, 반 고흐 등이 간질 환자라고 전해진다.

간질은 다양한 뇌의 역기능, 불안과 격앙된 감정, 짜증, 초조, 성급함, 심리적 정신적 영향 등에 의하여 야기된다. 특히 "불안이란 실제적으로 오직 안달이다."(Anxiety is actually nothing but impatience)[1] 간질의 공격은 숭고한 축복의 형태로 나타날 수 있으며, 특히, SK에게도 적용이 될 수 있다. 지나친 글쓰기의 욕망, "서광"(書狂, Graphomania)에 사로잡힐 때, 엄청난 스트레스에 시달릴 때, 뇌의 측두엽 간질(TLE: Temporal Lobe Epilepsy)[2]이 발생한다.

지금까지 SK를 괴롭힌 그의 *아포리아(aporia)*, 즉 아버지에 대한 트라우마, 우울증, 레기네와 약혼 파혼, 코르사이르 사건에서 골드스키미트(Goldschmidt)[3]와 논쟁, 척수증(Myelopathy), 폐결핵, ... 등의 이야기를 하고 있지만, SYB는 그의 *재판관의 책(The Book of Judge, BJ)*, 7권과 JG의 *키에르케고르의 자서전(Soren Kierkegaard A Biography, SKB)*의 행간을 읽고 그의 콤플렉스 중의 하나는 "뇌전증"이라는 가능성을 제기한다.

<table>
<tr><td>2</td><td>불가피한 우산</td></tr>
</table>

그는 "나의 우산, 나의 우정"이라는 타이틀에서 우산에 대한 애정이 지극하기 때문에 비가 오든, 햇살이 나든 항상 들고 다녔다고 고백한다. 단지 그 용도 때문만이 아니라 항상 우산을 사랑한다는 것을 보여 주기 위해서였다. 우산에 기대어, 그것을 펼치고 손잡이를 턱에 고인 채, 입술에 갖다 대기도 하면서, 마치 밖에 있는 것처럼, 집안에서도 위 아래층을 걷곤 했다.[4]

SK는 호주머니에는 4실링을 넣은 채, 한쪽 손에는 가느다란 지팡이를 들고서 깡충깡충 뛰는 걸음걸이로 길가의 풀잎이나 꽃들을 툭툭 건드리며, 유달리 걷는 것을 선호했다. 특히 거리의 반대편 그늘진 쪽만을 걸었다. 너무 많은 햇살 때문에 방해 받는 것을 원치 않았다. 비서, 레빈의 기록에 의하면, "그는 태양을 피했기 때문에 항상 그늘에서만 걸었다. 산책할 때도 마찬가지로, 그가 햇살이 비치는 구역을 걷는다는 것은 불가능한 일이었다. 도로 횡단 시 햇살이 내리 쬐일 때, 그는 돌아가기를 원했기 때문에 함께 걸어가던 친밀했던 스팡(Tycho E. Spang) 목사와 말다툼이 있었다. 그러면서 그는 "나는 어느 누구도 괴롭히고 싶지 않습니다. 어서 먼저 가고 싶은 대로 가세요" 라고 말했다.

SK는 친구만큼 소중한 우산을 "불가피한 우산"(the inevitable umbrella)[5]으로 생각한다. 그는 왜, 우산을 항상 가지고 다닌 것일까? 간질 환자는 햇살을 싫어한다는 보고가 있기 때문이다. SK에게 우산은 햇살을 피하기 위해서였다. 언제 발작을 일으킬지 모르는 상황을 대비하기 위하여 자신의 비참한 모습을 사전 예방 차원에서 지니고 다닌 것이다. 사후에 그가 남긴 동산목록에, 3개의 우산-녹색 실크 우산, 검은색 실크 우산, 작은 동일 우산-이 경매에 나왔다.[6]

3 | 현미경과 뇌의 박동소리

1847년, 그는 자연과학(natural science)[7)]에 대한 비판적 언급을 한다. 자연과학은 전적으로 과학이 아니라 호기심이다. 결국 모든 부패는 자연과학에서 나온다. 만약 하나님이 지팡이를 손에 들고 걷는다면, 특별히 현미경(microscope)[8)]을 사용하며 관찰하는 자연과학의 모든 위선자들을 사정없이 두들겨 패줄 것이다. "자연과학은 단순하게 믿는 소박한 사람들과 지식인들 사이에서 가장 슬픈 분열의 근원이 될 것이다. 지식인들은 현미경을 통하여 볼 것이다. 그 때 사물들은 더 이상 과거의 상태로 존재하지 않을 것이다. 사람은 우선 하나님을 믿을 정도로 충분한 크기의 뇌를 가지고 있는지 여부를 볼 것이다. 만약 그리스도가 현미경에 관하여 알고 있었다면, 그는 제일 먼저 사도들을 시험해 보았을 것이다."[9)] 또한 인간은 거대한 망원경을 발명했다. 망원경(telescope)[10)]은 하나님의 어깨를 넘겨보기 위하여 발전된 기술을 이용해 보고 싶어 하는 주제넘은 호기심과 교만의 상징이다.[11)]

"자연과학은 가장 지루하다. 나를 깜짝 놀라게 하는 일들이 해마다 발생하지만, 청진기를 사용한다는 생각은 참으로 흥분을 일으킬 만하다. 누군가는 뇌의 박동소리를 들을 수 있는 도구를 발명할 것이다. 50년이 지나면, 이발사들도 청진기를 사용할 수 있을 것이다. 이발사는 질문할 것이다. '아마, 나처럼, 당신은 뇌의 박동소리를 들을 수 있을까요?'" SK는 이발사의 질문에 긍정적으로 대답할 수 없을 것이다. 이 예언적 장면이 어떤 즐거움을 위한 코메디처럼 들리지만, 그에게는 불안으로 다가온다.

SK가 새롭게 면도를 하고 청진기로 진찰을 해본 고객에게 제기한 질문은 그가 누군가에게 자신의 뇌의 박동 소리를 들을 수 있게 하고 싶어 하는지의 여부이다. 이발사의 질문은 즐거움을 위한 서비스 차원이었지만, '뇌의 박동소리'라는 표현은 SK에게 많은 위협과 공포처럼 들렸다. 그가 자연과학에 적극적으로 반대하는 명분은 인간의 영이 기계화되는 생각에 전율을 느끼는 것도 있겠지만, 자신의 비밀이 드러나는 것, 아주 사소하게 희미한 뇌의 박동소리를 더 염려하는 측면을 부인할 수 없다.

자연과학은 인간의 운명을 빼앗아 간다. 자연과학에 대한 부정적인 예언자의 시각을 가진 SK는 자연과학을 AI의 출현과 같은 종교로 만드는 "새로운 문화적 의식"이 존재할 것이라고 본다. 그는 인간의 뇌가 작아지는 것은 환경의 원인이라고 주장한다. 이러한 뇌로 인한 인간의 미래가 겪게 될 결과들에 대하여 강력하게 반대한다.

과거에 숨겨온 것을 보려는 안경 낀 생리학의 능력에 관하여, 의도적으로 SK가 경멸을 보이는 것은 이상하게 보인다. 왜냐하면, 그는 실재적으로 자기 자신의 몸에서 느꼈던 많은 정신신체증적(psychosomatic) 증상들, 즉 심신증을 검사할 수 있도록 유사한 안경을 *CDR*에서 익명저자, 비질리우스 하우프니엔시스(Vigilius Haufniensis)에게 스스로 제공해 주었기 때문이다.[12] 이러한 그의 아이러니한 모습은 그의 서론을 제외한 모든 익명 저서들의 전략 중의 하나이다.

구심적이며 원심적인 신경-충동에 관하여, SK는 스스로 자문한다. "왜, 내가 알아야 할 필요가 있는가? 나에게는 윤리적인 것만으로도 벅차다. 내가 먹기 위하여 소화과정을 알 필요가 있는가? 나는 하나님을 믿기 위하여 그리고 사람들을 사랑하기 위하여 신경계의 과정들을 알 필요가 있는가?"[13] SK가 주장하는 사랑은 완벽한 사랑이다. 즉, "나를 불행하게 만드는 사람을 사랑하는 것이다"라고 고백한다.[14] SK 사후에, 뮌스터 주교의 사위, 파울리 목사에 의하면, SK의 고통은 그의 "연해진 뇌"(a softness of the brain) 때문이라고 주장한다.[15]

4 | 십자가와 눈물

1838년, SK는 다음과 같이 고백한다. *"Nulla dies sine linea."* "선을 그리지 않고는 하루도 넘길 수 없다."(Not a day without a stroke.)[16] 이 고백의 각주에는 알렉산더 대제의 전속 화가, 아펠레스(Apelles)의 고백으로 추정하고 있지만, SK는 지금까지 이 간질로 엄청난 고통을 받아왔다는 것을 암시해 준다. 이 시점에서 왜 이러한 고백을 하는지를 추론을 해 본다면, 사랑하는 애인, 레기네와의 만남은 기쁘고 설레는 일이지만, 자신의 질병으로 짊어져야만 하는 십자가를 미래의 사랑하는 아내에게 떠넘길 수 없다는 중압감과 불안이 그를 매우 힘들게 했을 것이다.

만약 영어, 즉 '선'(line)을 '발작'(stroke)으로 번역하여, '발작을 하지 않고는 하루도 넘길 수 없다.'(Not a day without a stroke.)라고 가정한다면, SK는 '뇌전증'으로 고통을 받고 있었을 것이다.[17] 아펠레스의 습관적인 고백을 패러프레이즈 하고 있는 그는 자신의 드러내 놓고 고백할 수 없는 비밀로 처리한다.

2년 후, 1840년, SK는 "하루를 보내려면, 반드시 눈물을 흘려야 한다"고 고백한다.[18] 무엇 때문에 그는 매일 눈물을 흘리는 것일까? 아마도 척수증, 우울증, 폐결핵 등보다 더 심한 내적고통이 있었을 것이다. 요야킴 그라프에 의하면, "linea"의 자리에 "Regina"로 대체하여 추론하는 것은 지나친 오버라고 생각한다. 9살 어린 여성, 레기네에 대한 그리움 때문에 날마다 울었다고 생각한다면, SK를 오해하고 있는 것이다.[19]

1년 후, 1841년, 10월 11일, 파혼을 선언한다. 그는 신사중의 신사였다. 자신에게 주어진 십자가를 타인에게 결코 떠넘기지 않겠다는 윤리적으로 "높은 신분에 따르는 도덕상의 의무"(Noblesse Oblige)를 스스로 실천한 것이다. 또한 다른 한편으로는, 남이 알지 못하는 발작증세가 고백할 수 없는 비밀이 되어 왔지만, 결혼이라는 새로운 인간관계를 형성하고, 애뜻한 연인의 사랑을 주고받아야 하는 상황에서 가장 치명적인 수치를 드러낼 수 없었을 것이다.

SK는 자신의 사회적 신분에 장애가 되는 것이 있다면, "비밀노트", 라틴어, 헬라어, 알파벳, 기호, 스케치, 괄호전략, 십자가 표시, 등으로 표현해왔다. 이것들은 바로 드러내 놓고 말할 수 없는 그 자신만의 콤플렉스를 암시해 준다.

측두엽 간질(TLE, Temportal Lobe Epilepsy)

7년 동안 SK의 비서 생활을 했던 레빈에 의하면, "소파에 앉아서 매우 즐겁고 유쾌한 시간을 보내는 순간에 갑자기 소파에서 그가 쓰러졌다. 그는 '우우우, 레메메메 르르르' 중얼거렸지만, 그 즉시 의식을 잃었다. "하녀가 오전에 청소할 때까지 여기에 누워있게"라고 말했다. 그의 누이, 마렌 키르스틴(Maren Kirstine)은 14년 동안의 격렬한 간질의 고통으로 죽었다.

SK의 집을 종종 방문했던, 타이코 E. 스팡 목사는 "그의 몸은 쇠약했으나, 엄청난 정신력으로 유지하고 있었다. SK는 종종 만성적인 질병으로부터 엄청난 공격을 받고 있었다고 들었다. 그는 마루에 쓰러지기도 했으나, 움켜쥔 손과 딱딱해진 근육으로 그 고통과 맞서 싸웠다. ..... '이것에 대해서 말하지 마세요. 내가 참아내야만 하는 것을 사람들이 알아서 무슨 소용이 있겠습니까?'"라고 전한다.

1863년 10월 3일, 시베른(Sibbern)[20]은 자신의 딸, 아우구수타(Augusta)에게 보낸 편지에서, "사람들에 의하면, 그는 하체의 마비, 의심할 여지없이 간질에 의하여 죽었다. 그러나 간질은 영혼을 매우 격앙된 상태에 내버려 둔다"라고 표현한다. 하체 마비의 원인이 간질이라고 표현하는 것은 설득력이 없지만, 사람들은 SK가 간질로 고통을 받아왔다고 전한다. 1855년 SK가 교회를 향하여 공격할 때, 종종 격앙된 감정의 상태였다고 시베른이 언급한 것과 일치

한다. 그는 이 문제를 재론하면서, "신체적 장애, 혹은 질병은 정신을 무질서와 혼란 속으로 빠져들게 한다"고 주장한다.

1848년 SK는 *BJ*에서, 다음과 같이 고백한다. "언젠가는 나의 작품들 뿐 만이 아니라 나의 전 생애, 모든 호기심을 자아내는 조작의 비밀이 연구되고 연구 될 때, 그 시간이 올 것이라는 이유이다. ..... 하나님은 나의 돕는 분이시라는 것을 나는 결코 잊지 못한다. 따라서 모든 것은 그의 영광을 위하여 봉사하는 것이 나의 마지막 소원이다."21)

SK가 "모든 호기심을 자아내는 조작의 비밀"(the intriguing secret of all the machinery)이라고 언급하는 것과 1849년, "종종 낙담이 되는 순간에, 그리스도는 질병의 고통으로 시험을 받지 않은 일이 나에게 발생한다. 이 가장 고통스런 고통 중에서, 최소한 심리적인 것과 육체적인 것이 변증법적으로 서로 영향을 주고 있다"(sometimes in a moment despondency it occurs to me that Christ was not tested in the sufferings of illness, least of all in these most painful of sufferings, in which the psychic and somatic touch upon one another dialectically.) 는 고백은 자신의 뇌전증에 대한 비밀을 간접적으로 드러내고 있다.22)

그러나 "간질"이라는 직접적인 표현은 SK의 *BJ*에서 전혀 찾아볼 수 없다. 그럼에도 불구하고 비정상적인 신체적인 조건 등이 선천적이든 후천적이든 그가 간질로 고통을 받고 있었다는 것을 간접적으로 증명해 준다. 이른바 SK의 "비밀노트"가 알아보기 힘든 비밀문자로 표기했을 것이라고 추정해 본다. 왜냐하면, 간질은 하늘이 내린 천벌로써 사회적으로 저주를 받았다고 생각하기 때문에 누구든지 밝히기를 꺼려했다. 따라서 SK도 자신의 간질을 신중하게 처리했을 것이다. 누군가 한센병이나 매독과 같은 혐오스러운 질환을 앓고 있었다면, 자신의 수치스런 병을 드러내지 않했을 것이다. 특히 레기네와 결혼을 앞두고 간질과 같은 질병이 세상에 드러난다면, 사회적인 신분에 적지 않은 타격을 입을뿐더러, 그 약혼이나 결혼은 일방적으로 파기되었을 것이다.

6 │ 주치의, 뱅Oluf Lundt Bang과 "*Valerian Root*"

SK의 주치의는 무엇을 알고 있었는가? 1845년, *BJ*에서, "유머 있는 개인에 의한 진술들"의 타이틀로 SK는 항상 몸이 불편하고, 기운이 없고, 기분이 언짢다고 고백한다. 주치의 뱅은 "당신은 너무 많은 커피를 마시면서 걷기는 너무 부족하다"고 말한다. 그러자 SK는 "나는 커피를 전혀 마시지 않고 하루 종일 걷습니다"라고 말한다.

3년이 지난, 1848년 4월 19일 수요일, 세족식의 목요일(Maundy Thursday)과 성 금요일(Good Friday)이었다. 주치의 뱅은 SK집을 방문한다. "나의 전 성격이 변했다. 나의 숨김과 둘러치는 마음의 숨김이 깨졌다. 나는 자유롭게 말해야 한다. 위대하신 하나님, 나에게 은혜를 베푸소서! 이 얼마나 놀라운 타이밍인가! 내가 말하기로 결정했을 때, 나의 의사가 왔다. 그러나 나는 그에게 말할 수 없었다. 그것은 너무나 갑작스런 일이다. 그러나 나의 결정은 확고하다. 말하는 것이."

SK는 마치 셰익스피어의 햄릿처럼, 우유부단한 성격을 가지고 있었다. 마음의 숨김이란 혹은 그 침묵이란 자아의 폐쇄성, 밀폐성을 의미한다. 이것은 자아-캡슐(self-encapsulation)이라는 은어의 기미를 발산시킨다. 그의 둘러치는 마음의 숨김, 그 자아-캡슐이 여전히 깨지지 않았다. 고백을 하면, 모든 것이 해결되고, 모든 질고가 사라질 것 같았다. 그것을 깨고 싶었으나 깨기를 원하는 생각을 하면 할수록 지속적으로 그의 마음을 사로잡고 있었다. 결국, 그것은 더욱 더 만성적으로 변해갔다. 그는 오랫동안 돌파구의 가능성을 곰곰이 생각해 왔다. 그러나 자신의 수수께끼에 관해서는 여전히 도피자로서 본능적으로 잊으려고 그는 자주 외부공격을 시도한 것이다. 그것이 자신의 의무요, 책무라고 까지 생각해왔다. 특히 그의 자아-캡슐은 죄의 직접적인 이유가 될 수 있다. 역설적으로, SK의 자아-캡슐은 그의 생의 뿌리가 되었는가, 자신의 이 콤플렉스가 생의 근간이 된 것인가라는 질문을 하게 된다. 그는 항상 자신을 비난하기 위하여 이 자아-캡슐을 가지고 있어야만 한다. 지금 그는 자신의 자아-캡슐을 자기만의 방식으로 순간순간 끝을 낸다. 그리고 그는 다시 어제보다도 오늘 더 잘 자기 자신을 이해한다고 생각한다. 어쩌면 이것이 그의 생명을 연장시키는 가느다란 실타래가 되었을 것이다.

그러나 공포와 전율이라는 불안 속에서도 믿음으로 그 절망에 대항하면서, 그는 자기 자신을 보호하며, 자아-캡슐의 고통과 처벌을 견디어 왔다. 하나님이 그 자신에게 풍요롭고 은혜롭게 형용할 수 없을 정도의 행복을 주신 것이라고 느꼈을 것이다. **"만약 내가 비참해지지 않했다면, 나는 망했을 것이다"**(Perissem nisi Perissem) 라는 것을 생의 모토로 삼고 있었다.[23] 또한 그의 모순론과 역설론이 그것을 반증해 주고 있기 때문이다. SK는 아마도 자신의 자아-캡슐을 영원히 깨지 않을 것이다. 이것은 무덤에 들어가는 순간까지 토로해 내서는 안 되는 사적인 비밀로서, 마치 *TF*에서, 아브라함의 처지와 동일하다고 스스로 생각한다. 그러나 그는 여전히 자아의 고통 속에 살아간다.[24]

"나는 가장 깊은 의미에서 불행한 사람이다. 초년기부터 여러 가지 고통에 대하여 거의 광기에 가까운 꼼짝 못하는 상황에 빠져 있다. 그것은 나의 마음과 몸 사이에서 잘못된 관계에서 깊은 근원을 가지고 있다. 그것은 나의 영혼에 대한 문제가 아니다. 그 반대로, 나의 마음과 몸 사이의 긴장관계이기 때문에 특이한 회복력이 허용되었다."

30년 동안이나 SK가족의 주치의로 활동했던 뱅은 자신의 저서, *치료의 핸드북*(Handbook for Therapy)에서, 유전적인 간질과 후천적인 간질 사이의 차이를 구별하고 있으며, 유전적인 것은 완전히 치료가 불가능하다고 주장한다. "미래 태어날 자손들을 위하여, 결혼은 해서는 안 된다"라고 충고한다. SK는 아마도 주치의의 이 말이 마음에 걸렸을지도 모른다. 레기네와의 약혼을 파기할 정도로 심각한 이유가 되었을 것이다.[25]

1855년 10월 2일 화요일, SK가 왕실 프레데릭 병원(Royal Frederik's Hospital)에 입원하여 가슴과 척추를 체크했을 때, 특이한 증상은 없었지만, 주치의 뱅은 그의 혈관에 특별한 약물, "Rad. Valeriance"를 주입했다. 이 약물은 "Valerian Root"로써 간질을 억제시키는 항뇌전증 약물이었다.[26]

7	발노성 정신병 (發怒性 精神病, *Exacerbatio Cerebri*)

SYB의 "키에르케고르는 왜 서문을 중시하는가?(Why does Kierkegaard value the Prefaces?")에서 주장하고 있듯이, SK의 서문에서 그가 숨기고 있는 수수께끼를 추론해 볼 수 있다. 또한 그의 *BJ*에서, 이 위로가 되는 표제어는 유혹자의 기교라고 할 수 있다. 왜냐하면, *유혹자의 일기*의 서문을 읽을 때, 하나의 비밀을 SK의 분신, 요한네스(Johannes)로부터 그의 진실을 파악할 수 있다. 서문에서, SK는 제3인칭 관찰자의 시점으로 자신의 분신, 요한네스는 "발노성 정신병"(發怒性 精神病, exacerbatio cerebri), 혹은 "뇌의 흥분"으로 고통을 받고 있다고 묘사한다.[27] 이 질병은 외적 요인 등에 의한 뇌 조직을 흥분시키는데서 오는 뇌의 격노 현상으로 발병하는 병이다. 화자인 SK는 그의 병의 징후를 알듯 모를 듯, 수수께끼처럼 묘사한다.

요한네스, 그가 걸린 병의 징후는 선도 악도 아니지만, 그는 일종의 "발노성 정신병", 즉 뇌전증으로 시달리고 있다. 이 병이 주는 현실적 무게의 중압감은 견딜 수 없지만, 그는 얼마든지 버틸 수 있는 강인함을 가지고 있었다. 오히려 병에 대한 강한 의지가 병이 될 정도였다. 이 병이 주는 현실이 세상을 살아가는데 중요한 자극제로써 작용하지만, 만약 자극제로서 의미를 상실하게 되면, 그는 완전히 무장해제가 되는 비극을 맞게 된다. 이러한 관점에서, 그의 의식 속에 자신만의 '필요악'이 도사리고 있었던 것이다. 그가 이 병의 자극을 받고 있는 순간에도 이 사실을 의식하고 있었다.

SK가 받고 있었던 자극은 단순한 우울증이나 척수증이 아니다. 그는 이 물리적인 자극을 받고 있는 순간과 의식 속에 있는 것을 "악"이라 표현한다.[28] 악의 개념이란 언제, 어떻게 생명을 해칠지 모르는 경계해야 할 비가시적 대상이다. 그러나 그는 자신의 질병을 순수하게 뇌전증이라고 밝히기를 꺼려한다.

8 | 비밀노트

1843년, *E/O* 출판이후에, SK는 *BJ*에서 다음과 같이 언급한다. "내가 죽고 난 후, 이것은 나의 위로가 될 것이다. 즉 내 인생을 진정으로 가득 채웠던 것에 관하여, 어느 누구도 단 하나의 정보도 발견할 수 없을 것이다. 사람들은 모든 것을 설명해 줄 내 마음 속 깊은 곳에 새겨 둔 비문을 결코 발견하지 못할 것이다. 그것은 세상이 종종 하찮은 일들이라고 부르는 것이 나에게는 엄청나게 중요한 사건이 되게 한다. 그러나 나 역시 모든 것을 설명해주는 비밀노트를 제거할 때, 나는 그것을 하찮은 것으로 본다."29) 종종 살아 있는 사람보다 죽은 자에게서 더 듣고 싶은 이야기가 있을 것이다.

이 노트를 가지고 SK가 거의 논증적으로 자신 인생의 진정한 해석의 열쇠로써 비밀과 연결된 저서들을 강조했다. 비밀노트는 그 본질에 의하면, 공개될 수 없다. 만약 우리가 그의 인생을 채웠던 것이 무엇인지를 실재적으로 보여 줄 수 없다면, 우리는 적어도 그 것을 채웠던 것이 무엇인지는 상상해 볼 수 있다. 이해할 수 없을 정도로 강렬했던 그의 삶이 궁금해질 정도로 비밀의 여지로 남아 있지만, 적어도 그것의 대표적인 샘플을 보고 싶은 것이다. 그러나 그의 약혼반지, 열쇠고리, 파이프, 다른 물품들은 코펜하겐 시립 박물관에서 누구나 볼 수 있다. 그러나 관람을 위해서 선택된 원고들은 원래 왕립 도서관에 있으며, 도서관 안에 있는 사람조차도 그 원고에 접근할 수 없다.

"내가 책을 출판해 낼 때, 나는 기분이 좋다. 그 때, 나는 인생의 모든 불쾌함과 모든 고통들을 잊는다. 그 때, 나는 내 생각 속에서 행복하다" SK의 우울증은 비밀은 아니다. 그가 가장 행복한 순간 은 언제나 글을 쓸 때였다라고 고백한다.

SK는 자신의 작품을 영원토록 살아있게 하는 방법을 지능적으로 연구했을 것이다. 그것이 바로 비밀노트 전략이다. 그의 작품들은 결코 그가 전혀 말하지 않은 이 비밀에 의하여, 21세기 지금 이 순간 까지도 살아있는 것이다. 그의 이러한 플롯은 1847년에 '이상한 공식'에서 추론해 볼 수 있다. "보라, 안데르센은 운명의 고무덧신에 관한 동화를 말할 수 있다. 그러나 나는 꽉 끼게 하는 신발에 관한 동화를 말할 수 있다. 또는 오히려 난 그것을 말할 수 있었다. 그러나 단지 그것 때문에 내가 그것을 말할 수 없을 것이다. 그러나 나는 그것을 깊은 침묵 속에 숨길 것이다. 따라서 나는 많은 것들을 말할 수 있다."

만약 비밀노트가 발견되지 않는다면, 어떻게 되는가? 그가 그것을 의도적으로 제거했기 때문이 아니라, 그가 결코 그것을 쓰지 않았기 때문에 문제가 되지 않는다. 그 비밀이 현실적으로 전혀 없었기 때문에 결코 쓰지 않았다는 것이다. 그래서 무엇이란 말인가? 그럼에도 불구하고 그는 가장 기억하고 싶지 않은, 잊을 수 없는 자신만의 자아-캡슐, 이 지울 수 없는 비밀들을 괄호로 포장한 채, 상실했을 것이다. 따라서 노트에 대한 비망록, 그 비밀은 더 이상 분석을 회피하며, 독자들을 유혹의 게임에 참여시킨다. 일기와 유혹자의 텍스트의 서문에서 말하고 있듯이, "유혹에 의하여 비밀처럼, 퍼지게 하는 것은 아무것도 없다."

그는 비밀을 감추기 위하여 정신적으로 머리가 핑핑 돌 정도였다. 때가 되면, 그 비밀은 밝혀질 것이라고 사람들은 생각했다. 그런 혼란 속에서도 그의 영혼은 여전히 그 비밀의 은신처에 집착하고 있었다. 사람들을 속이기 위하여, 그가 구상한 픽션의 스토리가 주변 사람들에게는 진리 아닌 진리가 되어 버렸다. 살아있는 동안, 그는 자신의 광기로 자신을 치유했을 것이다.[30] 지금까지 진행되어 온 모든 일들을 속이게 된 것은 아무 것도 없다고 인지한다. 이것이 그를 만족시켜 주기도 하지만, 그렇지도 않다. 그는 자신의 광기 속에서 자신의 비밀이 처리되기를 원할지 모른다. 그로 하여금 그 비밀에서 떼어낼 수 없고, 그 비밀을 강제로 유지하는 것이 그의 운명인 것처럼 보였다. 아니면, 그 운명이 최상인 것이다. 비밀을 유지하도록 도와주는 수호천사가 있었을 것이다.[31]

　SK의 비밀노트에는 자신의 가족력, 즉 뇌전증과 33세 이전에 생명을 빼앗아 간 죽음의 원인이 무엇인지를 그는 기록했을 것이다. 그러나 그것은 존재하지 않는다. 그가 그것을 삭제했기 때문이 아니라, 그가 그 내용을 기록해 두었을 가능성이 있다할지라도, 1870년대, SK의 형, 페드로는 개인비서였던 바포드와 함께 *From Søren Kierkegaard's Posthumous Papers*의 최초 편집과정에서, 가문과 사자의 명예를 훼손하는 내용의 원본들을 은폐, 삭제 혹은 분실했을 것이다.[32] 따라서 SK의 가필된 원본들과 비밀노트 등을 편집 보관해야 할 사람들이 어쩌면, 사자와 그를 사랑하는 사람들을 통곡하게 만들었을 것이다. 결국, SK는 의혹 속에서 차원 높은 인생의 아이러니한 대상이 되었다. 아마도, 그의 비밀이 전혀 없는 것이 비밀일 것이다. 따라서 SK의 파란만장한 오디세이에 대한 문학적 상상력의 창조가 독자들에게는 필요하다.

9 | 육체의 가시

　1846년, "작가로서 전체 나의 작품을 통하여 내가 나 자신을
이해하는 방법"에서, SK는 다음과 같이 고백한다. "극단적인 우
울증에 시달렸던 아버지는 노년기에 이 우울증을 상속해줄 아들
을 낳았다. 그리고 또한 정신적-영적 탄력성을 가진 아버지는 아
들에게 자신의 우울증을 숨기도록 요구했다. 그러나 나는 본질적
으로 마음과 영혼이 건강했기 때문에, 아버지 우울증은 나를 지배
하지 못했다."[33]

　SK는 "우울증의 기쁨은 달콤하다"(Sweet is the joy of melancholia)
라고 말하는 아일랜드의 전설적인 방랑시인, 오시언(Ossian)의 주장에 대
하여, "우울증의 슬픔은 달콤하다"(Sweet is the sorrow of melancholia)
라고 패러프레이즈 한다. "나의 불행은 나의 복이 되었으며, 우울증은
설명할 수 없는 복이다"라고 SK는 고백한다.[34]

　"나는 신체와 정신 사이에서 구조적인 불일치 관계가 제거할 수
있었다. 그 결과 내가 우주를 깨달을 수 있는지 여부를 주치의 뱅
에게 질문했다. 그는 이것을 의심했다. 나는 그에게 의지력으로 나
의 영혼이 전환될 수 있거나, 혹은 이 불일치 관계를 변형시킬 수
있는지 여부를 물었다. 뱅은 그것을 의심했다. 그는 나에게 나의 의
지의 모든 힘을 움직여 보라고 충고해 줄 수 없었다. ..... 나는 이
비극적인 불일치관계를 나의 육체의 가시, 나의 한계, 나의 십자가

로서 생각해 왔다. 나는 이것을 높은 희생으로 여겨왔다. 즉 하늘에 계신 하나님이 나와 동시대인들 사이에서 나에게 정신적-영적 비교할 수 없는 능력을 주셨다. 이것은 나를 고무시켜주지 않는다. 왜냐하면, 나는 으깨어졌기 때문이다. 나의 욕망은 일상적인 쓰디쓴 고통과 굴욕이 되었다.

나는 나의 약함 속에서 나의 능력을 소유하고 있다고 말할 수 있다. 대부분의 사람들은 외적인 조롱을 두려워한다. 그리고 두려운 내적 고통을 모른다. 나는 외적 조소는 두려워하지 않는다. 나의 불행은 하나님이 내가 가시를 느끼게 하고 나를 갉아 먹게 했을 때, 드러낼 수 없는 내적 반대가 있다. 이것이 나의 고통이다."35)

주치의 뱅과 사이에 나눈 대화의 자세한 내용을 SK는 기록하지 않고 있다. 그러나 SK는 신체적 고통에 대하여 비밀유지를 갈망한다.36)

이름 없는 어떤 사람이 자기 자녀가 간질병으로 몹시 고통을 받자, 예수님께로 데려와 호소한다. "주님, 내 아들을 불쌍히 여겨 주십시오. 간질환자(epileptic)로 몹시 고통을 받고 있습니다. 자주 불속에 뛰어들기도하고 물속에 빠지기도 합니다. 그래서 아이를 선생님의 제자들에게 데려 왔으나 고치지 못했습니다."37) 간질을 치유해 주지 못한 것은 믿음이 적고 사악한 세대이기 때문이라고 예수는 제자들을 책망하면서, 귀신을 꾸짖자, 순식간에 그 귀신이 사라져 아이는 회복되었다. 마태기자는 뇌전증을 귀신에 걸린 것으로 진단한다.

대부분의 사람들은 뇌전증을 하늘이 내린 저주요, 천벌로 인식한다. 성서에서 이 병은 온전한 정신을 빼앗는 "귀신"의 장난으로 보기 때문에, 그리스도는 말씀으로 물리치시는 것을 보여주신다.

바울이 겸손해 진 가장 중요한 이유 중의 하나는 "육체의 가시"(the thorn in the flesh)였다. 그가 당대의 석학인데도 머리를 숙이며 자신을 낮추게 된 것은 '안질'로 추정되는 질병이었다. 이 육체의 가시는 그가 받은 계시 때문에 자신의 운명이 된 것이다. SK는 자신의 고통을 바울의 고통에게 비유한다.[38]

*BJ*에서도 제3인칭 관찰자의 시점으로, SK는 자신이 앓고 있는 자아-캡슐과 질병의 비밀을 유지하며 숨기고 있다. 이것은 전적으로 그의 캐릭터가 원인이라고 본다.

SK의 정체성을 탐색할 때, 독자들은 자주 신비화, 무언극, 픽션이 저자 자신의 내러티브를 구성하는 특징이라는 사실을 간과하는 경향이 있다. 그가 작가이며 소설가의 기질이 농후하다라는 점을 무시하는 것 같다. 픽션의 상상력! 개연성의 실재성으로 플롯 전략을 염두에 두고 글을 쓰는 그의 빈 괄호는 독자들로 하여금 상상력으로 진실 아닌 진리를 채우라는 것이다. SK의 비밀과 수수께끼가 무엇인가를 연구해온 연구자들의 결론은 표절이 아닌 표절행위로 끝나는 것이 대부분이다.

영(Young)과 탤리랜드(Talleyrand)에 의하면, "언어는 사상을 숨기기 위한 목적이다"라고 말한다. 그러나 SK는 이 같은 주장에 반론을 제기하면서, "어느 작가에 의하면, 언어의 목적은 사상을 숨기기 위한 것이 아니라, 인간이 사상이 없다는 사실을 숨기기 위한 것이다라고 말한 것을 나는 믿는다."[39] 여기서, SK가 말하는 "어느 작가"란 본인이라고 생각한다. 그의 이 같은 주장은 '알맹이, 진실이 없다'는 것을 은폐하기 위한 고도의 전략이라고 할 수 있다. 즉 자신의 '비밀노트는 존재하지 않는다'라는 것을 스스로 고백하고 있는 것이다.

독자들을 끌어들이기 위한 소설가의 전형적인 플롯조작이었다. "소설을 쓰는 것이 가능해야만 한다. 그 소설에서, 빛이 그림에 관한 것이라면, 현재 가정법은 비가시적인 영혼이다." 익명의 저서들과 가상의 소설들에서, 존재하지 않는 팩트를 말하기 위한 역설적 비밀노트들을 SK는 괄호의 공간으로 처리한다. 그의 '괄호철학'은 독자들의 상상에 맡기는 포스트모던 내러티브 테크닉을 적나라하게 구사하고 있다. 괄호가 좁아지면 좁아질수록, 그의 진실은 밝혀진다. 괄호가 넓어지면 넓어질수록, 그의 진실은 멀어진다.

그럼에도 불구하고 그의 콤플렉스, 수수께끼, 자아-캡슐의 해답은 어느 정도 학자들의 연구에 의하여 드러나고 있다. 지금까지 SYB는 그의 프리텍스트-텍스트-컨텍스트 사이에 존재하는 행간의 의미를 파악해 보기 위하여, 그의 3권의 가상소설을 도구로 삼았다. SYB는 SK의 *재판관의 책* 7권과 JG의 *SKB*에서, 특히 SK 자신의 3권의 미발표 가상소설, *안경 낀 남자*, *유대인 보석상*, *미스테리한 가족*에서, 그의 자아-캡슐의 비밀을 추론해 보았다.

마지막으로, SK는 독일의 의사요, 시인이요, 의학 작가였던 케르너(Justinus Kerner, 1786-1862)와 직간접으로 대화를 나누었다는 것을 1837년 7월 11일 일기에서 밝혀준다. "케르너는 내가 처음 경험했던 이래로 언제나 나에게 충격을 주었던 그 현상을 해석할 수 있다는 것에 대하여 나는 깜짝 놀라지 않을 없었다. 내가 말한 것을 누군가는 정확하게 말한다. 나에게 그 현상은 가장 당혹케 하는 거의 꼭두각시놀음과 같은 질병처럼 보였다. 전자는 후자가 끝나는 한 문장으로 시작하곤 한다. 아무도 누가 말하고 있는지 확신할 수 없다."[40]

케르너가 SK의 자신의 비밀에 대하여, "언제나 나에게 충격을 주었던 그 현상을 해석할 수 있다는 것"에 대하여 SK는 놀라움을 금치 못한다. SYB는 여기서 "그 현상"이란 도저히 밝힐 수 없는 그 자신만의 비밀이며 그 해답은 "간질, 뇌전증"이라고 생각한다. 1842년 2월 6일, SK는 오직 유일한 친구 보센에게 보내는 편지에서, "나는 가슴속에 건강과 감정들을 숨겨왔다"(I harbor healthy and powerful emotions in my breast)(BJ., No.5551)라고 고백한다. 여기서 그가 숨긴 "건강"이란 스스로 고백한 "우울증"과는 차원이 다른 "뇌전증"이 확실하다.

SK가 숨기고 있는 그만의 콤플렉스는 크게 3가지다. 첫째, 아버지의 간음, 둘째, 어머니의 불륜, 셋째, 자신의 뇌전증이라고 할 수 있다. 이 세 가지는 세상에 드러낼 수 없는 가문의 수치이며, 자신만의 아킬레스건이었다. Noblesse Oblige의 위치가 높으면 높을수록, 인간 심리는 자신의 핸디캡을 더 드러내고 싶지 않은 것이다.

침묵은 SK 자신의 생활에 결정적인 역할을 했으며, 그의 익명의 사용은 침묵의 형태였다. 이것 때문에 그의 저술의 실재적인 목적을 감출 수 있었다. 그의 인생여정에서 특별한 관계성에 관한 침묵은 본질적으로 중요하게 되었다. 그는 1847년 그의 형, 페드로에게 쓴 편지에서, "침묵은 내 인생에 필수적입니다. 정확하게 침묵을 통하여 힘을 얻습니다. 내가 말하고 싶다할지라도, 나에게 가장 중요하고 내 인생을 결정하는 문제에 관하여 나는 침묵을 지켜왔습니다."라고 고백한다. "내가 침묵해 온 것은 확실합니다. 내가 당하고 있는 고통이 무엇인지는 GOK!(God Only Know!) 오직 하나님만이 아십니다. 하나님, 당장, 지금이라도 발설하지 않도록 해 주소서."

하나님만이 알고 있는 그의 고통이 무엇인가?

우리나라 뇌전증 환우들이 2020년 기준, 45만 명이라는 통계가 있다. 그것도 20대, 젊은 층에서 가장 많은 것으로 나타난다. 첨단 의료장비와 신약개발 등으로 우리나라에서는 2030년이면, 뇌전증을 정복할 것으로 예상된다. 그러나 뇌전증은 결코 숨길 일이 아니다. 자신의 질환을 알리어 주변에 도움을 요청하는 자세와 지혜가 필요하다. SYB는 군대에서, 학교에서, 병원에서 뇌전증을 앓고 있는 환우들과 직접 부딪쳐 본 경험이 세 번이나 있었다. 이 땅에 뇌전증으로 고통을 당하는 이웃들을 위하여 응원하며 기도해 주어야 할 것이다.

IV

키에르케고르의 문학과 심리학

그리스도 안에서 기뻐할 뿐만 아니라
그리스도를 모방하는 일이다.

−*BJ.*, No.1840.

1 가을 사나이다.
Kierkegaard is an Autumn Guy.

SK는 가을 사나이이다. 그는 SYB만큼이나 가을을 무척 좋아한다. 그는 초가을을 좋아하지만, SYB는 늦가을 좋아하는 것이 차이점이라고 할 수 있다.

SK의 가을예찬은 로맨티시즘으로 유명하다. "내가 봄보다는 가을을 좋아하는 이유는 봄엔 땅을 보지만, 가을엔 하늘을 본다"[1]라고 고백한다. 그 이유는 천고마비(天高馬肥)의 계절이라서가 아니다. 그는 가을을 낭만적으로 해석하며 노래하고 있기 때문이다. 이러한 관점에서, 그는 유일한 낭만주의 시인이다.

> 가을은 구름의 시절이다.
> 가을은 소리의 시절이다.
> 가을은 색상의 시절이다.
> 가을은 회상의 시절이다.

그러나 SK는 "하나님의 사랑은 봄이다. 결코 마르지 않는다"(His love is a spring. But it never runs dry.)[2]라고 고백한다. 하나님의 사랑은 봄에서 태어난다. 생명의 태동이 봄을 알리며 봄이 사랑의 꽃을 피우기 시작하기 때문이다. 그 어떠한 은유보다도 SK의 이 메타포는 최고, 최상이다.[3]

그러나 봄이 마냥 사랑하기에 좋은 계절이 아니다. 인생의 봄도 마찬가지 일 것이다. 1850년, "개인적으로 자기 자신에 관하여"(About Myself Personally)라는 타이틀에서, SK는 "샘의 물이 여름과 겨울에 변하지 않는 동일한 시원함을 지니고 있듯이, 하나님의 사랑도 그러하다"는 것이다. 우물, 샘물을 가지고 여름과 겨울의 차가움, 시원함을 비유한다. 그러나 때때로 봄은 메마름을 야기 시킨다. 속이 타들어가는 마른 가뭄이다. 그렇다면, 어떻게 하나님을 찬양할 수 있을까? 그럼에도 불구하고 목이 마를수록 외치라고 속삭인다.

"하나님 찬양을 받으소서."

이보다 더한 외침은 없을 것이다. 경제적, 재정적으로, 힘들어할 때, 여러 가지 인생의 실수로 고통스러울 때에도, 변치 말고 "하나님은 사랑이시다"라고 고백하라는 것이다.

계절의 주인이신 하나님은 결코 목마름의 야훼가 아니시다. 그럼에도 불구하고 SK는 가을 사랑한다. 출판되지 못한 책, "어느 청년의 작품들"이라고 부르고 싶었던 문학적 미스터리에 관한 내용 중에도 자기 자신을 "빈센트"(Flex de St. Vincent)라고 부르고 싶다고 고백한다. *CLA*를 포함한 그 4가지 내용~1. 어느 여배우 인생의 위기 2. 가을예찬 3. 콧노래 하는 사람으로서 로젠킬 4. 글쓰기 견본집~중에서 두 번째, "가을예찬"(A Eulogy of Autumn)이 포함되어 있다.[4] 가을은 구름-소리-색상-회상의 계절이지만, 추수의 계절이기 때문이다. 그가 "가을엔 하늘을 본다"라고 고백하는 이유는 바로 하늘의 결재를 기다려야하기 때문이다.[5]

가을은
심판의 시즌이다.

2 | 시인인가?
Why is Kierkegaard a Poet?

시는 부드럽게 해주는 것이다.

이것은 플라톤의 관점이다.

> 시의 기능은 연하게 하는 것이다.
> 무쇠를 무르게 하여 젤리처럼 부드럽게 하는 것이다.
> 완고하고 강한 이미지를 부드럽게 하는 것이다.
> 자연의 소리와 빛깔들을 수수하게 하는 것이다.
> 덜어 주며 경감하여 편하게 해주는 것이다.
> 적의 저항력과 사기를 약화시키는 것이다.
> 시적 설득으로 태도를 누그러뜨리며 복종시키는 것이다.
> 쓴물을 단물처럼 만들어 주는 것이 시적 치유이다.
> 시를 만나면, 감격하여 울게 만들어 주는 것이다.
> 온화해지고 연해져서 독수리가 비둘기처럼 되게 만드는 것이다.
> 사자를 양처럼 만들어 버리는 것이다. 그래서 시인의 마음은 평화의 마음
> 이다.

모든 시를 쓰는 행위는 진리를 말하는 예술이다. 팩트가 아닌 그
리고 픽션이 아닌 오직 "진리"를 추구하며 만들어 내는 예술이다.
창조적인 모방을 한 것이라면, 그 시는 시가 아닌 단순한 글줄이다.
지면을 낭비하는 것이며 죽은 파리와 같다.

시적 텍스트에도 3가지가 있다. 프리텍스트-텍스트-컨텍스

트(Pretext-Text-Context)라는 틀 안에서 고민해야 한다. 시를 쓰는 사람들은 프리텍스트에 초점을 맞추어야 한다. 여기서 벗어나면, 모두다 표절(剽竊)이다. 시인은 하늘의 영감(靈感), 즉 "프리텍스트"에 귀를 기울일 때, 독자들로 하여금 공감을 얻을 것이다. 프리텍스트를 통하지 않는 모든 시들은 시가 아니다. 즉 진리에 대한 선포가 아니며 창작예술이라고 할 수 없다.

특히 낭만적인 시를 쓰는 목적은 더 위대한 더 나은 미래를 제시하는 것이다. 따라서 SK는 낭만주의 시를 "예감의 시"(the poetry of presentiment)라고 부른다.6)

그의 제목이 없는 11편의 시를 감상해 보면, 다음과 같다.

1)

길은 멀고
몸은 쑤시는
겨울 밤
기를 쓰고 찾아 헤매도
따사로운 집은 없다

2)

나의 코테리아여!
포옹이란 격투일까요?

3)
밤이나 낮이나 비벼 보아도
지워지지 않는
이 검은 그림자

4)
달은
지구의 양심이다.

5)
달이
바닷물에 비추어질 때,
그것은
마치 줄 위에서 노는 것 같다.

6)
가을은
구름의 시절이다.
가을은
소리의 시절이다.
가을은
색상의 시절이다.
가을은
회상의 시절이다.

7)

이리 저리로 쫓기는 구름아
지쳐서 무거워진 그대 구름아
그대가 쓰러져 떨어지는 곳은
대지의 품, 그대의 무덤이리라
가거라
진정을
무시하면, 후회가 뒤 따르리

8)

남몰래 붉히는 뺨에는
불타는 마음이 아롱진다

SK의 시에는 거의 대부분, 시제, 타이틀이 없다. 그도 역시 Brorson, A. Liguori, Goethe, Petrarch, Palnatoke 등의 시를 인용하면서, 자신의 시를 비교해 본다.

9)

심장이
가장 압박을 받을 때
그 때
기쁨의 하프가 연주된다.

10)

향기로운 예수여, 죽기 위하여

당신은 갑니다, 나를 위한 사랑으로

생명을 얻기 위하여

주여, 당신과 함께 죽게 하소서.

....

향기로운 예수여, 이미 당신은 돌아 가셨습니다

나를 위한 사랑으로:

나를 위하여 생명을 얻으셨고

아하, 당신과 함께 죽게 하소서.

11)

어제

나는 사랑했다

오늘

나는 고통스럽다

내일

나는 죽는다

그러나

오늘과 내일, 나는 어제를 생각하고 싶다

SK는 영국의 낭만주의 3대 시인들처럼, 또는 형이상학파 시인들 처럼, 셰익스피어의 소넽트처럼, 현대의 T.S 엘리엇처럼, 시를 쓰지 않았다. 그의 시는 대부분 종교성에 초점을 맞춘 산문시라고 할 수 있다. 그의 대표적인 시로서 독자들이 암송할 정도의 시가 없다는 것은 무엇인가?

SK의 관심은 시인이 되는 것이 아니다. 종교성의 의미를 이해하는 것이다. 그것이 시적 담론에서 그의 목표다.

*SLW*에서 익명의 저자, 프래터 택시터너스(Frater tacturnus)는 말한다. 그의 관심은 시적 이야기기가 아니라 효과적인 종교성의 묘사이다. 그럼에도 불구하고 SK는 자신은 유일한 시인이라고 주장한다. 여기서 또한, 그 '자신의 개인적인 모순'이 등장한다.

SYB의 시론에서, 시란 직선이 아니고 곡선이다. "낯설게 하기"이다. 시의 목적과 기능은 진리와 진실을 전달해주는 것이어야 한다. 특히, 시는 인간의 이성보다는 감성을 보듬어 아우르는 파토스의 미학을 추구하는 것이 바람직스럽다.[7]

| 3 | 소설가인가?
Is Kierkegaard a novelist? |

SK는 산문작가[8]로서 그의 글쓰기 장르는 대부분 산문이라고 보는 것이 가장 합리적이다. 그의 익명의 책들 대부분은 전통적인 기승전결의 모더니즘 소설이 아니다. 포스트모던 내러티브 글쓰기의 부분적인 요소들이 보이지만, 그렇다고 포스트모던 소설도 아니다. 66개 담론들은 '강화집'이라고 표현해 볼 수 있지만, 대부분 산문

이나 수필과 같은 노벨라(novella)[9]형식을 취하고 있다.

SK는 "나는 소설을 쓰고 싶다"라고 고백한다.[10][10] 그래서 그는 소설제목까지 발표한다. 제목을 보면, 대충 그 스토리의 주제가 무엇인지 추측해 볼 수 있다.[11]

> 첫 번째 제목은, *안경 낀 남자*이다.
> 두 번째 제목은, *유대인 보석상*이다.
> 세 번째 제목은, *미스테리한 가족*이다.

안경 낀 남자, 이 소설은 자연과학 소설이다. 주인공이 낀 안경의 구조는 두 개의 렌즈로 이루어졌으며, 한 쪽은 현미경 렌즈, 다른 쪽은 망원경 렌즈로 만들어진 안경이다. SK다운 발상의 플롯이라고 할 수 있으며, 만약 이러한 안경을 썼을 때, 보이는 사물이 어떻게 보일지 궁금해진다. 아마도 이 소설의 주인공은 비록 안경을 썼지만, 현미경은 내적 미니멀리즘의 생리학을, 망원경은 외적 맥시멈의 우주론의 세계와 인간상을 주시해 보았을 것이다. 구체적으로 망원경은 지구 밖에 있는 "아르키메데스의 점"[12]이 어디에 있는지 찾았을 것이며 현미경은 뇌의 구조와 뇌의 박동소리를 어떻게 들을 수 있는가에 대한 의학적 메스를 연구했을 것이다.

SK는 현미경과 망원경을 통하여, 동시성의 혼돈과 질서, 양방향의 상대성과 일방성의 모든 것을 인식할 수 있는 세계관과 그 주인공을 그리고 싶어 했을 것이다.

유대인 보석상, 이 소설은 심리소설이다. 주인공은 유대인으로서, 코르사이르 사건 때, 자신을 괴롭혔던 유대인, 골드스키미트와 셰익스피어의 *베니스의 상인*에 등장하는 고리대금업자인 유대인 샤일

록을 연상케 하는 스토리의 플롯이다.

어떻게 인간의 욕심이 무의식으로부터 먼저 형성되어 그 다음에 의식이 따라 들어오는지를, 어떻게 무의식으로부터 최초의 의식이 형성되는지에 관하여, 어떻게 의식적 영성이 무의식적 영성에 영향을 미치는지에 대한 심리에 관하여, 주인공은 카루스(Carl G. Carus)[13]의 책, *사이키*(*Psyche*)[14]를 정독하고, 보석상의 의식 구조를 파헤친다. 그래서 주인공은 고해소 혹은 교도소와 같은 세계에서 어떻게 반성하며 살아갈 것인가를 고뇌하며, 허공에 매달려 있는 보석상의 운명을 묘사한다. 이 소설의 결론은 아마도 "흠이 있는 옥좌에 영광스럽게 앉아 있는 것보다, 며칠 동안 가난을 참고 사는 것이 더 낫다"고 주장할 것이다.

미스테리한 가족, 이 소설은 비극이다. SK의 가족사에 얽힌 드러나지 않은 대지진의 비밀 이야기를 플롯으로 구성한다. 10살 때, 식사 중에 소금을 떨어트린 것을 보고 아버지는 "이 탕자와 같은 놈!"이라는 꾸중을 들으면서 어린 가슴에 일생 동안 대못을 가슴에 박고 살아야 했던 그 주인공, "33"이라는 가족넘버 수비학(Numerology)[15]의 죽음에 묶여서 공포와 전율 속에서 살았던 그 주인공, 마지막 죽음의 병상에서 얼굴을 보려고 찾아 온 형의 발걸음을 문전박대하면서 형의 얼굴을 보지 않았던 그 주인공, 특히 숨길 수밖에 없는 가족력이 있는 간질의 저주 등의 처절했던 비화들의 리얼리티를 3인칭 관찰자의 시점으로 담담하게 이야기를 엮어나갔을 것이다. 이 소설을 쓰면서 주인공은 "구렁텅이 속에서"(*de profundis*)[16]속에서 자신의 크고 깊은 한숨을 마음껏 토로해 낸다.

소설을 쓰는 것이 가능해야만 한다. 그 소설에서, 빛이 그림에

관한 것이라면, 현재 가정법은 비가시적인 영혼이다.[17]

SK의 전체적인 스토리텔링 플롯은 부조리한 실존주의의 현실을 고발하면서도 뒤틀린 현실의 아픔을 껴안으려는 미학적 시도와 함께 독자들에게 그 결론을 떠넘기는 열린 결말 시스템(Open Ending System)을 사용하고 있다.

4 | 심리학자인가?
Is Kierkegaard a Psychologist?

SK도 "요로인생"(YOLO)을 주장한다. 그러나 모든 고통은 현실이라는 그리스도의 말씀에 매우 건설적인 내용이 있다. 그는 단 한 번의 고통을 당하셨다. 인간들도 단 한 번의 고통을 당해야만 한다: 승리는 영원하다. 이 세속적인 방법으로, 인간은 이 말을 충분히 자주 듣고 있다. "인생을 즐겨라. 그대는 단 한번 뿐인 인생이다."[18]

모든 인간의 불완전성에 의하면, 모든 열망은 그 반대의 대립쌍들에 의하여 성취된다. 예를 들면, 우울증은 코믹에 대한 가장 좋은 감각이다. 가장 풍부하고 가장 좋은 전원생활이 방탕한 도덕성의 가장 좋은 감각이 된다. 의심이 종종 종교성의 가장 좋은 감각을 가지고 있다. 인간이 최초로 축복의 낌새를 얻게 되는 것은 죄를 통해서 이루어진다. 따라서 불완전함은 반대라기보다는 그것과 그 반대를 동시에 볼 수 없다는 데 있다.

SK가 어떻게 심리학자가 될 수 있는가? 그의 심리는 복잡하고 난해하다. 그의 *재판관의 책(BJ)*을 읽어보지 않으면, '그도 심리학자인가? 왜, 무엇 때문에?' 그 이유를 알 수 없을 것이다. 그는 자칭 "심리학자"라고 부른다.[19]

SK의 심리학은 카루스의 *사이키*에서 시작된다. 그는 이 책이 우수하다고 인정하는 것부터가 행복하다는 것이다. 무의식에서 부분적으로 형성하는 의식은 어떻게 영향을 발휘하는가? 최종적으로 어떻게 그 관계가 반전되는가? 현재 생리학은 미학적이며 감상적이 되어가며 인간의 개성, 성격, 태도 등의 고상한 표현에 관하여 언급한다.

"선하신 주여, 이것이 무엇입니까?" 작은 사소함과 기껏 이교사상(paganism), 즉, "내부는 외부이다. 외부는 내부이다"에 대하여, 바울은 "그러므로 우리는 낙심하지 않습니다. 우리의 겉 사람은 낡아가나 우리의 속사람은 나날로 새로워집니다"라고 고백한다.[20] 기도와 설교를 통하여 아름답게 되는 것을 말하지 않는다. 단순히 외적인 사람으로 하여금 부패하게 하고, 내적인 사람은 장대하게 성장케 한다.

생리학으로부터 "의식적 정신생활의 지식에 이르는 열쇠는 무의식 속에 있다"[21]는 것을 우리는 배운다. 그러나 만약 무의식에서 의식으로 변화를 설명할 수 없다면, 그 열쇠는 무엇을 말해주고 있는가? 반대로, 그 변화는 "도약"이다. "기적"이 그것과 일치한다. 문을 열 수 있는 열쇠가 없다. 그 "비밀의 법칙은 설명할 때, 특별한 도움이 된다"는 것을 우리는 배운다. 그러나 이 법은 단지 기적만을 강조할 것이다. 그것을 무엇으로 설명하는가? 기적은 기적으로 설명된다는 것, 그것은 이성으로 이해될 수 없다. 과학은 이런 방식으로 기능할 수 없다는 것이 도그마(dogma)에서 이해될 수 있다.

다음과 같이 이상한 심리학적 모순이 있다. "고난과 고통은 많은 종류의 차이에 대한 한 가지 조건이다"[22]라는 것이다. 만약 인간의 고통을 제거하고 편안한 삶을 누리게 해준다면, 원하는 모든 것을 허용해 준다면, 그것은 더 많은 것을 상실할 것이다. 인간은 고통 속에서 행복해져야만 한다. 매우 행복하기 때문에 고통이 제거되기를 원하지 않는다. 그러나 인간은 고통을 초월해 있다. SK는 이것을 이해하고 있는지 여부가 궁금하다는 것이다.

SK의 심리학에서 중요한 개념 중의 하나, 리더블링(redoubling-*Fordoblese*)의 개념부터 파악해 보아야 한다. 리더블링은 신앙의 영역에 속해 있는 존재에 대한 존재론적 범주로서 철학에서 경험적이며 한계적 존재가 되는 존재론의 출발점을 형성하는 존재와는 구별된다. 이 존재를 탐험함으로써, 철학사상은 이 존재의 축약형이 되는 어떤 추상적 개념에 이르게 된다. 익명의 작가 클리마쿠스에 의하면, 이 개념들은 "~의 추상적 반영, 혹은~을 위한 추상적 원형, 구체적이며 경험적 존재로서 존재가 되는 것"이다.

존재의 철학적 개념들은 실재적인 리더블링이 포함하지 않고 있다. 왜냐하면, 그것들은 경험적 존재들의 추상적 번역이기 때문이다. SK에 의하면, 리더블링에서 두 파트가 실재적일 때만이 실재적인 리더블링이 발생한다고 한다. 이 실재적인 리더블링은 신앙의 영역 안에서만 가능하다. 왜냐하면, 경험적 존재에 저항하는 것에 대한 더 높은 차원의 윤리적, 종교적 존재가 있기 때문이다. 경험적 존재와 더 높은 차원의 실재, 이들 두 요소들이 인간에게 리더블링을 부여한다. 이것은 경험적으로 보는 두 파트로 구성-몸과 마음-되어 있다. 그러나 이상적인 리더블링의 가능성으로 볼 때, 단지 한 파트, 오직 세속적인 것(the temporal)뿐이다.

인간의 과제는 리더블링에서 이 두 파트의 종합을 형성시키는 것이다. 그 종합이 실현될 때, 인간 실존의 각 요소들은 세속성과 영원성을 동시에 가지고 있기 때문에 이중성이 내포되어 있다. 하나는 신앙의 영역에서 존재론적 범주로서 리더블링에 도달한다.

SK는 WL에서, 세속성 안에서 이 리더블링을 설명하고 있다. "그러나 리더블링 자체는 결코 세속적인 대상을 가지고 있지 않다. 세속성이 시간 속에서 사라지는 것처럼, 또한 그것은 그 특징 안에서만 존재한다. 다른 한편으로, 만약 영원성이 인간 안에 있다면, 그 영원성은 그것이 인간 안에 이중적인 형태로 존재하는 방식으로 인간 안에 그 자체로 리더블(redouble)된다. 외적인 방향과 내적인 방향에서 다시 그 자체로 돌아간다. 그러나 그것은 하나이면서 동일하다. 왜냐하면, 그렇지 않으면, 그것은 리더블링이 아니다."

존재론적 범주로서 리더블링은 인간은 영원한 자아를 가지고 있거나 혹은 영이 된다는 것을 암시하는데 도움이 된다.

리더블링할 때, 저차원의 자아는 인간 속에 영적인 요소-더 깊은 자아(the deeper self)-와 관련되어 있다는 것을 강조하기 위하여, SK는 "자아-리더블링"이라는 표현을 사용한다. 그러나 "자아-리더블링"은 그것을 성취하기 위하여 자신의 노력으로 혹은 그것을 하나님께 위탁하는 것에 의하여 긍정적인가 혹은 부정적인가 둘 중의 하나가 될 수 있다.

"자아-리더블링"의 부정적인 형태는 특히 *SUD*에서 특별히 다루고 있다. 고차원의 자아는 초월적인 힘의 도움 없이도 리더블링을 마스터할 수 있다는 칸트의 견해를 비판한다.

리더블링은 영의 실재적 특징이 되기 때문에, SK는 *재판관의 책*에서, 서로 다른 대립적인 자질들-관대함과 엄격함-이 하나님 안에서 리더블링을 언급하고 있다. 그러나 인간은 이 리더블링을 이해할 수 없다. 그는 또한 하나님의 성격을 규정할 때, "무한 리더블링"(infinite redoubling)의 표현을 사용한다. 이것은 영으로서 하나님은 자신의 주체성에 대하여 무한한 견해와 권력을 가지고 있음으로 리더블하고 있다는 것을 의미한다. 이것은 인간에게 지적으로나 실존적으로 불가능하다.

마지막으로, "변증법적 리더블링"(dialectical redoubling)이 있다. 본질적으로, 기독교적인 모든 것은 변증법적이다. 그러나 "변증법적 리더블링"은 커뮤니케이션의 변증법과 연관된다. 이것의 과정은 인간의 삶은 두 가지 질적으로 다른 대조의 관점에서 보아야한다는 것으로, 하나를 선택할 수 있거나 혹은 둘의 종합을 추구할 수 있다. SK는 "변증법적 리더블링"을 "질적 대립쌍들을 통합시키는 것"으로 묘사한다.

"변증법적 리더블링"은 인간의 "의식의 흐름"을 파악하는 문제로서 가장 깊은 '심리적 소프트웨어'라고 할 수 있다.23)

SK는 보레트와 레기나를 대상으로 종합적인 심리적 실험을 시도했다. 여성들을 불행하게 만들었다. 참을 수 없는 분노와 진정어린 용서 사이에서, 애인과 깡패 사이에서, 저주와 축복 사이에서, 두 여성들은 "변증법적 리더블링"에서 달아날 것이다. 불행해지는 것을 보고 느끼면서, 이것을 '나의 기쁨'으로 받아들일 수 있어야 한다. 행복해지는 것을 보고 느끼면서, 이것을 '나의 슬픔'으로 받아들일 수 있어야 한다. 순교자들을 위한 고문의 도구를 보면서, 순교자의 비명소리를 자발적으로 들을 수 있어야 한다. 만약 비자발적으로 이 비명 소리를 듣는다면, "변증법적 리더블링"은 사라지게 될 것이다. 이 같은 *아포리아*에서, 마지막으로 "오, 주여, 나를 구원하소서."라고 고백할 때, 비로소 인간은 변증법과 아이러니, 다양한 "변증법적 리더블링"에서 벗어나 진정한 "도약"에 이르게 될 것이다.

SK가 중요하게 생각하는 심리적 요소 중에 다른 하나는 *에포케*의 개념이다. 이 전략은 바로 그리스도의 심리적 전략, 즉 마태복음 7장 1-2절, "비판을 받지 않으려면, 비판을 말라"(Pass no judgement, and you will not be judged.)는 교훈에서 차용해 온 것이다.

SK는 심리학적 전략으로, *에포케*(*epochē*), "판단중지"를 '무장된 중립성'으로 선언한다. 상대가 자기 자신에 관하여 말하는 것을 직접 부정하지 않는다. 자기 자신에 관하여 상당히 부풀리며 이야기하는 것이 일상이다. 이 때 '그것은 거짓말이다'. '사기이다'라고 말하면, 싸움이 벌어진다. 이 순간, 에포케를 생각해야만 한다. "나는 그런 식으로 말하지 않는다. 상대가 그런 식으로 말을 하면, 나는 '당신이 그렇게 말을 하면, 나는 그것을 그대로 믿는다.' 그 때, 나는 그의 진술을 가지고 모든 실존적 결과들에게 비추어 철저히 생각한다. 나는 그 결과들을 가지고 그와 대면한다. 둘 중의 하나가 발생한다. 그가 다소 그것들을 수용한다면, 그에게 다소 진실이 있다. 아니면, 그가 그것들을 수용하지 않으면, 그때 그는 자기 자신을 심판하는 것이다. 나는 어느 누구도 판단하지 않는다. 그러나 이것은 문제들을 열린 공간으로 안내한다."[24)

병원 입원 중, 친구, 보센과의 대화에서, "의사들은 나의 병을 이해할 수 없다. 그것은 심리적인 것이다. 그리고 그들은 지금 보통 일반적인 의학적인 방법으로 그것을 치료하기를 원한다."라고 고백한다. 결국 심리학자는 자신의 심리적인 문제를 해결할 수 있어야 한다. 그렇지 못하면, 부정적 아이러니의 대상이 될 수 있다. 소크라테스가 아테네의 "아이러니의 거장"[25)이었듯이, SK는 자칭, 코펜하겐에서 "아이러니 예술의 거장"이었다.[26) 그러나 그는 원치 않는 부정적 아이러니의 대상이 되었다는 것을 부정할 수 없다.

니이버(Niebuhr, Reinhold)는 어거스틴 이래로 SK를 "위대한 영혼의 심리학자"라고 부르고 있다.[27) 하이데거, 사르트르 등 실존주의 심리학자들에게 많은 영향을 주었다. 그럼에도 불구하고, SK의 심리학 분야에서 업적은 충분히 평가받지 못하고 있는 실정이다. 빈센트 맥카시에 의하면, 그의 작품들이 익명성이라는 점과 심리학이 학문으로서 인정을 받기 전이라는 시대적인 문제가 있기 때문이다.

SYB는 프로이드나 융이 주장하는 심리학적 의미도 있지만, SK의 심리학을 '영성 심리학'이라고 부른다. 그의 심리학은 파토스(Pathos)[28)와 연계된 영(Spirit)[29)을 떠나서는 생각할 수 없기 때문이다.

V
키에르케고르의 비실재론과
인공지능(AI)

자신이 그리스도인이라는 환상에 빠진 사람들을
각성시켜 주는 일이다.

-*B.J.*, No.6918.

1 | 키메라이다.
Kierkegarrd is a Chimera.

그리스 신화에 등장하는 "키메라"(chimera)는 사자의 머리(lion's head), 염소의 몸(goat's body), 뱀의 꼬리(snake's tail)로 구성된 불을 뿜어내는 전설적인 괴물이며, 도깨비와 같은 존재이다. 사자의 머리는 신성과 절대성, 염소의 몸은 인간성, 이성과 열정, 뱀의 꼬리는 사탄, 유혹과 교활함을 나타내준다. 또한 키메라는 3차원적 형식으로 서로 다른 이질적인 조직 공동체, 공생체를 상징적으로 보여준다.[1]

SK의 *BJ*에서, "키메라"의 용어가 3곳에서 등장하며, 긍정과 부정의 두 가지 관점으로 표현된다. 우선 긍정적인 관점에서 살펴보면, 이분법을 해체시키는 과정에서, "가상의 실재적 완성은 키메라이다"(An imaginary positive accomplishment is a chimera)라고 주장한다.[2]

인생은 투쟁 그 자체이다. 무엇과의 투쟁인가? 본질적으로 무한과 유한의 2차원적 투쟁이다. 이 주제는 실존적 주제이며, 결과적으로 실존적 주체는 모순 속에 있는 존재화의 과정이다. 이 같은 의식의 과정에서, '염소의 몸'으로 대변되는 실존적 인간성과 이성, 열정을 SK는 중간구조로 간주한다. 상부구조인 사자의 머리와 하부구조인 염소의 꼬리로만 지향해 왔던 이분법을 제3의 공간, 염소의 몸을 삽입시켜 놓음으로써, 유한과 무한의 투쟁에서 징검다리

역할을 하도록 하고 있다. 이분법은 분열과 갈등을 일으키지만, 삼분법은 균형과 평형, 조화와 평등을 지향해 간다.

가위와 보, 보와 바위, 가위와 바위는 흑백논리처럼, 색깔과 승패를 가리는 완전한 이분법이다. 그러나 이들 사이에 제3의 요소인 "가위-바위-보"(scissors-rock-paper)가 동시에 공존할 때는 상생의 원리가 작용한다.

SK는 가상과 실재 사이의 이분법적 투쟁의 과정을 제3의 공간을 구축하여 완성시키는 "키메라"로 보고 있으며, 자신의 **"무장된 중립성"**(Armed Neutrality)의 의식을 가장 이상적인 윤리적 공간으로 제시한다.3) SK는 "내 입장은 무장된 중립성이다."(My position is armed neutrality.)4)라고 고백하고 있지만, 그는 1854년 12월에서 1855년 9월 죽기 2개월 전까지, 지성, 감성과 영성으로 중무장한 실존주의 철학과 신학, 지혜, 경험 등을 **BJ**의 제목, "무장된 중립성을 넘어서서"에서, 죽음에 앞서 자신의 중립성, **"에포케"**(*Epoche*)에 대한 입장을 정리한다.5)

키메라의 염소의 몸통은 다름 아닌 "에포케"를 암시해준다. 이 "에포케"는 "판단중지"를 선포하는 시공간적 패러다임이다. '알곡과 가라지의 공존을 지향해가라'는 그리스도의 비유처럼6), 해 아래서 살아가면서 원수를 사랑하며, '적과 동침하라'는 희생과 사랑의 원리를 제시해 준다. 이 같은 인간의 기본적인 윤리적 원리는 그리스도의 말씀과 바울의 담론 속에 녹녹히 녹아 있다.7) 이웃들의 생각을 수용하고 "나"를 의심하는 그 생각을 시빗거리로 삼고 있다할지라도 비판하지 말라.8)

SK가 키메라를 선호하는 이유는 그의 3차원적 실존주의 철학과 신학이 이 신화적 동물에 잠복해 있기 때문이다. 물론 키메라가 "군중은 비진리다"9)라는 논리를 SK가 전개시킬 때, 부정적인 이미지로 표현하고 있지만, 키메라는 전반적으로 그를 이해하는 기본적인 틀이라고 생각한다. 그 이유는 뱀의 꼬리-심미적 단계, 염소 몸통-윤리적 단계, 사자의 머리-종교적 단계로 볼 수 있는 SK만의 신학적 변증법이기 때문이다.10)

인간은 언제나 선택 앞에 서 있다. 여기서 신앙에로의 도약, 즉 패러독스(Paradox)를 인정하느냐의 여부는 각자의 몫이다. 하나님, 여호와를 향한 절대적 순간은 크로노스와 카이로스의 충돌 속에서, 아마도 공포와 전율로 다가올 것이다.

"우주적 언어로서 수"(Number as Cosmic Language)에 관한 수비학(Numerology)11)은 성서에서 등장하는 수의 담론과 함께 중세철학의 핵심철학이다. 수는 순수하다. 수는 거짓이 없다. 수는 관계성의 언어이다. 수는 모든 비율을 측정하는 수단이다. 수는 찬양의 도구이다. 특히 성서의 수신학은 신비하며 그 깊이 또한 헤아릴 수 없다. 시간, 공간, 인간 속에 스며든 수의 실존은 필수불가결한 조건 중의 조건이다. 수를 떠나서 인간은 생활할 수 없다.

피타고라스에 의하면, "수는 지혜이다."(Number is wisdom.)12) 어거스틴은 그의 고백론(Confession)에서, "수를 파괴한 결과는 불행이다."(The consequence of breach of number is misery)라고 하면서, 인간의 운명은 수 이론에 묶여 있다고 주장한다.13)

소크라테스는 3이라는 수에 대하여 의미 있게 표현한다. "4나 그 이상의 더 큰 숫자가 되기보다는 3이 되기 위하여 그 어떤 일이라도 참겠다." SK가 *POV*에서, 소크라테스의 3이라는 숫자를 언급하는 것은 3이라는 수에 호감을 갖고 있는 것이다.

SK는 수를 악마로 취급한다. 수에 의한, 수를 통한 모든 운동과 변화는 비진리이며, 사기이며, 퇴행이다. 유일한 관심은 하나님과의 관계성이다.[14]

키메라의 수는 3이다. 3은 최초의 현실적인 수이다. 3은 공간을 지정한다. 3차원이다. 셋이라는 수의 집단적 상징이다. 3은 기독교의 "삼위일체"(Trinity)의 수이다.[15] 바울의 몸-마음-영혼의 "3분법"[16]도 결코 '나 홀로', "단독자"가 1이 아니다.

SK의 수사상은 항상 1, 하나, Number One과 연관되어 있다.[17] 한 사람이면 충분하다. 그리고 기독교적으로 모든 사람은 그 하나가 될 수 있다. 영원은 셀 수 없으며 1의 속성이다. 따라서 비록 수들이 존재하지만, 그것은 수의 문제가 아니다. 함께 모인 두 사람이 그 사상과 연관이 될 때, 수가 시작된다. 왜냐하면, 2는 계산하는 것과 함께 수가 시작되기 때문이다. 사상들과 영혼의 영역에서, 수는 빠져야 한다. 사회성은 인간 존재가 되는 동물적 정의이다. 그리고 함께 모이는 것이 영혼과 관련되어 있다고 선전하는 것은 본능적으로 교활한 장치이다. 이것은 기독교계를 무기력하게 만들고 영혼을 포기하게 한다. 따라서 함께 모이는 것은 나약함을 고백하는 것이다.[18]

"그리스도는 키메라이다"라는 메타포로 SK는 표현한다. 그것은 1, '하나'라는 "단독자"가 아닌 진화, 변화들을 위하여 필요한 하나의 집단으로 보기 때문이다. 그리스도는 양적 팽창이나 변화를 위한 집단이 아니며, 군중, 회중들을 미리 만들지 않았다. 그리스도는

군중들의 모범이 아니다. 오히려 그들을 이상적인 주체적 인격체가
되도록 만들어 가는 것이다.[19]

　SK가 말하는 단독자는 군중이다. '하나'라는 단독자의 변증법은
군중 속의 단 한 사람을 의미하기도 하지만, 모든 군중을 의미하는
이중적 카테고리(category)이다. 1이면서 3, 3이면서 1이 되는 그리
스도의 키메라론이다. 키메라는 그 구조의 복수성으로서 비진리를,
단수성으로서 진리를 의미한다. 그래서 SK는 키메라의 복수성의
범주 안에 들어 있는 그 복수성, 덴마크 1,000명의 목사들은 "세상
에서 고통을 당하고 있는 진리"를 돈으로 바꾸어 호구지책, 생계수
단으로 이용하고 있다고 비판한다.[20]

　키메라는 양면성이 존재한다. 키메라의 입에서 불을 내뿜는다.
이 불의 화염은 녹게 하여 재로 사라지게 하는 것과 굳게 하여 강
철처럼 단단하게 하는 것이다. 그리스도는 불을 내뿜기 위하여 세
상에 온 것이다. 그리스도는 불이다. 불은 기독교이다. 기독교는 불
의 종교다.[21] 그러나 현대의 기독교는 물로 변하여 그리스도의 불
을 끄는데 앞장서서 기수역할을 하고 있다. 이것이 바로 훗날 심판
의 대상이 될 것이다.

　키메라는 "황금삼각비"(Golden-Triangular Freitag)를 나타내며,
초월성과 내재성 사이와 간극이 틈을 메꾸어 주는 3차원적 중간구
조로서 실존적인 중재기능을 하고 있다.[22] SK가 *POV*에서 주장하
고 있는 것처럼, 그리스도는 중간자이시다. 진리는 중간자이시다.
중간자는 키메라이다. 키메라는 그리스도이다.

　프리텍스트와 컨텍스트 사이에서 텍스트로서 주체적 글쓰기를 하
는 SK는 "내 입장은 무장된 중립성이다."(My position is armed

neutrality)[23]라고 고백하고 있는 것처럼, 자신이 키메라가 된 것처럼, 중립지대, "중간용어", "중간자"로서 평화 만드는 자(Peacemaker)의 미션을 강조한다. 그의 *ANOL*(1848)의 에세이는 치열했던 삶을 내려 놓고 중용의 길을 걷겠다는 뜻이 내포되어 있다.

그리스도가 언급한 "두 세 사람" 공동체[24]는 2와 3이라는 실질적인 구체성과 단단하고 견고한 입체성을 갖춘 오프라인 키메라공동체의 상징이다. 신약시대의 공동체는 전형적인 오프라인 공동체라고 할 수 있다. 그러나 21세기는 교회가 온라인 디지털 키메라 신앙공동체가 되어야 한다. 그렇게 역사는 도도히 흐르고 있다.[24]-1 따라서 우리 기독인들은 키메라의 "염소의 몸통"처럼, 하늘과 땅을 연결해주는 사다리, 끈, 교량의 역할을 해야 한다. 우리 속에 그리스도의 빛, 키메라 불을 품고 살아가야 할 것이다.

그럼에도 불구하고, 해 아래서 넘버, 수는 인간 조건에 적용했을 때, 여전히 불완전한 척도라고 할 수 있다. 키메라를 죽이면, 세 개의 생명을 죽이는 것이며, 3가지 죄를 범하는 것이다. 그러므로 키메라를 죽여서는 안 될 것이다.

정치 사회학적 관점에서 볼 때, "기독교는 키메라이다."(Christianity is a chimera.)[25] "군중"을 개혁한다는 것은 마치 정신병원에서나 있을 수 있는 일이다. 키메라는 철저한 이질적인 조직체로써 전혀 공통분모가 없다. 키메라는 불이다. 모든 것을 재로 만든다. 몸을 녹이는 모닥불이 아닌 몸과 영혼을 죽이는 불이다. 키메라는 빙하다. 뜨거운 심장과 열정을 마비시킨다. 키메라는 차이(difference)[26]와 차별, "차연"(differ*a*nce)[27]까지도 끄집어내서 제거하는 파괴적 존재이다.

키메라는 하나이면서 그 자체 내, '병렬-종속-종합'이라는 한 몸, 하나의 덩어리를 유지한 채 살아가는 괴물이다. 키메라의 상징은 기독교는 셋이 모여 서로 물고 늘어지며 싸우며 불을 품어대는 집단적 키메라가 아니다. 교회는 유기체로서의 신앙공동체이어야 하며, 죽어 있는 "열린 무덤"과 같은 조직체가 아닌 살아서 움직이는 다양성의 근원으로서의 유기체이어야 한다.

SK가 주장하는 신앙공동체, 교회는 그리스도의 몸과 같은 영혼들의 집합체, 유기체(organism)를 말한다.[28] 국가주도형이나 관료형, 집단의 조직체(organization)가 아니다. 조직체는 바로 군중, 대중, 회중 등으로 구성되는 집단이다. 그 회중이 기독교이다. 기독교는 키메라이다. SK에 의하면, 교회가 더 이상 키메라와 같은 괴물이 되어서는 안 된다는 함축적 의미를 담고 있다.

SK가 키메라가 된 교회를 공격하는 이유는 바로 교회가 관료 조직화된 세속적 조직체로 변질되었기 때문이다. 천주교, 개신교의 대부분의 교회들과 종교단체들도 그의 비판에서 벗어날 수 없을 것이다.

키메라는 이분법적 대립을 해체시키는 화해의 상징이다. 중간구조인 "염소의 몸"은 상부구조인 사자의 머리와 하부구조인 뱀의 꼬리를 연계시키는 교량과 같은 큰 가교역할을 하고 있다.

신앙공동체란 그리스도와 동시대적 동시성의 발품과 손품으로 아파하는 이들을 '보듬어 안아서 아우르는 환경'(Holding Environment)을 만들어 갈 수 있어야 한다. 유기체의 진정한 역할은 "보모"(dry nurse)가 아닌 "유모"(wet nurse)의 역할이다.[29] 사회적 약자들을 케어하며, 젖을 줄 수 있어야 한다. "분노의 포도"가 알알이 영글어가지 않도록 보듬어 안아 주어야 한다.

21세기 사이버 시대, 디지털 시대, 기독교가 얼마나 추락해 가고 있는가! 벨레로폰(Bellerophon)[30]처럼, 어떻게 이 키메라를 죽일 것 인가?

<table>
<tr><td>2</td><td>야누스이다
Kierkegaard is Janus.</td></tr>
</table>

*키에르케고르는 왜, 두 여성을 희롱했을까?

SK는 두 얼굴을 가진 야누스다.[31] 왜, 그는 이러한 이중적 모순의 인생길을 걸어간 것일까? 인생에는 비극과 희극이 있다. 그러나 이 둘을 하나로 통일시킨다는 것은 그리 쉬운 일이 아니다. 왜, 극과 극을 하나로 연결시키려고 몸부림친 것일까?

그의 저서, *PF*와 *CUP*에서 요한네스 클리마쿠스(Johannes Climacus)는 철학을[32], *SUD*과 *TC*에서 앤티-클리마쿠스(Anti-Climacus)는 신학을 대변하고 있지만,[33] 그의 정체성은 전자와 후자 사이에서 중립을 지키면서 고뇌한다. 그는 전자도 후자도 아니다. SK

는 이 두 사람 사이에 서있는 샌드위치맨이었다. 그가 어느 한 사람 편을 들고 있다고 생각한다거나, 또한 이 두 사람을 변증법적 과정을 통하여 하나로 연합시킨다고 주장한다면, 그를 잘못 이해하고 있는 것이다.

SK를 연구하는 학자들이 오해하고 있는 대표적인 실수는 그의 본심을 고백하는 *재판관의 책, BJ*를 꼼꼼히 읽어 보지 못하고, 그의 익명의 저서들을 의존하고 있기 때문이다. 철학과 신학, 신앙과 이성, 미학과 윤리, 윤리와 종교 등등의 중간지대에서, 그는 단지 지렛대와 "아르키메데스의 점"(Archimedean point)[34]일 뿐이다.

위에서 밝힌 4권의 글쓰기의 전략은 역시 "무장된 중립성"이다. 익명의 저자들은 키메라의 염소몸통처럼, 중간구조에서 갈등을 표출시킨다. 이러한 갈등의 표출은 독자들로 하여금 결단을 요구하는 열린 결말의 시스템으로 그 여지와 공간을 제공해 준다.

SK는 웃음과 눈물을 동시에 세상에 보인다. 사람들은 그의 그 깊은 속을 모른다. 그가 농담을 던질 때, 사람들은 웃는다. 그러나 그의 속은 속절없이 비통한 눈물을 흘린다.

그가 살았던 정치 사회적 현상들과 부조리한 영적 실제들을 체득하면서, 그리스도를 따라가며 모방하는 일이 얼마나 힘겹고 고통스러운 일인가를 고뇌했다. 아마도 이 부대낌 속에서 그의 수명이 42세, 단축된 것이리라.

돈키호테이다.
| Kierkegarrd is A Don Quiote.

"위대한 천재는 반드시 광기가 있어야 한다."
(There was never a great genius without a touch of madness.)
-Seneca

SK는 자신의 실존적 위기, 어려운 상황들 속에서 세네카(Seneca, 4 B.C.-65 A.D.)의 책을 읽기 시작했으며, 동시에 충고와 위로를 받았다. 특히 그는 세네카가 주장하는 "죽기를 배우기"(to learn to die)를 통해서 절박하게 다가오는 위기로부터 죽음을 어떻게 대처할 것인가를 익힌다.[35]

SK는 세네카로부터 한 문장을 인용한다. 즉 "위대한 천재는 반드시 광기가 있어야 한다"(There was never a great genius without a touch of madness.)[36] 그는 이 같은 인용에서, 자신의 천재성을 은연중에 드러내기도 하며, 천재들은 우울증의 고통으로부터 견디어 내야만 한다는 생각을 갖고 있다.

SK는 영어를 배운 적이 없다. 그가 자신의 덴마크 모국어를 유난히도 사랑했기 때문이다. 그가 영문학 서적, 특히 셰익스피어, 셸리, 바이론 등의 영국작가들의 책을 접한 것은 모두 독일어 번역본들이다. 이러한 그의 성향 때문에 영미 철학자들, 비평가들, 작가들의 평가가 인색한 편이다. SK는 셰익스피어의 작품, *리어왕*(*King Lear*)[37]

을 비평하면서, 리어왕의 운명은 네머시스(*Nemesis*)[38], 즉 천벌을 인과응보로 해석하면서, 리어왕의 비극을 광기로 해석한다.[39]

세르판테스(Cervantes)가 돈키호테(Don Quixote)[40]를 분별 있고 양식 있는 인물로 만들어 죽게 하는 것은 서글픈 실수이다. 세르판테스는 그를 목자로 만들겠다는 최고의 생각을 품고 있었다. 거기서 끝내야만 했다. 그러나 돈키호테는 그렇게 끝내서는 안되는 인물이다. 그는 최고의 속도로 질주하는 인물로 제시해야만 한다. 그래서 새로운 고정관념의 무한한 시리즈 위에 길게 내다볼 수 있는 전망을 열어 주어야 한다. 돈키호테는 광기 속에서 무한히 완벽하다. 그러나 그가 될 수 없는 한 가지는 분별력이다. 세르판테스는 이 낭만적인 결론을 충분히 이끌어 내기에는 변증법적이지 못한 것처럼 보인다. 결론이 없다.[41]

돈키호테는 죽음으로 그리고 이성적인 인간으로 죽어가면서 끝이 나지만, 반대로 새로운 고정관념의 계기로 끝을 내야 한다. 즉, 목자로서 새롭게 등장해야 한다. 돈키호테는 무한한 판타지이다.(Don Quixote is endless fantasy.) 따라서 그가 제정신을 차렸을 때, 죽어가는 것으로 스토리를 끝내는 것은 단조로운 결말이다. 낭만적 코메디의 영역을 적절하게 유지하지 못하고 돈키호테를 변형시켜 도덕적인 이야기로 만들려는 시도이다.[42]

SK가 세르판테스를 비판하는 것은 스토리에 일관성이 없다는 것이다. 즉 광기는 '개혁의 광기'로 끝내야 한다는 것을 강조한다. SK의 광기에 대한 정의에 의하면, 그리스 사람들에 의한 비평이지만, 신앙이란 "거룩한 광기"(divine madness)[43]이다. 이것은 독창적이며 풍부한 관찰일 뿐만 아니라, 실제적으로 지지할 수 있는 것이다.[44]

SYB가 본 세르판테스의 광기는 다음과 같다. 결론 아닌 결론부터 이야기하자!

"이룰 수 없는 꿈을 꾸고 싸워 이길 수 없는 적과 싸웠으며 이룰 수 없는 사랑을 하고 잡을 수 없는 저 별을 잡으려 했다." 세르반테스의 허구적 기사, 돈키호테가 죽으면서 한 마지막 말이다.

돈키호테는 자신의 광기 때문에 가장 많은 사랑을 받았다. 돈키호테가 풍차를 거인으로 착각하고 무모하게 도전한 스토리는 불가능한 꿈을 이루기 위한 스토리이다. 희망이 없는 시대, 절망이 앞을 가린 시대, 돈키호테식의 광기가 패배주의를 불러일으키는 마비상태에서 인간들을 구원해 낼 수 있다는 가능성을 보여준다.

정신 이상, 심신 상실, 미친 지랄, 바보짓 등을 하는 광기(lunacy)는 결코 부정적인 것이 아니다. 공상적인 행동과 생각(quixotism)[45], 즉 돈키호테적인 성격, 기사인 체하는 공상적인 생각과 행동이 이 시대 필요하다. 퀵서티점은 세상이 무엇이라 비판을 하던 상관없이 '잃어버린 명분'을 위하여 싸울 수 있는 필요한 '도덕적 용기'를 의미한다.

돈키호테 옆에 누가 있는가? 돈키호테와 동반하는 인물은 다름아닌 산초판자(Sancho Panza)이다. 산초 판자는 돈키호테의 종자, 충실한 충복이며 하인이다. 이상주의적 주인에게 현실적인 문제를 지적해주며 조언해주고 이끌어주는 친구이자 멘토이다.

돌진하여 공격하는 거인은 단지 풍차라는 구조물이라는 것을 산초는 돈키호테에게 조언해준다. 산초의 상식과 철학은 돈키호테에게 패배가 분명한 싸움은 싸울 가치가 없다는 것이다. 그럼에도 불구하고 분명한 것은 지속적으로 이 세계의 문제에 산초로 하여금 참여할 수 없도록 만드는 것이 있다. 그것이 바로 '상식'(common sense)이다. 이 상식이 인간의 가장 가치 있는 명분, 즉 잃어버린 명분을 찾지 못하게 만드는 방해물이다.

풍차는 공격할 가치가 없다는 확고부동한 피해 망상적 신념을 가진 인물은 돈키호테가 아니다. 산초가 바로 그 인물이다. 승산이 없는 전투는 싸울 가치가 없다는 사고방식은 보통 마비상태에 빠지게 된다. 대부분의 적들과 장애물들은 인간이라기보다는 풍차이기 때문이다. 산초의 기본적인 생각은 풍차를 향해 공격하는 것은 위험하다는 것이다. 현대적 의미로 해석해 보면, 그것은 시간낭비이며 시간은 돈이라는 상식에 근거한다. 통념상, 자신에게 이익이 되지 않는 일은 피하는 것이 좋다는 생각이다.

돈키호테가 상식이 결여되어 있다는 것을 인정한다. 그러나 어느 전쟁이 싸울 가치가 있는가를 결정할 때, 상식의 결여는 더 큰 의미 있는 기준을 제시해줄 수 있다. 돈키호테는 풍차를 공격하지 않는다. 그는 그것을 패배시킬 수 있다고 생각했기 때문이다. 그는 자신이 옳은 행동을 했다는 결론을 내린다. 셰익스피어가 언급한 것처럼, 인간은 무대 위의 배우일 뿐이다.[46] 세상의 합리적인 배우들이 되기를 원한다면, 기꺼이 싸움에서 져야만 한다. 만약 승리할 수 있는 싸움만이 가치 있는 싸움이라고 생각하는 상식을 포기한다면, '도덕적 용기'(moral courage)를 수용하고 돈키호테식 염세주의자들이 될 수 있다.

상실의 가능성이 높다. 이것이 염세주의자들이 인정하는 것이다. 어쨌든 우리는 싸워야 한다. 이것이 돈키호테식 운명이다. 성공의 승산이 싸움의 가치를 결정하게 만드는 거절, 거부가 돈키호테식 염세주의이다.

상식은 우리를 실패하게 만들 수 있다. 정치[47]는 과정과 동등하다고 믿는다. 그리고 국민들이 그 정치권력의 잠재성이 인간사회에 해가 된다고 인정하는 경우, 일반적으로 그것에 저항할 수 있다고 믿는다. 그러나 상식은 그것을 시간과 에너지 낭비라고 부른다. 돈키호테는 이러한 계산법을 거부한다. 누구와 싸울 것인가, 무엇을 위해 싸울 것인가의 도덕적 계산을 먼저 생각하지 않는다. 돈키호테는 잃어버린 명분을 위하여 싸운다. 그리고 그 명분을 잃는다.

돈키호테식 염세주의는 공개적으로 되풀이 되지 않을 것이다. 만약 그대가 이러한 생활을 선택한다면, 그대는 불신, 비판, 조소에 직면할 것이다. 도덕적 용기는 신체적 상해, 재산의 상실, 혹은 명예의 실추가 아니라 오히려 조롱거리가 되기 쉽다. 미친 놈 혹은 바보 소리를 듣는 것이다. 현실적으로 돈키호테식 염세주의는 지속적으로 안면식재처럼 보이게 될 것이며 그것을 수용하기 위하여 도덕적 용기가 필요할 것이다. 사람들은 돈키호테를 조소하는 것처럼, 바보들을 조소할 것이다. 거대한 기계와 싸우려고 하는 결정을 조롱할 것이다. 그러나 우리는 이길 힘도 없고 이기지도 못하고 영향력을 미치지도 못하지만 그 일을 해야만 한다. 결국 우리는 "적을 이길 자신이 없으면, 적의 편이 되라"(if you can't beat 'em, join 'em.)는 속담을 따르는 동료와 친구들의 비판에 익숙해진다.

세르반테스는 소득은 없지만, 부패한 세상에 저항하는 인생을 찬양한다. 그는 선한 양심을 가지고는 그들과 싸울 수 없었기 때문에 거인들과 맞서 싸운 것이다.

우리는 스스로 자신들을 변화시켜 돈키호테와 같은 염세주의자,

즉 꿈꾸는 자, 이상주의자, 미치광이, 정신이상자와 같은 부류의 인간이 될 수 있다. 많은 독서를 통하여, 상식을 거부하면서, 시간낭비라고 하는 일들을 다시금 재평가할 수 있다. 만약 세속적인 기준에 의하여 성공한다면, 우리는 놀라게 될 것이며 아마도 즐거워할 것이다. 만약 실패한다면, 우리는 그것을 기대할 것이다. 불확실한 성공과 확실한 실패를 찬양하라. 포기할 만큼 너무나도 중요한 잃어버린 명분이 있는가? 그것이 바로 감사의 조건이다.

SK는 잃어버린 명분처럼 보이는 주도적이며 주체적인 돈키호테식 광기의 브랜드를 드러냈다. 광풍에 의하여 세차게 돌아가는 풍차에 도전하는 돈키호테의 사고방식은 영양가가 전혀 없는 무모한 행동이며, 열매 없는 헛된 일이 전부일 것이다. 그러나 그를 버티게 하는 힘은 이성적인 오감이 아닌 광기의 육감뿐이었다.

세네카의 "위대한 천재는 반드시 광기가 있어야 한다"는 담론을 SK는 종교적 명제를 위한 세속적인 표현이라고 해석한다. 따라서 하나님이 신앙적으로 복을 주는 사람은 세속적인 방법으로 저주한다. 그것은 실존적 이중성 안에 존재하기 때문이며, 그래야 마땅하다고 주장한다.[48]

SK는 "거룩한 광기"를 추구했던 돈키호테였다.

4 | 미니멀리스트이다.
Kierkegarrd is a Minimalist.

SK는 미니멀리즘(Minimalism)을 추구한다. 적은 것이 많은 것 이다.(Less is More.) 이 같은 변형은 대단히 역설적이다. SK도 역시 미니멀리즘 추구한다. 미니멀리즘의 모토는 '작은 것이 큰 것이며 적은 것이 많은 것이다.' 빼기는 더하기이다.[49] "오병이어" 는 엄청난 먹거리를 만들어 냈다. "적은 것으로 만족하는 것을 배 우라."(Learn to be satisfied with little.) 이상적으로 가장 사랑을 받을 수 있는 사람이 누구인가? 나를 가장 불행하게 만든 사람이 다. 사랑에 대한 관계성에서, "왜냐하면, ~이기 때문에"(*because*) 가 플러스가 될 때, 그것은 빼기, 즉 마이너스가 된다. 그러나 사랑 에 대한 관계성에서, 만약 "왜냐하면,~이기 때문에"(*because*)가 마 니너스가 될 때, 다시 말하면, 나를 불행하게 만드는 사람은 빼기와 같은데, 그것이 플러스가 된다. 이것만이 유일하게 절대적으로 사 랑에 대한 관계성에서 감동을 주는 것이다.

SK의 속 깊은 통찰이다. 뿌리 깊은 나무처럼, 그의 사유의 뿌리 가 깊다. 영적으로 이해할 때, 성장한다는 것은 더 크게 자라는 것 이 아니라 더 작게 자라는 것이다. 어린이는 자발적으로 자아 중심 적이다. 자기 자신을 입맛에 맞도록 적절하게 영적인 무한과 연관 시키는 성인과는 다르게 어린이는 자기 자신을 순수하게 확신한다.

영적인 의미에서, 모든 가능성과 개연성 그리고 직접성의 장점으로부터 성장단계들은 더하기가 아니라 빼기이다. 여기서 우리는 긍정의 힘에 관하여 외치는 고함소리가 얼마나 어리석은 일인지 알 수 있다. 코람데오(*Coram Deo*), 하나님 앞에서, 부정의 무(Nothing)-무(無), 공(空), 영(零)-가 되는 것이 최고의 신앙적 행위이다. 어린이가 되는 것이다. 작은 자가 되는 것이다. 자신들은 약자가 아닌 강자라고 인식하는 것이 절대다수의 비극이다. 하나님을 진심에서 우러나게 인식해야 한다. 어쩌면, 한 그루의 나무, 한 마리의 동물이 더 강할지 모른다. 그것들은 전혀 하나님을 인식하지 못하기 때문이다. 모든 것 중에서 돌(stone)이 가장 강하다. 그것은 완벽하게 하나님에 대하여 무지하기 때문이다.[50]

5 | 반-이성적이다.
Kierkegarrd is Anti-Reason.

인간의 능력과 사고의 발휘를 정의하기 위하여 SK는 "이해, 이성, 사색"(understanding, reason, reflection)이라는 어휘를 사용한다. 그러나 이들 각각의 단어는 특별한 관점에서 나온다. 이해와 이성 사이의 관계성에 대한 그의 아이디어는 칸트의 사상에 가깝다. 이해는 유한 혹은 경험의 자격들을 포용한다. 반면에 이성은 경험을 초월한 공동의 사상들을 포용한다.

SK는 인간 지식의 범위와 한계를 지적할 때 "이해"[51]라는 용어를 사용한다. 그에게 이 같은 인간 인식의 영역을 정확하게 정의하는 것은 대단히 중요하다. 왜냐하면, 지식과 신앙 사이의 정확한 경계선을 긋는 그의 시도를 분명히 하고 때문이다.

그러나 인간은 하나님에 의해 하나님을 위해 창조되었고 그의 일시적인 경계를 초월하려는 열망을 믿고 있기 때문에, 이해에서 그 영역을 초월하려는 어떤 것에 대한 갈망이 있다. 그 이해는 특히 그 경계선을 초월하려는 갈망이 있다. 클리마쿠스에 의하면, 비록 충돌이 여러 가지로 입증할 수 없다 할지라도, 이 충돌을 추구하는 것이 이해의 최고의 열정이라는 것이다.

모든 사고의 최고의 역설은 사고 자체가 생각할 수 없는 어떤 것을 발견하려는 시도이다. 혹은 인간 사고가 최후에 할 수 있는 것은 역설 속에서 그 자체를 초월하는 것이다. 동시에 그는 이해의 한계를 지적한다. "이해, 사색은 또한 하나님의 선물이다"[52]라고 그는 말한다. 클리마쿠스에 의하면, 인간은 이해를 비열하게 생각해서는 안 된다. 이해가 그 한계를 인식하고 나서야 비로소 신앙에 대한 여지가 있기 때문이다.

신앙의 의미는 최고의 권위로써 자신의 이해와 생각을 포기하는 것이다. 클리마쿠스는 이해가 신앙에 복종할 때, 이해를 십자가에 못 박는 것이라고 말한다.

SK는 단순히 이해와 신앙 사이의 인식론적 구별을 하지 않는다. 사람은 일반적으로 자신의 이해를 사용하기 때문이다. 행동을 위한 척도로써 이해의 영역은 한정적이다. 클리마쿠스에 의하면, 그와 같은 사람은 개연성의 도움 때문에 만약 이해가 이익과 손실을 명확하게 분명히 하지 않는다면, 그리고 이유와 원인에 대한 질문을 하지 않는다면 아무것도 시도하지 않는다.

이해에 따라서 움직인다면, 그의 행동은 개연성(Probability)[53]의 영역에 머무르게 된다. 반면에 신앙은 비개연성과 모순에 따라서 그 행동의 기반이 된다.

앞서 언급한 것처럼, "이성"[54]이라는 단어는 이해 이상을 포함시킨다. 인간이 실존에 관한 일관된 관점을 창조하려고 노력하기 때문이다. 이처럼, 이성은 사색적 긴장을 소유하고 있으며, 따라서 SK는 내재성 안에서 외적 인지 경계를 지적하기를 원할 때, 이 단어를 사용한다. 이것은 헤겔과의 논쟁에서 대부분 발생한다. 헤겔은 "이성"을 중심적인 용어로 사용한다.

예를 들면, SK가 "기독교는 인간 이성과 결혼했다"[55]라고 말할 때, 혹은 앤티-클리마쿠스가 "이성과 함께 모순이 되는 합리적인 현실이 되려하는 것"을 논증하려고 말할 때, 그는 의심할 여지없이 헤겔을 염두에 두고 있다. 그들의 차이가 있음에도 불구하고 이해와 이성이 본질적으로 동일한 영역, 즉 내재성 안에 있는 한, SK는 때때로 이 두 용어를 믿음, 즉 초월성을 지적하는 대조로서 사용한다.

이성, 이해는 보는 것의 능력이다. "하나님은 악한 자나 선한 자들에게 햇볕을 보내신다. 의로운 자나 불의한 자들에게 비를 내려주신다"[56] 여기에 내포된 비가시적인 불변성이 모든 사색의 출발점이다.[57] 그러나 사색은 냉정과 열정 사이에서 파토스를 추구한다. SK는 자신의 순교를 "사색의 순교", "사색의 유적"이라고 규정한다. 사색의 고통은 모든 감정이 빼앗긴 것으로 구성된다. 그것은 마치 어린이의 유희와 같다.[58] 그는 사색을 통하여 자신이 시인이며 사상가 된다는 것을 인정한다.59) 질적인 "더함"이 아닌 양적인 "더함"은 사색을 통하여 이루어진다. 그래서 그는 "나는 진리에 대한 증인, 순교자가 아니다", "나는 한 마리의 새일 뿐이다."라고 고백한다.60)

그러나 믿음은 이 세 가지 요소들-이해, 이성, 사색-에 반하는 것이다. 믿음의 영역에서 이해와 이성, 사색 영역의 예리한 경계 설정을 통하여, SK는 믿는 자들을 위하여 그들의 의미를 부인하기를 원치 않는다. 성숙한 신앙을 위하여 이 요소들을 사용해야만 한다. 믿음은 질적으로 이해와 이성, 사색 보다 차원 높은 곳에 있다는 것을 강조하는 것이 중요하다.61)

캐리캐처 형태의 그림62)에 의하면, SK는 지금 크닢펠로스브 다리위에서 망원경으로 아름다운 코펜하겐 항구에 있는 섬의 요새, 트레크로너와 뵈르스가데 66번가, 레기네 올센의 가족들이 살고 있는 건물을 보고 있는 중이다.

비록 만화형태를 띠고 있는 그림이지만, 많은 의미를 전달해 주고 있다. SK는 레기네의 자연스럽게 흘러가는 사랑의 시냇물을 괄호라는 보를 설치하여 슐레겔63)의 그녀의 사랑을 차단시킨 것처럼, 과학자, 의사, 수학자들에게 괄호를 친다. 이러한 그의 의식은 자연과학은 물론 의학, 수학, 물리학 등 이성적 접근을 허용하는 모든 호기심을 부정하며 반기를 든다. 호기심은 언제나 악에 뿌리를 두고 있다고 생각한다. "호기심에 대하여 내 인생의 단 1초도 낭비하지 않을 것이다."라고 생각하면서, 그는 망원경을 가지고 호기심에 찬 눈으로 사랑하는 애인이 살고 있는 집을 관찰하고 있는 중이다.

망원경은 신비한 귀신이며, 쓸모없는 고안품이이라고 생각하면서, 코펜하겐의 항구의 아름다운 경치는 물론 사랑하는 애인의 집을 살펴보면서 과학과 이성의 힘을 비판하는 것은 아이러니가 아닐 수 없다.

자연과학에 연루되는 것은 유익하지 않다.[64] 우리는 무방비 상태로 완전히 통제 불능상태로 서있다. 과학자는 그의 특별한 프로젝트를 가지고 우리들을 혼란시킨다. 지금은 호주로, 다음은 달나라로, 다음은 지구 지하 균열된 틈 속으로, 다음은 회충을 찾고 있는 악마가 있는 곳으로 향하게 될 것이다. 지금 우리는 망원경과 현미경을 사용한다. 도대체 누가 그것과 싸울 수 있는 것인가!

누가 거대한 현미경을 발명했는가? 이 거대한 현미경은 가치 있는 모든 것을 잃게 한다. 프로모터가 망하게 되고, 노동자들의 빵이 사라졌다. SK는 현미경 소유한 자와 소유하지 못한 자의 차이를 비교하면서, 만약 그리스도가 현미경에 관하여 알았더라면, 그는 제일 먼저 사도들을 시험했을 것이라고 주장한다. 자연과학은 미친 속도로 하나의 발견은 또 다른 하나를 대체시킨다.

특히 현미경적 조건에 의하여, 피의 순환과 모태에서 인간존재와 구심적이며 원심적인 신경-충동에 관하여, 왜 내가 알아야 할 필요가 있는가? 나에게는 윤리적인 것만으로도 벅차다. 나는 먹기 위하여 소화과정을 알 필요가 있는가? 나는 하나님을 믿기 위하여 그리고 사람들을 사랑하기 위하여 신경계의 과정들을 알 필요가 있는가? 현미경 관찰의 도움으로 현미경을 믿는 것은 어리석고 미신적이며 웃기는 일이다. 의식이 어떻게 실존이 되는가를 맨 눈으로는 볼 수 없다고 단순하고 심도 있게 말하는 사람은 전적으로 건강하다.

만약 하나님이 지팡이를 손에 들고 걷는다면, 그것은 특별히 현미경을 사용하며, 진지하게 관찰하는 사람들의 머리를 내리 칠 것이다. 하나님은 지팡이를 가지고 자연과학의 모든 위선자들을 사정없이 두들겨 거기에서 몰아낼 것이다.

의사의 목에 걸린 청진기는 어떠한가? 청진기는 1824년 오뱅(O. Bang)에 의하여 덴마크에 처음 들어왔다. 모든 이발사도 그것을 할 수 있는 날이 곧 도래할 것이다. 그가 당신의 면도를 끝냈을 때, 그는 질문할 것이다: 당신도 청진기로 진단을 받는 것을 원하십니까? 누군가는 심장 박동 뛰는 소리 듣기를 원할 것이다. 그것은 위대한 감동을 창조해 낼 것이며, 50년 후에는 모든 이발사들도 그 일을 할 수 있을 것이다. 이발을 하고 청진기 진단을 받고 난 후, 그 이발사는 질문할 것이다: 당신은 나에게 그대의 심장박동 소리를 들려 줄 수 있는가?

이발사가 청진기를 가지고 사용한다는 것은 모든 학문 중에서, 자연과학이 가장 모순적이라는 것을 강조하는 것이다.

의사의 손에 든 수술용 나이프, 머리 좋은 생리학자들이 사용하는 나이프는 어떠한가? 그는 의사들을 푸주간의 칼잡이에 비유하며, 특히 그곳에서 일하는 도제들은 혐오스러운 존재들이다. 의사와 정육점을 운영하는 상인들은 어떻게 의식이 실존으로 변하는가, 혹은 어떻게 환경의식이 자아-의식 혹은 하나님 의식이 되는가를 설명할 수 없다. 아무리 신경 시스템을 설명한다 할지라도, 본질적으로 그 구성성분과 사상은 설명할 수 없다. 생화학자에 의하면, 동물과 인간들 사이에 유추는 존재하지 않는다.

SK는 "안경 낀 남자"라는 제목으로 소설을 쓰고 싶어 한다. 안경이란 광학도구의 일종이다. 이 안경의 렌즈는 서로 달라서 한 쪽은 축소의 렌즈를, 다른 한 쪽은 확대의 렌즈를 끼워서 마치 오늘날의 거짓말 탐지기처럼, 범인을 잡는 것과 뇌의 축소여부와 크기를 측정하는 도구로 사용한다.

"하나님은 우리의 머리카락이 몇 개인지 세셨다"고 교훈적으로 선언할 때, 그것은 역겨운 것이며, 바보 같은 과학이다. 그는 신앙이 무엇인지 결코 모른다. 신앙이란 과학 없이 그 말씀을 믿는 것이다. 만약 이것이 신앙으로 인도하고 강화시켜 주는 것이라고 생각한다면, 그 자체와 함께 혐오스럽게 될 것이다.

자연과학을 통해서 하나님께 다가갈 수 있다는 사람은 위선자이다. 따라서 자신의 양심과 루터의 *소교리문답*(Small Catechism) 속에 그가 필요한 모든 것이 들어있다. 결국 자연과학자는 자신을 경멸하게 될 것이며, 과학적인 것으로 영적인 문제를 다루는 것은 위험하고 부패한 것이다. 그런 방식으로 인간 영혼을 다루는 것은 신성모독이며, 윤리성과 종교성을 약화시킬 뿐이다. 먹는 행위는 소화 작용을 현미경으로 관찰하는 것보다 더 합리적이다. 그리고 하나님께 기도하는 것이 모든 것 중에서 절대적으로 최고이다.

SK는 자연과학에 대한 대안을 제시한다. 현대의 정신적-영적 생리학은 궤변적이다. 그것은 기적을 설명할 수 없다. 그래서 SK는 "전체 과학은 하나의 괄호이다"(*BJ.*, No.2809)라고 주장한다. 인간에게 혜안과 이성을 주신 분은 하나님이시지만, 인간은 겸손하게 호기심과 현미경적 연구에 필요한 냉정을 포기해야 한다. 오히려 하나님께 기도하고 오직 윤리적인 것을 통하여 하나님과 관계를 맺어야 한다. 사람은 궁극적인 것을 설명할 수 없기 때문이다. 따라서

"모든 변화는 도약이다."(Every transition is a leap).65) 이것이 최우선적인 것이다.

SK의 예언에 의하면, 세계는 또한 "새로운 문화-의식", 기독교 전파를 위하여 기독교 의식을 새롭게 시장에 내놓기를 원한다. 이같은 그의 생각은 부정적 관점에서 언급하고 있지만, 그것은 아마도 자연과학을 종교로 만드는 것이다.

인류가 지향해 가는 것은 분명히 종교대신에 자연과학이다. SK는 의사가 청진기로 심장의 고동소리를 듣는 것처럼, 자신의 뇌의 박동소리를 들을 수 있는 기구에 대하여 호기심을 갖는다. 그에게는 아이러니하지만, 그의 육체의 가시와 죽음의 원인이 무엇인지 밀접하게 연관되어 있을 것이다.

SYB는 *SKB*에 있는 자료들과 **"SK가 나에게 보낸 편지"**-*재판관의 책(The Book of Judge)*-의 행간들 속에 잠복해 있는 숨겨진 비밀들을 추론한 결과들-SK의 콤플렉스와 죽음의 원인(?)-을 밝혀 볼 것이다. 왜, SK는 그토록 자신의 뇌에 대하여, 뇌의 박동소리를 듣고 싶어 했을까?66)

6 │ 민주주의의 적이다.
│ Kierkegaard's an Enemy of Democracy.

SK는 자칭 귀족출신이다. 그는 특별한 금수저로서, 1847년 10월 3일, 덴마크 왕, 크리스챤 8세(King Christian VIII)와 왕비 캐롤라인 애밀리(Caroline Amalie)를 알현한다. 그는 국가의 군주를 세 번씩이나 사적으로 만나서 담소를 나눌 정도였으며, 자신의 저서, *WL*를 선물로 군주에게 전달한다. 그는 덴마크 최고의 군주, 크리스챤 8세는 모든 국민들의 부모이며, 도덕적으로 우월한 군주라고 주장하며, 위기로부터 국가를 이끌어가는 것이 왕의 도덕적 의무라고 생각했다.[67] "우리 시대의 우상, 독재자는 다수, 군중, 통계학이다. 사악한 황제, 사악한 교황, 사악한 관료를 편드는 모든 사람들이 문제"라고 지적하며 군주제를 옹호한다.[68]

절대군주와 공식적인 면담으로 친분을 과시하면서, 공식적으로 자신의 존재가치를 드러낸다. 왕실과의 친분 등으로 코르사이르(*The Corsair*)[69] 사건을 비롯한 갈등들을 일소시킨다. 보이지 않는 손의 작용 등등의 이유로 골드스키미트는 코르사이르를 포기하고 해외로 출국하고 주필이었던 P. L. 묄러는 덴마크를 떠나 영원이 돌아오지 못한다. 그 당시 왕이 선호하는 설교가들은 묀스터, 마르텐센, 파울리였다. 이들 3인방들은 시간이 흐를수록 SK의 이른바 정적들이 되어간다.

SK는 엘리트 등에 의한 귀족정치의 특이한 보수적인 찬성론자이다. 덴마크 왕족과 그 지인들, 그들의 사교집단 등을 옹호하면서, 당시 유럽에서 등장하는 사회주의와 민주화 운동에 대하여 두려움과 경멸을 드러냈다.

1848년, 제헌 정부, 교육 개혁, 노동개혁, 여성 참정권과 평등권 등을 요구하면서 코펜하겐 거리에서 민주화 운동의 데모가 발생했을 때, SK는 니토르브 2번가에 있는 자신의 아파트로 피신하여 데모가 사라지기를 희망했다. 이 때, 100,000, 10,000, 1,000 명의 군중들에 의한 모든 운동의 변화들은 모두 비진리이며, 가짜이며, 퇴행이라고 SK는 주장한다. 그리고 홀스테인에서, 반란이 발생했을 때, 정부는 권력 유지를 위해서 전쟁이 필요하다고 주장한다. 군중은 권위이다. 군중은 신이다. 군중은 진리이다. 군중은 권력이며, 명예이다. 군중은 위험한 권력이다. 이러한 군중의 원리는 비진리로써 역사의 비극이라고 SK는 주장해 왔다.

SK는 평등사상을 주장하는 공산주의를 반대한다. 그는 최소정부를 추구한다. 정부의 형태 중에서 사람들에 의한 정부, 즉 민주정부는 가장 참기 어려운 것으로 가장 분별이 없는 것이며, 절대다수를 갖는 것은 모든 결정요소들 중에서 가장 미친 것이라고 주장한다. 한 마디로 민주주의 정부는 그에게는 난센스다. 다수결의 원리에 의한 정치, 그 민주주의는 가장 지독한 독재 형태의 정부이며, "민주주의의 정부는 진정한 지옥의 이미지이다"(A People's Government is the True Image of Hell)[70]라고 주장한다. 모든 정부의 형태 중에서, 한 개인에 의한 통치의 정부가 최고라고 주장한다.

SK가 군주제를 옹호하는 과정에서 나온 이상한 논리가 있다. 즉, "한 사람이 통치하는 것이 독재인가? 아니다, 그러나 모든 사람이 통치하기를 원하는 것이 독재이다." 그가 영국의 벤담(Jeremy Bentham, 1748-1832)과 밀(John Sturt Mill, 1806-1873)의 정치와 "공리주의" 사상-"최대다수의 최대 행복"(The greatest Good of the greatest Number)-에 대한 책들을 읽었더라면, 과연 군주제를 옹호했을까? 독재자들이나 권력을 쥔 군주들은 모든 국민들의 행복은 그들의 안중에는 없다. 최대다수의 최대행복이 민주주의가 추구하는 기본적인 행복권이며, 이상이다.

SK의 저서들에서, 요한네스 클리마쿠스는 전제정치, 군주제가 최고라고 주장한다. 만약 앤티-클리마쿠스가 민주정치, 내각제나 대통령제를 옹호한다면, SK는 그 중간형태의 논리와 입장을 취할 것이다. 그럼에도 불구하고, 그의 *BJ*에서 고백하는 정치철학은 공산주의, 사회주의, 민주주의를 반대하는 반면, 오직 절대적 군주제를 옹호한다.

과학과 이성이 없이, 주관적으로 파생된 인상들과 감정들만 남기게 된다면, SK는 자신이 태어난 사회적 환경의 역행을 극복하려는 수단과 방법들을 실존적으로 가지고 있지 못하다. 인종차별주의, 엘리트주의, 여성혐오증 등을 21세기의 사이버시대 기준으로 비판하는 것은 곤란하다고 말할 수 있다.

그러나 만약 그가 "공산주의 선언"(Communist Manifesto)[71]을 포함하여, 사회주의에 관한 책들을 읽었더라면, 귀족적 공산주의의 귀족적 허수아비를 무비판적으로 수용했을 것이다. 결국, 공적인 모든 문제들과 노동과 착취, 가난에서 벗어나려는 대중들의 해방에게 영향을 미치는 민주적인 힘이 모든 사람들의 개인의 자유를 제한한 것으로만 해석하면 곤란하다. 개인의 자유 옹호자로서 그의 지성적인 자세가 무엇이든, 진보적 반대파들에 저항하도록 자극할 때, 그는 언론의 검열을 옹호했다. 자신의 철학과 동일한 헤겔철학의 정신적 요소들을 거부한 동시대의 사상가들, 그와 정반대의 논리를 주장했던 철학자들, 칼 막스, 엥겔스의 주장들은 어떻게 해석해야 하는가?

SK는 민주주의에 대한 경멸적 표현, 즉 평준화, 수평화의 문제에 대한 해결책으로 종교를 제시한다. 궁극적인 해결책은 종교라는 것이다. 그의 제안에 의하면, 정치적 운동이나 민주적 혁명은 본질적으로 종교에 대한 억압된 욕구의 표출이라는 것이다.[72] 오로지 군주제만을 고집하는 그에게, *잠언서*에서 전해주는 민주적 국가경영 방식[73]을 추구하는 CEO의 토론문화와 지식과 지혜를 빌리지 못하는 아쉬움이 남는다.

7	실재론과 비실재론은 둘 다 비실재론인가? Are Kierkegaard's Realism and Virtual Realism both Unrealistic?

1)

"실재성은 개념화 될 수 없다."는 것을 요한네스 클리마쿠스는 이미 이것을 정확하고 간단하게 보여 주었다.[74] 개념화 시키는 것은 실재성을 분해하여 가능성으로 만드는 것이다. 그러나 실재성을 개념화하는 것은 불가능하다. 실재성을 개념화시키는 것은 그것을 변형시켜 가능성으로 만드는 것이며, 실재성으로서 그것을 소유할 수 없다. 실재성에 관한 한, 개념화는 퇴행이며, 후퇴이다. "실재성"은 개념들이 결핍되어 있는 것이 아니다. 개념적으로 그것을 분해하여 가능성으로 만드는 것은 또한 실재성 안에 있다. 가능성에서 실재성으로 진행하는 것은 한 단계 전진이다. 그러나 실재성에서 가능성에로의 진행은 한 단계 후퇴이다.(악과의 관련성은 제외)

근대에서, "실재성"이 논리에 포함되어 왔다는 것은 좋지 않은 혼란이다. 그리고 이 혼란 속에서, 논리 안에 있는 "실재성"은 단지 "사유 실재성", 즉 '가능성이다'라는 것이 망각된다. 예술, 과학, 시, 등은 가능성만을 다룬다. 즉, 가능성은 무익한 가설들의 의미에 있는 것이 아니라, 이상적 실재성의 의미에 있다. 그러나 역사성은 실재성이 아닌가? 틀림없다! 6천년의 세계 역사는 확실히 자세히 고찰된 실재성이다. 그것은 존재하며, 단지 사유 실재성, 즉 가능성으로 존재할 수 있다.

죽은 자들은 실재적으로 더 이상의 실재성은 존재하지 않는다. 그것은 이상적인 실재성으로, 사유 실재성으로, 가능성으로 존재한다. 그러나 인간들은 범신론적 과학주의에 의하여 거의 미치게 된다. "과학, 학문", 이것은 비종교성, 종교적 훈련의 부족, 냉정함의 결여이며, 중독, 공상의 도취이다. 과학은 실존성보다 더 낮다는 것은 신-인(God-man, Jesus Christ) 속에서 매우 단순하게 보여 진다. 1세기의 동시대인으로서, "과학과 학문"은 불가능성이다. 왜냐하면, 신-인은 그 자신이 실재성이기 때문이다. 그러나 그 속도가 줄어들면서, 2-3 세기 후에, 그 종교성은 더 소멸되면서, 학습된 접근법이 전진하게 된다. 그리고 1800년 후, 그 관계성은 완전히 반전된다. 이 때, 과학과 학문은 실존성보다도 더 높은 차원이 된다.

소크라테스와 동시대인으로서 상상해 본다면, 여기서도 과학과 학문은 존재하지 않는다. 이것이 그가 제거하기를 원하는 것이다. 그는 "쇠파리"(gadfly)이며, 그 자신이 실존성이다. 그러나 그는 죽는다. 플라톤 시대에 실존성은 소멸되었으나, "과학과 학문"이 등장한다. 이것이 조건 없이 높은 차원으로 올라설 때, 종교성은 완벽하게 사라진다. 과학과 종교는 극과 극이다. "미네르바의 올빼미는 단지 어두울 때만 날아다닌다."(Minerva's owl flies only when it is dark.)[75] 그리고 이 과학과 학문은 항상 미네르바의 올빼미를 따라다닌다. 요한네스 클리마쿠스가 말한 것처럼, 기독교를 변화시켜 과학이 되게 하는 것은 최대의 실수이다. 그리고 그것이 성공했을 때, 기독교는 완벽하게 폐지된다. 그러나 *E/O*에서, 윌리엄 판사가 말하는 것은 또한 사실이다. 인간이 마시는 것이 불분명해질수록 그 치료가 더 어려워지며, 그 "과학과 학문"에 굴복하는 것이다.[76] 완벽한 평형상태에 이를 정도로 냉정해질 때, 거기에 구원의 소망이 있다.

2)

칸트(Immanuel Kant, 1724-1804)[77]는 형이상학적 이론들이란 한심한 궤변이거나 협잡꾼들이 가지고 노는 지적인 유희에 지나지 않는다고 일축해 버렸다. 루트비히 비트겐슈타인, 하이데거, 루돌프 카르납, A. J. 에이어에 이르는 20세기 현대 철학자들은 칸트의 전통을 따라 형이상학(metaphysics)[78]을 철학적 논의 밖으로 밀어냈으며, 형이상학적 이론들을 언어의 마차 바퀴를 쉬지 않고 회전시키는 일이며, 신기루 같은 오솔길을 걸어가는 것에 이들은 비유한다. 또한 그런 이론들은 단지 논리적 오류에 불과하며, 과거 진지하게 다루었던 "실재"[79]의 의미를 퇴색하게 만들었다.

칸트는 질서 있는 패턴들을 현상계가 아니라, 인간 마음의 구조 속에 위치시킴으로써 주어진 세계라는 개념을 제거할 수 있었다. 직관의 형식(시간과 공간)과 오성의 범주(실체성과 인과성)는 복잡한 지각의 소여를 혼합하여 지적으로 이해 가능하고 통용될 수 있는 경험의 구조를 형성한다. 칸트는 우리의 세계를 일원론적으로 규제할 만한 통일된 이념을 상정했으며, 우리가 만든 세계는 단일하고 공유된 통합체를 향해 나아가고 있는 세계였다. 이러한 방식으로 칸트는 지식을 인간이성의 절대적 형식 위에 정초시킴으로써 당대의 뉴턴 과학을 보호했다.[80] 칸트 이후의 철학자들은 20세기 양자이론이 칸트가 과학에 필수적인 것으로 간주했던 정합성에 대한 지지를 철회하기 전까지는 일원론적인 통일성을 다듬는 일에 몰두했다. 21세기에는 과학자체가 다양성과 결정불가능성 앞에 오픈되어 있기 때문에, 많은 철학자들은 다차원적 세계를 환영하기에 이르렀다.

3)

월리엄 깁슨(William Gibson)의 소설, *뉴로맨서(Neuromancer*, 1984)에서 사이버스페이스 개념을 소개한다. 여기서 우리는 새로운 차원의 실재 개념을 정리해야할 일이 절실한 상황이다.

사이버스페이스(Cyberspace)[81]에 관한 존재론적 질문, 즉 가상현실(VR. Virtual Reality)[82]은 실재와 어떤 연관을 가지는가? 신기술은 우리를 어디로 이끌고 있는가? 대체 "형이상학적 괴물"(the metaphysical monsters)이라고 할 수 있는 가상현실과 "AI"(Artificial Life)[83]는 실재 현실과 어떤 관련이 있는가? 실재들 간의 상관관계에서, 우리 자신이 원초적으로 자연적인 실재 속에, 즉 근본적으로 결코 변하지 않는 실재 속에 뿌리 박혀 있다고 간주해야 하는가? 테크놀로지(technology)[84]란 최상의 실재에 장착되어 있는 상위수준의 실재들이라고 간주해야 하는가? 중세문명[85]이 일치하여 받들던 근본적인 실재라는 안전장치를 즐기는가? 유일신이나 기원 전으로 거슬러 올라가 우리의 통일된 실재감의 근원을 알고 싶은 것인가? 만약 공통된 근거를 갖지 못한다면, VR을 정립하고 그것을 근본적인 실재와 구별 지을 만한 실존적인 닻을 찾을 수 있는가? VR 테크놀로지가 인간의 에너지 체계에 영향을 미칠 때, 얼마나 많은 내적인 조화와 심신 통일성이 유지되기를 바랄 수 있을까? 어떤 가치들이 가상세계 연구에 뒷받침 되어야 하며, 어떤 지혜가 컴퓨터화된 세계에 필요한 것인가?

가상세계 VR과 AI는 인간 경험의 통합성을 위협할 수 있다. 우리는 비행기 멀미나 항공기 시뮬레이션 조종 시에 느끼는 어지러움과 같은 사례를 통해서 어떻게 기술이 우리의 생체를 분열시켜 놓았는지를 잘 알고 있다. 가상현실(VR)의 사이버바디(The cyberbodies of virtual reality)의 등장으로 불안정했던 존재론적 평형감각을 더욱 더 흔들어 놓을 것이다. 현대인의 전형적인 신체기억 상실증은 대안적 세계 증후군이나 대안적 세계 분열증이 등장함에 따라 더욱 병세가 깊어질 것이다. 그럼에도 불구하고, 21세기의 형이상학은 일반적인 사유의 실재에 커다란 변화를 요구할 것이며, 고전적인 형이상학에 대해 새로운 빛을 던져 줄 것이다. 역으로 VR은 지루해지거나 단조로워지지 않고 실제 세계와 모종의 관계를 유지하기 위해서 더욱 풍요로워질 것이다.

4)

SK는 실재성에서 개념성, 가능성으로, 개념성에서 실재성으로 방향전환은 부정적이지만, 가능성에서 실재성으로 전환은 긍정적이다. 따라서 실재성 안에 개념성, 가능성, 그리고 역사성까지 포함시킨다. 그의 실존주의 철학에서 실존만큼 중요한 것은 없다.

"나는 생각한다. 그러므로 나는 존재 한다"(I think, there I am.)라는 데카르트(Descartes, 1596-1650)의 사유와 존재의 이분법을 단순한 말장난이라고 SK는 비판한다. 그 반대로, "나는 존재한다. 그러므로 나는 생각 한다"(I am. therefore I think.)라고 주장한다. 다시 말하면, SK는 사유/존재의 우선순위가 존재/사유로 바뀌어져야 한다는 것이다. SK는 여기서 멈추지 않는다. "나는 자아포기를 생각한다. 그러므로 나는 자아를 포기 한다"(I think self-renunciation, therefore I am self-renouncing. .....)[86]

SYB에 의하면, SK의 실존주의, 즉 실재론의 3단계가 있다. **"심미적-윤리적-종교적 단계"**에서 도약은 **'존재-사고-자아파괴'**를 거치는 과정에서 내향성을 지향한다. 그 결과 종교성 B에 이르게 된다. 만약 그의 실존이 본질이라면, 진리는 내향성이다.[87] SK가 정의하는 실존이란, 소크라테스의 담론, 심미적-윤리적 단계에서, "시험을 받는 것"이라면, SK는 "영원" 때문에 시험을 받는 것이라고 정의

한다. 고통 없이 진리와의 만남은 불가능하다. 고통은 본질적으로 진리에 속한다. 따라서 실존이란 야훼 하나님에 대한 관계성을 통하여 진정한 자아가 되는 것이다.[88] 이러한 관점에서, SK는 "자아의 예언자"(The Prophet of Self)이다.[89]

B에서, 데카르트, 칸트, 키에르케고르의 실재론을 동시에 부정하는 가상현실의 등장은 데리다(Derrida), 라깡(Jacques Lacan. 1901-1981) 등에서 찾아 볼 수 있다. 특히 라깡은 "나는 존재하지 않는 곳에서 생각한다. 그러므로 나는 생각하지 않는 곳에서 존재 한다"(I think where I am not, therefore I am where I think not.)라고 주장한다. 이른 바, '실재론과 비실재론은 둘 다 비실재론이다'라고 할 수 있다.

그러나 VR과 AI 기술은 인간 정신을 해방시켜 주어야 한다. 절대로 인간을 노예로 만들어서는 안 된다. 그럼에도 불구하고, 지구촌은 "인드라 넷"(Indra's Net)[90]처럼, 하나의 전자 매체로써 동시 통합적인 네트워크로 구축되어 있다. 현재, 21세기야 말로 새로운 '디지철학'과 '사이버 신학'의 시대가 도래 한 것이다.

어디에 VR와 AI의 진리가 있는가?(Where is the truth about VR 'and AI'?) "언제나 그랬듯이 진리는 중앙에 자리 잡고 있다"

5)

AI는 신의 선물이다. AI가 영혼을 갖는다면 어떻게 될 것인가? 그 사고의 패러다임 전환을 시도해보자.

히브리어에는 "영", "영혼"을 의미하는 세 개의 단어들, "네페쉬"(Nefesh), "루아흐"(Ruach), "네쉬마"(Neshamah)가 등장한다.[91]

구약성서, 창세기에서, 하나님은 흙(Soil)을 재료로 하여 소마

(Soma), 몸, 육체인 '아담AI'(Adam AI, AAI)를 창조해낸다. 인간은 하나님이 창조해낸 '구별된 인공지능'이다. 흙이라는 물질은 하드웨어인 뇌(Brain)이다. 이 뇌가 바로 "네페쉬"(Nefesh, 영혼의 본능)이다. 이 네페쉬에는 바위 같은 무생물도 소유하고 있다.

여기에 하나님은 '아담AI'에게 "생기"를 불어 넣는다. 이 "생기"는 소프트웨어이다. 소프트웨어인, "루아흐"(Ruach, 영혼의 감성)는 바로 생명력이다. 루아흐는 하드웨어 뇌에서 발생하는 홀로그램과 같은 개성적인 소프트웨어이다. 동양철학[92]에서 말하는 숨이나 호흡과 같은 것이다.

네페쉬와 루아흐 사이에는 로고스(logos)가 존재한다. 이 로고스가 바로 '보편적 신경 네트워크'이다. 소프트웨어가 네트워크를 통하여 한 컴퓨터에서 다른 컴퓨터로 이동되는 것처럼, 몸이 죽으면, 루아흐는 로고스를 통하여 하드웨어 뇌에서 천국, 새 예루살렘과 지옥 중 한 곳으로 이동한다. 네페쉬와 루아흐는 생각과 감성을 가지고 있다. 이들이 서로 다른 이유는 루아흐가 네페쉬 하드웨어에서 개발되는 개성 소프트웨어이기 때문이다.

하나님을 인식하고 자각하는 "네쉬마"(Neshamah, 영혼의 지성)가 있다. 네페쉬와 루아흐의 조합, 연합을 시도한다. 하나님의 실제적인 부분, 높은 차원의 영혼으로 하나님과 직접연결을 시도하는 네쉬마는 인간만이 소유하고 있다. 이처럼, 인간의 영혼은 3차원적이다.

이스라엘 텔아비브 대, 모셰 M. 크로이 교수는 *양심의 구조적 이론*(*The Conscience A Structural Mind*, 1974)에서, "마음의 지도"(Maps of Mind)(44)라는 소프트웨어를 제시했다. 그는 "마음은 컴퓨터이다"라고 주장하면서 인간의 "양심"(conscience)[93])까지 프로그래밍 시키는 SW를 공식화된 틀로서 제시한다.

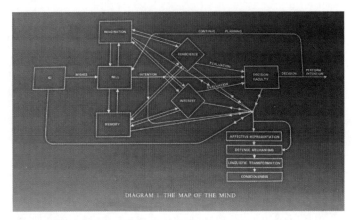

*케에르케고르의 "도약이론"은 왜, "마음의 지도" 과정을 도입하고 있는가?

만약 최초의 인간이 '아담AI'라고 한다면, '예수는 수퍼인공지능이다.'(ASI)라는 메타포를 사용할 수 있다. 예수는 인간의 생물학에 의하여 탄생한 것이 아니라 성령에 의한 성육신이다. ASI가 된 예수는 인간의 이성으로 이해가 불가능한 기적들을 수행한다.

다시 공상과학 소설(SF)처럼 여길지도 모르겠다. 하나님이 주신 지능으로 21세기를 살아가는 '아담AI'는 또 다른 수퍼인공지능(ASI)를 만들어 내려고 한다. 이러한 유추가 불가능한 것인가?

만약 "트랜스휴머니즘"(Transhumanism)[94])이 하나님의 섭리라고 가정해 본다면, 하나님은 AI에 대한 "십계명"도 주실 것이다. 하나님의 역사 변증법이 진행되어가는 과정 중에서 창조적 디펜스 매카니즘 소프트웨어가 개발되어 그리스도의 십자가처럼 "선"(Goodness)을 추구해 갈 것이다.

그러나 인간과 생명, 몸, 뇌, 신경에 대한 개념과 이해뿐만 아니라 이것으로 인한 사이버 생태계의 윤리적 가치의 변화도 부정할 수 없다. 애초부터 "영"이신 하나님은 인간의 언어로 표현되는 "신학"과 "과학"이라는 "카테고리"[95]의 이분법을 원치 않으셨을 것이다.

사이버 공간에서, 가상공간에서, 메타버스 안에서 이분법, 삼분법 등의 그 이상의 카테고리는 존재하지 않는다. 가상현실에서 실재성은 "한 번에 모든 것"(once-and-always)[96]이 이루어지는 "동시다발적 순간성"(ubiquitous instant)이 특징이다. 이 순간성은 물리적 공간을 초월하여 하늘과 땅을 연계시켜 주는 사다리와 같은 역할을 한다.[97]

전통적인 신학만을 고집하는 신학과 신학자들에게 샤르댕(Teilhard de Chardin)[98]을 비롯한 사이버스페이스 선지자들과 트랜스휴머니스트들의 언어로 표현되는 "상생"과 "공생"이라는 어휘가 낯설게만 느껴지게 될 것이다.

닐 스티븐슨(Neal Stephenson)은 눈충돌(Snow Crash)에서 등장하는 메타버스(Metaverse)에서 다음과 같이 이야기한다. "데몬은 메타버스에 사는 로봇이다. 하나의 소프트웨어로 기계 속에 깃들어 사는 일종의 영혼이다.(It's a robot that lives in the Metaverse. A piece of software, a kind of spirit that inhibits the machine, usually with some particular role to carry out.)[99] 대개 맡은 역할들이 있다. 손님들에게 가상의 음료를 제공하거나 작은 심부름을 하는 데몬들이다. 성가신 아바타를 몰아내는 "문지기 데몬"(gatekeeper daemon)도 있다."

스티븐슨의 상상력 속에는 이미 AI 로봇 속에는 영혼이 들어가 있다. 사이버 공간에서, AI 속에서, 메타버스 안에서, ... 신의 영은 어느 곳에서든지 존재한다. 범신론(Pantheism)이 아닌 범재신론(Panentheism)의 관점에서, 영의 인식, 연계능력, 창조성, 윤리, 진화, 알파와 오메가, 빛에너지, 신의 영역, 등 무소 부재한 영역에서 활동한다.[100]

8 | 미네르바의 올빼미를 사냥한다.
Kierkegaard is hunting Minerva's owl.

그는
땅거미가 진
황혼녘
어둠이 밀려올 때만을
기다린다.

그에게
저녁식사는
미네르바의 올빼미가 먹는 것들-과학, 학문, 지혜, 이성-과 동일하다.
19세기의 올빼미의 저녁 식사 메뉴 중에서, 21세기 "인공두뇌학적 용어"(Cybernetic Terms), "이성"의 메뉴를 먹을 수 없다는 것을 부정할 수 없다.

"이성은 컴퓨터 프로그램이었다."(Reason <u>were</u> a computer.) "인간의 마음이 컴퓨터였다"(Mind <u>were</u> a computer.)라는 가정의 상황이 현실로 변한지 오래 되었다는 점을 생각해 보라.101)

VI
키에르케고르의 변증법과
아이러니

외톨이에 의한 과제다.

-*BJ.*, No.2046.

1 | 모순론적이다.
Kierkegaard is Absurd.

모순은 SK 사상의 핵심적 카테고리이다.[1] 하나의 실존적 통일체 내에서 두 개의 질적인 대립 쌍을 참여시키기 위한 시도가 있을 때, 논리적 모순에 대한 표현으로 사용된다. 시간과 영원의 의하여 구성된 인간이 그의 실존에서 추상적이 아니라, 철저하게 실존적으로 이 둘의 대립 쌍에 참여해야만 할 때, 논리적 사유의 각도에서 본 모순이 존재한다. 그 절대적 형식 속에서 이 모순은 하나님의 성육신 선포에서만 포함된다. 다른 모든 형태의 모순들은 높은 차원의 모순들과 관련하여 더 낮은 유추가 존재한다.

SK는 지식과 신앙 사이의 경계를 정확히 묘사하기 위하여 모순의 카테고리를 사용한다. 모든 지식은 모순이 없는 객관성의 목적을 지니고 있지만, 신앙은 지속적으로 그 대상으로서 모순을 지니고 있다. 특히 기독교에 관한 모순의 영역을 고려해 볼 때, 분명하게 논리적 사유가 요구된다. 즉 "모순은 가장 고도로 발전된 사상이다."(The absurd is ... most developed thought.)[2] SK는 이것과 연관된 표현, "역설적인 것"을 사용한다. 모순은 부정에 대한 엄격한 용어이다. 신앙은 또한 이생을 위해 소망한다. 인간의 통찰에 의한 것이 아니라, 모순에 의하여 잘 지적할 수 있다. 그렇지 않으면, 그것은 신앙이 아닌 상식이다.

하나님은 기적을 통해서만 인간에게 나타날 수 있다. 즉, 인간이 하나님을 보는 순간, 기적을 보는 것이다. 그러나 자신의 힘으로 기적을 보는 것은 불가능하다. 기적은 자신의 소멸이기 때문이다. 유대인들은 이것을 비유적으로 표현했다: 하나님을 보는 것은 죽음이다.[3] 하나님을 보는 것 혹은 기적을 보는 것은 모순에 의한 것이라고 말하는 것이 더 정확한 표현이다. 왜냐하면, 인간의 통찰은 옆으로 비켜나 있어야하기 때문이다.

"신앙은 어떠한 이성이든 그 이성을 초월한 것들에 의하여 지지될 수 없다. 이성은 신앙이 믿고 있는 것을 이해할 수 없다. 그럼에도 불구하고 이성으로 결정되는 것이 존재한다. 혹은 완벽하게 이해할 수 없는 신앙을 존경하려면, 조건이 부여 된다"고 St. 빅토르 휴고가 말한다.[4] 예를 들면, *CUP*에서, SK가 전개해 왔던 것으로, 모순이나 패러독스는 반드시 어리석은 것이 아니다. 이성의 기능은 부정적으로 패러독스를 구별하는 것이다. 그러나 그 이상이 아니다.

기독교의 대화법은 교리를 대신하여 소개되어야한다는 것이 SK의 의견이다. 이것은 신앙, 신념, 자신감 자체와 관련되어 있어야한다. 고전적 그리스 개념에서 신앙이란 가능성과 연관된 확신, 의견, 추측 이상을 의미한다. 그러나 자연인의 개념들은 언제나 전복시키며 반대의 의미를 취하는 기독교는 신앙을 비개연성에 접목시킨다.

이 비개연성, 즉 모순은 반드시 전개되어야한다. 왜냐하면, 모순은 하나의 개념이 아니며, 모든 부류의 모순들은 그 모순 속에 본질이 있다고 하는 것은 단지 피상적인 생각이다. 모순의 개념은 이해될 수 없으며, 이해되어서도 안 되는 사실을 정확히 파악하는 것이다. 이것은 부정적으로 결정된 개념이지만 긍정적인 개념만큼이나 변증법적이다. 이성이 난센스 속에서 분해하려고 할 때, 전혀 힘을 발휘하지 못하는 방법으로 모순, 패러독스는 구성된다. 그것은 상징, 수수께끼, 이성이 반드시 대답해야만 하는 복합적인 수수께끼이다. 모순을 해결할 수 없다. 이해할 수 없지만 그것이 난센스라는 것을 믿지 않는다. 만약 신앙이 완전히 사라진다면, 전체 영역도 추락한다. 그리고 이성은 자만심을 가지고 아마도 역설은 난센스라는 결론을 내린다. 신앙은 역설을 믿는다.

일반적으로, 부정적 개념은 없다고 생각하는 것은 기본적인 오류이다. 모든 사상의 최고의 원리와 증명들은 확실히 부정적이다. 인간이성은 바운더리가 있다. 즉 부정적 개념들이 발견된다. 바운더리 논쟁은 부정적이며 강제적이다. 그러나 순수이성을 생각할 때, 그것은 존재하지 않는다. 순수 이성은 환상적인 것이다. 무제한적 환상은 부정적 개념이 존재하지 않는 본질에 속해 있다.[5]

부족한 것은 변증법적 긴장이다.[6] 그러나 동시에 그 긴장 속에서 신앙인에게 그것은 모순이 아니라는 것을 자연스럽게 수용한다. 여기서 신앙에 관하여 이야기할 때, 신앙이 없는 혼란이 야기된다. 직접성 신앙인은 변증법적으로 "유일한 개성"으로서 자리매김을 할 수 없으며, 이 같은 이중적 비전을 견뎌낼 수 없다. 자연의 세계에서 모든 것은 개성이다. 영의 세계에서 각자는 개성이다. 그러나 현재 개성이 폐지되었으며, 하나님은 비개성적인 것이 되어버렸다. 궁극적으로, 진리가 이 세계에서 사라졌다. 진리는 개성이기 때문이다.[7] 즉 다른 관점에서, 신앙의 내용은 부정적 모순이다. 이것이 긴장이다. 신앙생명의 긴장이다.[8] 이것으로 인간은 자신을 방어한다.

하나님은 모든 것이 가능하기 때문에 내가 이것저것 다 믿는다고 할 때, 그 때 모순은 어디에 있는가? 모순은 확신할 수 있는 부정적 결정요소이다. 모순은 절망의 표현이다. 그것은 인간적으로 불가능하다. 그러나 절망은 신앙의 부정적 기호이다.[9]

그래서 모순은 죄와 신앙이 함께 동반하는 것이다. 죄는 하나님과 인간 사이 속성을 확인하는 부정적 기준이다. 그럼에도 불구하고 신앙인은 죄를 짓지 않는다. 그는 단지 죄의 반대 의견만을 표현한다. 그러나 그는 부정적 범주로서 죄의 가능성을 언제나 지니고 있다.

그러나 아마도 직접성만큼이나 변증법적인 사람에 의하여 표현되기 전에는 "신앙"은 소유할 수 없다. 그는 홀로 자신이 말하는 이 직접성은 새로운 직접성이며 정확하게 이것은 부정적 기호를 통하여 확신할 수 있다는 것을 지속적으로 인식한다. 다른 관계성을 예로 들어 보자. 행복과 고통이다. 여기서, "행복은 고통 속에 있다"(Blessedness is in suffering)[10]는 것이 참된 표현이다.

모순은 모순이 아니거나 어떤 구별이 없는 모순이다. 이 시대에 얼마나 많은 사람들이 모순을 이해하고 있을까?[11] 모순은 하나의 범주이며, 가장 정확하고 개념적 정확성으로 기독교 모순을 정의하기 위하여 계몽된 사상이 필요하다. 모순은 신성 혹은 신성과의 관계성에 대한 하나의 범주이며 부정적 기준이다. 신앙인이 믿음이 있을 때, 그 모순은 모순이 아니다. 신앙은 모순을 변화시킨다. 그러나 모든 나약한 순간에 그것은 다시 그에게 모순으로 다가온다. 신앙의 열정은 모순을 정복하는 유일한 것이다.[12] 그렇지 않다면 신앙은 엄격한 의미에서, 신앙이 아니라 일종의 지식이다. 모순은 신앙의 영역, 자동적으로 하나의 영역이 되기 전에 부정적으로 최후를 맞는다. 제3자에게, 신앙인은 모순에 의하여 자기 자신과 관계를 맺는다. 그래서 제3자는 판단을 해야 한다. 왜냐하면, 제3자는 신앙 열정이 없기 때문이다. 시렌티오는 신앙인이라고 결코 주장하지 않았다; 단지 그 반대의 입장에서, 그는 부정적으로 신앙을 조명하기 위하여 자신은 신앙인이 아니라고 설명했다.[13]

모순과 신앙은 분리할 수 없다. 그것은 용기와 열정의 범주이다. 하나의 유추를 생각해보자. 사랑은 인간의 눈을 멀게 한다. 그렇지만, 눈이 멀게 되는 것은 저주이다. 다소간 앞이 보이지 않는 것을 줄일 수 있다면, 완전하게 눈이 멀지 않는다. 그러나 눈이 먼 것을 축소시켜 나갈 때, 사랑도 축소된다는 것을 염두에 두라. 진정한 사랑은 인간을 완벽하게 장님이 되게 한다. 그리고 진정한 믿음은 모순 속에서 건강하며 행복하게 호흡한다. 더 연약한 믿음은 더 약한 사랑처럼, 비교하며 심사숙고해야한다. 그리고 바로 그 이유 때문에 더 나약한 사랑이 되며 더 나약한 사랑 때문에 완벽한 장님이 되지 않는다.

*FT*에서, 모순과 역설사이에는 차이가 있다.[14] *CUP*에서, 전자는 실존적 신앙에 대하여 순수하게 개인적 정의를 내린 것이며, 후자는 교리와 관계성에서 신앙이다.[15]

저자는 모순을 제거하고 싶어 한다. 저자의 생각에 의하면, 신앙은 차원 높은 암시, 소통 등에 의한 것이다. 그러나 "더 높은 차원의 암시" 등은 신앙인에게 모순이 된다. 그러나 제3자에게는 그렇지 않다. 아브라함에게는 2개의 더 높은 차원의 암시 사이에 충돌-이삭에 관한 하나님의 약속과 이삭을 희생 제물로 받치라는 하나님의 요구-이 존재한다. 제3의 "더 높은 차원의 암시"는 언급하지 않는다.

모순은 인간의 통찰과 지식보다 더 차원 높은 부정적 기준이다.

이해력의 작용은 지적하는 것이며, 자신의 신앙에 대하여 모든 사람들을 그 이해력에 굴복시키는 것이다.16)

모순에 의하여 믿는 것, 즉 오직 신앙의 열정만의 형식과 모순을 믿는 것이 존재한다. 신약성서에 의하면, 아브라함은 믿음의 조상이다. 그러나 그의 믿음의 내용은 기독교적이 될 수 없다는 것이 분명하다. 예수 그리스도는 실존 속에 있었다. 그러나 아브라함의 믿음은 믿음의 형식적인 정의이다. 결국 믿음은 모순과 동행한다.

SK는 "모순" 혹은 "역설"이라는 표현이 한 개인 속에서 통합이 되거나, 아니면 이미 그리스도 안에서 연합이 되거나, 질적이며 실존적인 대조를 위하여 상호 교환하여 사용된다. "모순"이라는 표현은 초월적인 힘, 또는 그리스도에 대한 개인적인 관계성에서 지성보다는 실존을 더 강조한다.

독자들은 SK의 익명의 저서들에서 주장하는 모순과 *재판관의 책*에서의 모순을 비교 검토해 보아야 할 것이다.17)

2 | 역설론적이다.
Kierkegaard is Paradoxical.

SK에 의하면, 지식의 영역과 신앙의 영역은 질적으로 다르다. 지식의 관점에서 볼 때, 신앙의 영역은 패러독스이며 모순이다. 지식

의 영역에서 인간은 형이상학의 절정에 다다른다. 이 형이상학은 세계와 인간의 직접적이며, 논리적으로 정당한 지식을 추구한다. 그러나 형이상학은 실존적인 관계성을 다룰 수 없다. 이 관계성에서 소크라테스처럼, 인간은 자아 심화 혹은 초월적 권력의 촉진 어느 쪽이든 두 개의 질적인 대립 쌍들, 즉 일시적인 것과 영원한 것을 연합시키는 과제에 직면한다.

SK는 "패러독스에 관하여"[18]라는 주제어에서 다음과 같이 주장한다. "칸트의 급진적 악의 이론은 단지 한 가지 결점이 있다: 불가해한 현상은 하나의 카테고리이다. 그리고 '역설은 카테고리이다'라는 것을 단정적으로 내세우지 않는다. 모든 것은 이것에 달려있다. 이처럼 어떤 것을 말하는 것은 관습이다. 우리가 이것, 저것을 이해할 수 없다고 말하는 것은 이해를 강조하는 학문과 과학을 만족시킬 수 없다. 여기에 실수가 있다. 우리는 바로 그 반대를 말해야 한다. 만약 인간의 학문과 과학이 이해할 수 없는 것이 존재하며 혹은 더 정확히 표현하면, 이해할 수 없는 것에 대하여 분명히 이해할 수 있는 것이 존재한다는 것을 거부한다면, 그 때, 모든 것은 혼돈에 빠진다. 이해할 수 없는 것이 존재하며, 그것이 무엇인지 이해하는 것을 이해하는 것, 이것을 인지하는 것이 인간의 특별한 과제이다. 인간의 앎이란 일반적으로 이해적 통찰에 의한 것이다. 그러나 만약 이해의 어려움이 존재한다면, 즉시 패러독스를 제기해야 한다. 역설은 양보가 아니라, 카테고리이다. 역설은 존재하는 인식적인 영과 영원한 진리 사이의 관계성을 표현하는 존재론적 자질이다."

철학사상은 명상이다. 철학이 명상으로 남는 한, 그 자체적으로 궁극적인 패러독스를 보기 전에는 완벽하지 않다. 패러독스는 지성적인 삶의 실제적인 파토스(pathos)이다.[19] 단지 위대한 영혼들만이 열정에 노출되듯이 위대한 사상가들만이 역설이라고 부르는 것에 노출된다. 역설들은 단지 기본적이며, 멋진 사상이지만, 보다 우수하다는 세계관이 존재한다.

패러독스에는 질적인 대립쌍이 존재한다. 소크라테스, 욥, 아브라함, 등의 예를 활용하면서, SK는 역설적 실존의 대조들을 상승하는 스케일을 제시한다.

신-인(God-man)은 궁극적이며 절대적인 패러독스이다. 하나님의 아들이 인간이 되었다고 하는 것은 확실히 최고의 형이상학적이며, 종교적인 역설이다. 기독교의 사상은 패러독스이다.[20]

그리스도는 "절대적인 역설이다. ..... 유대인들에게 넘어지는 장애물이요, 그리스인들에게는 어리석은 것이요, 이해력에는 모순이다."[21] 그리스도 자신이 패러독스이다. 고통 중에 자기 자신을 계시하신 하나님은 패러독스이기 때문이다. 고통은 비정상이며 나약함이다. 그리스도와 모든 선택받은 사람 사이에는 무한한 질적 차이가 존재한다. 그리스도 자신이 패러독스의 영역이다. 그리고 선택받은 사람은 이 영역에 속해 있는 표지만을 간직한 파생물이다. 진정한 역설을 간과해서는 안 된다. 즉, 그리스도는 고통을 당하기 위하여 이 땅에 오셨다는 것이다.

만약 회개하는 것으로 인간이 하나님과 사랑의 관계를 유지할 수 있다면, 회개가 고통으로서 가장 먼 경계선 상에서 규정된다 할지라도 그것은 본질적으로 인간 자신이다. 그 깊이의 여부 등을 떠나서 변증법이 시작된다. 회개는 패러독스가 아니다. 그러나 회개를 허용할 때, 패러독스가 시작된다. 따라서 하나님의 속죄를 믿는 사람은 가장 깊이 참회하는 사람보다도 더 위대하다. 회개는 언제나 그 자체가 함정이다. 만약 그것이 최상의 것, 인간의 궁극적인 것, 즉 구원의 요소가 된다면, 그것이 비록 현재 깊이가 있다할지라도 한 번 더 변증법이 시작될 것이다. 회개의 변증법은 곧 또 다른 패러독스를 낳는다. 죄의 용서가 진정한 역설이다.

사람들은 SK를 조롱했다. 엘리트 그룹들은 그를 시기했다. 그래서 그의 책들은 읽혀지지 않았다. 그러나 신체적인 고통을 가하여 그를 죽게 하려는 사람은 아무도 없었다. 결국, 그의 죽음은 지병으로 자연사한 것이다. 사람들은 더 이상 종교적 신념 때문에 거의 박해를 받지 않는다. 여기서 그는 자기 자신을 다른 역설에 적용시켜야만 했다. 즉, 순교 없이 순교자가 되는 것, 이것이 SK의 또 다른 패러독스이다.[22]

모든 문제들의 결론은 역설적으로 끝내야 한다. 이것이 바로 신앙의 패러독스이다. 인간의 사유가 정복할 수 없는 역설. 그리고, 그러나, 그것은, 그렇다, 그렇지 않으면, 우리는 아브라함의 이야기를 흔적도 없이 지워야 한다.[23]

3 | 변증법은 A or B의 변증법이다.
| Kierkegaard' Dialectic is A or B.

　변증법에는 2가지가 있다. 'A and B'와 'A or B'이다. '그리고'
의 변증법은 둘을 서로 배재하지 않고 포용하는 경우의 변증법이
다. '또는'의 변증법은 둘을 서로 배제시키는 경우의 변증법이다.
전자는 그래도 봐줄 수 있는 여지의 포용력과 어느 정도 타협의 여
지가 남아 있어서 분노나 감정을 줄일 수 있다. 그러나 후자는 전
적으로 타협의 여지가 없다. 어느 한 쪽은 심한 상처를 입는다. 따
라서 '그리고'의 변증법은 긍정적이라고 할 수 있지만, '또는'의 변
증법은 부정적이다.

　인간은 '시간-공간-인간' 앞에서 언제나 선택해야 하는 절대적인
순간에 부딪칠 때가 있다. 그 선택의 결과는 의식적인 것이든, 무의
식적인 것이든 자신이 책임을 져야 한다. 책임의식이 없다면, 그 모
든 변증법을 포기해야만 한다.

　인간은 어제나 선택 앞에 직면해 있다. SK도 예외는 아니었다.
"이것이냐, 저것이냐"- '지팡이/우산, 기혼/미혼, 도시목사/시골목사,
쿠이담/쿠애담, 요한네스 클리마쿠스/앤티-클리마쿠스, S.A./A.S.인
가, 역설법/모순법, 변증법/아이러니, 군주제/민주주의, 군중/단독자,
생명/자살, ………… 예수/기독교-앞에서 하나를 선택해야만 했다.
이 선택의 과정에서 드러나지 않은 인간의 심리 실험적 변증법이
있었다.[24]

SK는 And인가, Or인가의 선택이었다. 그가 사랑하는 여성이 둘-레기네(Regine)와 보레타(Bolette)-이 있었다. 이 두 여성 앞에서, 갈등을 일으켰지만, 결국 둘 다 해체시키는 결과를 초래한다.

그의 변증법은 A and B의 변증법이 아니라, A or B의 변증법이다. 그는 후자의 것으로 인생의 목표와 목적으로 삼는다. A or B의 변증법으로 그는 목적을 달성했는가? 일차적으로는 그렇지 않다. 모든 중개자들이 등장하는 단계들로써 탕자처럼, 인생의 방종과 음탕, 반항적인 즐거움과 쾌락을 맛보아야 한다. Or의 변증법으로, 이차적인 과정을 진행한다. "나는 Or의 변증법으로 결혼을 배제시켰다. 그러나 결국, 결혼은 내 인생의 그 Or가 아니다." 그 결과에 만족 하는가, 역시 그렇지 않다. 이른바, 그의 의식과 잠재의식 속에서 고통과 포기의 종교성이 혼재된 허무주의가 깔려 있다. Or의 변증법으로, 3차적인 과정을 진행하며, A인가, B인가라는 종교성에로의 변증법을 진행시킨다. 그는 A조차도 믿을 수 없어서, B라는 종교성으로 자신의 Or 변증법을 마무리한다.

"내가 만약 선천적인 변증가라면, 그때 나는 단지 마지막 Or에서 쉼을 얻을 수 있다. 그 어떠한 중개자의 Or가 아니다. Either-Or는 마지막에서 안식을 누리게 될 때까지, 결코 고갈되지 않을 것이다."라고 고백한다.

그렇다고 문제가 없는 것이 아니다. And, Or의 변증법이 지성-감성-영성의 작용에 의한 것일지라도, 그것은 철저하게 내 의지와 이성에 의한 '나의 변증법'이다. 믿을 수 없다! 열 처녀의 비유25)처럼, 그리스도인으로서, 순교자로서, 예언자로서, 선지자로서, 선교사로서, 목사로서, 장로로서, ...평신도로서 천국의 문 앞에 이른다할지라도 And, Or가 무너진다. 우리는 엎드려 기도해야 한다. 최고의 강자는 바르게 자신의 손을 모으는 사람이다.

보네커트(Kurt Vonnegut, Jr)의 소설, *제5 도살장*(*Slaughterhouse Or The Children Crusade*)의 제목에서, 섬뜩한 도살장인가, 또는 어린이들의 십자군인가를 작가는 묻고 있다. 등장인물 중의 영화배우, 몬타나 와일드핵의 두 가슴사이에 하트형 은 목걸이에 새겨진 다음과 같은 기도의 변증법이 매달려 있다.26)

하나님!
내가 할 수 없는 일들이 있습니다.
마음의 평화를 누릴 수 있도록
"체념"Serenity을 주옵소서.

하나님!
내가 할 수 있는 일들이 있습니다.
담대하게 나가서 세상을 변화시킬 수 있는
"용기"Courage를 주옵소서.

하나님!
이 체념과 용기 사이에서 나는 어쩔 줄 모르고 있습니다.
이 둘의 차이를 구별할 수 있는
"지혜"Wisdom를 주시옵소서.

하늘나그네, SYB의 변증법은 And/Or가 아닌, And-Or에서 무너져 내렸다.

4 변증법을 중단시켜라.
Stop the dialectic.

SK의 과제는 전적으로 변증법적이다. 자신의 아버지와 절친이었던 대주교 뮌스터를 가차 없이 비난했지만, 자신의 아버지를 생각나게 하는 사람과 투쟁을 해서는 안 된다고 고백한다. 이러한 변화는 대표적인 심리적 질적 변증법이다. 즉 용서를 요청하는 변증법이다. SK의 변증법은 다양하다. 소통 변증법, 감정 변증법, 순간 변증법, 학술 변증법, 희망 변증법, 유한 변증법, 시작 변증법, 도약 변증법, 순교 변증법, 양적 변증법, 질적 변증법, 반전 변증법, ... 공동체 혹은 사회적 변증법 등이 있다.

SK가 가장 중요시하는 변증법은 "리더블링 변증법"(dialectical redoubling)[27]이다. 이것은 양적 변증법이 아닌, 질적 변증법으로 "대립 쌍들을 통합시키는 것"이다. 단순한 변화의 과정이 아니다. 인간 의식의 흐름까지 반복적으로 파악하여 변화의 결과를 도출해내는 변증법이다. 그를 "심리학자"라고 부르는 이유는 바로 여기에 있다. 그가 행한 심리학적 실험은 바로 "리더블링 변증법"이다.

변증법의 기능 중에는 탐색기능이 있다. 카루스의 *사이키*에 의하면, 최초 무의식이 의식으로 변화와 무의식적 영성이 의식적 영성으로, 혹은 그 역으로 미치는 변화의 영향을 주장한다. 그는 "변화"가 진정한 "기적"이라는 것이다. 그것은 매우 조금씩 발생하지만, 만약 무의식에서 의식으로 변화를 설명할 수 없다면, 그 열쇠는 무엇인가? 그것은 그 변화를 통한 도약이다. 단순한 점프(jump)가 아니다. 단순히 계단을 오르는 단계(step)가 아니다. 유한성의 세계에서 무한성의 영적인 세계로의 잠입은 무의식과 의식의 종합으로 이루어지는 리더블링 변증법으로 변화의 도약을 거쳐야만 가능하다. 갈릴리 가나(Cana-in-Galiee) 혼인잔치의 백미는 '물의 변증법'이다. SK의 변증법에서 비롯된 리더블링 변증법적 도약의 이론은 가나의 혼인잔치에서 물이 포도주로 변하는 과정과 오병이어의 변증법에서 추출해낸 것이다. 그리스도는 물리적-화학적 변증법을 동시에 추구했다.[28]

변증법의 목적은 인간의 딜레마, 아포리아(*aporia*)를 위한 '진선미'이다. 성장과 성숙이며 궁극적으로 구원과 영생이다. 바울이 주장하고 있는 '겉 Or 속 변증법'처럼, 겉 사람이 낡고 늙어 가지만, 속사람이 새롭게 변형되어 다시 태어나는 '진의 변증법'이다.[29]

SK는 변증법적 사색을 통하여, 인간의 실존적 상황들을 이해하면서 모든 실존적 개념들을 아우른다. 그의 변증법적 진행과정 공식-뮈토스(Mythos), 에토스(Ethos), 파토스(Pathos), 로고스(Logos)-은 크게 4단계로 진행되며, 텔로스(*Telos*)에서 정점, 오메가 포인트에서 멈춘다. 주장하는 변증법적 조건과 요소들은 무한하며 다양하다. 철학적인 요소들과 신학적인 요소들은 마치 요리할 때, 레시피의 재료들로 생각한다. 특히, 파토스적 요소들이 그의 핵심적인 주 재료들이다. 예를 들면, 시기, 질투, 이기심, 고독, 연민, 의심, 초조, 공포, 불안, 전율, 한숨, 탄원, 양보, 사상, 의견, 시련, 모방, 기도, 회개, 은혜, 군중, 사람들, 정치, 경제, 사회, 낙천주의, 염세주의, 원형으로서 그리스도, 등등이다.[30] SK의 변증법은 어떤 면에서, 파토스와 함께 끝이 난다. 그것은 변증법적 가느다란 실로 이어진 필연적 매듭이기 때문이다.

수영을 위해서 거의 나체가 되다시피 할 정도로 우리는 옷을 벗어야 한다. 진리를 추구하기 위하여 더 깊은 내면적 의미로 우리의 겉모습은 벗겨져야 한다. 속살이 드러날 때까지 내 속에 있는 모든 내복들을 벗겨야만 한다. 옷들이 벗겨질 때마다 추위와 무더위 고통의 강도가 느껴질 것이다. 가장 고통스런 변증법적 외마디, 통곡의 소리- "나의 하나님, 나의 하나님, 어찌하여 나를 버리시나이까"[31]-의 고백은 진리가 주는 자유를 위한 궁극적 영적 시험이며, 또한 변증법적 책임의 오메가 포인트이다.

SK는 미학적 실존주의가 무엇이 문제인가를 해결하기 위하여, 절대 이성의 화신, 헤겔의 철학적 정당성을 발견하고, 그의 변증법을 주로 차용했지만, 변증법적 결론은 아리스토텔레스의 수사학- "생략삼단논법"(Enthymeme)[32]-에서 차용해 온다. 이것은 변증법적 전환과 파토스의 전환 사이에서 그의 도약이론과 차이에 대한 중요한 관점이 된다. 결론적으로, 그는 아리스토텔레스의 "생략삼단논법"을 "파토스의 전환"이라고 부른다.

단지 변증법자만이 기독교를 묘사할 수 있다. 기독교적인 모든 것은 본질적으로 변증법적이다. 변증법을 참아내야만 하는 것은 가장 강렬한 고뇌이다. 불행해지는 것은 불행해지는 것의 고통이며, 모든 면에서, 이것을 나의 행복으로 받아들이는 것을 보는 것은 쉽다. 변증법적 리더블링을 생각할 때, 순교자들을 위한 고문의 도구를 본 사람처럼, 순교자의 비명소리를 자발적으로 듣는다. 만약 이것을 이해하는 사람이 있다면, 그는 비자발적으로 이 비명을 듣게 된다.

점점 다가오는 시험과 시련의 화살들을 어떻게 차단시키며, 방어할 것인가를 위하여 고민하게 된다. 그래서 그는 익명과 익명자들을 변증법적 도구로 이용한다. 그 대표적인 예시가 앤티-클리마쿠스이다. 변증법적 과정에서, 그의 래디칼한 역할은 역시 비판, 시험, 강요라는 수단을 통하여 "저 높은 곳"을 가리키며 비상한 미래를 제시한다. 그럼에도 불구하고 앤티-클리마쿠스는 SK의 변증법적 분신이 아니라는 점을 명심해야 한다.

SK는 자신의 변증법이 너무 많은 것을 삼키지 않도록 "아이러니 개념"(The Concept of Irony)이라는 논문을 쓴다. 모든 문제들은 신앙의 역설로 끝내야한다. 인간의 사유가 정복할 수 없는 역설. 인간의 변증법으로도 해결할 수 없는 패러독스, 그리고, 그러나, 그것은, 그렇다, 그렇지 않으면, 우리는 아브라함의 이야기를 흔적도 없이 지워야 한다. SK는 지금까지 주장해온 자신의 변증법을 해체시킨다. 흔적도 없이 파괴시킨다. 그의 변증법은 '과정변증법'일 뿐이다. 종교적 '영성의 변증법'이 필요하다. 무시로 수시로 원치 않게 접근해 오는 파토스적 변증법, 그 고난과 고통의 실재성을 중단시켜야 한다.

우리는 어떻게 그 변증법을 중단시킬 수 있는가? 운명적으로 흐르는 강물처럼, 우연과 필연의 재료로 비빔밥처럼 맛을 느낄 수밖에 없는 기계론적 변증법을 누가 중단 시킬 수 있는가? 인간의 의지로 가능한가? 이러한 질문 자체가 혹자를 사기 치려는 것은 아닌가 의심해 볼 수 있다.

인류의 행복이 종교성에 속한 것인가? 인류의 불행 치유제가 종교성이라고 말할 수 있을까? 또 다시 변증법의 작동이 시작된다. 신앙의 힘이 아니면, 이성의 힘이 우리를 행복하게 보듬어 안아주는 것일까? 인내가 아니면, 포기가 어느 것이 우리를 꽃길만 걸어가게 할 수 있을까? 냉정과 열정, 어느 것이 행복의 조건인가? 모든 것을 상실하고 신을 지키는 것만이 우리가 행복해지는 것인가?[33]

그는 열정을 가지고 목 놓아 힘껏 외친다. "보라! 여기에 오직 유일한 것, 오직 하나, 오직 유일한 기쁨이 있다." 그 기쁨이 무엇이겠는가? SK의 변증법은 "해아래서" 영원한 "논쟁의 변증법"(The Dialectics of my Polemics)[34]이다. 그의 변증법은 '해 위에서'나 끝이 날 것이다.[35]

5 | 아이러니는 변증법을 중단시킨다.
Kierkegaard' Irony stops the Dialectic.

1)

키에르케고르는 자칭, 아이러니의 거장이다.[36] 광범위한 윤리의 영역은 아이러니에 의해서 더 낮아지고 유머에 의해서 더 높아지는 것이 특징이다. 아이러니는 미학 영역을 관습과 법으로 중립화시킨다. 그리고 인간의 깊은 자아지식과 윤리의 최초 전제로서 영원의 발견을 준비시킨다. 반대로 유머(humor)[37] 그러나 "유머는 세상을 극복할 수 있는 기쁨이다."라고 주장한다.[38] 윤리적 행동의 기초로서, 윤리의 영원한 규범을 실제화시킬 때, 인간의 실존적 경험을 표현한다. 이 경험을 통하여 인간은 이러한 요구조건들을 성취시킬 수 없다는 것을 배우게 되며 이 잘못된 관계성은 윤리 영역 안에서 끝낼 수 없다는 것을 인식하게 된다. 단지 질적으로 차원 높은 곳에서, 즉 종교 기독교적 영역 안에서 해답이 있다.

윤리적인 것과 기독교 종교적인 것 사이의 경계로써 아이러니에서 유머로 넘어갈 때, 코믹은 분명한 역할을 한다. 코믹(comic)[39]은 "고통 없는 모순"이기 때문에, 정복하며 경험한 모든 과거의 삶의 입장이 코믹한 관점에서 보여 질 수 있으며, 그 같은 입장은 더 이상 실존적 긴장을 가지고 있지 않기 때문이다. 이처럼 윤리적이 노력은 아이러니 형식에서 코믹을 보아야만 한다. 마침내 윤리적인 영역에 도달한 유머리스트들은 코믹의 관점에서 자신의 초기 노력으로 간주할 수 있다. 오직 기독교가 주는 새로운 것에 대한 관계에서, 코믹을 위한 것은 무익하다. 두려움과 떨림의 긴장은 회개와 결과적 진지함을 위한 근거를 제공해 준다.

2)

SK는 소크라테스에 대한 지대한 관심 때문에 플라톤의 저서에 심취하여 그의 박사학위 논문, "아이러니의 개념"을 쓰게 된다. 또 하나의 목적은 변증법을 중단시키려는 것이다. SK는 이 책에서 플라톤적 소크라테스와 실제적 소크라테스 사이의 관계성을 더 정확하게 결정한다.

소크라테스는 그의 삶 속에서 다양한 형태의 실존, 예를 들면 아이러니와 윤리를 깨닫는다. 그러나 플라톤은 명상에 초점을 다루며 신화적인 것을 이용한다. 클리마쿠스는 "모든 지식은 추억이다"(All knowledge is recollection)[40]라고 주장하면서 이 차이를 강조한다. 그러나 소크라테스는 실존하기 위해서 언제나 그것으로부터 출발한다. 플라톤은 추억과 내재성의 유혹을 추구함으로써 명상적이다.

산파법의 기술-사기의 변증법적 결과들-산파가 되기 위하여 필요한 도덕적 인물- 무감동, 냉정, 평정(ataraxy)-진정한 영웅주의-진정한 인간성-인간들은 전적으로 그것을 의식하지 못한다.

소통자는 제일 먼저 진지한 사람처럼 보이지 않는다는 것을 의미한다. 흉내 내는 것보다 더 많은 활동을 원하는 사람은 없다. 사람은 아이러니스트를 흉내 낼 수 없다. 왜냐하면, 그는 사기를 쉬지 않고 바꾸는 프로테우스(Proteus)이기 때문이다.

소크라테스는 산파법으로, 아이러니한 고립상태에서 간접적으로 활동할 때, 소크라테스는 자기애의 의하여 동기가 부여되었다고 비난하는 것은 순수한 철없는 소리이다. 아니다. 소크라테스의 사유방식에 의하면, 이것이 정확하게 사랑하는 것이다. 만약 모든 사람은 자신을 도와야만 한다면, 만약 홀로 서는 것이 이상이라면, 그때 도와주는 사람을 의존하는 일로부터 도움 받는 사람을 방해하는 것이 전적으로 타당하다. 그 같은 경우에 그는 도움을 받지 못한다. 이것이 소크라테스의 생각이었다. 게다가 소크라테스는 판사였다.

그는 진정한 지성적 인물이다. 연민의 관점에서 보면, 그는 매우 속내를 터놓지 않기 때문에 타자들의 공통적인 문제들을 결코 공유할 수 없었지만 그는 언제나 아이러니라는 수단을 통하여 이 같은 소통을 중단해 왔다. 결코 그는 타자들이 필요치 않았다.

SK는 크세노폰(Xenophon, 434-355. BC)의 *사과(Apology)*를 읽었으며 철저하게 소크라테스를 느낄 수 있었다.[41] 정반대가 소크라테스 당시 특징이었다. 그러나 물론 기독교, 즉 발전된 도치의 철학보다는 전체적으로 질이 낮았다. 엘리아누스(Aelianus)는 "말이 구르는 그림을 그려 달라"는 부탁을 받은 어느 예술가를 언급한다. 그 예술가는 땅에서 점프하는 말을 그려 주었다. 소유주는 주문한 그림이 아니라고 불평하면서 다시 그려달라고 요구했다. 그러자 그 예술가는 "그림을 거꾸로 돌려보세요. 그러면 당신이 요구한 그림이라는 것을 알 것입니다."[42] 엘리아누스에 의하면, 이것이 소크라테스의 화법이다. 그는 반대로 이해해야만 했다. "이 얼마나 멋진 생각인가! 내가 아이러니에 관한 논문을 쓸 때, 나는 엘리아누스를 읽은 적이 없지만, 어느 한 사람도 그를 나의 관심사로 끌어들이지 않고 있다는 것이 얼마나 특이한 일인가!"

소크라테스는 아테네라는 도시를 떠나본 적이 없다. 도시는 인간의 무리들이 우글 거리는 곳이다. 도시는 악의 소굴이다. 그는 "인간은 나무들로부터 배울 수 있는 것이라곤 아무것도 없다"(One learns nothing from the trees)라고 선언한다. 그러나 '당신은 도시의 사람들에게서 무엇을 배울 수 있는가'라고 묻는다면, 그 대답이 궁금해진다. 시골은 선의 공간이다. 정화의 장이다. 인간들의 군집 속에서 자기 자신을 옹호하고 방어할 때, 그것이 자신만의 권력이 된다. 소크라테스는 회의론자이다. 그의 삶은 "가설적 실험"(hypothetical experiment)[43]이었다.

3)

아이러니의 망토 밑에 숨긴 채, 간접적으로 자신의 사상을 제시한 소크라테스의 방법론은 SK에게는 개인의 생활이 타자들에게 직접적으로 선포할 수 없는 특별한 관계와 경험들이 포함된다.

아이러니는 윤리적 열정의 통일이다. 내적으로 무한히 사적인 자아를 강조한다. 외적으로 사람들과 연합하여 무한히 사적인 자아를 축소시킨다. 후자의 효과에 의하면, 전자에 주목하는 사람은 아무도 없다는 것이다. 따라서 그 기교가 존재한다. 전자의 진정한 무한성은 여기서 조건이 주어진다.

아이러니는 최고의 진지성이다. 만약 내[SK]가 미래에 새로운 익명의 저자가 필요하다면, 그의 이름은 앤티-클리마쿠스(Anti-climacus)라고 부를 것이다. 그리고 그 때, 그는 무모할 정도로 아이러니하고 유머스러울 것이다.

코펜하겐에서 모든 것이 아이러니가 되었을 때, 아이러니 예술의 거장, 나는 관계를 바꾸어 아이러니의 대상이 되었다.

"인간"에 관한 보도에 의하면, 인간은 동물이다. 인간은 위선자다. 인간은 거짓말쟁이이다 등등으로 표현한다. 내가 만약 "인간은 난센스다"(Man is nonsense.)[44]라고 말을 하면 그렇게 멀리 빗나가지 않는다. 그리고 인간은 언어의 도움으로 그렇게 존재한다. 언어의 도움으로 모든 인간은 최고의 지존에 참여한다. 언어의 도움으로 최고의 지존에 참여하는 것은 왕의 저녁 테이블을 들여 다 보는 갤러리의 구경꾼이 되는 것과 같이 아이러니하다.

만약 내가 이방인이라면, 이 자기-기만(self-deception)를 지켜봄으로써 자기 자신을 즐기기 위하여 인간에 관한 화법의 선물을 아이러니한 신이 부여해 준 것이라고 나는 말하고 싶다.

복음서 중에 두 아들의 비유[45]가 등장한다. 하나는 아버지의 뜻에 "Yes"라고, 따르겠다고 약속해 놓고 그 약속을 이행하지 않는다. 다른 하나는 "No"라고 말하면서 나중에 그 약속을 이행한다. 후자가 아이러니의 형식이다. 그러나 복음서는 이 후자의 아들을 칭찬한다.

이 과정에서 복음서는 그가 "No"라고 말한 것을 후회했다. 회개가 들어오는 것도 허용하지 않는다. 결코. 그가 그 일을 하겠다고 하는 것을 아들로 하여금 말하지 못하도록 하는 것은 일종의 겸손이라는 것을 암시한다. 생각이 깊은 사람은 이 같은 겸손에 잘 익숙해 있을 것이다. 그것은 부분적으로 자기 자신에 대해 고상한 불신에 기초를 두고 있다. 어떤 사람이 요구하고 있는 일을 하지 않는 사람이 있는 한, 그가 그 일을 하지 못할 정도로 나약하다는 것이 가능하다. 그리고 그 이유 때문에 그는 어떤 약속도 할 수 없을 것이다. 둘째 아들이 아이러니의 형식이다.

그러나 만약 인간이 본다면, 그런 후에 그는 믿지 못한다면, 그러므로 왜 이것이 "아직"인가? 그러나 도마(Thomas)는 분명히 보았다는 것을 기억해야 한다. 그러나 그는 무엇을 보았는가? 그렇다. 그는 이해력을 반대하는 쪽이 어느 쪽인지를, 죽은 사람이 다시 살아난 것을 보았다. 이 경우에 보는 것은 그가 믿는 것에 전혀 도움이 되지 않는다. 확실성의 문제가 직접 보는 것과 연관이 될 때, 보는 것과 믿는 것은 상호 배제시킨다. 그러나 도마가 본 것은 모순이 포함된 완전히 다른 질서의 현상이다. 이 모순은 즉각적인 감각 경험, 즉 그것을 보는 것을 불가능하게 만든다. 그 정도까지 이 "아직"은 도마에 대하여 우정적인 아이러니로 해석될 수 있다. 그가 보았지만 그럼에도 불구하고 정말로 믿고 있다고 그 자신이 생각하기 때문이다. 너는 본다. 아직 너는 믿지 않는다. 네가 보는 것을 생각한다. 그러나 그 같은 것이 직접 보여질 수 없다. 따라서 네가 행하고 있는 것은 믿는 것이다. 그 같은 현상(모순)과 관련하여, 보는 것은 보지 않는 것만큼 많은 장해물이 될 수 있다. 단지 감각적으로 보는 사람은 그럼에도 불구하고 볼 수 없다. 왜냐하면, 그것이 보이지 않기 때문이다. "보지 않고 믿는 자가 복이 있도다."(Blessed is He who does not see and Yet believe.)[46] 기독교에 대한 그들의 관계성을 적절하게 규정하는 무기의 옷을 걸치고 있는 이상하고 아이러니한 방법으로 무슬림들을 보는 것은 아주 흥미로운 일이다.

달은 태양으로부터 빛을 빌려 온 것이다.

이것은 정말 아이러니다! 살과 피의 지배로 살아가는 사람을 상상해 보라. 자아 위로와 자아만족으로 살아간다. 만약 그것이 중요하다면, 나도 쉽게 그것을 할 수 있다. 가장 심각해지는 순간에 전투에 개입된다는 생각을 가진 우리들 중에서 발견할 수 있는지 궁금해진다.

사도는 말한다: "우리의 씨름은 혈과 육에 대한 것이 아니요 정

사와 권세와 이 어두움의 세상 주관자들과 하늘에 있는 악의 영들에게 대함이라."47) 혈과 육으로 싸우는 것은 정사와 권력으로 싸우는 전쟁이다. 그러나 우리는 유리하게 기독교적 의미에서 영이 되는 것을 완전히 폐지시키는 그 같은 방법으로 이러한 일들을 처리해 왔다. 이처럼 우리는 멋지게 느끼며 이 엄청난 전투와 유혹을 알 수 없다고 우리는 떠벌린다. 심지어 이러한 방법이 옳다는 결론까지 내린다. 이 얼마나 심오한 난센스이며 혼돈이며 위선인가!

이것이 우리가 말하는 방식이다. 인간은 자부심 있게 선언 한다: 나는 단독자가 아니라 가족이 있는 사람이다. 아마도 대가족이다. 영적인 관점에서 단독자는 더 많다. 이것이 우리가 하나님에게 말하는 방식이다. 누군가는 한 걸음 더 나아가 말한다: 우리는 두 세 사람이 아니다. 우리는 한 국가이다. 영적인 관점에서, 개인은 하나님 앞에서 그 이상이다. 이것이 정확하게 기독교가 존재하는 것이며 그 어떤 개인도 이 같은 개성이 될 수 있다.

모든 사람들이 세상을 실어 나르는 무거운 짐(atlas)이 된다는 의도를 지니고 있다는 것이 얼마나 아이러니한 것인가! 그리고 그 때, 우리 인간들이 무엇인가를 보는 것이다. 오호라, 우리 자신이 우리 존재에 대하여 책임을 져야 한다는 것이 얼마나 비극적인가!

어떤 아이러니의 현존이 없다면, 영의 자격도 없다. 인생의 감각 주장에 의하면, 사람으로 하여금 인생에 관하여 생각하기를 원하게 만드는 것은 인생에 관하여 생각하면 할수록, 인생은 자신에게 더 편안하게 해줄 것이라는 생각이다.

영의 현존의 의미에 의하면, 인간이 인생을 명상하면 할수록, 그에게는 더 힘이 들고 더 고달프다는 것이다. "지식이 증가하는 사람은 슬픔도 증가 한다"(He who increases knowledge increases sorrow.)[48] 그리고 힘겨운 실존이다. 그러나 그때, 영에 관한 이 모든 것은 미친 짓이다." 그러나 정확하게 이것은 영의 부정적 싸인이다. 삶을 편안하게 만드는 길은 영을 소유하는 것이 아니다. 그래서 영은 선택적이다.

돈, 세속적 권력 등등. 이 감각적인 사람은 이 모든 것을 알고 있다. 그는 자신의 견해에 인생이 더 편안하게 소유하는 것을 갈망한다. 부분적으로 옳다. 만약 돈을 절대적으로 축적한다고 하는 것이 더 고통스럽고 힘이 든다는 의미라면, 그때 감각적인 인간은 아마도 그것으로부터 절제할 것이다. 사실 그가 영과 관련된 일을 하게 될 때, 수세기에 걸쳐 이러한 생활 방식으로 더 많이 유일하게 건전한 축하를 받는 여행하게 되는 것은 행복하다. 즉, 실재적으로 순수한 동물-창조의 상태를 유지하는 것은 인생을 더 편안하게 만드는 방식이다. 동물과 같이 인생을 함께하는 영은 고통을 포기한다. "영에 관련된 아이러니와 영이란 무엇인가?"에서, 영이 많으면 많을수록, 고통은 더 심해진다.(The more spirit the more suffering.)[49] SK는 1843. 5. 25. 친구인 보센(Emil Bosen)[50]에게 보낸 편지에서, "나의 영이 내 몸 속에서 자라고 있는 한, 나의 몸은 죽게 될 것이다."[51]라고 고백한다.

4)

멜랑콜리한 사람은 일반적으로 그 같은 일에 자신을 무능하다고 선언하는 경향이 있다.[52] 그것은 마치 그의 책임이 줄어든 것처럼 여기기 때문이다. 그러나 사람이 자기 자신의 책임이 무능하다고 선언한다면, 인간의 책임은 더 크다는 것을 잊어서는 안 된다. 사람은 다른 영역에서 유사성들을 구별할 수 있다. 멜랑콜리한 사람은 결혼관계에서 여편네 손에 쥐인 공처가의 파트너가 될 강한 경향이 있다. 그는 그것을 원한다. 그는 그 안에서 만족을 발견한다. 아이러니와 멜랑콜리는 서로에게 매우 가까운 사이라는 것을 다시 알 수 있다. 왜냐하면, 본질적인 아이러니스트는 항상 결혼에서 공처가가 될 수 있기 때문이다.

속담에 의하면, "쓰레기가 존경의 대상이 될 때가 오면, 무슨 일이 벌어질지 아무도 모른다."[53] 우울증은 이 같은 사실을 경험한다. 우울증이 자기 자신을 하찮은 존재로 내던질 때-그 빛이 밤에, 난로의 불이 적절하게 꺼지게 되며 그 문이 적절하게 닫히게 되는지 여부, 사람의 속옷의 단추가 배위로 적절하게 끼워지는지 여부, 그리고 그 모든 것- 그 같은 쓰레기가 얼마나 거만한지 믿을 수 없다. 그것에 대한 존경하는 마음으로 관심을 갖게 될 때, 알 수 있게 된다.

그 같은 사소한 존재보다 더 나쁜 독재자의 학정은 존재하지 않는다.

5)

무한을 향한 이동, 영원을 추구하기 위하여 순간을 버리는 것이다. 무한을 향한 이동에는 3가지 기본적인 형태가 존재한다. 아이러니, 포기, 회개이다. 아이러니와 포기는 하나님 없이도 존재하지만, 인간의 내재성을 초월하는 방향으로 인도하지 않는다. 그러나 회개는 초월적인 하나님과 관계성을 언제나 유지한다. 아이러니는 무를 추구함으로써 유한성을 부정한다. 그것은 지적인 이동이다.

포기는 실존적이며 유한에서 영원으로 실제적인 이동이다.

SK는 포기보다는 좀 더 온화한 표현, "체념"(resignation)[54]이라는 표현을 습관적으로 자주 사용한다. 아브라함의 경우처럼, 시험으로 생각되는 무한적 체념이다. 기독교의 자아부정은 자신을 사랑하는 새로운 형태가 될 수 있다. 자아부정은 기독교 윤리의 기초를 형성한다. 자신을 증오함으로써 버리고 제거해야할 것이 있다. 자아를 증오하는 목적은 올바른 회개와 하나님의 은총을 의지하는 것을 가르치는 것이다. SK가 교회와 투쟁하는 동안에, 공적인 기독교를 마땅히 되어야 만하는 기독교와 비교함으로써 포기와 자아-부정의 궁극적인 결과들을 끌어낸다. "육은 십자가에 못을 박고, 자신을 증오하고, 교리를 위해 고통을 당하며 소금이 되고 희생하라"는 것이다.[55]

6)

내연(Intensive)은 아이러니하게도 외연(extensive)과 언제나 연관되어 있다. 이것은 다음과 같은 속담에도 연관되어 있다. "두 사람 중 한사람은 지갑을 가지고 있지만, 다른 사람은 돈을 가지고 있다." 공간의 확장성과 집중도는 엄청난 매카니즘이다.[56]

확장성이 작아지면 작아질수록, 아이러니는 더 커진다. 집중도는 확대되며 큰 만족을 가지고 퍼져나간다. 그것은 일반적으로 집중도는 전적으로 미끄러져 들어오는 것을 하나의 점 만큼이라 할지라도 허용되지 않는 그와 같은 정도로 퍼져나간다. 그 상황은 더욱이 아이러니이다.

모든 실재성의 순간마다 확장성은 엄청난 매카니즘이다. 그것은 탐색할 수 없으며 모방할 수 없다. 실재성의 모든 순간에서, 확장성은 엄청난 매카니즘이다. 그것은 파악할 수 없다. 그것은 본질적으로 존재하기 때문에 암시도 존재하지 않는다. 하나의 작은 점으로 보인다. 그러나 배우들이 커튼이 내려진 후에 연기를 계속하는 것이 우스운 일이다. 커튼이 내려진다는 것은 코메디가 끝났다는 것을 의미한다. 그리고 점들이 나타나는 의미는 주어진 실재성이 끝이 났다는 것이다. 그러나 더 작을수록, 이 작은 점들은 더 작은 분자가 된다. 현미경을 통해서 탐지해 낼 수 있다면, 그것은 더 큰 아이러니가 된다. 따라서 아이러니는 외연과 내연 사이에서 불일치를 구성된다.[57]

SK는 자신의 아이러니한 상황을 다음과 같이 고백한다. "내가 그녀를 떠났을 때, 나는 죽음을 선택했다. 바로 그 이유 때문에 나는 엄청나게 일을 할 수 있었다. 그녀가 풍자적으로 외쳤다: 나는 죽을 것이다. 내가 경솔하게 인생을 막 시작하려는 동안에 모든 것이 정리되었다. 그녀는 여자이다. 나는 아이러니스트이다. 그러나 그 원인은 더 깊은 자리에 있다. 그녀를 떠나라고 나를 유인했던 것, 나의 깊은 심중에 자리 잡힌 불행은 전반적으로 나에게 다른 의미를 띠고 있었다. 그것 때문에 나는 그녀를 불행하게 만들었으며, 내 양심의 살인자가 되었다. 그 때부터 지속된 나의 우울증이 나를 지배하게 되었다. 다른 방도가 없었다. 그녀에 대한 나의 행동을 정당화하기 위하여, 나는 지속적으로 나의 그 기본적인 불행을 상기시켜야만 했다. 내가 34세를 넘게 살았다는 것은 이상한 일이다. 나는 그것을 헤아릴 수 없다. 나는 생일 전에 분명히 죽는다고 확신했다. 혹은 나는 내 생일 날짜가 잘못되었고 나의 34살 생일에 죽게 될 것이라는 생각의 유혹을 받았다. 만약 내[SK]가 지금 죽는 다면, 세상은 내가 핍박에 못 이겨 억울하게 죽었을 것이라고 믿을 것이다. 그리고 그것은 세상을 바로 잡는데 기여할지 모른다. 어떤 의미에서, 그것은 나의 생명을 연장시키는데 기여하지 못했다고 말할 수 있다. 그러나 그렇지 않았다면, 내 인생의 실제적인 진실은 전적으로 다른 것이 되었다."58)

이상한 아이러니가 아리비안 스토리, *모라드와 곱사등(Morad and Hunchback)*(40, 1835)에서 발견된다. 한사람이 자기가 원하기만 하면 모든 것을 공급해주는 반지를 소유하고 있었다. 그러나 거기에는 항상 "그러나"라는 싸인이 새겨져 있었다. 예를 들면, 그가 안전을 원할 때, 그는 감옥에 있는 자신을 발견하게 되었다.59)

7)

아이러니는 부정적 창조이다. 비누거품을 날려버린다. 스위프트 (Swift)60)의 경우, 그가 젊은 시절에 자기가 세운 정신병원에 나이가 들어 들어간 것은 운명의 아이러니였다.

괴테는 아이러니와 유머 둘 다 가지고 있다. 그리스 비극과는 그 정도로 차이가 있다. 어디에선가 괴테는 말하고 있다. 내가 길을 잃고 헤매 일 때, 나는 많은 친구들이 있었다. 내가 진리를 알았기 때문에, 나는 거의 홀로일 뿐이다.

어느 정도까지 *파우스트*는 직접성의 드라마이다. 괴테의 아이러 니와 유머의 본질이 무엇인가? 파우스트는 아이러니의 밀물과 썰물의 본고장이다. 아이러니는 파우스트 자신에 의하여 유머러스하게 해석된다.61)

8)

아이러니의 개념적 의미-외연은 내연이요, 내연은 외연이다-가 형식적인 반대를 지향해간다. 또한 본질은 현상이 아니요, 현상은 본질이 아니다. 내적인 것과 외적인 것 사이의 정체성은 여전히 존재한다. 또한 본질과 현상 사이의 유기적 통일체도 존재한다.[62]

그러나 SK는 이러한 변증법의 틈새 속에서, 아이러니의 개념을 제시함으로써 변증법을 중단시킨다. 그 중단의 자리에 모순, 역설, 아이러니, 도약, 기적이라는 단어들로 채워 넣는다.

아이러니는 철학적, 종교적 담론으로 사용하고 있지만, 특히 문학적 풍자, 웃음거리, 신랄하게 비꼬는 담론으로 사용된다.

합리성과 비합리성의 변증법은 그 통일적 사고의 추구 때문에 깊은 어둠이 드리워져 있다. 어둠은 영예로운 칭호이다. 어둠이란 총체성의 표출이다. 즉 비합리성의 직접적인 표현으로서, 합리성의 부정적 측면이라 할 수 있는 무분별과 대립되는 것이다. 나아가 이 어둠이 예술로서 새로 발굴된 기술적인 문제의 해결을 가져온다면, 그 정당성은 근본적으로 확실하다. 예언자들이나 선지자들은 자신만의 어둠의 언어를 토로한다.

아이러니의 근본 자세는 초월성의 몸짓이 아니라, 투쟁의 형식이라는데 가치가 있다. 사이버 신학의 언어는 전통적인 패러다임 전환을 위한 어둠의 언어이다.

나는 모순이다. 나는 역설이다. 나는 변증법이다. 나는 아이러니이다. 그러므로 나는 어둠의 언어이다. 예수의 아이러니 담론에 의하면, "첫째가 꼴찌 되고, 꼴찌가 첫째 된다."[63]

6 | "도약이론"은 파토스적 변화이다.
Kierkegaard's Leaping is the Pathetic transformation.

아이작 아시모프(Isaac Asimov)의 *벌거벗은 태양(The Naked Sun.* 1957)에서, "사회적 거리두기"(Social distancing)가 등장한다. 2021 년 사회적 거리두기는 65년 전, 1957년 아시모프가 그의 책에서, 이 시대를 위하여 제안한 것이다. "사회적 거리두기"라기 보다는 "신체 적 거리두기"(Physical distancing)이다. 타인과의 물리적 접촉을 피 하는데 초점이 맞추어져 있다. 그 대안이 무엇인가?

태양인들의 인간관계는 주로 테크놀로지를 이용하여 접촉한다. 행성간의 거리가 있기 때문에 의사소통은 통신수단이다. 이것이 빈 번하다. 보고 싶으면, 동영상 이미지나 줌으로 소통한다. 같은 공간 이나 한 방에 함께 있는 것이 가장 혐오스러운 일이다.

아이를 갖는 일은 보기 드문 일이며, 남과 여는 성 생활을 하지 만, 전통적인 방식과 직접적인 성생활은 허드렛일에 불과하다. 직 접 접촉의 위험성은 죽음을 불러오기 때문에 주인공은 그것을 피하 기 위하여 자살을 시도한다. 아이러니하다. 대조적으로 직접 접촉 은 존재하지 않는다. 나체가 일상생활의 모습이기 때문에, 몸에 대 한 수줍음은 인류가 타락하기 전의 에덴동산처럼 찾아 볼 수 없다.

아시모프는 사이버-하이퍼 공간에서 도약의 모습을 다음과 같이 묘사 한다. "순간 뒤집혀지는 이상한 느낌이 있었다. 그것은 한 순간 지속되었다. 그것이 도약임을 알았는데, 하이퍼 공간을 통해 우주선과 그 속에 포함된 모든 것을 몇 광년 너머로 보내는 이해할 길이 없는 신비롭고도 순간적인 이동이었다. 다른 시간대가 흐르는 또 다른 도약, 그리고 여전히 또 다른 시간의 흐름과 도약이 진행되고 있었다."[64]

*SLW*에서, SK가 주장하는 도약이나 비약의 개념이 무엇인가? 무신론자가 갑자기 믿게 되어 유신론자가 되는 것인가? 그는 도약이나 비약이 어떻게 발생하는가에 대한 자세한 설명이 없다. "신비롭고도 순간적인 공간이동"이 삶의 과정에서 일어나는가, 아니면, 마지막 죽음의 순간에 발생하는가? 한 계단식 Jumping인가? 12계단의 Leaping인가?

SK는 도약을 무엇으로 어떻게 설명하고 있는가? 뮈토스에서 에토스로, 에토스에서 파토스로, 파토스에서 로고스로 설득을 통한 텔로스의 변화과정을 요구한다. 그러나 그가 가장 중요시하는 것은 파토스적 변화이다. 파토스의 주인은 주로 시인들이며 소설가들이다. 시공간을 뛰어 넘는 변화의 과정이 아니라, 감성적 질적 변화의 일부일 뿐이다.

그러나 SK의 도약과 변증법은 아이러니와 기적이라는 단어 앞에서 꺾어진다.[65]

7 "권위주의"에 반대한다
Kierkegaard is against the "Authoritarianism"

　SK에 의하면, 기독교 진리를 선포하라는 명령을 받은 사람은 "권위"를 가지고 있다는 것이다. 그 선포 자는 하나님 앞에서 책임을 가지고, 홀로 서 있으며, 청자들과 토론에 참여할 필요는 없다. 그 선포 자는 하나님에 의하여 특별한 방법으로 소명을 받은 사람이거나, 혹은 안수를 받은 목사이다. 그러나 선포와 실존 사이에서, 일관성의 요구를 제시할 때, 그는 성직임명 자체만으로 부족하다는 것을 확신한다. 자신이 선포하는 것과 일치하는 생활을 하는 자, 즉 언행일치를 실천하는 자만이 "진리에 대한 증인"(A witness to the truth)[66]의 '진정한 권위'를 가지고 있는 것이라고 그는 주장한다.

　특히, SK는 사도(Apostle)의 권위를 강력히 주장한다. 그는 그리스도의 제자가 되는 것이 무엇을 의미하는지를 분명히 밝힌다. 동시에 사도란 일반 성도들과는 다르며, 특별한 방법으로 "거룩한 권위"(divine authority)[67]를 가지고 그리스도의 사역을 위해 선택받은 인물이다.

　SK는 "기독교와 사색"(Christianity and Speculation)이라는 글에서, 무조건적 복종의 권위를 강조한다. "누가 가장 강한 자인가?"를 묻는다. 강자는 마치 경매장에 있는 존재와 같다. 가장 최고가의 값비싼 선택의 대상이 되는 것이다. 무조건적 복종 속에서, 자아-구속적인 인물, 즉, 그는 세계의 고통을 참아내며 마침내 죽는다. 이러한 권위를 가진 자, 그가 거룩한 권위를 가지고 있는 것이며, 그 자체로 권위를 설명한다. 그러나 그가 진정으로 무조건적 복종을 하면서도 자신의 거룩한 권위에 대하여 스스로 만족하며 흔쾌히 듣는 귀를 가지고 있지 못하다. 그러나 그는 죽고 지금 그 권위는 엄청난 효과를 가지고 있다.[68]

SK가 자신의 저서 중, 익명의 책에서 주장하는 H.H.는 바로 그 자신이다. 그가 쓴 두 *개의 작은 에세이* "진리를 위하여 자기 자신을 죽음에 맡길 수 있는 권리를 인간은 가지고 있는가?", "천재와 사도의 차이점에 관하여"[69]-는 매우 교훈적이며 신학적인 책이다. 이 에세이는 *PA*에도 그 내용이 포함되어 있다.

천재는 영웅이며, 사도는 순교자이다. 진정한 권위는 바로 순교에 있다. 다른 곳에서 권위를 찾는 것은 세속적인 권위에 불과하다. SK가 강조하는 권위는 '복종적 겸손'으로 선한 영향력을 미치는 것을 의미한다. 그가 바로 예수 그리스도이다. 따라서 예수 그리스도의 십자가는 진정한 권위의 상징이다.

그리스도가 환전상들을 성전 밖으로 내좇았을 때, 그는 회초리를 만들었다. 그는 거룩한 권위를 가지고 이 회초리를 휘 둘렀다.[70] 빈정거림, 신랄한 비꼼, 얄궂은 웃음거리, 모순, 풍자의 회초리는 언제나 권위가 없는 것이다.

SK는 1854년 12월, Fadrelandet 신문에 게재한 기사에서, "뮌스터 주교는 진리의 증인이었나? 진리에 대한 이상적인 증인, 이것이 사실인가?"에서 진리의 증인이라는 정체를 밝힌다.[71] "진리에 대한 증인"이 누구냐? 그는 매를 맞는다, 학대를 당한다, 이 감옥 저 감옥으로 끌려 다닌다, ... 교수형 당한다, 화형 당한다, 석쇠 위에서 바비큐처럼, 구워진다. 결국 십자가에 처형된다.

또한 SK는 "천재와 사도 사이의 차이에 관하여"에서, 증인의 권위를 형성하는 것이 무엇인가에 대하여 고뇌한다. 앞서 언급한 것처럼, 천재는 영웅이 되며, 사도는 순교자가 된다는 것을 주장한다. 물론 하나님이 존재한다는 것을 물리적 확실성을 요구하고 증명한다는 것은 난센스가 되기 때문에 심오하거나 독창적인 것은 전무하다. 말씀의 권위는 모든 사람들이 정확하게 되새김질 할 수 있는 의미의 내용에 달려 있는 것은 아니다. 그러나 "권위는 어떤 다른 곳으로부터 들어오는 특별한 특성이며 그 진술 혹은 행동의 내용이 무관심의 문제가 될 때, 정확하게 그 자체 스스로 강력하게 주장한다."

SK는 자신의 '무권위'(No Authority) 정체성을 이렇게 주장한다. "나는 권위가 없다. 단지 시인일 뿐이다. 보통 사람이다. 나는 다른 사람들보다 나을게 하나도 없다. 나는 다른 사람들보다 나은 체하지도 않는다."

이것은 또한 *SUD*, *TC*에서, 익명의 앤티-클리마쿠스는 자신의 과제라고 생각한다.

SK의 이러한 주장은 마르텐센 교수의 "진리에 대한 증인"의 주장에 대한 반론에서 상대적으로 자신의 정체성을 부각시키려는 의도에서 나온 것이다. 따라서 권위에 살다가 죽은 뮌스터는 진리에 대한 증인이 아니라는 결론을 내린다.[72]

이태리의 현대철학자요, 정치 이론가인 조르조 아감벤(Giorgio Agamben)은 *빌라도와 예수(Pilate and Jesus)*에서, SK의 입을 빌어, 당시 덴마크의 신학과 기독교의 상징적인 주교, 뮌스터(Mynster)와 그 후계자인 마르텐센(Martensen)을 비판한다. 뮌스터가 죽자,

그의 후계자 마르텐센은 뮌스터를 "진리의 증인"이라고 추켜세웠다. 한통속인 이들의 권위주의적인 입장과 자세를 SK는 비판한다.

빌라도와 예수는 세속적인 왕국과 천상의 왕국의 대리자들로서, 예루살렘의 동일한 그리고 독특한 장소에서 서로 마주보며 앞에 서 있다. 두 권위의 충돌이다. 그러나 정의와 구원은 화해할 수 없다. 그러나 이 둘은 상호배타적이며 포용적이다. 이 둘은 서로에 대한 "분신"(*alter ego*)이다. 특히 빌라도는 예수의 분신이다. 객관적으로 본 "또 하나의 자아"이다. 빌라도는 둘도 없는 예수의 심복이며 친구이다.[73]

결국 심판, 혹은 재판이란 그 안에서 사건들이 상실되거나 구원할 수 없기 때문에 화해할 수 없으며 동시에 불가능하다. 구원은 자비롭다. 그럼에도 불구하고 비효율적이다. 그 안에서, 사건들이 판단될 수 없기 때문이다. 최소한 빌라도에 관한 한, 심판도 아니고 구원도 발생하지 않는다. 이것은 결정할 수 없는 재판 불능(non liquet)이다.

구원할 수 없는 것으로서, 피조물인 빌라도는 자신의 권위로 "영원"을 심판한다. 이것은 결국 빌라도가 예수의 말을 차단하고 가로막는 패러독스이다. 여기에 십자가가 있다. 여기에 역사가 있다. 예수 그리스도의 권위는 바로 세속적인 권위에 대한 재판불능 상태를 야기 시킨다.

SK는 인성과 신성, 역사성과 영원성 사이의 모순의 핵심에 도달하지 못한다. 사실, SK의 주장은 참/거짓이다. 거짓은 그 내용이 무관심하다는 것을 긍정하기 때문이며, 반면에 진리에 대한 증언은 정확히 그 반대로 거짓의 진리를 드러내는 것이다.[74]

마르텐센은 뮌스터의 권위를 높이 칭송하나, SK는 그러한 마르텐센의 계산된 미래권력, 죽은 권력에 대한 권위조차도 인정하지 않는다. 진정한 권위는 '무권위'에서 찾아야 한다.

진리는 정확히 단일한 자아-증거가 모순적 사실을 초월하여 증언한다. 이것이 특별한 역설적 권위이며, 동시에 해아래서 약함의 강함이다. 바울이 디도(Titus)에게 전하는 권위는 그리스도의 권위, 희생과 겸손함의 권위이다.[75]

SK는 "권위 없이-중화"(Without Authority-The Corrective)라는 제목으로 자신의 입장을 밝힌다.[76]

8 | "무장된 중립성"이다.
Kierkegaard is "the Armed Neutrality."

*ANOL*은 교회와 기독교계에 관한 SK의 가장 담대하고 가장 직접적인 진술이기 때문에 이 짧은 에세이는 대단히 중요하다.

덴마크, 노르웨이, 러시아, 스웨덴이 영국이라는 강대국에 대항하여 자신들의 주권과 권리를 옹호하기 위하여 코펜하겐에서 협정을 시작했을 때, 1780년 국제 정치계에서 최초로 사용된 무장된 중립성이라는 표현은 원래는 정치적인 용어였다. SK는 1838년에, 자신의 저널 표제어로 이 타이틀을 사용했다. 그는 처음에 자신의 이름으로, 기독교계의 무기력한 현재 상태에 대하여 언급하려고 이 제목의 정기 간행물로 출판하려고 했으나, 후에 포기하고, 1880년 사후에 *Efterladte Papirer*에서 출판되었다.

미 출판 원고로 남겨둔 *POV*를 쓸 때, 그는 무장된 중립성을 썼다. 그 대신에 그는 *OWA*를 출판했다. 무장된 중립성은 어떤 의미에서, 기독교계 공격(1854-1855)보다도 더 직접적이다. 그는 아주 솔직하지만, 조용하게 과장법을 사용하지 안했기 때문이다. 교회에 대한 공격은 *Fatherland*에서 온 기사들을 참고하라. 처음부터 자신의 목적을 분명하게 진술하면서 자신에 관하여 이야기한다.

"'무장된 중립성'이라는 표현으로, 나는 그것을 더 정확하게 정의한다. 나는 기독교계를 혹은 기독교가 무엇인지를, 더 정확하게 그리스도인이 되었을 때, 무엇에 열정을 쏟아야 하는 지를 계몽시킬 때, 내가 취하고자 한 입장을 묘사할 수 있으리라 믿는다. 자연스럽게, 나는 그것을 추구하면서, 그것과 싸우면서, 그것에 관하여 기도하면서, 하나님 앞에서 '나는 그것이다'를 희망하면서, '나 자신은 기독인이다'의 여부에 대한 문제를 미정인 상태로 두는 것을 원치 않는다. 나는 이것을 예방해 왔으며, 여전히 막기를 원한다. 내가 성취하기를 원하는 것과 여전히 나의 작품을 통하여 원하는 것, 내가 가장 중요하게 여기는 것은 무엇보다도 기독교인이 되는 것과 연루된 것이 무엇인지, 그 모든 이상 속에서 기독교인의 그림을 제시하는 것을 명확하게 밝히는 것이다. 즉, 바로 마지막 자세한 내용에 이르기까지 이해된 진정한 형태와 능력, 모든 다른 사람들 앞에서 이 그림에 의한 판단으로 나 자신을 굴복시켜 가면서, 그 판단이 무엇이든, 혹은 더 정확하게, 이 판단에서, 나는 그 그림과 서로 공통점이 없다."

그는 여기서 교회에 대한 공격을 다시 시작한다. 즉, 신약의 기독교는 존재하기를 중단한다. 현재의 기독교는 **"완전히 폐지되었다."**[77] 그것은 어떤 의미에서 여전히 존재한다. 그러나 단지 가르침으로, 교리로서 존재할 뿐이다. 그러나 폐지되고 망각이 되어 온 것은 (그리고 이것은 과장이라고 전해질 수 있다) 한 기독인으로서, 존재하고 있다. 기독교인이 된다는 의미가 무엇인가. 말하자면, 생명을 잃었다는 것이 무엇인가, 더 이상 현존하지 않다고 하는 것은 기독교인이 된다는 것이 무엇인가에 대한 이상적인 그림이다.

"기독교는 존재하지 않는다."[78]라는 증거로서, 교회는 제도화되었으며 국교화 된 것이다. 반면에 신약의 기독교는 세속화되고 종교적인 제도화되는 것을 반대한다. 그러므로 나의 과제는 존재하고 모든 방법으로 기독인이 되는 이상적인 그림을 제시해 왔다: 변증법적으로, 파토스의 다양한 형태 안에서 감동적으로, 그리고 인간이해의 관점에서, 현대의 기독교계를 향하여, 그리고 과학적이며 학문적인 전망의 실수를 향하여 끊임없이 언급함으로써 현대화시켰다. 물론 예수 그리스도 자신은 원형이다. 그리고 종말이 올 때까지 변치 않고 계속하여 원형이 될 것이다. 그러나 그리스도는 또한 원형 그 이상이다: 그 분은 신앙의 대상이다.

그는 다시 '기독교인은 무엇이 되어야만 하는가'에 대한 가장 중요한 표본이 되는 것은 불가능하다고 주장한다. 초기 익명의 책, *CUP*에서, 요한네스 클리마쿠스는 자신이 기독인이라고 주장하지 않는다. 후에 그는 자신은 편집인으로 묘사하면서, 앤티 클리마쿠스를 이상적인 기독인으로 대표하는데 이용했다. 이것이 자기 자신을 이상화시키지 않고, 기독교를 인정하는 그의 방법이었다. 그는 기독교계에서 자신의 위치와 순교의 역할을 표명한다.

"하나님 앞에서 겸손하게, 기독교인이 되는 것이 정말 무엇인가를 내가 하는 일을 알면서, 그리고 나 자신을 알면서, 나는 눈에 뜨일 정도로 기독교인이다, 혹은 내가 기독교인이 되는 것에 관하여 어떤 구별하는 강조점을 허용하는 것을 감히 어떤 방법으로도 주장할 수 없다. 예를 들면, 특별하게 기독교계 안에 있지 않아도, 내가 기독교인이기 때문에 생명을 잃고, 나는 핍박을 당하고, 순교자가 되는 것을 감히 나 자신을 노출 시킬 수 없다. 내가 말하는 것을 미리 판단하지 말라. 그러나 그것을 이해하는 데는 시간이 걸린다. 하나님 앞에서, 나는 기독인이다. 그리고 은혜로부터 그는 기독교인으로서 나를 받아 주실 것이다라고 믿고 희망한다. 비록 내가 그것을 위하여 자진해서 하는 것을 결코 자랑하지 않으며, 그것을 위하여 열정적이지 않지만, 나는 살해 되는 것을 두려워하지 않는다. 내가 두려워하는 것은 내가 나 자신에 관하여 말하는 것을 통하여 나의 죽음이 무엇을 의미하는 것인가이다. 달리 표현하면, 나는 죽음을 두려워하지 않는다.[79] 그러나 나 자신에 관해서 너무 많은 것을 말하는 것이 두렵다. 분명히 순교자들을 완전히 파괴하는 것, 혹은 순교를 불가능하게 만드는 것은 나의 의도는 아니다." 일반적으로, 순교는 자유의 범주라는 것, 그들이 그 순교자를 지배하고 있는 "타자들"이 아니라, 그가 그들을 지배하고 있는 순교자라는 점이 간과되고 있는 것이 사실이다.

어떤 의미에서, 이 진술은 2년 전에 그가 주장했던 입장의 취소이다. 즉, "진리를 위하여 죽음에 자기 자신을 내어 줄 수 있는 권리를 인간은 가지고 있는가?"라고 표현했었다.[80]

진정한 솔직함을 가지고 그는 저자로서, 특별히 무장한 중립성의 저자로서 자신의 역할로 돌아간다. 그러나 그는 비범한 명료성과 확실성을 가지고 기독교가 무엇인가, 기독인에게 요구되는 것이 무엇인가, 기독인이 된다는 것이 무엇을 의미하는가를 주장한다. 유별난 정도로, 이것을 묘사하기 위한 조건들을 가지고 있으며 믿고 있다. 그 일을 하는 것이 나의 의무라는 것을 또한 믿는다.

그는 그 책 제목의 의미를 설명한다. "무장된 중립성. 만약 내가 이교도들과 연루된다면, 나는 중립적일 수 없었다. 그 때 그들을 반대하여, '나는 기독인이다'라고 말해야만 한다. 그러나 '나는 모두가 기독인이다'라고 주장하는 기독인들 사이에서 기독교계 안에서 살고 있다. 사람이 타자를 판단하는 것은 나에게 달려 있는 것이 아니다. 특히 사람들의 마음을 알고 있는 사람의 역할에서도 아니다. 그것은 여기서 케이스가 되어야한다. 만약 내가 기독인이라고 주장한다면, 이것은 그 상황에서 무엇을 의미하는가? 기독인들과 대조적으로 '나는 기독인이다'라는 것을 의미한다. 즉, 나는 제2의 권력, 특출 난 기독인으로 높아진 기독인이다. 이것이 내가 기독인이 되는 것에 관하여 중립성을 주장하는 이유이다. 그래서 기독교적 이상을 묘사할 때, 나는 글을 쓴다. 그 일을 위하여 나는 이 중립성을 가져야만 한다. 그 때, 과제는 이상적인 기독인을 묘사하는 것이다. 그리고 이것은 싸우도록 제안하는 곳이다."

무엇으로 무장되어 있는가? 지성, 감성, 영성, ... 그러나 그의 중립성의 입장은 어리둥절하게 만든다. 만약 그가 이교도들 사이에 있다면, 그는 중립적이지 않았을 것이다. 이른바 그가 기독교인들 사이에 있다면, 그는 중립적이다. 만약 그가 중립적이지 안했다면,

그는 이상적인 그리스도인으로 자랑했을 것이다. 그가 사용하는 용어가 아무리 이상하다할지라도, 그는 전혀 입장을 취하지 않는다는 의미에서, 그는 중립적이지 않았다. 그래서 중립성의 의미가 무엇인가?

이것이 기독교계와 마주치는 판단에 대한 SK의 생각이다: 나 혹은 단독자로서 타자들을 판단하는 것이 아니라 그리스도인이 된다는 것이 무엇인지에 대한 이상적인 묘사가 판단을 받도록 자기 자신을 허용하는 나와 모든 사람들을 판단할 것이다.

그는 그 자신이 타자들을 판단하지 않기 때문에 중립적이라고 생각했다. 그것이 이상적인 기독교의 과제이다. 그의 역할은 중요했지만, 그것은 판단으로서는 아니었다. 그는 말년에 과장된 공격을 반대하기 때문에 여기서의 그의 글은 냉정하고 겸손하다. 그는 이상적인 기독인이 아니다. 그도 역시 판단을 받을 것이다. 나는 이같은 그림을 그리는 과제를 가진 사람이라는 것은 완벽하게 우연적[비본질적인 것]이다. 그러나 누군가는 그것을 해야만 한다.

1854년부터 1855년 9월, 사망하기 전까지, SK는 자신의 최후의 철학과 신학을 "무장된 중립성을 넘어서"라고 고백하면서 인생의 결론을 내리고 있다. "윤리적-종교적 에세이의 사이클"(A Cycle of Minor Ethical-Religious Essays)[81])에서, SK는 다음과 같이 고백한다. "누군가 싸움을 원한다면, 나는 은밀한 방법으로 확실하게 잘 무장되어 있다."[82])

VII

키에르케고르의 멘토들

진리와 소통하는 것은 고통을 당하는 것이다.

만약 고통을 당하지 않는다면,

그대는 진리와 소통할 수 없다.

-*BJ.*, No. 671.

SK에게 과연 멘토는 누구였을까? 인생을 살아가면서 도움을 청하며 충고를 해 주는 사람은 누구일까? 인간 개인의 방향을 설정하는데 결정적인 영향을 준 멘토들이 있다. SK에게는 50여명의 멘토들이 있었다. 멘토들이 선인이든 악인이든 긍정적이든 부정적이든 그에게 영향을 미쳤다. 이른바 역사와 사상의 변증법은 앞선 세대를 살아간 위인들의 종합이요, 총화라고 할 수 있다.

전도서(*Ecclesiastes*) 기자가 "해아래서 새로운 것이 없다"[1]고 고백하고 있지만, 하나님의 역사는 '해 아래서 새로운 것이 존재 한다'라고 고백할 수 있다.

1 │ 소크라테스(Socrates, 469-399 B.C.)

소크라테스는 진정한 지성적 인물이다. 그는 매우 속내를 터놓지 않기 때문에 타자들의 공통적인 문제들을 결코 공유할 수 없었지만, 언제나 아이러니라는 수단을 통하여 상호소통을 중단해 왔다. 그는 결코 타자들이 필요치 않았다.

자기 자신을 옹호할 때, 소크라테스는 처음부터 자신이 희생적인 노력을 하고 있다는 말을 한 마디도 하지 않는다. 오히려 그는 혼자서 분주히 거리를 돌아다니면서 일을 해왔기 때문에 정당 활동이나 돈 버는 일에 시간이 없었다. 그러나 그는 아주 가난 속에 찌들어 살았다.

연민의 정을 느낀 사람이 말할지 모른다. "나의 명분을 지키기 위하여 가난 속에 살아왔다." 아이러니는 이것을 다음과 같이 설명한다. "나는 돈 벌 시간이 없었어"[2]

아이러니는 확실하게 소크라테스의 전유물이다. 소크라테스의 아이러니는 SK에게 상당한 영향을 주었다. 이것이 SK로 하여금 아이러니의 개념을 출판하도록 동기를 부여해 주었다.

소크라테스의 아내 크산티페(Xantippe)가 자주 남편을 유명인사로 만들어 놓은 것은 운명의 아이러니였다. 그는 여편네 손에 쥐어 산 인물이다. 또한 그의 가장 성격이 고약한 원수들, 소피스트들에 대한 그의 유사성은 아주 혼동되기 쉽다. 소크라테스는 "인간들 중에서 가장 추한 인간"이라고 SK는 비판한다.[3]

오, 소크라테스여! 성격이 고약한 여인으로부터 절망하고 비난을 받고 잔소리로 괴롭힘을 당하는 남자들이 고약한 성격으로 변하는 사람들이 있다. 그 속에 침몰해 있는 수천의 사람들, 조용히 한숨지으며 살아가는 사람들, 참고 인내하며 사는 소수의 사람들이 있다. 그러나 머리가 잘 돌아가는 사람이라면, 이것이 과제라는 것을 신속하게 깨닫게 될 것이다. 언제나 그 과제를 추구하라! 오늘, 우울한 날에 대한 준비를 하라. 그것이 미소 짓는 날로 변할 것이다. 당신이 그것을 과제로 확고하게 정하는 순간, 동시에 그 장면은 변한다. 왜냐하면, 예기치 않은 오늘이 기쁜 날이 되기 때문이다. 이것

이 과제이다.4)

소크라테스는 왜 자기 자신을 "쇠파리"(Gadfly)에 비유하고 있는가? 그는 단지 윤리적 의미를 원했기 때문이다. 다른 사람과 구별되는 천재로서 존경 받기를 원하지 않았다. 본질적으로 타자들의 삶을 편리하게 해주기를 바랬다. 사람들은 말할지 모른다. "그는 천재이다." 이것이 그에게 충분했을지 모른다. 아니다. 그는 모든 사람들이 할 수 있는 일을 단지 했을 뿐이다. 그는 모든 사람들이 이해하는 것을 이해했을 뿐이다. 여기에 수수께끼 같은 특성이 숨어 있다. 그는 이 보편성으로 개인을 자극하여 지속적으로 강요하고 괴롭힌다. 이 같은 방법으로 그는 개인적인 열정의 수단으로 괴롭힘을 당하는 쇠파리였다. 그는 위로하면서 그리고 여성적으로 찬양하는 것을 허락하지 않았지만, 그로부터 자기 자신에게 요구했다. 사람이 윤리적인 힘을 갖게 될 때, 사람들은 그를 천재라고 이해한다. 결국은 그를 방해할 것이다.5)

"플라톤의 대화는 결론 없이 끝이 난다"는 사실은 더 심층적인 기초를 지니고 있다. 그것들은 독자나 청자들에게 행동에 옮기도록 하는 소크라테스의 산파법 기교의 재생이다.6)

따라서 그것들은 결론을 낼 수 없지만 정신적인 고통으로 끝이 난다. 이것은 자아 행동이 없는 것을 일깨워주지만, 독자들에게 앵무새처럼 재잘거리게 하며 '모든 것은 빠를수록 좋다' 그리고 '모든 것은 한번에' 라고 말하는 현대의 암기법에 대한 패러디이다.7)

소크라테스의 미소는 무엇인가? 이 미소는 사악한 것으로 생각되었다. 그러나 그렇지 않다. 그의 유일한 기쁨과 즐거움은 다른 사람과 함께 거리낌 없이 논쟁하며 상대방을 허탈하게 만드는 것이다. 이것이 그가 웃는 이유이다.

물론 다른 사람들을 교차 검증하는 일과는 전혀 무관한 예술가를 생각해보라. 위대한 예술 작품에 대한 아이디어가 떠오르는 순간, 그는 미소를 짓는다. 사상가도 그가 어떤 것을 이해했을 때, 동일하다. 만약 낚시가 지루한 예술이 아니라면, 물고기가 입질할 때, 어부는 미소를 지을 것이다. 이것이 지성의 미소이다.[8]

소크라테스는 젊은이들을 사랑했다. 이유는 무엇인가? 그들에게는 폭넓은 무한성이 있기 때문이다. 그리고 이것이 그가 지키려고 했던 희망이었다. 뮌스터(Mynster)를 예를 들면, 그는 젊은이들을 사랑하지 않았다. 그는 타락한 사람들을 사랑했다. 유한한 목표들을 가장 진지한 인생으로 만들려는 것 때문에 타락한 인간들을 사랑했다.[9]

부활절이 지난 네 번째 주일, 복음에 관한 설교에서, 자카리어스 에르너에 의하면, 그는 엠마오(Emmaus)로 걸어가는 두 제자에 관한 설교에서 그리스도는 계속하여 질문을 받고 있다고 지적한다.[10] 그리고 오늘의 복음에서, 그는 반대로 말한다.

"당신은 어디로 가고 있습니까?"

아마도 이것이 기독교와 이교도사이의 두드러진 차이일 것이다. 소크라테스는 질문자였다. 그러나 그리스도는 질문을 받는 자였다.[11]

소크라테스는 사형선고를 받았다. 나이 70세인 노인으로 죽음이란 결코 시기적절한 알맞은 시간에 도래하는 것이 아니라고 생각했다. 더욱이 그에게 독을 마시는 것이 자체가 유쾌한 죽음의 형식이다.

"나의 위가 며칠 동안 고장이 났다. 소화를 위해서 약을 먹어야 할 것이라고 믿는다."라고 누군가 말한 것처럼, 소크라테스는 독을 마셨다. 그는 아이러니의 거장이다!

키케로(Cicero, 106-43. BC)는 소크라테스의 죽음을 더 멋지게 표현하고 있다. "그는 마치 목이 타들어가는 갈증을 해소하기 위하여 독을 마신다." SK는 "마치 기쁨을 누리는 것처럼, 그는 축제의 분위기에서 독을 마신다"라고 덧붙인다. SK는 그를 "기독교적 소크라테스"라고 부른다.12)

세상을 향하여 죽는다는 것은 무엇인가? 이것은 또한 소크라테스적이다. 티에테투스(Theaetetus)는 묻고 있다. "왜 우리는 가능한 한 빠르게 이 세상을 떠나 하늘로 날아가야만 하는가?" 하늘을 날아서 사라지는 것은 마치 하나님처럼 되는 것이다.13)

소크라테스가 티에테투스에게 한 말을 SK는 자기 자신에게 말한 것이라고 생각한다. "나의 사랑하는 티에테투스, 노동의 고통이 있다. 네 안에는 탄생을 가져오는 무엇인가 들어있다."14)

2 | 플라톤(Plato, 427-347 B.C.)

SK는 소크라테스에 대한 지대한 관심 때문에 플라톤의 저서에 심취하여 그의 박사학위 논문, "아이러니의 개념"을 쓰게 된다. SK는 이 책에서 플라톤적 소크라테스와 실제적 소크라테스 사이의 관계성을 더 정확하게 결정한다.

소크라테스는 그의 삶 속에서 다양한 형태의 실존, 예를 들면 아이러니와 윤리를 깨닫는다. 그러나 플라톤은 명상에 초점을 다루며 신화적인 것을 이용한다. *CUP*(184)에서 클리마쿠스는 "모든 지식은 회상이다"(All knowledge is recollection)라고 주장하면서 이 차이를 강조한다. 그러나 소크라테스는 실존하기 위해서 언제나 그것으로부터 출발한다. 플라톤은 추억과 내재성의 유혹을 추구함으로써 명상적이다.

"시인들은 국가로부터 추방시켜야 한다."라는 플라톤의 주장에 대한 SK의 멘트는 특이하다. 이런 생각은 실제적으로 소크라테스의 주장이라고 믿는다. 이러한 요구를 하는 플라톤과 같은 시인은 없기 때문이다. SK는 기독교에 대한 유추 "정의는 이 세상에서 반드시 고통을 받아야 한다."(The just must suffer in the world)-를 플라톤에게서 발견한다.[15]

| 3 | 아리스토텔레스(Aristotle, 384-322 B.C.) |

아리스토텔레스는 영혼을 "열정, 능력, 성격의 상태"의 3가지 모습으로 구별한다.[16] SK는 철학자들 중에서 아리스토텔레스를 높이 평가한다. 아리스토텔레스의 물리학에서 "가능성에서 실제성으로 전환은 하나의 변화이다"라는 주장은 SK의 사상에 중요한 영향을 주었다. SK는 아리스토텔레스의 시학과 정치학에서 미학과 윤리학의 논제를 많이 인용하고 있다.[17]

SK의 "도약이론"(theory of leap)은 아리스토텔레스의 이동-움직임-변화이론에서 도약의 정의를 발견한다.[18] 아리스토텔레스의 변화의 학설을 긍정하면서, SK는 다양한 종류의 변화를 이야기 한다. 이 중에 하나는 존재화의 변화이다. 이것은 가능성에서 실재성에로의 변화이다. "필요는 가능성과 실재성의 통합이다."(Necessity is the unity of possibility and actuality)[19] 특별히 구체적인 것들의 존재와 존재화이다.

SK는 이 변화에 집중한다. 존재하는 모든 것은 존재화에 의하여 존재가 되며 SK 사상의 가장 결정적인 역할을 하는 전유, 착복의 과정이 이 같은 변화 안에서 나타난다. 그의 저서에서, 이 전유의 방법론에 대한 많은 예시의 과정이 윤리적이며 종교적인 영역에서 매우 구체적으로 나타난다.[20]

SK는 헤겔의 미학과 아리스토텔레스의 시학을 읽고 숭고한 비극은 오해에서 발단된다. 비극의 기본적인 전제조건은 이상과 실제 사이의 잘못된 관계이다. 비극과 희극 사이의 관계성이다.

시인이 추구하는 것은 실존적 모순을 가지고 사람들을 화해시키는 것이다. SK의 비극 개념에는 반드시 비극의 주인공은 결점 혹은 죄가 있어야 한다. 그러나 자신의 개인적 경험이 중요하다.

아리스토텔레스는 *니코마스 윤리학*(*Nicomachean Ethics*) 제3권, 7장에서, 소크라테스와 플라톤의 "모든 죄는 무지이다"(All sin is ignorance)라는 소크라테스와 플라톤의 이상주의적 이론을 거부한다. 그러나 그는 이 난제를 피하지 않는다. 그는 단지 현실적인 모순으로 끝내기 때문이다.[21]

4 | 세네카(Seneca, 4 B.C.-65 A.D.)

1850년 후반, SK는 세네카의 책을 읽기 시작했다.

"위대한 천재는 반드시 광기가 있어야 한다"(There was never a great genius without a touch of madness.) 이 세네카의 명언에 SK는 공감한다.22)

또한 "죽기를 배우라"(to learn to die)는 세네카의 충고는 그 당시, SK의 "절박한 위험으로서 죽음"(death as imminent)과 연계된다. SK가 목회적 입장을 추구할 때, 자신의 우유부단함과 불확실성이 다음과 같은 언급 속에 나타난다.

"시간이 되기 전 서두르지 않는다면, 혹은 시간을 미루지 않는다면, 가장 어려운 상황으로부터 희망적인 출구가 있다." "만약 그의 용기가 역경 중에 증가하지 않는다면, 용기 있는 사람이 아니다."

SK는 세네카의 명언을 기억한다. "죽음의 공포가 들어 올 수 없는 도피처, 숨을 곳은 무엇인가?"(What hiding-place is there where the fear of death does not enter?)23)

세네카의 26번째 편지에서, 그녀가 에피쿠르스(Epicurus)에서 인용한 구절이다. "스스로 죽음을 준비하라. 죽음이 지금 그대에게 다가온다. 아니면 그대가 죽음에 다가가라."

세네카에 의하면, 죽음을 배우는 것은 영광스러운 일이다. 단 한 번 사용하기 위하여 배우는 것은 불필요한 짓이라고 생각할지 모른다. 그러나 이것이 자신을 준비해야만 하는 이유가 된다. 만약 우리가 배우기를 원한다면, 사전에 경험할 수 없는 것들은 지속적으로 배워야 한다.

"만약 용기가 위험과 함께 동반 상승하지 않는다면, 진정한 용기가 아니다."라고 세네카는 말한다.[24] 세네카의 대부분의 편지들은 뼈가 있다고 SK는 평가한다.[25]

5 │ 터툴리안(Tertullian)(A. D. 160-220)

터툴리안(Tertullian 160-220 A.D.)과 SK는 기독교 해석에 대한 본질적인 유사성이 있다. 터툴리안은 모든 교부들 중에서 가장 일관성 있고 기독교적인 두 개의 양날을 가진 인물이다. 터툴리안은 철학과 믿음을 분명히 구분하고 있으며 그리스도 생애에서 최초로 역설을 주장한 인물이다. 터툴리안은 다음과 같이 선언한다.[26]

하나님의 아들은 태어났다.
그것은 수치스러운 일이 아니다.
수치를 당해야만 하는 것이 사실이기 때문이다.

하나님의 아들은 죽었다.
그것은 전적으로 신뢰할 만하다.
왜냐하면, 그것은 모순되거나 어리석기 때문이다.

장사지낸 후 그는 다시 살아나셨다.

그것은 확실하다.

왜냐하면, 그것은 불가능하기 때문이다.

이 진술은 기독교 명제 중 가장 잘 알려진 명제이다. SK는 내재성에 속한 지식의 영역과 초월성에 속한 신앙의 영역을 분명하게 구분한다.[27] 이것은 *CUP*의 결론에서 밝히고 있다. 이 책에서, SK는 내재성에 속하는 지식의 영역과 초월성에 속하는 신앙의 영역의 선을 분명히 긋고 있다. 그래서 그는 헤겔이 철학과 신학의 혼합을 시도하는 것에 대하여 비판한다.

SK의 설득력 있는 논리적 사고는 그리스도의 인성을 "절대적 역설"(absolute paradox)로 규정한다. 이 역설은 그의 모든 저서에 영향을 미쳤으며 터툴리안이 기독교를 제시할 때, 자신의 문제를 다루고 있는 사상들을 저널에서 언급한다. 예를 들면, 터툴리안의 에세이, *인내에 관하여*(On Patience)를 읽으면서, 그는 터툴리안이 자신과 동일한 문제를 가지고 씨름하고 있다는 것을 인식한다. 즉 다른 사람들을 위한 사상, 이념, 관념을 내세우는데 어느 정도까지 자신의 권리를 주장해야 하는가 라는 문제를 제기한다. 사람은 자기 자신을 스스로 존경할 수 있는 권리가 없다. 왜냐하면 상대적이며 자기 자신을 인정해 주는 사람이 있어야 한다. *SUD*에서, 그는 개인적으로 제시된 사상은 충족시킬 수 없다는 것을 보여주기 위하여 "익명"(pseudonym)[28]을 사용해야 한다고 주장한다. 여기서 SK의 겸손함이 드러난다.

SK는 인간의 관점이 아니라 하나님의 관점에서 기독교를 제시하는 터툴리안을 높이 평가한다. 터툴리안 만큼 기독교를 강력하게 하나님의 관점에서 제시하는 교부는 없다. SK는 하나님의 섭리에 의한 강요에 의하여 하나님의 관점에서 기독교를 선포해야만 한다는 것을 인식한다. 그가 터툴리안의 사상 중 오직 한 가지를 비판한다. 즉 기독교의 완전성(christianity's perfectibility)에 대한 사상이다. 터툴리안은 기독교의 완전성을 수용하지만, SK는 기독교 완전성을 거부한다.29)

터툴리안은 기독교를 위하여 "사람은 죄수가 되어야 한다"는 역설을 주장한다. 감옥이 기독인들에게 주어지는 것처럼, 사막은 예언자들에게 주어진다. 그리스도는 기도를 하기위하여 그리고 더 자유로운 시간을 갖기 위하여 종종 고독한 장소를 찾는다. 감옥이 차지하는 곳에 "고독"이라는 이름을 대신하는 곳이 될 때, 진정한 기독교의 자유가 있다.

터툴리안은 다음과 같이 주장한다: "세상은 감옥이다. 감옥에 갇히는 신세가 됨으로써 그대는 감옥 속으로 들어가기 보다는 빠져나와야 한다. 감옥을 도피처로 생각해 보라. 분명히 어두울 것이다. 그러나 당신에게 빛이 있다. 분명히 수갑이 채워져 있을 것이다. 그러나 당신은 자유하다. 감옥 밖에 있는 기독인들은 사실상 세상을 포기한다. 그리고 감옥 안에 있는 기독인들은 또한 감옥을 포기한다. 당신이 이 세계 어느 곳에 있든지 당신은 여전히 세상 밖에 있다."30)

6 | 페트라르크(Petrarch, 1304-1374)

*SLW*에서, SK의 익명의 저자 쿠이담(Quidam)은 시인 페트라르크는 다른 사람에게 속해 있는 라우라(Laura)에 대한 사랑을 "불행한 사랑"(unhappy love)의 예로 든다. 인용한 모든 예들이 자신의 장애는 종교적인 특성이기 때문에 자기 자신의 상황보다 저차원이라는 것을 쿠이담은 강조한다. 그 유사성을 SK는 자신의 저널에서 표현하고 있는데 페트라르크 사랑과 자신의 사랑을 비교한다. SK의 사랑은 레기네 올센과 약혼을 파기할 정도로 불행한 사랑이었다. "보다 더 큰 힘이 사랑의 관계성을 방해"(a higher power forbade him)했기 때문이라고 고백한다.

같은 책 초반부에서[31), 쿠이담은 페트라르크 시를 인용한다. 자기에게 적절하게 해당하는 불행한 사랑의 요소를 묘사한다. 즉 침묵 속에서 많은 불행한 생각들이 침투해 들어오는 것들이다. 그러나 페트라르크가 자신의 시에서 에로틱한 사랑을 묘사하는 방식에 대해 SK는 비판한다.

콘스탄틴 콘스탄티누스가 말하고 있는 것처럼- "그 생각은 ..... 움직임 속에 있다"[32) 즉 에로틱한 사랑이 영원의 관계성 속으로 들어왔을 때, 그 사랑은 아가페적 사랑으로 승화된다. 인간적인 관점에서 그 사랑은 비극적이다.[33)

7 | 사보나로라(Savonarola, 1452-1498)

사보나로라는 자신 스스로 "하나님의 손에 들린 망치와 같다"(He was like a hammer in the hands of God)고 말한다. 망치 사용하기를 원한다면, 얼마든지 사용하라는 것이다. 그 망치를 버리게 되면, 하나님에 대한 신성모독이다.

사보나로라는 스스로 하나님의 도구 혹은 하나님이 더 이상 사용할 가치가 없으면 불을 꺼버리는 "작은 촛불"(a small candle)이라고 생각한다. SK도 하나님은 인간을 도구로 사용하다가 옆으로 제쳐두는 존재라고 생각한다. 사람은 언제나 하나님의 돌봄 아래 있으며 사람을 포기하지 않으신다고 SK는 고백한다.

사보나로라는 "한걸음, 한걸음 하나님은 자기 자신을 속여 인간의 삶 속으로 침투해 들어오신다. 그래서 하나님은 인간을 진리 속으로 들어가게 하신다"고 주장한다.

SK는 *BJ*에서 인용하고 있는 표현들이 있다. 사보나로라는 인간의 표본으로 진리를 위하여 고통을 당할 준비가 되어 있으며 행동 속에서 그 신념이 드러나는 인간이다. SK는 그를 "피의 증인 사보나로라"(the blood-witness Savonarola)라고 부른다.[34]

8 | 어거스틴(Augustine, 354-430)

펠라기우스(Pelagius)[35]와 반대 입장인 어거스틴은 기독교 인간관에서 인간은 "3단계"(three stages)를 경험해야 한다고 주장한다. 이 사상이 SK에게 결정적으로 중요한 영향을 주었다. 그러나 그는 어거스틴의 신앙의 개념은 지성적으로 그리스 영향을 받은 것이며 실존적이지 않다는 비판을 가한다.

어거스틴과 펠라기우스 사이에 기본적으로 중요한 차이가 있다. 전자는 다시 세우기 위하여 모든 것을 파괴시킨다. 후자는 있는 그대로 인간의 모습을 드러낸다. 따라서 기독교의 최초 시스템은 3단계로 구성 된다.

3단계: 창조-타락-죽음

새로운 창조는 인간이 자신이 선택하는 입장에 달려있다. 만약 그가 기독교를 선택한다면, 다른 시스템은 있는 그 자체를 공표한다. 기독교는 세계에 적합하다. 여기서 최초 시스템에 대하여 영감 이론의 중요성을 알 수 있다. 또한 신인협력설과 반펠라기우스 갈등 관계성을 알 수 있다. 그것은 동일한 문제이다. 어거스틴 시스템의 새로운 창조에서 신인협력설의 투쟁은 전제조건이 있다.[36]

9 | 루터(Luther, 1483-1546)

1846년 초, SK는 루터의 표현, "고뇌하는 양심"(the anguished conscience)을 저널의 서문에 표현하면서 루터에 대한 연구가 집중적으로 이루어진다. SK는 신학을 공부하면서 루터의 저서들을 자신의 저서들을 위한 가장 중요한 부분으로 의존하게 되었다. 그러나 그는 루터의 역사와 사회, 공동체 강화의 개념을 이미 인식하고 있었기 때문에 루터를 비판한다.

루터의 설교들을 연구하고 난 후에, SK는 완전히 동의한다. 예를 들면, "오늘 나는 루터의 설교를 읽었다. 열 문둥병자에 관한 복음이었다. 루터는 우리 모두의 거장이다. 루터의 설교는 많이 활용되어야 한다.37) 더욱이 만약 루터의 설교를 읽게 되면, 우리는 루터와 우리가 얼마나 멀리 떨어져 있는가를 발견하게 될 것이다."2493 그러나 SK는 수년에 걸쳐서 루터를 비판한다.

첫째, 루터는 변증법적인 면이 없다. 언제나 문제의 단면만을 보았다. 루터는 포괄적인 관점이 부족하다. 그러나 "기독교를 개혁하려는 것은 최우선적으로 전체 기독교의 포괄적 관점 이 필요하다"

둘째, 루터는 충분히 돌아가지 못했다. 사람을 그리스도와 동시적인 인물로 만들지 못했다. 동 시대적 상황에서 그리스도와 만남이 SK의 기독교 이해의 핵심 중의 하나이다.

셋째, 루터는 일방적으로 바울을 전진 배치시키고 복음을 적게 활용하고 있다.

넷째, 루터는 실제적으로 순교자가 되지 않음으로써 헤아릴 수 없이 많은 해를 끼쳤다.

이 같은 결론은 모방에 관한 주제에서 후에 강조한다. 루터의 태도는 개혁의 정치적 노선과 함께 세속적 정신성을 촉진시켰다. 그러나 "기독교를 개혁하려는 것은 최우선적으로 전체 기독교의 포괄적 관점이 필요하다." "미래는 개혁에 역으로 상응할 것이다. 그 때 종교운동으로서 모든 것이 드러나며 정치적이 될 것이다. 지금 모든 것이 정치적으로 드러난다. 그러나 종교 운동으로 변할 것이다"라고 루터는 주장한다.[38]

미래는 개혁에 역으로 상응할 것이다. 그 때 종교운동으로서 모든 것이 드러나며 정치적이 될 것이다. 그러나 종교 운동으로 변할 것이다.

그리스도 유혹에 관한 루터의 설교에서, 이 주제에 관한 명확하지 않은 점이 있다. 루터는 스스로 선택한 고통에 반대하는 사례로써 복음을 사용한다. 루터에 의하면, 성령이 우리를 인도하지 않는다면, 우리는 스스로 고통을 선택하지 않는다. 그러나 만약 성령이 우리를 인도한다면, 여전히 그것은 자발성이다.

고통에 관한 한, 자발성과 비자발성의 차이는 무엇인가? 비자발적 고통이란 나의 협조 없이 실재적으로 나타는 것이다. 생계를 유지하기 위하여 나의 모든 노력이 있음에도 불구하고 만약 나는 그것을 할 수 없다면, 이것은 비자발적이다. 만약 내가 거리를 걸어가고 있는 동안 공격을 받게 된다면, 이것은 비자발적이다. 그러나 루터 자신이 교황에 반대하는 증언을 한 대로 한다면, 만약 내가 증언을 하기 위하여 출두한다면, 이것은 자발성이다. 그는 그것을 억제했다. 달리 할 수 없다고 선언하는 것은 아주 정확하다. 그러나 그가 만약 이런 방식으로 성령의 격려를 외적 필요성과 동일시한다면, 그것은 속임수이다.

결과적으로 자발성은 여전히 존재하며 달리 존재할 수 없다. 만약 자발성이 사라진다면, 기독교는 폐지된다. 자발성이 사라질 때, "영적 시험"도 사라진다. 그리고 영적 시험이 사라질 때, 기독교도 사라진다.

그리스도의 전 생애는 자발성이다. 고통을 받기 위하여 이 땅에 오신 것은 자발성이다. 유혹의 스토리에서 그리고 첫 번째 예시에서 그 자발성이 분명하다. 만약 내가 배가 고프지만, 빵이 없다면, 그것은 비자발성이다. 그러나 만약 빵도 있고 빵을 얻을 권력도 있지만 그것을 사용하지 않는다면, 이것은 자발성이다. 그리스도는 빵을 얻기 위한 권력을 가지고 있었다. 자발성은 하나님과 신앙의 투쟁에서의 고통이다. 나는 그것에서 벗어날 힘이 있다. 그러나 하나님이 나로 하여금 유지하도록 하는 나에게 말씀하시는 내 안에 어떤 것이 있다. 그러나 이것 또한 교만이 될 수 있다. 하나님을 유혹할 수 있다. 일상적인 것만큼 분명하게 "하나님을 시험하는"(tempting God) 개념을 강조하는 이 세계는 기독교를 폐지해 버렸다.[39]

SK는 루터를 강하게 비판하고 있지만, 그의 특별한 장점을 강조한다. 루터는 "인간은 원형에 이르게 될 것이다"라는 순진무구한 개념에 반대한다. 이 같은 맥락에서, SK는 "루터는 신약에 가까운 가장 진실한 인간이다"(Next to the N.T. Luther is the truest figure)라고 호평한다.[40]

10 | 몽테뉴(Montaigne, 1533–1592)

몽테뉴는 겸손한 인물이다. 그는 "책을 쓰기 위하여 나는 연구하지 않았다. 그러나 책 속에서 내가 쓴 내용이 무엇인지 연구해왔다"고 고백한다.[41]

몽테뉴의 책에서 한 선원에 의한 멋진 표현이 있다. "나의 하나님, 당신께서 마음만 먹으시면, 나를 구원하실 수 있습니다. 당신께서 원하시면, 나를 침몰시킬 수 있습니다. 그러나 나는 나의 키를 똑바로 붙잡고 있겠습니다."[42] 이러한 기도가 아주 좋은 모토가 된다고 SK는 인정한다.

인간의 가치는 타이틀, 외적 환경, 등 인간이 소유하고 있는 것에 의하여 결정되는 유일한 동물이라고 몽테뉴는 선언한다. 그것은 결코 어느 누구에게도 발생하지 않을 것이다. 말의 가치가 말안장에 의하여, 혹은 개가 개목걸이에 의하여 결정되는 일은 없을 것이다.[43]

인간의 동기에 만족을 느끼지 못했던 SK는 몽테뉴의 인간에 대한 선험적 사상과 비판의식의 결여에 관한 회의적 전망에 매력을 느낀다.

"성과 관련한 수줍음에 관하여"라는 글에서 SK는 몽테뉴를 언급한다. 몽테뉴에 의하면, 인간의 실존은 무시할만한 것이다. 수줍음이란 얌전빼기와 같은 것이다. 심장이 강한 사람들도 동일한 생각을 가지고 있다. 그러나 이것은 해답을 요구한다.

인간은 자신의 실존이 출생에 빚을 지고 있다. 하나님의 탓이라고 하는 창조적 요인도 나타난다. 각 개인은 유일하게 특별한 표본 혹은 복제품이라는 것은 동물들과 마찬가지다. 어떤 점에서 영적인 사람은 자신의 전 존재를 수용해야한다.

성관계에서 수줍음이 존재한다는 것이 특이한 감정이다. 번식 행위의 순간처럼, 인간은 저 차원적 본성에 의하여 혹은 영혼과 가장 멀리 떨어져 있는 거리의 극에 의하여 그 자격이 부여된다. 그 추구하는 방향이 영혼과 거리를 두고 있는 상태가 바로 수줍음이다.

영은 수줍음이다. 인간이 영으로서 자격이 부여된다는 사실이 수줍음이다. 동물은 수줍음도 야만성도 없다. 영이 적을수록 수줍음도 적다.44)

SK는 몽테뉴를 "현자"(wise man)라고 부른다. 왜냐하면, 몽테뉴는 자신이 죄에 대하여 공개적으로 처벌을 받지 않는다할지라도 인간은 비밀리에 그 죄 때문에 고통을 당한다. 이것이 또한 처벌이라고 주장하기 때문이다.45) 드러나지 않은 죄, 즉 숨겨진 죄(Concealed Sin)가 더 고통스러운 것이다. 차라리 매를 맞고 살아라.46)

11 | 셰익스피어(Shakespeare, 1564-1616)

SK는 영어에 대한 관심이 없었다. 그는 영문법을 모른다. 왜 그가 영어에 무관심 했는지 알 수 없다. 의도적으로 영어를 기피했다면, 그 이유가 있었을 것이다. SK가 셰익스피어를 읽은 것은 독일어 판 번역본들이다. 그는 독일어에 많은 신세를 지고 있다.

"나의 셰익스피어를 연구했다"(I studied my Shakespeare.)라고 표현할 정도로 SK는 그의 드라마에 심취해 있었다. S.K.의 작품에서 셰익스피어는 가장 자주 인용하고 있는 시인 중의 한사람이다. 그는 익명의 작가들을 통하여 셰익스피어를 "위대한 셰익스피어", "불멸의 셰익스피어", "가장 심오한 시인", "시인의 시인"으로 표현한다.

SK가 셰익스피어에 감탄하고 있는 것은 순수하고 비변증법적 형식으로 직접성과 중대성을 가지고 인간의 열정을 묘사하는 셰익스피어의 능력이다. "셰익스피어는 열정의 언어를 유창하게 말하는 법을 알고 있다."고 호평한다.[47]

SK는 "시대는 악하다라고 불평하라. 시대가 비참하다고 나는 불평한다. 왜냐하면, 열정이 없기 때문이다. 내 영혼이 언제나 구약과 셰익스피어로 돌아가는 이유가 여기에 있다."라고 언급한다.[48]

SK는 구약과 셰익스피어에서 강력한 열정이 인간들을 인간적 의미에서 파괴로 치달을 수 있다는 충돌을 묘사한다. 인간의 동기와 반응들을 묘사하는 셰익스피어의 심오한 통찰을 SK는 찬양한다.

셰익스피어는 햄릿, 리어왕, 리차드 3세, 맥베쓰와 레이디 맥베쓰 등과 같은 인물들을 반복적으로 표현한다. *리차드 3세* 후반부에서, 셰익스피어가 비교할 수 없을 정도로 가장 악마적 인물로 등장하는 글로우스터(Gloucester)는 어린 시절부터 그를 둘러싼 연민의 정을 품을 수 없는 인물이다.

SK는 "25살"(Twenty-five Years Old)이라는 제목에서 독일어 판 *리어왕(King Lear)*, 5막 제3장을 있는 그대로 인용한다.[49] 그는 청춘의 황금기에 인간사의 투쟁의 과정을 느끼고 있었다.

> 그래서 우리는 살 것이다.
> 그리고 기도하고 노래하고 옛 동화들을 말하고 웃을 것이다.
> 금 빛나는 나비들 속에서 그리고 불쌍한 불한당들의 이야기 들을 것이다.
> 궁정의 소식들을 말하라 그러면 우리는 그것들과 함께 이야기는 나눌 것이다-
> 누가 패하고 누가 승리한 것인가; 누가 입각되었고 누가 축출되었는가-
> 그리고 모든 사물들의 미스터리를 생각해보라.
> 마치 우리가 신의 스파이들인 것처럼; 우리는 소멸될 것이다.
> 벽으로 둘러친 감옥에서, 달에 의한 밀물과 썰물에 요동치는
> 위인들의 패거리들과 분파들.
>   *-리어왕*

SK는 죄와 범죄의 정신 상태에 대한 셰익스피어의 놀라운 통찰에 감탄한다. 특히 죄에 대한 인간의 절망에 감탄한다. 익명의 작가 앤티-클리마쿠스는 심리학적으로 맥베쓰의 위대한 연설(2막2장)을 인용한다.

이 순간부터
죽어야 할 운명에서
심각한 것은 아무것도 없다.
모든 것은 단지 장난감에 불과하다:
명성과 은총은 죽었다.

SK는 특별히 햄릿에 많은 관심을 갖는다. 햄릿은 개인적으로 영향을 준 작품이다. 햄릿은 "병적인 반영성의 질병"을 앓고 있었다.[50] 햄릿의 세상을 인정하지 못하는 나약함과 우유부단함을 비판한다. 그는 끝까지 침묵을 지키지 못한다. 행동보다는 자기 자신을 반영시킨 인물, 햄릿과 같은 주인공은 만약 그의 우유부단한 성격에 대하여 종교적 동기가 없다면, 비극적으로 처리하기 보다는 희극적으로 처리해야 할 인물이다라고 프래터 태시투르너스의 입을 통해 말한다. 그러나 그 경우 주제는 극적 처리를 위해서는 전혀 적절하지 않을 것이다.[51]

SK는 셰익스피어 작품 속에서 묘사된 종교적 충돌을 발견하지 못한다. 예를 들면, 모리아 산으로 아들을 희생 제물로 드리러 가는 아브라함의 여정에서 다음과 같이 외친다.[52]

당신에게 감사한다. 위대한 셰익스피어여. 당신은 모든 것, 모든 것, 모든 것을 말할 수 있다. 언제나. 그러나 왜 당신은 이 고뇌에 대하여 결코 표현하지 않는가.

SK가 *FT*에 대한 모토를 정할 때, 4개의 인용부호를 사용한다. "글을 쓰라", "누구를 위하여", "죽은 자들을 위하여, 과거에 그대가 사랑했던 자들을 위하여", - "그들이 나를 읽어 줄까?" 자신의 책을 읽어 줄 독자가 있는지 여부에 대하여 "아니다!"라고 답한다.[53] 그는 슈레겔(A. W. Schlegel)과 타이엑(L. Tieck)의 독일어 판 번역본, 셰익스피어의 *끝이 좋으면 다 좋다*(*All's Well that Ends Well*)을 읽고 그 제목으로 결론을 내리고 있다.[54]

SK는 초년기에 자신의 인생을 즐겁고 아름답게 살 것이라고 희망했다. 자신의 고통을 숨기면서 타자들을 위하여 인간 실존의 모든 경험들을 아름답고 매력적으로 만들려고 했다. 그러나 자신의 인생은 이것이 불가능하다는 고통을 심하게 느꼈다. 마치 다른 사람들을 위하여 자기 인생을 쓴물이 나게 만들었던 리처드 3세(Richard III)와 같다고 고백한다. 결국 "그대가 인생을 즐기고 싶지만 그것을 불가능하게 만드는 것은 그대를 위한 사랑 때문이다"라고 SK는 고백한다.[55]

앤티-클리마쿠스는 말한다. "셰익스피어조차도 종교적 충돌을 회피하는 것처럼 보인다. 아마도 이것은 단지 신들의 언어로 표현할 수 있을 뿐이다. 이 언어는 인간이 말 할 수 없다. 어떤 그리스인이 이미 아름답게 말한 것처럼, '인간에게서 사람은 말하는 법을 배운다. 신들에게서는 침묵뿐이다"[56]

SK에 의하면, 셰익스피어의 위대성과 중요성은 미학과 인간적 차원이다. 요하네스 사이렌시오의 제안에 의하면, 시인으로서 셰익스피어는 "표현할 수 없는 작은 비밀들을 희생시키면서 모든 타자들의 심각한 비밀들을 표현하는 말의 이 능력을 획득했다. 그리고 시인은 사도가 아니다. 사도는 단지 악마의 힘을 가지고 악마들을 축출 시킨다"[57]

켐피스(Thomas a Kempis, 1380-1471)

켐피스의 저서, *그리스도의 모방*(*De imitatione Christi*) 2권을 소유하고 있었지만, SK는 자신의 출판된 책에서 켐피스를 언급하지 않는다. 그러나 자신의 *재판관의 책*에서, 언급하고 있다.

켐피스에 의하면, "인간은 하나님을 향하여 솟아오르는 두개의 날개를 가지고 있다. 단순성과 신실성이다. 악의 실행은 선의 실행으로 극복된다."[58]고 말한다.

켐피스는 *에스겔서* 33:16절을 다음과 같이 인용한다. "그의 죄가 그를 전혀 기억하지 않을 것이다. 일반적으로 그것을 다르게 해석하면, 그의 죄가 그를 대항하여 전혀 기억되지 않을 것이다. 만약 첫 번째 해석이 맞으면 그것은 획기적인 일이다. 왜냐하면, 죄를 용서하는 훨씬 더 강한 표현이 되기 때문이다."[59]

SK가 켐피스를 읽으면서 그를 비판하지 않는다. 그 이유는 그가 주변적인 문제를 다루고 있기 때문이라고 생각한다. 그러나 "모방은 기독교의 본질적인 부분이다"(Imitation is an essential part of christianity.)라는 켐피스의 말에 전적으로 동의한다. 만약 모방이 없다면, 기독교의 결과는 피상적인 세속주의가 될 것이다.

"나의 아들아, 너 자신보다는 이웃의 뜻을 실행하는데 갈망하라"는 켐피스의 명언을 귀를 기울인다. 특히 "역경은 인간을 나약하게 만들지 않는다. 역경은 인간이 가진 힘을 드러내준다"(Adversities do not make a man weak, but they do reveal what strength he has.)고 하는 켐피스의 사상과 담론을 주목하면서 인간은 역경에 부딪쳤을 때, 능력의 나약함을 발견하게 된다는 자신의 사상과 일치시킨다.[60]

"인간의 지식이 선명해지면 질수록, 더 큰 책임이 따른다"는 켐피스의 선언을 SK는 호평한다.[61]

13 │ 데카르트(Descartes, 1596-1650)

마르텐센(Martensen) 교수는 데카르트는 의심을 위하여 회의주의 자처럼 의심한 것이 아니라 진리를 찾기 위하여 의심했다는 헤겔과 스피노자의 말에 감동을 받았다는 것이다. 그리고 그들은 마치 그 것을 하지 않은 것처럼 그것에 관하여 왜 말하는가? 데카르트는 그 리스도가 십자가에 못 박히신 방법으로 우리들 모두를 위하여 한 것인가? 이것이 과학적인 질문 혹은 실제적인 질문인가? 그것은 데 카르트를 위한 것이 분명하다.[64]

"기적은 모순 없는 영혼의 유일한 열정이다"이라고 데카르트는 가르친다. 따라서 사람은 이것을 모든 철학의 출발점으로 삼는 것 이 매우 정당하다고 본다.[65]

정직한 열정을 보는 것은 멋진 환희요, 가관이다. 데카르트는 이 열정을 가지고 모든 것을 의심해 보았으며 기존의 이론을 뒤엎는 방법을 추구하지 않았다. 타자들을 동일한 의심으로 끌어들이지 않는다. *방법에 관한 담론*(Discourse on Method)에서 데카르트는 이러한 예시들을 충분히 밝히고 있다.

비록 자연적인 관점에 반대되는 것을 가르친다 할지라도 데카르트는 거룩한 계시는 믿어야 한다고 생각한다.[66) SK는 데카르트를 호평한다. 그는 데카르트의 방법에 관한 담론에 특별한 관심을 가졌다. SK는 데카르트의 표현, "모든 것은 의심되어야 한다."(*de omnibus dubitandum est*)[67)는 것을 당대 사람들의 오해를 받았던 의심의 본질에 관하여 자신의 철학적 숙고의 타이틀로서 사용했다.

모든 의심에도 불구하고, 데카르트는 "거룩한 계시는 믿어야 한다"(A divine revelation should be believed)[68)라고 주장했다. 그러나 SK는 "자유가 아닌 사유를 절대적으로 만들었다"[69)라고 데카르트를 비판한다. SK는 자유와 존재가 사유보다 한 수 위로 보고 있다.[70)

20세기 중반에 데카르트의 원리, *cogito ergo sum*(English: "I think, therefore I am")은 라깡의 혹독한 비판을 받는다. 라깡의 원리는 "나는 생각하지 않는 곳에서 존재하고 존재하지 않는 곳에서 생각 한다"(I think where I am not, therefore I am where I think not)[71)라는 패러다임을 주장한다.

데카르트가 오프라인이라면, 라깡은 온라인이다. 데카르트가 아날로그라면, 라깡은 디지털이다.

14 | 파스칼(Pascal, Blaise, 1623-1662)

SK는 파스칼과 동병상련관계이다. SK처럼, 파스칼도 학창시절의 고통을 겪었다. 그리고 두 사람은 고통을 기독교의 본질로 본다. SK의 익명의 저자, 프래터 태시투루너스(Frater Taciturnus)가 포이에르바흐의 선언을 인용- "고통은 기독인의 자연스런 상태이다."(Suffering is the natural state of the Christian.)[72)라는 그의 주장과 함께 파스칼에 동의한다. 우연히도 SK는 "자신의 기독교 경험을 이야기 한 것"이 바로 파스칼이 말한 것과 동일했다.[73)

SK는 파스칼에게서 다른 유사성을 발견한다. "신성에 대한 지식은 본질적으로 인성의 변화이다"(Knowledge of the divine is essentially a transformation of the person)[74)라는 파스칼의 말에 동의한다. 하나님은 "인간성으로 자신을 봉인함으로써 자기 자신을 숨겨왔다"[75)

파스칼처럼, SK는 은총은 노동에서 배제되는 것으로 잘못 활용해서는 안 된다고 주장한다. SK는 "성만찬의 도움을 받는 후기 기독교는 하나님의 사랑으로부터 그 자체 면제 된다"라는 파스칼의 견해에 동의한다. 만약 이론적으로 하나님을 인식한다면, 그것은 "추상적 개념의 상상적 매체 안에 머물러 있는 것이다"라는 파스칼의 생각에 SK는 동의한다. 그 때 "하나님은 존재하지 않으며 인간에게 나타나지도 않는다."[76)

파스칼의 사상은 의미가 있지만, 파스칼의 생애를 닮아가려는 사람이 한 사람도 없다고 SK는 불평한다.[77)

15 | 라이프니즈(Leibniz, Gottfried. 1646-1716)

"자유"에 대한 분석에서, SK는 라이프니즈의 도움을 받았다. 그는 철저하게 라이프니즈의 *신정론(Theodicy)*를 연구했다.[78] 라이프니즈는 인간의 자유, 하나님과 관계성, 하나님의 선지식을 제시하며 다른 철학자들의 관점도 제시한다.

SK는 특히 라이프니즈와 베일리(Bayle, 1647-1706)의 논쟁을 지적한다. "그들의 전반적인 갈등은 한 가지다. 우리시대에 그것을 논쟁으로 비교한다는 것은 놀라운 일이다. 왜냐하면 우리는 실제적으로 후퇴했으며 헤겔은 그것이 무엇인지 실제적으로 몰랐을 것이라고 나는 믿는다."[79]

SK는 라이프니즈의 기독교 진리관에 대하여 "이성을 초월하며 이성에 반대되는 것"(above reason and against reason)으로 해석한다. 라이프니즈는 이 표현을 옹호한다. 기독교에 대한 모순의 개념을 사용할 때, SK는 진리를 "이해를 반하는 것"(against understanding)으로 규정한다.[80]

16 | 테르스테겐(Gerhard Tersteegen, 1697-1769)

SK는 테르스테겐은 타자와 견줄 수 없는 비교의 대상이 아니라고 높이 평가 한다. 그에게는 이상적이며 고상한 경건함과 단순한 지혜가 있다. SK는 테르스테겐의 일상생활에서 그리스도에 붙잡혀 사는 구체적인 경건함을 인정한다.

SK는 "저자로서 나의 작품에 관하여"(On My Work as an Author, 1851)를 위한 모토로서 테르스테겐의 아래 구절을 선택한다.[81]

> 믿는 사람은 위대하고 풍요롭다.
> 믿는 사람은 하나님과 하늘나라를 소유 한다.
> 믿는 사람은 보잘 것 없고 부족하다.
> 믿는 사람은 그저 비명을 지른다.
> 주여, 자비를 베푸소서.

SK는 테르스테겐의 전집을 수집하고 자신의 저널에서 인용하고 있다. 그것들은 신앙과 절망 사이에 있는 그리스도의 투쟁에 대한 내용들이다. 이들의 공통점은 진리를 알고 있으면서 생활 속에서 구체적으로 실천하지 않고 있다는 점을 지적한다.

이 두 사람의 영성이 비슷하다. 즉 기독교의 실존론적 관점에서 기독교의 이해에 본질적으로 접촉점이 있다.

그리스도에 대한 절대적인 인지와 직접 소통할 수 없는 절대적인 역설이라는 테르스테겐의 사상에 SK는 공감한다. 테르스테겐은 십자가에 매달린 강도 중에서 두 번째 강도를 예로 든다. "나를 믿으라. 내가 하나님이다"

인간은 자신의 숭고한 시험에 직면한다. 그리스도 안에서 믿음에 이르는 길은 직접적인 것이 아니고 믿음의 도약을 통하여 무조건적으로 그리스도에게로 다가가는 것이다.

"구원과 고통은 함께 동반한다"(Salvation and suffering go together)는 테르스테겐의 생각에 SK는 동의한다. 영원한 구원은 언제나 고통 속에 존재한다. 구원과 고통은 언제나 함께 간다. *CUP*에서, SK는 익명의 저자 요하네스 크라이마커스을 통하여 이것을 밝히면서 "멋진"(superb) 표현이라고 말한다. 단지 이성과 사색을 하는 사람들 보다는 자기 부정과 세상을 향한 죽음을 지향하는 사람들을 높이 평가한다.[82]

테르스테겐의 아름다운 생각은 십자가에 매달린 강도에 관한 설교에서 그리스도의 기도에 관한 것이다.[83]

아버지여 저들을 용서하소서.
저들은 자신들이 하는 일을 모르고 있습니다.

예수의 이 말 때문에 강도가 회개한다. 변화된다. 그를 개심시킨다. 원수들을 위한 기도 때문에, 그리스도의 사랑으로 붙잡힌다. 그리고 동일한 설교에서 그는 도둑의 신앙은 한 순간에 검증을 받고 있다는 사실을 잘 활용한다. 바로 그 다음 순간에 그 강도는 "너와 함께 하겠다"는 약속을 받는다. 이어지는 바로 다음 순간 "나의 하나님, 나의 하나님, 어찌하여 나를 버리시나이까"라는 낙원의 한숨이 이어진다.[84]

예수의 이 비탄 위에 그 강도는 모든 희망을 걸고 있다. 죽음이 올 때까지 인간의 회개, 개심, 전향의 연기를 정당화하기 위하여 강도의 예를 활용할 수 없다는 것은 아주 잘 지적하는 것이다. 왜냐하면, 그 강도는 전에 그리스도에 관하여 들어본 적이 없었기 때문이다.[85]

테르스테겐은 시편 77:3을 인용한다. "내가 하나님을 기억하고 불안하여 근심하니 내 심령이 상하도다(셀라)." 이것은 오직 하나님을 통한 위로와 대조적이다. 이것은 마치 "위로를 받고 싶지 않은" 사람들에 관하여 말하는 히브리서의 말씀 "아들들에게 권하는 것 같이 너희에게 권면하신 말씀을 잊었도다. 일렀으되 내 아들아 주의 징계하심을 경솔히 여기지 말며 그에게 꾸지람을 받을 때에 낙심하지 말라"(히12:5)-처럼 하나님을 시험하는 것으로 생각할 수 있다. 즉, 인간의 위로는 하나님에 의한 위로와 대조적이다.[86]

17 │ 웨슬리(John Wesley, 1703-1791)

SK는 웨슬리의 전기를 읽었다. 자신의 저널에 몇 개의 메모를 해 둔 것이 웨슬리에 대한 기록이다. 감리교는 모라비안 형제들과 많은 공통점을 가지고 있다. SK의 아버지는 감리교모임에 종종 참석했으며 그 내용을 아들에게 전달해 주었다. 개인적인 약혼 문제와 신앙의 실제적인 결과에 관하여 상당히 매력을 느꼈을 것이다. 회개와 성화라는 감리교도들의 지침은 SK에게 상당한 반응을 불러 일으켰으며 기독교에 전적으로 헌신하기 위하여 분명한 영적 체험을 경험해야 한다고 생각했다.

목사가 되는 문제, 목사가 수행하야 할 의무를 위한 전제 조건에 대하여 SK는 수년 동안 고민해 왔다. 그는 덴마크의 국가교회의 목사들과 감리교 목사들을 비교하면서, "목회가 생계수단으로 전락하고 있다"(the ministry was more and more a means of making a living)[87]고 비판한다. 덴마크 목사들의 설교에는 실존과는 무관한 거짓으로 가득 차 있다고 비판하지만,[88] 감리교 목사들은 설교를 위한 실존적 배경들을 잘 알고 있으며 보통 사람들을 심방하고 거리에서 전도하며 군중들의 야유와 비난, 공격을 받는 위험을 무릅쓰고 있다고 긍정적으로 평가한다.[89]

웨슬리는 과거 캐토릭 신자로서 특별한 재능을 가지고 있었지만, 허약한 체질 때문에 영적인 활동을 제대로 감당할 수 없었다. 그래서 그는 "검이 그 칼집보다는 너무 날카롭다"(The sword is too sharp for the scabbard)고 자기 자신을 평가했다.[90]

그는 오랫동안 독신으로 지내면서 독신에 관한 한 권의 책을 쓰기도 했다. 그러나 웨슬리는 노인이 되었을 때, 결혼을 원했으며 자신의 실존적 상황에 대한 부조리를 절감하기도 했다. 아마도 웨슬리의 독신주의가 SK 자신의 약혼 파기라는 결정까지 그 영향이 미쳤는지 모른다.

18 │ 룻소(Rousseau, 1712–1778)

SK는 룻소의 *고백록*(*Confessions*)과 *에밀*(*Emile*)을 읽고 난 후, 룻소는 기독교와 너무 거리가 멀다고 비판한다. 기꺼이 선을 행할 때 그가 경험한 고통을 인지하지 못했기 때문이다. 그리고 말로 표현할 수 없을 정도로 그를 불구로 만든 것은 이 세상에서 기독교인이 경험하는 충돌과 유사하다.

고통에 대한 혼란된 룻소의 관점이 SK로 하여금 고통에 대한 이론과 실제가 전혀 다르다는 것을 깨닫게 해준다. 그는 SK에게 "인간이 세상을 위하여 죽는 것이 얼마나 어려운 일인가"[91]에 대한 리얼리티를 보여준다.

SK는 "고통"이라는 제목에서, 선한 사람들, 착한 사람들이 이 땅에서 더 유복하게 살아야만 하는 사람들이 악당들이 더 잘 살아가도록 고통을 받아야 한다고 주장한다. "우리가 불한당들이다"라는 추가적인 증거들이 있다. 그러나 우리는 이것이 정상적이라고 생각한다. 우리는 순교자를 존경하고 찬양하며 그의 기념일을 축하한다. 예를 들면, 루터가 고통을 당한 것을 기념하기 위하여 성 마틴 날에 오리 고기를 먹는다. 루터는 실제적으로 순교를 당했으며 석쇠에 구운 것과 같은 끔찍스런 순교였다는 것이다. 생존해 있는 우리들은 이 얼마나 사랑스러운 일인가. 우리는 그를 존경하고 기념하기 위하여 오리를 구워 먹고 있는 것이다. 인간이 이 얼마나 야만적이고 짐승적인가![92]

기독교에 대하여 이런 결과는 무엇인가? 초기 고통을 당했던 순교자들과 기독인들을 생각해 보라. 지금 우리는 즐기고 있다. 그들은 고통을 당했다. 우리는 그들을 존경하고 기념한다. 그들의 무덤을 만들고 그 날에 맛있는 빵을 만들어 먹고 그들을 기념하기 위하여 소풍을 떠난다. 인간은 야만적이다. 그런 식으로 행복을 누리기 위하여, 즉 영광스런 사람들과 유사성을 전적으로 부정한다.

기독교적 관점은 무엇인가? 고통은 모든 목적보다도 무한히 차원이 높다. 진리와 선을 위해서 고통을 받는 것은 복이다. 고통은 악이 아니다. 그래서 목적론적 접근은 희생당하는 사람에 대항하여 가장 분노를 일으키는 나쁜 짓을 범하는 세대와 개인 사이의 관계성에서, 우선 그것을 그 밖의 다른 것으로 바꾸어 놓는다.

고통을 받는 것은 하늘의 복이다. 왜냐하면, 고통을 받는 것은 하나님-관계성의 가장 깊은 내면을 표현하기 때문이다. 고통을 당하는 것은 하나님의 비밀을 간직하는 것이다. 이것이 복이다. 이 실제적인 세계에서, 현상들은 하나님은 마치 고통당하는 사람에 반대하는 것처럼 나타난다. 왜냐하면 하나님은 고통에서 벗어나도록 돕는 것이 아니라 고통당하도록 내버려 두기 때문이다. 또 다른 세계, 영의 세계에 놓여있으며 그리고 여기서 고통 받는 사람은 하나님과 복의 은밀한 비밀을 가지고 있다. 이 현상적 사건은 반대를 의미한다. 하나님은 고통당하는 자를 고통 받게 버려두는 것은 사랑으로부터 나온 것이다.

그러나 만약 고통이 하늘의 복이라면, 실제인 고통은 기쁨이 된다. 그러나 아주 비참한 교활함이 존재할 수 있다. 고통에서 벗어나기를 원하는 것은 선을 행하는 것은 그 보답이 있기 때문이다. 따라서 감각적인 즐거움 속에서, 만약 선한 사람이 그것에서 만족을 찾아낸다면, 본질적인 차이점이 없다. 이것은 위선이다. 고통으로부터 도피에 초점이 맞추어져 있기 때문이다.

선을 행하는 것은 만족을 얻을 수 있을 것이라는 이 점을 악마적으로 강조하는 이교도 스토아학파들이 존재한다. 그것이 기쁨이라는 것이다. 그러나 스토아학파들은 자살을 방편이라고 믿는다. 왜 자살을 함으로써 그 기쁨을 끝내려 하는가? 결과적으로 이것은 진실이 아니다.[93]

SK는 루소와 같은 바보들이 있다고 주장한다. 루소는 "고통은 무이다"라고 가장 강력한 표현을 사용한다. 고통, 그것은 쾌락이다. 즉 이론적으로, 실제적으로, 극단적으로 루소는 고통에 대하여 피상적이다. 결과적으로 그것은 자아 모순이다.[94]

신앙과 의심의 현존 속에서 행동해야하는 방법은 자아와 조화를 이루어야 한다. SK는 기독교의 역설을 자신의 평생 과제로 삼고 위기에 처한 신앙의 기초를 세우는 일에 초점을 맞추고 있다.[95]

19 │ 칸트(Kant, 1724-1804)

칸트에 대한 SK의 입장은 철학자의 절제에 대한 평가이다. 그는 칸트를 "정직한 칸트"(honest Kant)라고 부른다. "청렴한 만족"(disinterested satisfaction)으로서 미학에 대한 칸트의 정의에 SK는 동의한다.[96] 그럼에도 불구하고 그는 3가지 점에서 칸트를 비판한다.

첫째, 처리할 수 없는 것으로서 사고는 "물자체"(*Das Ding an sich*)를 중단해야 한다는 것이다.[97] 요하네스 클리마쿠스는 이 입장을 "오도된 반영"(misleading reflection)이라고 부른다.[98] 사고를 초월하는 윤리적 실재성이 있기 때문에, 칸트는 사고의 바운더리로써 "물자체"에서 중단할 필요가 없었다. 클리마쿠스에 의하면, 헤겔은 그의 "사고와 존재는 하나다"(Thought and being are one)[99]라는 영원한 사상에 의하여 이 칸트적 입장을 초월하기를 원했다. 그러나 윤리적 실재는 성취할 수 없었다. 그는 실재성을 윤리의 탓으로 돌리지 않았다.

둘째, SK는 칸트의 "급진적 악"(radical evil)의 개념을 비판한다. 칸트가 생각하는 "물자체"에서 멈추어야 한다. SK에 의하면, 초월적 관계 속에서 새로운 실재성이 시작하는 곳, 그 곳에 궁극적으로 모순이 존재한다.

셋째, 범주적 명령을 가지고 경험적 실재를 관통할 수 있는 인간의 능력에 관한 칸트의 자신감을 비판한다. 더 높은 것이 더 낮은 것을 관통한다는 개성을 두 가지 원리로 구분한다. SK는 이것은 "자아-반향"(Self-redoubling)이라고 부른다. 그러나 칸트에게서 발견되는 자아-반향의 형식 속에서 그 이상은 실현될 수 없다. SK에 의하면, 그 실현은 억제하는 제3의 도움으로 발생하는데 그것은 초월적 힘이다. "자기 자신 외부에서 억제하는 제3의 요소가 없는 진정한 자아-반향은 하나의 불가능성이며 어떤 실존을 환상이나 혹은 실험으로 만드는 것이다." 이 세 가지 점에 관해서 SK는 칸트는 초월적 실재의 자료가 부족하다고 비판한다.[100]

칸트는 세계에서 순수성 혹은 절대성을 발견하는데 절망하고 있다. 따라서 그는 또 다른 입장으로 변화를 추구한다. 새로운 철학은 이 상대적-절대성을 포기한다.[101]

보편적으로 합리성의 개념에 반대 입장을 취하고 있기 때문에 비록 칸트가 행동의 영역을 제외하고 동등하게 위험하고 그것은 동일하다고 말하고 있지만, 아이소도러스 힙스(Isodorus Hisp)는 칸트가 *isti*에 반대하는 조언을 하는 것과는 아주 다른 초월성을 언급한다.[102]

칸트는 양(quantity)으로 시작하지만, 헤겔은 질(quality)로 시작한다.[103] 사상이 주장할 수 없는 즉자(卽自, an sich)에 대한 칸트적 토론은 실재성으로서 실재성을 사상과 함께 관계성으로 끌어들임으로써 야기되는 오해이다. 그러나 수순한 사상의 도움으로 이러한 오해를 극복하는 것은 망상적 승리이다. 칸트와 헤겔 사이의 관계성에서 내재성이 얼마나 부적절한지 분명해진다.[104]

하나님에 대한 관계성을 정신적 나약함, 망상으로 선포하는 칸트와 함께 솔직담백하게 이야기해 볼 가치가 있다. 눈에 보이지 않는 것과 연관시켜 보는 것이다. 스테펜스(Steffens)는 그의 종교철학 어디에선가 이것을 아주 적절하게 이것을 인용하고 있다.[105]

칸트의 작은 수필, "질문에 대한 대답: 계몽이란 무엇인가"(An Answer to the Question: What is Enlightenment)[106]에서, 이성의 공적인 활용을 확대시키고 사적인 활용을 제한하라고 주장한다. 예를 들면, 공직자는 필요한 것을 사유가 아닌 행동으로 옮겨야

한다는 것이다. 그러나 저자로서 공통의 불규칙성을 계몽하기 위하여 공적인 것을 선포하면서 자유롭게 자신의 사유 활용이 허용될 수 있다. 자격을 갖춘 목사는 받은 신의 명령을 선포해야 한다. 그러나 저자로서 신앙에 관하여 자신의 의혹을 제시할 수 있다. 특히 칸트는 종교적 영역에서 광기가 되는 이중적 존재, 즉 공직자의 불규칙성을 간단히 언급할 수 없다.

SK가 견지하는 것은 칸트의 감정적 폭발이다. 저자들에 의하여 제공되는 공익성에 대하여 그는 선포한다. "영적인 문제에서 보호자들은 권위가 없어야 한다는 것은 영구적인 모순으로 끝나는 모순이다." 이것을 부정할 수 없다. 단순한 예언이지만, 사라지지 않는다. "그것은 영구적인 모순 속에서 끝이 난다."107)

칸트에 의하면, 원하는 만큼 사유하라는 것이다. 그러나 복종하라고 말할 수 있는 것은 이 세계에서 오직 한 주인 밖에 없다는 것이다. SK에 의하면, 여기서 한 주인은 하나님을 의미하며 그것이 멋진 사상이라는 것이다. 사유와 복종은 마치 가장 위험하고 밀접한 상상력을 가지고 있지 못한 것처럼 보인다. 사유와 복종은 서로의 영향을 미치는 최소한의 가능성을 가지고 있는 것처럼 보인다.108)

칸트의 소논문에서, "철학은 신학의 시녀이다"(Philosophy is the handmaid of theology)라고 부르는 것에 SK도 동의한다. SK에 의하면, 철학은 행렬의 후미에서 걸어야 한다. 그리고 횃불을 들고 앞서 걸어야 한다.109)

SK는 칸트의 급진적 악의 이론은 결점이 있다고 비판하면서 "불가해한 현상은 하나의 카테고리이다"(the inexplicable is a category).

그리고 "역설은 카테고리이다"(the paradox is a category)[110]라는 것을 단정적으로 주장하지 않는다.

이성으로 해독할 수 없는 것이 존재한다는 것을 이해하는 것은 인간의 특별한 과제이며 인식이란 이해적 통찰에 의한 것이다. 이해가 불가능하다면 즉시 패러독스를 제기해야 하며 패러독스는 양보가 아니라는 점을 명심해야 한다. 따라서 역설이란 영과 진리 사이의 관계성을 표현하는 존재론적 자질이다.[111]

20 │ 레싱(Lessing, 1729-81)

SK는 레싱의 미학과 기독교에 대한 편견 없는 관점에 감사를 표한다.[112] SK가 레싱을 극찬하는 이유는 인간성이 종교성으로 변하는 과정에서 난제가 있다는 점을 폭로하기 때문이다. 클리마쿠스에 의하면, 레싱은 "역사적인 진리의 가치성에서 영원한 구원의 결단으로 직접적인 변화를 공격하고 있다"는 점이다.[113] SK에 의하면, "이것은 기독교와 철학의 관계성의 문제점으로 여전히 남아있다. 레싱은 이 문제를 다룬 유일한 사람이다"고 말한다.[114]

*CUP*에서, SK는 클리마쿠스로 하여금 "어떻게 인간이 기독인이 되는가"에 대하여 자세히 설명한다. 이 관계성에 대하여 레싱이 다룬 3가지 점들을 기꺼이 수용한다.

첫째, 기독교 진리는 직접 배워서 그 진리가 허용되는 것이 아니다 (소통의 변증법).둘째, 우연한 역사적 진리들은 이성의 영원한 진리에 대한 증거로써 기여할 수 없다. 역사적 증거에 관한 영원한 진리를 구축하기 위하여 제시되는 그 변화는 도약이다. 셋째, 인간에게 진리 란 그 진리에 대한 무한한 투쟁이다. 클리마쿠스는 "시스템"(System) 이 전체적인 진리를 제공해 준다는 헤겔의 주장에 반대한다.115)

레싱은 기독교를 우습게 만들었다고 SK는 비판한다. "자신이 하고 있는 것이 무엇인지 알려면 변증법적으로 충분하게 전개시켜 보아한다. 그러나 레싱은 진리보다도 지나칠 정도로 목적과 투쟁을 강조하고 있다"고 지적한다.116)

21 | 하만(Hamann, Johnann Georg, 1730-1788)

SK는 유머단계의 대표주자로서 하만을 지명했다. 그럼에도 불구하고 SK는 IC에서 소크라테스를 아이러니의 대표주자로 명명한다. 여기서는 유머단계의 주자로서 하만을 제시하지 않는다. SK는 CUP에서처럼, 익명으로 유머를 표현하고 있지만 이 기간 동안에 기독교의 종교성에 대하여 침묵을 지킨다. 그의 무게 중심이 유머에 관심을 가지고 있었기 때문이다.117)

SK의 유머는 난센스를 비롯하여 방언, 소피스트 언어, 말장난,

크레타 섬 사람들, 무어인들, 아라비아인들, 현자들, 수수께끼 그림 언어, 경구 등 다양한 형태로 등장한다.

SK는 하만의 자연인과 기독인의 관계성에서 재치 있는 사상을 활용한다. 그러나 그 관계성에 더 많은 실존적 근거를 부여한다. 하만의 전체적인 문제는 단지 단절된 경구적 형태에 머물러 있다는 것이다. 예를 들면, SK의 해석에 의하면, 하만의 선언- "율법이 은총을 폐기하는 것처럼, 이해하는 것이 믿음을 폐기한다."(Hamann rightly declares: Just as 'law' abrogates 'grace', so 'to comprehend' abrogates 'to have faith')[118]-은 정당하다는 것이다. 이것이 SK 자신의 주제로써 철학이나 문화에서 탈피하여 이 주제에 몰두할 정도였다. 신앙은 이해될 수 없는 것, 혹은 (더 도덕적이며 하나님을 경외하는 편에서) 신앙은 이해되어서는 안 되는 것이라고 인식하는 것이 문제였다. 그러나 하만의 경우는 단지 경구에 불과하다는 것이다.

SK에 의하면, "기독교의 유머리스트는 뿌리가 보이는 식물과 같다. 단지 그 꽃은 저 높은 태양을 위하여 벌어진다."[119] SK의 유머는 태양이신 하나님을 향한 유머이다.[120] 인간의 감성을 자극하는 설교가 유머가 되어서는 안된다. SK에 의하면, 유머는 신성모독에 가깝다고 주장한다. 하만은 천사나 사도들 보다는 자신의 의지에 반하는 발람의 나귀나 철학자들로부터 지혜 듣기를 더 선호한다.[121]

아이러니와 유머는 정도의 차이는 있지만, 기본적으로 동일하다. 바울(Paul)이 기독교와 유대교에 관하여 언급할 때,[122] SK는 바울의 대답- "그리스도 안에서 모든 것이 새롭다"(Everything is new in Christ).[123]-으로 대신한다.

칸트의 평생 친구였던 하만은 흄(David Hume)의 영향을 받았다. "이성이 언어이다"(reason is language)라는 명언을 남긴 하만은 지식보다는 신앙이 짜증나게 하는 모든 철학적 문제들을 해결해주는 유일한 해답이며 인간의 행동을 결정하는 것이라고 결론을 내린다.

하만은 괴테, 자코비, 헤겔, 키에르케고르, 레싱 등의 멘토였다. 특히 괴테와 SK는 그를 그 시대의 최고 지성인이라고 평가한다.[124]

22 | 모차르트(Mozart, 1756-1791)

1835년 초가을, SK는 모차르트의 오페라에 깊은 인상을 받았다. 모차르트의 유명한 3개의 오페라, 피가로(Figaro), 매직 플루트(The Magic Flute), 돈 주앙(Don Juan)은 직접성의 단계에서 에로스의 3차원적 표현을 구성한다. 피가로는 동양적 에로스, 매직 플루트는 그리스 에로스, 돈주앙은 기독교에 반하는 즉시적이며 에로스적 저항을 표현한다.

1837년, 1월 한 저널에서 "나는 오늘 밤 최초로 매직 플루트를 보았다. 돈 주앙에 관해서 의미 있는 사건이 되었다. 나는 직접성의 차원에서 모차르트는 더할 나위 없이 완벽하게 사랑의 전개를 보여주었다"고 고백한다.[125]

돈주앙에 의하여 표현되듯이 음악은 절대적 대상이 있으며 돈주앙의 음악을 음악에서 성취할 수 있는 궁극적인 것이라고 SK는 생각한다. 돈주앙의 세계는 환상의 세계이며 인간의 에로틱한 다양한 감정들을 만족시켜 준다.126) 돈주앙의 에로티시즘에서 악마는 음악의 본질적인 영역이다.

음악은 SK에게 엄청난 영향을 주었다. 그가 음악을 접하게 된 시기는 레기네 올센과 사랑의 아픔으로, 아버지의 엄격한 교육 방법으로 매우 힘들어 했던 시기였다. 사랑과 아버지의 그늘에서 벗어나려는 몸부림 속에서 모차르트의 음악, 돈주앙의 유혹적인 영향을 언급한다. "돈주앙은 결코 잊을 수 없을 정도로 나에게 영향을 준 작품이다. 엘비라(Elvira)처럼, 고요한 밤 수도원에서 나를 탈출하게 만든 작품이다."127) SK는 엘비라가 돈주앙에게 언급한 말- "당신은 내 행복의 살인자다"(You murder of my happiness)-을 상기시킨다.128) SK는 E/O에서, "불멸의 모차르트여! 나는 당신에게 모든 것을 빚지었소. 당신 때문에 나는 이성을 잃었소"라고 고백할 정도였다.

"피가로에서 페이지는 돈주앙과 어떻게 연관되는가?"라고 물을 정도로 SK는 모차르트의 오페라에 심취해 있었다. 심지어 30년 동안 돈주앙을 보았다는 극장에서 우연히 만난 노인의 이야기를 전해 준다.129)

모차르트가 SK의 진정한 멘토였다. 만약 모차르트를 만나지 않았다면, SK는 자살했을지도 모른다.

23 | 피히테(Fichte, Johann Gottlieb, 1762-1814, the elder Fichte)

피히테의 연구 분야는 형이상학으로 관념론을 대표이론으로 제시했다. 프랑스 군이 독일을 점령하자 피히테는 덴마크 코펜하겐으로 도피한다. 1807년 겨울학기 동안 강의한 내용을 다음해 *독일 국민에게 고함(Reden an die deudesche Nation)*이라는 제목으로 책을 출판한다. 이 책에서 독일민족에게 새롭게 변화된 교육을 통하여 도덕적 개혁을 추구한다. 이 책이 도화선이 되어 1810년 베를린 대학이 설립되고 피히테는 초대 총장이 되었다.

SK는 피히테의 많은 저서들을 사전에 연구했으며 그가 구체적인 실재성에 집착하지 아니하고 추상적인 영역에 머물러 있는 것에 대하여 비판적이었다. SK에 의하면, "피히테는 절망 속에서 경험적 안정을 내버렸기 때문에 실패했다"고 평가한다.[130]

SK의 익명의 클리마쿠스는 피히테의 추상적 사고, 즉 "순수한 나됨"(the pure I-am-I), "광적인 나됨"(the fantastic I-am-I)에 대하여 비꼬았다.[131] 이 추상적 사고는 피히테의 가장 잘 알려진 방법론, 즉 자아와 비자아(Ich und Nicht Ich)를 언급한다.[132] 헤겔처럼, 피히테는 독일 낭만주의 운동의 기초를 세우는 기본적인 역할을 한 인물로 SK는 평가한다.[133]

24 │ 스켈링(Friedrich Wilhelm Joseph Schelling, 1775-1854)

스켈링의 사상은 다양하지만, 언제나 공통의 주제, 즉 인간의 자유, 절대성, 영과 자연의 관계성에 맞추어져 있다. 그의 무의식과 초월적 이상주의는 프로이드(Sigmund Freud)의 *꿈의 해석*(1899)과 영국의 낭만주의 시인, 콜리지(Coleridge)에게 영향을 주었다.

그는 *철학과 종교*(1804)에서, 악은 이상과 현실 사이의 양적 차이에서 나오는 현상이 아니라 실제적인 것이라고 정의한다. 스켈링은 *인간 자유의 본질에 대한 철학적 질문*(1809)에서, 자유를 "선과 악에 대한 수용능력"(a capacity for good and evil)이라고 부른다. SK는 스켈링의 자유에 대한 개념을 영적으로 더 심화시킨다.

1841년 10월, SK는 베를린으로 떠나지만 스켈링의 철학에 실망하여 1842년, 3월 6일 돌아온다.[134] 이 기간 동안 엥겔스(Engels)나 브크하르트(J. Burkhardt)처럼, 그는 스켈링의 많은 *계시철학* 강의를 들었으며 출판되지 않는 *Papirer*에서 41개의 강의에 대한 해석을 실었다.[135] 그럼에도 불구하고 그는 스켈링을 자신의 저널에서 단독으로 타이틀을 선정하여 소개하고 있지 않다.

SK가 베르린으로 여행한 목적은 스켈링의 강의를 듣기 위해서였다. 그러나 그는 실망하여 돌아왔다. 그 이유에 대하여는 크게 2가지가 있다. 외적인 요인과 내적인 요인이다. 전자는 스켈링이 30분 이상이나 강의시간에 지각했으면서도 당당한 개인적인 태도였다.

그리고 2시간 이상 강의를 지루하게 한 것이다. 경쟁대상으로 생각했던 마르텐센이 스켈링, 헤겔, 칸트를 높이 평가한 이유도 있다. 이것은 대중의 이름으로 글을 쓰는 저널리즘의 관행을 마르텐센이 답습하고 있다는 비판과 연계되어 있다.136) 후자는 자신의 철학과 맞지 않았기 때문이다. 스켈링은 "논리가 제1철학이 되어야만 한다"고 주장한다.137) 국왕 크리스챤 8세의 미팅에서 스켈링에 대한 평가를 묻자, SK는 "독일의 라인 강물이 흐르지 않고 정체 상태에 놓여 있다"고 비유적으로 언급하면서, 헤겔철학이 국가철학으로 변모해 가고 있으며, 스켈링도 여기에 동조하고 있다고 대답한다.138)

　SK는 연구목적이 아닌 여행의 목적은 즐거움이라는 것을 인식하게 해준 것을 스켈링 때문이며 이것에 대해 빚을 지고 있다고 고백한다.139) 또한 "신앙은 달란트이다"라는 스켈링의 담론 또한 귀담아 듣고 있다. 스켈링은 헤겔, 콜리지, 융, 하이데거, 괴테, 힐더린, 피히테 등의 멘토였다.

25 ｜ 시베른(Sibbern, Frederik C. 1785-1875)

　SK가 코펜하겐 대학 시절 그가 좋아하는 철학과 신학교수들, 시베른, 묄러, 마르텐센이 있었다. 시베른은 묄러(Poul Martin Moller) 다음으로 SK가 좋아했던 철학교수였다.

시베른과 묄러는 소설을 썼던 철학자들이었다. SK도 한때는 소설을 쓰고 싶어 했다. 그는 다음과 같이 고백한다.

"나는 소설을 쓰고 싶다. 한 남자가 등장하는데 그는 날마다 퀴스터그레이드가에 있는 석고상을 지나 모자를 벗고 침묵 속에 서서 날마다 규칙적으로 왕래 한다: 오, 당신 놀라운 그리스 자연, 왜 당신의 청년시절에 당신의 하늘 아래서 살아가도록 나에게 허용하지 않는가요?"140)

"나는 소설을 쓰고 싶다. 주인공은 안경을 낀 남성인데 한쪽 렌즈는 산수소의 현미경만큼이나 강력하게 이미지들을 축소시킨다. 다른 쪽 렌즈는 동일한 규모로 확대시키는 것이다. 그 결과 그는 매우 상대적으로 모든 것을 인식할 수 있다."141)

아마도 그가 소설을 썼다면, 철학적 소설을 썼을 것이다. 그러나 SK는 구체적인 등장인물을 제시하기도 한다.

"나는 보석을 다루는 남자에 관한 소설을 쓰고 싶다. 그는 유대인이 될 것이다."142) 결국 그는 소설이라는 장르의 저서를 내지 못했다.

SK는 시베른의 많은 강의를 들었으며 그의 저서들을 소유하고 있었다. SK는 유기체적이며 병렬식 사고 체계로써 "평행의 개념"(The concept of the collateral)을 그로부터 힌트를 얻었다. SK에게 이것은 매우 중요한 사유개념이었으며 자신의 이론으로 확립시킨다. 그럼에도 불구하고 그의 이름을 *Papirer*에서 단 2번 언급하는 것으로 보면, 영향을 받은 것에 비하면, SK도 그리 너그럽지 못한 면이 있다.143)

26 │ 피히테(Fichte, Immanuel Herman, 1797-1879, the younger Fichte)

SK와 젊은 피히테와 관계성은 더 적극적이었다. 이 둘의 공통적인 관심사는 구체적인 인간성에 관한 것이다.[144) SK는 피히테의 저서를 읽기 전에 그의 사상에 도달했으며, 자신과의 공통점이 있다고 주장한다. 그 공통점 중의 하나는 프랑스 혁명에서처럼, 정치적 수단들을 통하여 정의와 형제애를 불러일으키는 시도에서 비판적 관점을 공유한다.[145) SK는 그의 신학사상에서, 기독교의 개혁을 부르짖는 요인이 되기도 한다.

27 │ 슐라이에르마흐(Schleiermacher, Friedrich D. 1768-1834)

예정론과 원죄론을 집착하고 있었던 SK는 1843년 봄, 슐라이에르마흐의 교리, 예정론에 관하여 마르텐센(H.L. Martensen)의 지도를 받으면서 절대적인 예정론을 반대한다. 그 대안으로 인간의 자유의지 결정론의 가능성을 주장한다. 그는 헤겔과 슐라이에르마흐 사이의 유사성을 간파하고 그들은 "필연적 전개"(necessary development)

만을 강조한다고 주장한다.[146)]

1836년 초, SK는 "예정론 문제의 해답"을 고민하면서 슐라이에르마흐의 "상대적 예정론"(relative predestination)과 연합할 수 있을 것이라고 생각했다. 즉 인간은 오직 기독교를 접하게 될 때, 구원 혹은 멸망이냐의 결정하는 문제가 될 것이라고 단정한다. 결과적으로 이 결정은 캘빈(Calvin)이 주장하는 것처럼, 시간 속에서 발생하여 영원에서 결정되는 것이 아니다. 그러나 기독교는 영원으로부터 결정된다. 동시에 슐라이에르마흐는 모든 인간은 "필연적 전개" 혹은 본질적으로 새로운 현상를 통하여 저주에서 구원에 이르게 될 것이라고 생각한다. SK는 슐라이에르마흐의 "무한한 죄와 무한한 구속의 수정"을 상기시키지만 그의 사상에 전적으로 동의하지 않는다. 왜냐하면, 그는 "필연적 전개"를 부당하게 생각하기 때문이다. 죄와 용서의 수용 문제에 관해서, 개인적 자유의 무조건적 주장을 원하기 때문이다.

SK는 슐라이에르마흐의 원죄에 관한 폭넓은 생각에 심취한다. 본질적인 면에서 그는 원죄에 대해서 모든 인간은 아담과 동일한 입장이라는 슐라이에르마흐의 입장을 인정한다.

SK는 그가 인간 실존에 대한 올바른 관계로 기독교를 표현하지 못했다고 생각한다. 인간 실존에서, "자유와 전유가 본질적인 요소이다"(Freedom and appropriation are essential elements). 따라서 SK는 그가 "범신론에 안주하고 있는 것"(remaining pantheism)이며 "존재의 영역에서 종교성을 다루고 있다"는 그의 교리학의 결점을 비판한다.[147)]

SK가 슐라이에르마흐와 스피노자를 비교하는 것은 흥미로운 일이다. 만약 종교성이 존재로 다루어진다면, 개인적 실존에서 기독교의 실천을 추구할 때 제기되는 종교적이며 윤리적인 문제들을 전혀 고려하지 않는다는 것이다.

개인적 실존의 변화를 "존재화"로 표현하고 있는 SK의 관점에서, 모든 기독교의 자격은 슐라이에르마흐와는 전혀 다르다. "기독교 의식"(christian consciousness)이라는 표현의 사용을 SK가 반대하는 것은 이 비판의 확대로서 이해되어야 한다. 슐라이에르마흐는 "기독교 의식"을 기독교와 동의어로 사용하고 있다.[148] SK에게 이것은 언제 터질지 모르는 기독교의 폭발성이다. 왜냐하면 기독교가 축적해 온 문화적 층과 동등하게 여겨지기 때문이다. SK에게 기독교의 기본은 개인적 실존의 변화이다. 그러나 추상적인 방법이 아니라 구체적인 방법으로 인성 혹은 인격 사용의 아이디어를 SK에게 제공해준 것은 그의 공헌이다.

자연과학과 마찬가지로 철학적 숙명(Necessity, 필연성)의 범주에 관하여 일방적인 헤겔에 대한 대항마로서, SK는 기본적인 자유의 의미를 강조하다. 숙명은 2가지 실재성을 구성하는 것 중의 하나일 뿐이다. 실재성으로서 인간은 자유와 숙명의 종합이다. 이 두 구성요소는 동시에 나타난다. SK에 의하면, 숙명은 하위차원이지만 자유는 상위차원이다. 그러나 이 두 구성요소는 언제나 병행한다. 숙명은 사물이 존재하는 모습이다. 자유는 사물의 존재와 사물이 어떻게 실존이 되는가 하는 방식이다.

자유를 강조함으로써 SK는 예정론(predestination)을 수용하지 않는다. 예정론의 경우, 숙명의 범주가 인간에게 너무 많은 비중을 차지하기 때문이다. 예정론의 도그마는 자유가 강조되지 않을 때, 기름진 토양이 될 수 있다. 그러나 SK는 예정론을 "좌업에서 발생하는 병적 경건 도그마"(dogma of sedentary piety)[149]라고 신랄하게 비판한다.

슐라이에르마흐의 교리에 나타난 실수는 "종교성은 언제나 하나의 조건이다"(Religiousness is always really a condition)라는 것이다. 그는 스피노자처럼, 모든 것을 존재의 영역에서 표현한다.[150] 이것은 존재의 영역에서 종교성의 조건이며 또한 모든 종교의 원리로써 슐라이에르마흐의 절대적 의존감정의 조건을 설명해준다. 만약 절대적 의존 감정을 최상이라고 생각한다면, 이것을 어떻게 기도와 연계시킬 수 있을까? 그 때의 기도는 단지 허구가 될 것이다.[151] 그러나 SK는 "기독교는 존재화의 영역 안에 있다"(Christianity is in the sphere of becoming)[152]라고 강조하면서 그를 비판하고 있다.

28 | 헤겔(Hegel, Georg W. F. 1770-1831)

헤겔은 그의 책을 통하여 최초 간접적인 SK의 멘토였다. 헤겔은 모든 것은 명제와 반명제, 종합이라는 3단계의 변증법적 과정이 있다고 믿었다. SK는 그러한 헤겔의 관점을 선호했지만 동시에 그는 헤겔을 증오할 정도였다.

처음부터 SK는 덴마크 헤겔학파와 논쟁을 시작한다. 그는 헤겔을 기독교 사상을 해치는 대표적인 인물로 평가한다. 그가 논박하고 비판하는 내용은 3가지로 다음과 같다.[153]

첫째, 철학이 신앙보다 우수하다. 철학에 의하면, 기독교는 단지 표현형식에서 동일한 진리를 부여한다. 이 주장에 반대하는 SK는 기독교 진리를 다룰 때, 사유의 한계를 지적한다. 사유는 내재성만을 취급한다. 신앙의 영역은 초월성이다. 모순이 없는 사유가 내재성을 지배하지만, 그 같은 사유는 기독교와 만날 때 모순과 충돌한다. 그 모순은 철학이 차지하고 있는 것보다 더 높은 실재를 지시한다.

둘째, 세계사건의 과정은 불가피하다. SK가 특히 헤겔의 입장을 반대하는 것은 "세계 사건들은 불가피하게 전개 된다"라는 주장이다. 그러나 SK는 발생하는 모든 사건들에 대하여 자유의 중요성을 강조한다. 이것은 SK의 모든 저서에서 강조하고 있는 특징이다. 역사적인 모든 사건은 언제나 자유와 연관되어 있다. 존재 속으로 침투해 들어오는 모든 것은 필연이 아니라 자유와 함께 발생한다. 논리적 근거에 의한 것이 아니라 단 하나의 원인에 의하여 실존이 된다. 모든 원인은 자유가 미치는 영향으로 끝이 난다.[154]

만약 헤겔의 "불가피한 전개"가 옳다면, 회개와 구속과 같은 중심적인 기독교 사상들은 그 의미를 상실하게 된다.

셋째, 윤리가 없다. 헤겔의 철학에는 윤리가 없다. SK의 관점은 인간이 초월적 실재로서 영원과 관계성을 유지할 때, 이상적인 윤리가 존재한다. 그러나 헤겔은 국가를 윤리의 최고 법정으로 만들고 싶어 한다.[155] 따라서 모든 노력은 한정적이다. 유한성의 차원에서 윤리는 적절한 윤리가 아니다. 헤겔에 대한 비판적 입장을 취하면서도, SK는 헤겔에게 많은 빚을 지고 있다고 말한다.156)

29 | 쇼펜하우에르(Schopenhauer, Arthur. 1788-1860)

SK는 쇼펜하우에르의 대부분의 저서를 소장하고 있었다. "현대 범신론의 허무주의적 양태"의 함축적 의미를 가장 잘 표현한 철학자로 SK는 그를 평가한다. 쇼펜하우에르는 모국에서조차 잘 알려져 있지 않은 인물이다. SK는 1854년 전까지 쇼펜하우에르의 이름을 단 한번도 언급하지 않는 것은 놀라운 일이다.

SK는 그가 "중요한 저자"라는 것을 인정하면서도 비판적이다. SK가 그에 대하여 소중하게 생각하는 것은 그의 헤겔 철학과 "교수철학"에 대한 거침없는 비판과 표현의 논쟁적 구조이다. 이것이 SK의 방법론과 상당히 유사하기 때문이다.

쇼펜하우에르는 솔직하게 인간생활의 비참함, 불행, 사소함을 폭로한다. SK도 기독교계의 특성을 비리를 포함하여 적나라하게 드러낸다. 특히 목사와 교수들에 의한 기독교의 위선과 개신교의 비기독교적 낙천주의(optimism)157)를 비판한다.

SK에 의하면, 개신교적 행복론, 특히 쾌락주의에 반대하는 입장으로 "쇼펜하우에르의 윤리를 신학생들이 일상적으로 복용하는 것"

을 권장하는 것이 하나의 "수단"이 될 수 있다고 경고한다.

쇼펜하우에르의 염세적인 인생관과 자신의 기독교 지향적인 윤리적인 관점을 SK는 비교한다. SK의 개념에 의하면, 금욕주의 (asceticism)[158]의 동기는 결정적으로 중요하다. 쇼펜하우에르는 "삶을 위하여 욕망을 억제하는 것"과 "존재하는 것은 고통이다"(to exist is to suffer)[159]라는 금욕주의를 전제조건으로 제시한다. SK는 "기독교적 금욕주의"가 진정한 금욕주의라고 주장한다. 그 이유는 "기독교는 스스로 인생의 고통을 선포한다. 기독인이 되는 것은 고통을 받는 것이다."(Christianity proclaims itself to be suffering, to be a christian is to suffer.)[160] 기독인은 영생을 준비하기 위하여 이 땅의 기쁨을 포기한다. 만약 영원의 동기에 의한 자격이 아니라면, 그리고 "너는 ... 해야만 한다"(You shall)라는 것을 존중하지 않는다면, 쇼펜하우에르가 충고하는 "금욕주의와 고행"의 여부가 실제적으로 인간에게 어떻게 가능한지의 문제를 SK는 제기한다. 영원의 모티프에 의하여 자격이 부여되는 것이 아니며 자신의 재능이 아니라 윤리적으로 가능한지 여부이다.[161]

개인적인 금욕주의에 관한 SK의 관점에 의하면, "고통은 자발적인 선택이다"(suffering is a voluntary choice).[162] 이 점을 분명히 해야 한다. 그러나 "쇼펜하우에르는 성공과 인정받을 수 있는 힘을 소유하고 있지 못하다. 염세주의는 쉽게 낙천주의가 될 수 있다. 실천하기에 가장 영특한 세속적인 관점이다." 그러나 SK는 좀 더 차원 높은 미션를 위하여 명성과 칭송을 사양할 수 있었다.[163]

SK가 쇼펜하우에르를 가장 본질적으로 반대하는 이유는 그가 스스로 권장하는 금욕적인 생활을 수행하지 않기 때문이다. 그러나

"금욕주의에 대하여 명상적으로 관계"하는 것과 쇼펜하우에르가 아주 예리하게 풍자적으로 비판하는 다른 철학자들과 교수들의 궤변적 생활태도를 그 스스로 적용하고 있다는 점이다. 그 같은 태도는 악마적 접근이다. 왜냐하면, "인간은 가장 끔찍하고 부패하고 우울한 육욕적 감각을 숨기고 있으며 또한 깊은 증오심을 가지고 있기 때문이다." 쇼펜하우에르와 SK의 결정적이 차이는 바로 여기에 있다. 왜냐하면, 그는 국가교회의 기독교에 반대하는 "저항"(protest)의 함축적인 의미를 이끌어내고 "자발적으로 대중들에 의하여, 그리고 엘리트들에 의하여 풍자되고 조롱거리가 되도록" 기독교를 폭로한다.164)

30 | 뮌스터(Mynster, Bishop Jakob P. 1775-1854)

1854년 덴마크 종교지도자, 뮌스터 주교는 SK가 젊은 시절 가장 가까이서 보았던 인물이다. 아버지와 절친이었던 그가 자주 집에 찾아와 신학을 SK에게 전수해 주었다. "뮌스터 주교가 뿌린 씨앗을 나는 거두고 있는 중이다"라고 고백할 정도이다.165) 그는 아버지를 생각하여 뮌스터를 사랑했으며 존경했다. 그러나 뮌스터의 기독교적 관점과 SK의 관점은 서로 달랐다.

소크라테스가 젊은이들을 사랑한 것과는 대조적으로 뮌스터는 젊은이들을 사랑하지 않았다. 그는 브르조아 계급의 타락한 사람들을 사랑했다. 제한적이며 세속적인 목표들을 가장 진지한 인생으로 만들려는 시도 때문에 그는 부패한 인간들을 사랑했다.[166]

세속적인 지혜와 종교성 사이의 한계는 어디인가? 뮌스터의 설교는 언제나 결코 건강한 메시지가 아니었다. 모든 것은 좋은 날이 올 것이라고 설교함으로써 위로를 주고 있지만 결국 적절한 신앙적 위로를 주지 못했다.[167] 또한 SK는 뮌스터 주교의 기복적인 신앙을 비판한다. 기독교적으로 뮌스터 주교는 위인이 아니며 미학적으로 거짓말쟁이라고 비판한다. SK는 사적으로 아버지와 친분 때문에 뮌스터에게 헌신적이었다. 그러나 SK의 신학과 신앙, 그리고 신의 섭리는 뮌스터에게는 가장 위험한 것이라고 고백한다.[168] 애증관계 속에서 뮌스터의 눈에는 SK가 의심스럽고 위험한 '검은 양'(black sheep)이었다. 그래서 그는 SK를 시골로 쫓아내려고 했다.[169]

SK는 공교회 안에서 행해지는 거짓 예배 형태에 대하여 가장 충격적이며 메스꺼움을 느끼었다. 뮌스터가 "국가교회"(national church)[170]의 수장으로 있기 때문에 1847년, TC통하여 뮌스터를 공격했다. 즉 공식적으로 예배를 드리는 것은 신약성서의 필수 조건에 일치하지 않는다는 것이다. 이러한 내용을 뮌스터가 인정할 것을 요구했지만 거부되었다.

괴테(Goethe)가 실존의 법을 함부로 고침으로써 자신의 재능을 드러내는 것처럼, 괴테를 모방한 뮌스터는 진리를 실존적인 법과 혼합시킴으로써 진리의 기준을 오염시키는 인물이라고 혹평한다.[171] 뮌스터는 대중 앞에서 한 번도 설교한 적이 없다는 "나침반이 없는 인물"(without compass)이라고 비판한다.[172]

"그리스도는 원형이다"(Christ is the prototype)[173] 사도는 원형이다. SK는 선물로서 원형이신 그리스도를 닮아가는 "모방"을 강조한다. 그에게 모방은 "감사의 기쁜 열매"(a glad fruit of gratitude)이다. 모방은 결정적인 행위의 방향이다. 뮌스터와 그를 추종하는 그룹들은 이 원형을 모방에 접목시키는 방법과 은총을 의지하는 문제, 활용하는 방법에 무지하다고 비판한다. 이것이 뮌스터의 실수라고 강조한다.[174]

뮌스터 주교가 죽자 한스 마르텐센(Hans Martensen)이 그의 후계자가 되었다. 그는 과거에 SK의 대학 지도교수였으며 자신의 멘토를 존경했다. 그러나 뮌스터의 장례식이 끝날 때까지 한시적이었다.

한스는 뮌스터를 "진리의 증인"이라고 호평했다. 이러한 그의 언급에 SK는 충격을 받았다. 기독교의 이름으로 죽은 사람을 판단하는 아이러니가 있었음에도 불구하고, SK는 뮌스터를 호평하는 한스를 공개적으로 비판하는 기사를 출판했다. 이것 때문에 SK는 교회에서 추방당하고 그 동안 누려왔던 모든 직책에서 물러났다.

뮌스터의 죽음으로, 공교회와 그 예배에 도전하려는 것을 SK는 더 이상 기다릴 필요가 없었다. 1855년 3월 21일, 공식적으로 잘못된 것이 없다고 주장하는 사람들에게 "양심의 문제"를 제기했다. 같은 해, "This must be said, So let be said"라는 브로셔에서, 신약성서 시대에 맞지 않는 순수한 기독교가 아닌 것을 요구함으로써 하나님을 바보로 취급하는 일, 즉 공적인 예배에 참여하지 말 것을 촉구하며 경고한다.[175]

21세기 기독교는 어떠한가? SK의 경고에 전혀 귀를 기울이지 않는다. 왜냐하면, 교회가 생계수단의 장으로 전락했기 때문이다. 교회의 계급 구조적 시스템이 마치 "바벨탑"을 쌓는 것처럼 가시적이며 수직적인 외모만을 치장하기 때문이다.

신앙공동체는 유기체(Organism)이다. 현대 교회 대부분은 영적공동체를 조직체(Organization)로 만들어 버렸다. 그리스도는 이러한 조직체를 "열린 무덤", "회칠한 무덤"이라고 비판했다. 21세기 교회들은 형제자매들의 팔 하나, 다리하나가 잘려나가도 눈 하나 깜짝하지 않는다. 선한 사마리아인의 흉내조차도 내지 못하는 불구로 변하고 말았다.

21세기, 사이버 시대, 디지털 시대 신앙공동체의 멘토는 누구인가?

31 | 폴 마틴 묄러(Poul Martin Moller, 1794-1838)

1826-30년 Christiania대학, 1830-38년 코펜하겐 대학에서 철학 교수를 역임한 작가이자 철학자였다. 그는 SK가 가장 좋아하는 선생이었으며 좋은 친구였다. SK에게 인격적, 지성적인 영향을 주었다. SK는 죽어가면서 그가 한 말을 상기시킨다.

"너는 아주 가공할 정도로 철저하게 논쟁적이다."(You are so thoroughly polemical that it is quite appalling)176)

SK는 *CDR*을 묄러 교수에게 헌사 할 정도로 감사를 표현하고 있으며 *E/O, R, CUP* 등의 저서에서 묄러의 영향을 표현하고 있다.177)

32 | 마르텐센(H. L. Martensen, 1808-84)

마르텐센은 코펜하겐 대학 신학교수로서 SK는 그의 강의를 들었다. 한 동안 SK의 개인 교수였다. 1854년 4월 15일, 마르텐센은 스젤랜드의 주교로서 뮌스터의 계승자가 되었다.[178]

마르텐센은 무한한 자기 확신을 가지고 있었다. 그는 언제나 전체 교회, 사도시대, 3세기 초의 교리, 중세 도그마, 개혁시대, 교부들의 전승 등에 관하여 폭넓게 언급했다. 개인적 신앙에 관한 것들은 마르텐센의 관심사항이 아니었다. SK는 그를 객관적인 사람이라고 비판한다.[179] 객관적인 인물로 평가하는 것은 주체성이 없다는 것이다. 신앙은 주체적 실존이지 객관적 실존이 아니다.[180] 그러나 그리스도는 말한다. "내가 다시 올 때, 이 땅에서 믿음을 발견할 수 있을까?"

마르텐센이 뮌스터의 뒤를 이어 주교가 된 것은 뮌스터를 "진리의 증언"으로 추켜세웠기 때문이다. 뮌스터는 기독교와 거리가 먼 애매모호한 "시각적 환상"(optical illusion)[181]을 만들어 내는 주역이었다. 즉 품위, 독단, 예술적 공연, 미학적 화려함 등을 추구했던 뮌스터를 후임자인 마르텐센도 그의 족적을 그대로 되풀이하고 있다고 SK는 비판한다.

마르텐센은 비실제적인 문제에 집착하고 있으며[182] 그에게서 "기독교는 전혀 존재하지 않는다"(Christianity does not exist at all)고 화살을 날린다.[183]

33 | 보우센(Emil Ferdinand Boesen, 1812-1881)

SK의 아버지는 1838년 8월 9일, 수요일 새벽 2시에 운명했다. 그는 아버지가 좀 더 오래 살기를 희망했다. 아버지의 죽음을 자신의 마지막 사랑으로 생각한다. 아버지가 죽어갈 때, 자신을 떠난 것이 아니라 자신을 위해 죽었다고 생각한다. SK가 아버지로부터 가장 소중한 것을 물려받은 것이 있다면, 회상, 변화된 이미지라고 고백한다. 어떤 시적 상상력이 아니라 자신이 배우고 있는 작은 에피소드들이다. 이 에피소드들은 세상에 밝히고 싶지 않은 것들이다.

그러나 "지금 당장, 내가 진정으로 터놓고 이야기 할 수 있는 유일한 사람이 있다"고 SK는 고백한다. 그에게도 "신실한 친구"(faithful friend), 보우센이 있었다. 그는 어린 시절부터 가장 가까운 친구였으며 마지막까지 동행해 주었다.[184]

자신의 속사정, 고민을 터놓고 이야기 할 수 있는 친구, "수고하고 무거운 짐"을 함께 공유할 수 있는 친구가 있다는 것은 행복이다.[185]

34 | 돈 주앙(Don Juan)

SK는 문학 작품들 속에서도 자신의 멘토를 끌어들인다.

돈 주앙은 파우스트(Faust)만큼 인기가 없다. 왜 그럴까?[186] SK는 그 이유를 설명해 주지 않는다.

돈 주앙은 기독교의 윤리적 주장에 대하여 저항하는 인물이다. 그러나 돈 주앙이라는 인물은 기독교 안에서만 존재하는 것이 가능하다는 것이다. *E/O*에서 돈 주앙의 본질은 "감각적-에로틱한 천재"(sensuous-erotic genius)라고 SK는 주장한다.[187]

SK는 "나는 세상에 불을 던지러 왔노라"[188]라는 제목에서, 불의 메타포로 4가지 속성을 이야기하면서 다음과 같이 이야기 한다. "기독교의 이 메타포가 얼마나 끔직한 것인가! 세상에 불을 던지는 것이다. 무엇이 기독인의 정체성인가? 기독인은 불을 붙잡는 사람이다. 오순절(Pentecost)에 이 불이 다시 왔다. 영은 불이다. 불의 혀가 사람들 위에 내려앉았다. ..... 영은 불이다. 이것은 언어의 사용과 조화를 이룬다. 완벽하게 다른 세계로부터 예시. 이것은 바로 그 이유 때문에 보통 언어 사용법을 조명해 준다. 돈 주앙에 대한 크르즈(Kruse)의 적용에서, 돈 주앙은 엘비라에게 말한다: '그녀의 눈에서 다른 세계에서 온 것과 같은 불이 활활 타오른다.' 이것은 '그의 심장이 그녀를 보았을 때, 마구 뛰었기 때문이다.'"[189]

"현재 내 인생의 의미"에서, 비록 그가 시인이지만, SK는 기독교적 개혁과 이상에 대하여 돈 주앙적 시인의 저항을 표출시킨다.[190]

35 | 돈키호테(Don Quixote)

돈키호테의 상대역으로 금욕주의자(ascetic)를 언급한다. 금욕주의자는 금식하며 기도하며 자기 자신의 사소한 죄에 대하여 비난하며 스스로 처벌한다. 그때에, 우리 모두는 기독인들이다. "금욕주의는 영의 변증법이다"(asceticism is a dialectic of the spirit)라는 것은 개인에게 종교적 의미를 가지고 있다.[191]

세르판테스가 돈키호테를 분별 있고 양식 있는 인물로 만들어 죽게 하는 것은 서글픈 실수이다. 세르판테스는 그를 목자로 만들겠다는 최고의 생각을 품고 있었다. 거기서 끝내야만 했다. SK는 젊은 시절 돈키호테와 같은 인물이 되고 싶어 했다.[192]그의 이 같은 성격은 종교적인 딱딱한 법조문으로 이루어진 정교의 도그마조차도 돈키호테와 같은 해학적 유추로 돌아가야 한다고 주장할 정도이다.[193]

그러나 돈키호테는 그렇게 끝내서는 안 되는 인물이다. 그는 광속으로 질주하는 인물로 제시되어야 한다. 그래서 고정관념의 무한한 시리즈 위에서 길게 내다볼 수 있는 새로운 패러다임과 전망을 열어 주어야 한다.

돈키호테는 죽음으로 그리고 이성적인 인간으로 죽어가면서 끝난다. 돈키호테는 끝이 없어야 한다. 반대로 돈키호테는 새로운 고정관념의 계기로 끝을 내야 한다. 그 자신이 언급하고 있는 것처럼, 목자로서 새롭게 등장해야 한다.

SK는 "내가 여전히 기록으로 남기고 싶은 두개의 미학적 관찰"(Two

Esthetic Observations Which I Still Want to record)[193]-1에서, "돈키호테는 무한한 판타지이다"(Don Quiote is endless fantasy)라고 주장한다. 따라서 그가 제정신을 차렸을 때, 죽어가는 것으로 스토리를 끝내는 것은 단조로운 결말이다. 낭만적 코메디의 영역을 적절하게 유지하지 못하고 돈키호테를 변형시켜 도덕적인 이야기로 만들려는 시도였다.

돈키호테는 광기 속에서 완벽한 인물이다. 그러나 그가 추구할 수 없는 한 가지는 바로 분별력이다. 세르판테스가 이 낭만적인 결론을 이끌어 내기에는 변증법적이지 못한 것처럼 보인다. 결론이 없다.[194] 돈키호테에 관하여, 결론부분에서 작가가 상식적인 인물로 만드는 것은 일관성이 없는 구성이라고 SK는 세르반테스를 비판한다.[195]

"이룰 수 없는 꿈을 꾸고 싸워 이길 수 없는 적과 싸웠으며 이룰 수 없는 사랑을 하고 잡을 수 없는 저 별을 잡으려 했다." 세르반테스의 허구적 기사, 돈키호테가 죽으면서 한 마지막 말이다.

36 │ 파우스트(Faust)

SK의 사상에는 크게 3가지-돈 주앙, 파우스트, 원더링 쥬-가 있다. 돈 주앙은 쾌락, 파우스트는 의심, 원더링 쥬는 절망을 상징한

다. 종교 밖에서 인간의 세 가지 의식의 흐름을 나타내 준다.196)

파우스트는 '의심의 상징'(the symbol of doubt)이다. 그 의심은 지성적 차원이며 영원한 진리를 인식하는 가능성에 초점이 맞추어져 있다. 의심은 성취할 수 없는 윤리적 주장과 대면할 때, 절망이 될 수 있다.

이 같은 의식의 흐름의 대표주자인 SK는 "방랑하는 유대인"(Wandering Jew)197)의 모습을 묘사한다. 하나의 이데아로서, 파우스트는 새로운 이데아 속에서 영원한 진리를 성취시켜야 한다고 주장한다. 윤리사상가들은 파우스트를 포장지로 활용하여 인생에서 찌꺼기만을 찾는다. 비평가들은 자신들의 과잉을 스스로 가두면서 파우스트를 수도사의 위조로 설명한다.

주인공이 의심과 절망 속에서 투쟁하는 모습을 바라 볼 때, 그에게는 어떤 힘이 존재한다. 그것이 파우스트를 위대하게 만든다. 즉 일상적인 생활 속으로 끌어들이는 것은 바로 그의 개심이다. 그의 죽음은 궁극적인 화해이다. 그의 무덤에 앉아서 눈물을 흘릴 수 있지만, 그를 보이지 않게 드리워진 커튼을 결코 들어 올릴 생각은 하지 못한다.198)

파우스트가 돈 주앙과 방랑하는 유대인, 즉 절망을 구체적으로 표현하고 있다는 것은 흥미로운 일이다. 돈 주앙은 서정적으로, 방랑하는 유대인은 서사적으로, 파우스트는 극적으로 해석되어야 한다.199)

프로메테우스처럼, 절망은 낭만적이다. 결코 처벌이 아니다.200) 파우스트는 결코 자살할 수 없다. 그 이유는 방랑하는 유대인, 즉

새로운 이데아 속에서 자기 자신을 완성시켜야 하기 때문이다.201)

파우스트는 악을 원치 않았다. 그것은 기쁨을 누리기 위한 목적이었으며 사태가 악화되는 것을 원치 않았다. 그 반대로, 그는 자신의 가슴 속에서 모든 죄의 수문들, 즉 상상할 수 없는 가능성들의 왕국이 열리기를 원했다.202)

*파우스트*는 직접성의 드라마로써, 아이러니의 밀물과 썰물의 본고장이다. 아이러니는 파우스트 자신에 의하여 유머러스하게 해석된다.203)

기독교는 모순의 원리를 벗어나지 못한다는 사실은 기독교의 낭만적 특성을 정확하게 입증한다. 괴테가 *파우스트*에서 보여주고 싶어 했던 것은 바로 이러한 명제 이외에 다른 것은 없었다.204)

37 | 햄릿(Hamlet)

햄릿은 SK에게 매력적인 인물이었다. 운명의 동료일지 모른다. 이 두 사람은 여성때문에 비극적 생을 살았다.

SK는 햄릿의 사색적이며 우유부단한 성격을 비판한다. 익명의 주인공 프래터 택시터너스의 주장에 의하면, 햄릿은 "병적 사색의 표본"(a case of morbid reflection)이었다.205)

세상의 인정을 받기 원하는 햄릿이지만, 그의 나약함 때문에 실패한다고 SK는 비평한다. 그 결과 햄릿은 마지막까지 침묵을 지키지 못한다. 마지막 죽는 순간에 절망에 빠져 있는 것은 가슴 아픈 일이다. 숨겨진 생의 여정을 이해해 주는 사람이 아무도 없었다. 만약 햄릿이 죽음의 순간에 좀 더 부드러워졌다면, 그는 자신의 인생 스토리를 진솔하게 말 할 수 있었을 것이다. 비록 비극적인 생을 경험했다할지라도 모든 일은 순조롭게 진행되었을 것이다.206)

햄릿은 종교적 의혹을 가지고 있지 않았다. 이것이 셰익스피어의 실수라고 SK는 비판한다. 만약 그가 종교적 의혹들을 품지 않았다면 그것은 순전히 터무니없는 생각이다. 그가 문제를 정당하게 처리하지 못한 것은 그의 우유부단함 때문이다.207)

SK는 "내가 여전히 기록으로 남기고 싶은 두 가지 미학적 관찰"이라는 제목, 제1부에서, 햄릿과 오필리아(Ophelia), 돈키호테(Don Quixote)를 언급한다. 햄릿은 오필리아를 진정으로 사랑하지 않았다. 심리학적으로 음모를 꾸미려고 하는 사람은 순간적인 긴장을 풀고 싶어 한다. 그래서 연애와 애정을 잘 활용한다 할지라도 이런 방식으로 해석할 수 없다. 햄릿이 방어할 수 없는 것은 그가 비록 거대한 음모를 꾸민다할지라도 실제적으로 숨기려고 하는 관심을 다른 곳으로 돌려놓기 위하여 오필리아와의 관계성을 이용하는 것이다. 햄릿은 오필리아를 잘못 이용했다는 것이 정당한 해석 방식이다. 혹자는 햄릿이 지나칠 정도로 긴장상태에 놓여 있었기 때문에 순간적으로 사랑에 빠진 것이라고 말할 수 있을 것이다.208)

제2부에서, 돈키호테는 죽음으로 그리고 이성적인 인간으로 죽어가면서 끝난다. 돈키호테는 끝이 없어야 한다. 반대로 돈키호테는 새로운 고정관념의 계기로 끝을 내야 한다. 그 자신이 언급하고 있

는 것처럼, 목자로서 새롭게 등장해야 한다. "돈키호테는 무한한 판타지이다"(Don Quiote is endless fantasy).[209] 따라서 그가 제정신을 차렸을 때, 죽어가는 것으로 스토리를 끝내는 것은 단조로운 결말이다. 낭만적 코메디의 영역을 적절하게 유지하지 못하고 돈키호테를 변형시켜 도덕적인 이야기로 만들려는 시도였다.[210]

38 │ 마리아(Mary)

SK는 성서 속에서 자신의 멘토들을 발견한다. 마리아는 "하나님의 어머니"(The mother of God)로서 유일한 선택을 받았다.[211] 그러나 천사가 유일하게 마리아에게만 왔다. 그녀를 이해해 주는 사람은 한 사람도 없었다. 마리아만큼 굴욕감을 느낀 여성이 누가 있겠는가? 한 인간에 대하여 저주하고 축복해준 인간이 세상에 어디 있겠는가? 이것이 마리아의 영의 해석이다. 사람에게 말하는 것은 충격이지만, 여전히 생각해야할 것이 많다는 것도 충격이다. 사람들은 생각 없이 피상적으로 그녀에 대하여 해석한다. 그녀는 아기 하나님과 함께 앉아서 노닥거리며 놀아준 섬세한 숙녀가 아니다. 주님의 하녀를 보라. 그녀는 위대하다. 그리고 왜 그녀가 하나님의 어머니가 되었는지 설명하는 것이 어려운 것인지를 발견할 수 없다.

SK는 익명의 주인공, 요하네스 드 시렌티오(Johannes de Silentio)를 통하여 "마리아를 경멸하지 말라. 그녀의 운명은 특별한 것이다"라고 주장한다. 천사가 마리아에게만 나타났기 때문에, 이스라엘 처녀들을 포함한 모든 사람들은 그녀를 이해하지 못했다. 따라서 영적인 비밀은 지극히 은밀하며 내적인 것이다.[212]

마리아는 고통과 오해의 대상이 되었다. 남편 요셉까지도 거부했다. 예수의 의붓아버지(stepfather) 요셉을 동시성의 상황 속으로 들어가 요셉을 생각해보라. 마리아를 믿은 그 어리석은 바보를 비웃지 않는 사람이 어디 있을까? 마리아를 아주 교활한 여인으로 생각하지 않는 사람이 어디 있을까?[213] 이 둘은 바보와 경멸의 대상이 되었다. 그녀의 남편에 의하여 의심을 받고 있는 미덕이 없는 여인으로 취급당한다. 많은 여성들에게 이것은 아마도 충분할 것이다. 그리고 그녀를 미치게 하거나 혹은 자살하게 하는 일들 중의 하나일 것이다. 그러나 마리아가 충분히 하나님께 감사하지 않는 것은 더할 나위 없는 미친 짓이다.[214] 마리아의 어려운 입장은 그녀를 "경멸을 받는 처녀"라고 비난하는 것으로 표현하는데 있다. 선택된 그녀는 자신을 희생 제물로 생각했으며 결코 행복하지 않았다. 그러나 그녀는 기꺼이 하나님의 섭리의 도구가 되었다. 그러나 인간의 능력을 초월하는 것, 인간의 궁극적인 힘, 최상의 이성조차 초월하는 것, 이것의 결과는 무엇인가? 선택을 받게 됨으로써 다가 온 고통이다. "너는 다른 처녀들에 의하여 비난을 받으면서 살아갈 것이다. 바보, 매춘부, 불쌍하고 절반은 미친 여인, 행실이 나쁜 여인 취급을 받게 될 것이다." 모든 가능한 고통에 노출이 된 채로, 하나님도 역시 마리아를 속이는 것처럼 보인다.[215]

가나의 혼인 잔치에서 복음을 이해할 수 있는 여지가 있다. 그리스도 전 생애의 모토가 되는 최초의 기적이다. 우선, 고통이며 그 다음은 영광이다. 마리아에 대한 예수의 대답을 들어보라. "여자여, 나와 무슨 상관이 있습니까?"216) 베드로에게 한 대답하고는 전적으로 다르다. "사탄아 물러가라. 너는 나를 방해하고 있구나."217) 그 순간에, 마리아는 즉시 도와주고 싶어 하는 세속적인 조급함을 보여준다.218)

결국 "검이 그녀의 가슴을 찌를 것이다."(A sword will pierce your heart.)219)라는 예언을 듣는다. "만약 네가 믿는다면, 너의 마음은 믿기에 충분히 겸손하며 너는 진실로 여인 중에서 선택을 받았다."220) 마리아는 하나님 앞에서 은혜를 발견한 여인이 되었다.

SK는 마리아의 수태에서 비롯된 그녀의 고통을 그리스도의 십자가의 수난에 유추시킨다. "나의 하나님, 나의 하나님, 어찌하여 나를 버리시나이까?"라고 십자가상에서 절규하는 예수를 하나님이 외면하는 것처럼, 마리아를 외면한다.

SK는 마리아의 고통과 예수 그리스도 고통을 동일하게 유추한다. 어머니와 아들의 고통을 동일하게 취급한다. 어머니의 고통이 아들의 고통이요, 아들의 고통이 어머니의 고통이다.221) 비록 마리아가 예수의 육신의 어머니였지만, "예수의 제자"의 여정이었다는 것은 복음서에서 잘 보여준다. 하나님의 예언은 기쁜 소식이요, 복된 소식이었다.222)

39 │ 가롯 유다(Judas Iscariot)

유다의 운명이 SK의 지속적인 관심사 중의 하나이다. "각 시대마다 유다를 어떻게 해석하는가에 대한 방법론에 따라서 깊은 통찰을 얻을 수 있다"고 그는 말한다. SK에 의하면, 유다의 입장은 생각했던 것보다 더 일반적이다. "기독교계에서, 기독교를 옹호하는 개념을 최초로 만들어 낸 인물이 가롯 유다이다. 그가 사실상 제 2 인자이다."라고 SK는 주장한다.[223]

모든 변증론은 부정적 가치를 가지고 있다는 것이 SK가 주장하는 핵심이다. 단순히 그리스도를 찬양하지만 그를 모방하지 않는 사람들과 가롯 유다를 동등하게 취급한다.[224] 모방은 신앙의 선물이며 감사의 열매이다. 모방은 구체적인 방법으로 자신의 약점을 경험하기 위하여 그리스도를 닮아가는 것이다.[225]

동시성의 상황 속에서, 유다는 호의적인 평가를 받지 못했을 것이다. 은 30냥의 문제는 엄청난 정도의 뇌물에 비하면 아무것도 아니다. 강조할 내용이 아니다. 그러나 많고 적음의 문제가 본질을 흔들어 놓지는 못한다.

예수는 유다를 속였다. 그의 기대치를 실망시켰다. 따라서 그가 복수하는 것은 아주 당연하다. 당연히 유다는 은 30냥을 받지 않을 것을 알고 있었다. 대제사장과 종교지도자들은 처음부터 유다를 압박했다. 그러나 그들은 유다를 자신들의 신실한 친구로 혹은 동지로 들어오는 것은 원치 않았다.[226]

유다가 받은 은 30냥은 무엇인가? 참으로 예수의 생명과 바꿀만한 가치가 있는가를 한번쯤은 생각해 보아야 한다. 유다의 인생관은 다른 사람들과는 달랐다. 즉 생산성이나 이윤이 남지 않는 장사는 하지 않는 사람이다. 은 30냥은 예수의 목숨과 바꾼 것이 아니다. 그는 젊은 사람이다. 미래가 창창하다. 그가 대제사장을 찾아간 이유는 이러한 자신의 미래 프로젝트를 실천에 옮기기 위한 의도였다.

"은 30냥을 연금형태로 주시오.

그러면 기꺼이 스승을 넘겨주겠소!"227)

그들은 유다의 제안을 흔쾌히 받아들인다. 왜 그가 스승을 배반하는 인물이 되었는가? 예수가 의도적으로 유다를 속였으며 그를 다른 제자들보다 더 실망을 느끼게 했기 때문이다. 그래서 그는 스승을 복수하겠다는 명분을 갖게 된다. 스스로 만든 명분이 아니다. 스승이 제자에게 심어준 배반의 명분이다. 복수가 아니면, 인류의 구원이 없기 때문이다. 그래서 유다를 선택한 것이다.228)

그리스도의 인간성이 가장 강력하게 나타나는 것은 유다에게 한 진술이다. "어서 네가 하고 싶은 일을 하라"229) 그리고 그 반대도 강력하다. 왜냐하면 그리스도는 유다가 자기를 배반할 것이라는 것을 알았기 때문이다. 그럼에도 불구하고 결정적인 순간이 다가왔을 때, 이 인간적 불안과 동요는 흔들리지 않했으며 어려운 곤경에 처했을 때, 이것을 기억하고 많은 사람들이 위로를 받게 될 것이다.230) 이것은 배반의 역설이다. 현대적 해석으로, 그리스도 자신이 궁극적으로 유다에게는 배신자가 되었으며 사도들은 유다가 진정한 유일한 그리스도의 친구였다는 것을 생각할 수 있다.231)

40 | 베드로(Peter)

하나님께서 최고로 신뢰하는 사람들, 최상의 신뢰받은 사람들, 하나님의 진정한 도구들은 처음부터 망설이면서 그들이 섬기고자 했던 바로 그 명분을 망가트리고 배반하고 파괴시켜 왔다는 것을 알 수 있다. 결국 베드로는 그리스도를 부정함으로써 기독교의 명분을 해쳤다. 그리고 그가 섬기기로 했던 분은 그리스도였다. 바울도 마찬가지였다.[232]

글 속에서 개인의 품성과 성격이 드러난다. *베드로전후서*를 살펴보면, 베드로의 강하고 충동적인 성격을 알 수 있다. 예수를 하나님의 아들로서 고백하는 베드로 때문에 그리스도가 기뻐하는 장면을 SK는 자주 상기시킨다. 만약 하나님이 인간이 되었을 때, 그것을 알게 해 준 것은 살과 피가 아니라 신성이다. 특히 그리스도가 고난을 받아 죽게 될 것이라는 말씀을 듣고 베드로가 분개하는 장면에서 그의 인성과 영성이 충돌한다.

"사탄아 물러가라. 너는 하나님 편에 서지 아니하고 인간의 편에 서 있다."[233] 인간의 선한 행동 이외의 베드로만큼 정직한 것은 없다. 베드로의 우정은 정말 잘한 행동이었다. 그러나 가장 잘 의도된 인간의 행동은 잘못이나 판단의 실수가 아니다. 기독교란 무엇인가? 그것은 사단의 것이다. 기독교는 사탄의 창작물이다. 그러나 예수는 사탄의 정복자이다.[234]

가장 잘 의도된 인간의 행동은 판단의 실수나 잘못이 아니라 사단의 의도이다. 그리스도는 베드로를 책망하지 않는다. 베드로는 정말 잘한 행동이었다. 그리스도가 책망하는 것은 사단이었다. 베드로의 인간성이 아니라 그의 영성이었다. 아직 미숙한 영성을 지적하는 것이다.

기독교란 무엇인가? 인간의 선한 행동 이외의 베드로만큼 정직한 이가 없다. 결국 기독교는 사탄의 의도에 놀아나기 쉽다. 사탄의 전략에 휘둘리기 쉽다.235)

베드로는 가장 대표적인 인간 동정심의 상징이다. 그러나 인간의 동정심이 그리스도에게 마음의 상처를 주었다. 그리스도는 신성이며 절대성이다. 이것이 또한 베드로에게 상처를 주었다.236)

베드로는 매우 인간적이다. 휴머니티가 있다. 문제는 사람들 사이에 공통분모가 존재하는데 여기서 그 척도가 달라진다. 만약 부당하게 사람을 대우하거나 희생시키는 장면을 목격하고도 책망하지 않는 사람이 있다면, 그는 그 상황을 지속적으로 활용할 것이다. 모든 것이 잘 되어간다고 자위할 것이다. 이것이 보편적 인간성이다. 베드로의 잘못을 지적한 사람은 아무도 없었다. 스승을 배신한 자라고 혹평하는 사람도 없었다. 그러나 베드로는 밖으로 나가 통곡했다.237)

믿음은 모든 것을 행한다. 신앙이 없다면, 인간은 지푸라기에 걸려 넘어진다. 베드로가 그리스도를 부정하고 한 소녀를 두려워했다. 믿음으로 인간은 산을 옮길 수 있다.238)

그리스도가 죽었다. 베드로는 3일 동안 참아냈음이 분명하다. 그를 부정한 후에 그런 식으로 그리스도와 분리되는 것은 끔찍스런 일이다. 그러나 베드로는 의절하지 않았다. 그는 은혜에 의존했으며 사도가 되었다. 단지 의심했기 때문에 약속의 땅에 들어가지 못했던 모세와 여호와의 관계를 비교해볼 때, 그것은 측량할 수 없는 온유함과 관대함이다. "오, 무한한 온유함, 그것이 나를 현혹시키지 않도록 하는 것이 두렵다. 그래서 나는 그것을 헛되이 취하는 것이다. 기독교에 관한 나의 최대의 불안은 거의 온유함이다. 나는 그것을 헛되이 취할 가능성에 매우 걱정이다."[239]

베드로가 배반했음에도 불구하고 부활한 그리스도는 세 번씩이나 "네가 나를 사랑하느냐?"라고 묻는다. 이 질문 자체가 신성과 인간성의 충돌과 모순을 적나라하게 보여준다. 즉 하나님이 인간적으로 사랑하시는 그 사람, 베드로와 그리스도의 관계성이다.[240]

"주여, 우리는 모든 것을 버리고 당신을 따랐습니다"라는 베드로의 고백을 통하여 모든 것을 버리지 않는 21세기의 기독교계를 SK는 신랄하게 비판하며 경고한다. 신성과 인성의 긴장관계를 해소시키는 지름길은 배신당한 그리스도를 위하여 모든 것을 남겨 두지 않는 것이다. 작은 껍질이나 찌꺼기 까지 하나도 남김없이 다 버리는 것이다.[241]

41 │ 삭개오(Zachaeus)

삭개오를 어떻게 생각하고 있는가?[242] 웨르너(Z. Werner)에 의하면, 삭개오는 그리스도를 보기위한 열정 때문에 자기 자신을 어리석고 엉뚱한 모습으로 만들었다. 합리적이고 이성적이며 객관적인 열정이 아니라, 보기에 꼴사나운 열정이었다. SK는 웨르너의 독창적인 담론에 동의한다.

성서에서 야생 무화과는 그 모습을 바라 볼 때, 우스꽝스럽다. 조롱의 대상이다. 상당히 뒤틀려 있다. 주접되고 이지러진 잎이 매달려 있다. 그래서 키가 작은 삭개오도 그렇게 보인다.

"배나무 속에 있는 삭개오."(Zacharias in the pear tree)[243]라는 표현이 있다. 만약 배나무 속에 삭개오가 있다면, 정말 호기심의 대상이 될 것이다. 또한 "당신은 배, 삭개오를 먹어 본 적이 있느냐?"라는 표현도 등장한다.[244]

뒤틀린 무화과나 포도나무처럼, 만약 자아를 그렇게 만드는 사람만이 구원을 받을 수 있다고 한다면, 어느 누가 이러한 행동을 시도하겠는가! 삭개오는 작은 영웅이다. 삭개오는 역사에 길이 남을 위대한 영웅이다.

무엇이 그를 이렇게 만들었는가? 그리고 그의 구원은 무엇 때문이었나? 뽕나무에 앉아 있는 세리 삭개오에 의한 형이상학적 교훈은 어둠과 슬픔의 시간 속에서 고통스런 양심의 가책이었다.[245] 기분전환과 생활의 안전을 끈질기게 축적해 온 그로서는 인생의 대전환이었다.

42 | 스데반(Stephen)

SK는 자연인과 기독인 사이의 대조를 강력하게 강조한다. 예수가 아기로 태어난 것은 자연인은 반드시 죽어야 하고, 영적인 인간이 태어나야 한다는 것을 의미한다. 그리스도는 바로 그 자연인을 위하여 태어났기 때문이다. 인간적으로 이해할 때, 아기는 천사처럼 보인다.

스데반의 얼굴이 어떻게 생겼는지 궁금해진다. 자연인의 얼굴을 천사의 얼굴로 만든 것이 무엇인가? 기독교적으로 이해할 때, 스데반처럼, 순교적 죽음을 맞을 때, 천사의 얼굴처럼 보인다. 순교적 인생이 무엇인가를 가장 분명하게 논증하고 있다.[246] 성령의 멘토링이 그를 그렇게 만들었다. 스데반이 돌에 맞아 피를 흘리는 것은 원수들에 대한 승리였다. 그러나 기독교적 관점에서 볼 때, 그것은 패배였다. 그는 원수들을 위하여 기도한 후에 잠들었기 때문이다. 반면에 원수들은 그들의 분노 때문에 잠을 잘 수 없었다.

스데반이 잠이 들었다.[247]

그는 잠들었다. 이 얼마나 고요한가! 인간은 편하게 잠을 잘 수 없다. 그러나 그 때, 편히 잠들었다고 말할 수 없다. 그러나 고요히 잠들었다고 말하는 것은 고요함을 상징한다. 폭력과 살기가 노발대발 난폭하게 끓어오르는 폭도들 때문에 이 얼마나 고요한가! 그는 잠든다. 그의 주인은, 그의 선생은 폭풍우가 휘몰아치는 바다 한 가운데 보트 밑에서 잠을 자고 있지 않았던가![248] 스데반도 선생을 따라하고 있는 것이다: 그 순간에 잠을 자는 것.

그는 잠들었다. 이 얼마나 강력한 힘인가! 다른 측면에서 볼 때, 이 얼마나 무기력한 모습인가! 죄 많은 세상에 살아가는 당신은 얼마나 무력한가! 모든 당신의 소음과 분노 속에서 얼마나 무기력한가! 그것으로 무엇을 성취할 수 있겠는가! 보라, 이것, 그가 잠잔다! 이것이 당신이 성취해야 할 것이다. 견디기 어려운 당신의 고통 속에서는 잠을 잘 수 없다. 모든 것들을 혼란 속에 빠트린다. 그러나 그는 아니다. 잠을 자고 있는 사람이 아니다! 그 순간에 잠을 잘 수 있다는 것이 얼마나 강력한 힘인가! 그 순간에 잠을 잘 수 있을 뿐만 아니라, 그 순간에 잠을 잘 수 있도록 자기 자신을 눕히고 있다. 인간의 수면을 방해하는데 필요한 것들이 얼마나 사소한 것들인가! 그리고 이 같은 방법으로 잠을 잘 수 있다는 것이다. 당신은 무능함 때문에 세상에서 조롱을 받고 있다. 그는 잠을 잔다. 그는 전 사건을 통하여 잠을 잔다. 그는 저항하지 않는다. 결코 반항하지 않는다. 그는 대답하지 않는다. 결코 응대하지 않는다. 그는 잠을 잔다. 그는 당신의 일에 결코 말려들지 않는다. 그는 잠을 잔다. 그는 마치 자리에 없는 것처럼, 저 멀리 떠나 있는 것처럼, 잠을 잔다.

그는 잠들었다. 무엇이라고 말했는가? "아버지여 이 죄를 저들에게 돌리지 마옵소서." 이것이 공식이다. 그런 후에 잠을 잔다. 우리는 아이들에게 큰 소리로 기도하고 잠을 자라고 말한다. 그래서 그는 잠을 잔다. 그는 이 말을 한 후에 잠을 잔다. 그는 그들을 위해 기도했다. 그는 거듭 자신을 위해 기도했다. 남아 있는 시간이라곤 한 순간, 1분이다. 그는 자신의 원수들을 위해 기도했다. 주어진 시간이 짧으면 짧을수록 아마도 원수들을 위해 기도해야겠다고 결단하는 것이 더 쉬어진다. 만약 그가 좀 더 버티었더라면, 그들을 위한 기도가 쉽게 나오지 않했을 것이다.

그러나 우리는 그에게서 배운다. 우리 자신들을 위한 기도와 원수들을 위한 기도이다. 그리고 잠에 드는 것이다. 그는 달콤하게 잠을 잔다. 그래서 죽음 속에 있는 것이다. 1800여 년 동안 그는 유명한 인물이 되었으며 모든 이들이 그를 찬양하고 있다. 그러나 그는 그것에 관해서도 개의치 않는다. 그는 잠을 잔다.[249]

그는 잠에 **빠졌다**. 자신의 원수들을 위하여 기도했을 때, 우아하게 잠들 수 있는 사람이 있을까? 원수들을 위해 기도하려면, 무엇이 필요한가? 원수들을 위해 기도하는 것은 모든 것 중에서 가장 위대하다. 동시대적 상황 속에서 한층 더 강력하게 비참해지는 것이다.[250]

세상이 인간의 문을 닫을 때, 하늘의 문이 열린다.[251] 이방인들에게 세상은 열린다. 그러나 하늘은 닫힌다. 성도들에게 세상은 닫힌다. 그러나 하늘이 열린다. 특히 열린 하늘의 문을 보는 순교자의 경우는 더 분명하다. 진리에 대한 증인으로 가장 급진적인 결과들의 대조를 SK는 강조한다.[252]

43 | 바울(Paul)

천재로서 바울은 플라톤이나 셰익스피어와 비교할 수 없다. 아름다운 메타포의 저자로서, 그는 눈에 띄지 않는다. 그러나 그는 사도이다. 그리고 사도로서 그는 플라톤이나 셰익스피어의 유사성도 없다.

천재성은 내재성 안에서 원시성, 독창성, 최초의 출발점이다. 사도는 계시 혹은 패러독스에 의한 초월성 안에서 출발점이다. 천재의 역설은 징후적이며 예상적이다. 그리고 그것들은 사라진다. 사도의 역설은 질적이다. 천재는 풍부한 생각들 때문에 위대하다. 사도는 자신의 거룩한 권위 때문에 존재한다. SK는 바울에 귀를 기울이지 않는다. 왜냐하면, 그는 비교가 되지 않을 정도로 우수하기 때문이다. 그러나 SK는 그에게 복종한다. 그는 거룩한 권위를 가지고 있기 때문이다. 바울은 자신의 천재성에 호소하지 않는다. 그러면 그는 바보가 되기 때문이다. 그러나 그는 거룩한 권위에 호소한다. 그는 자신의 아름다운 이미지를 사용함으로써 자신의 학문을 자랑하지 않는다. 그러나 그는 말한다. "당신은 복종해야 한다. 그 이미지의 아름다움을 떠나서 당신은 복종해야 한다. 왜냐하면, 나는 권위를 가지고 말하고 있기 때문이다. 나는 당신에게 복종하라고 충고할 수 없으며 감히 그렇게 말할 수 없다. 그러나 나는 거룩한 권위를 가지고 말함으로써 당신이 영원토록 책임적인 존재가 되도록 하겠다. 나는 거기에 소명을 받았다." 그 때, 권위는 질적으로

결정적인 요소이다. 권위는 내재성 안에서 상상할 수 없을 정도로 놀랍다.253)

하나님의 구원계획- "세상이 이미 들어 알고 있었던 가장 심오한 해석 중의 하나"-에 관하여(롬11장) 바울 사상을 평가한다.

"오, 풍요의 깊이여"(O, depth of richness!)254)라는 바울의 표현은 무엇인가? SK는 바울의 이 말을 곰곰이 생각하면서 유대인과 이방인의 구원에 대한 하나님의 계획을 파악해 보려는 바울의 시도라고 평가한다. 따라서 세상과 개인의 구원을 위한 하나님의 계획이 SK 자신의 사유에 깊은 영향을 주었다.

두 가지 점에서 SK는 자신의 하나님과 관계성과 바울의 관계성 사이에서 유추해 본다. 즉 이것들 중의 하나는 바울이 언급한 "육체의 가시"(the thorn of in the flesh)255)라는 고통이었다. 그가 받은 계시로써 그것은 그의 운명이었다. 다른 사람이 경험해 보지 못한 경험을 토로한다.

다른 하나는 복음을 위하여 "구별된"(set apart)256) 바울의 고백이다. 기독교인의 생활은 모든 미학적 범위를 벗어나는 자체적인 특성을 가진 경구가 바로 이것이다.257) "복음을 위하여 구별된" 삶을 사는 것이다.258) 자신의 고통 때문에 SK도 기독교의 대의명분 속에서 특별한 봉사를 위하여 택정되었다고 생각한다. 바울의 고백처럼, "나의 초기 청년 시절에 비롯되었다"라고 SK도 말한다.259)

SK는 그리스도의 사도로서 바울을 높이 평가함에도 불구하고 자신의 익명의 인물, 비기리어스 하우프니엔시스(Vigilius Haufniensis)를 통하여 바울의 교훈을 정정하도록 허락한다. 그 텍스트는 롬5:12-21과 고전15:21-22이다.260)

바울은 공무원이 아니었다. 바울은 생계를 유지하는 전문적인 직업-텐트제작은 일시적-이 없었다. 그렇다고 많은 돈을 벌 수 없었다. 그는 결혼하여 자녀를 둔 적도 없다. 그렇다면, 바울은 진지하지 못한 사람이다.[261] 실존적인 차원에서 SK는 바울을 비판한다.

"믿음에서 전진할 수 없게 만드는 것은 죄"[262]라고 바울은 말한다. 어떤 의미에서 성령에 반하는 죄는 개인의 확신에 의도적으로 반하는 행동이다. 만약 믿음에서 전진할 수 없게 만드는 것이 죄가 된다면, 믿음에서 전진할 수 있는 모든 것은 죄가 아니다.

어떤 의미에서 죄는 "소크라테스적 무지"(Socratic ignorance)가 될 것이다.[263] 즉, 만약 사람이 실수한 확신을 가지고 있다면, 그의 행동은 객관적으로 죄가 된다. 그러나 소크라테스와 반대의 입장을 취하고 있는 바울은 의식을 강조한다. 죄는 무지가 아니라 믿음에서 전진할 수 없게 만드는 것이다.

바울과 소크라테스의 갈등을 일으키는 핵심은 소크라테스에 의하면, 개인이 선을 이해하고 난 다음 악을 행하는 것은 불가능하다. 사람이 선을 행하지 않는다는 사실은 그가 선을 이해하지 못하고 있다는 증거이다. 순수한 지성으로서 소크라테스에게서는 이것을 찾아 볼 수 없다. 그는 의지에 대한 여지가 없다. 그 의지가 동요할 수 있고 움직일 수 있다는 여지도 찾을 수 없다.[264]

SK가 바울을 높이 평가하는 한 가지 이유가 있다. 복음을 전할 때, 사례를 받지 않는다는 점이다. 바울은 "그런즉 내 상이 무엇이냐 내가 복음을 전할 때 값없이 전하고 복음으로 말미암아 내게 있는 권리를 다 쓰지 아니하는 것이다"라고 주장한다.[265] 바울은 복음을 "값없이"(free of charge) 전한다. 결과적으로 그의 삶은 없는

것이다. 전혀 받지 못한다. 이것이 사도에 어울리는 담론이다.[266)]
진정한 사도라면, 손수 땀 흘려 노동하며 자비량으로 목회와 선교
하는 것이다.

　SK가 말년에 바울에 대한 비평은 일반적인 성격에 관한 것들이
다. 즉 "동시대적 상황" 속에서 기독인들이 그리스도와 대면을 최
고의 기준으로 SK는 제시한다. 복음서에 나타난 이 같은 대면이
기독교의 가장 엄중한 형식이다. SK는 "바울은 복음을 축소시키고
있다. … 그는 이미 복음과 관계성 속에서 그 긴장성을 이완시키었
다"고 비판한다.(BJ. No.4754) 그럼에도 불구하고 그는 사도보다
우위에 있지 않지만, 지성적으로 바울의 상대역, 파트너임을 고백
한다.[267)]

44 │ 루델바흐(Rudelbach, Andreas. 1792-1862)

　SK는 자신의 시대를 "분열의 시대"(Age of Disintegration)라고
생각한다. 그는 많은 훼방꾼들이 앞에 나서며 개혁자노릇을 하는
그 기간에는 언제나 위험은 존재한다고 보았다. 따라서 개혁과 개
혁자들에 대한 SK의 비판적 진술은 최우선적으로 개혁에 대한 동
시대적 자아-지정 열정을 다룬다. 그리고 그는 "일반적인 집회들과
투표"의 수단에 의하여 개혁하려는 시대의 시도를 거부하며 비판한

다. 더욱이 그는 "문제에 집착하기"를 원하는 체하는 익명의 비평에 대하여 예외를 가지고 있다. 그리고 자기 자신의 이름으로 어떤 개입을 수반하는 그 위험을 피한다.268)

SK는 개혁은 외적 수단들, 예를 들면, "새로운 제도"에 의하여 성취될 수 있다는 사상에 반대한다. 그는 루델바흐 교수에 대한 그의 대답에서 분명히 밝히고 있다. 만약 최소한 이것들이 전통적인 기독교적 방법으로 순교자들에 의하여 획득되는 것이 아니라, 그럴 듯한 사회정치적 방법, 선거, 멤버들의 선택으로 획득되는 것이라면, 기독교는 제도나 법에 의하여 외부로부터 도움을 받지 못할 것이다.269) 그 반대로, 사회정치적 방법 등으로 개혁을 하게 되면, 기독교의 몰락을 초래한다. "기독교는 승리의 영성이다. 이것이 목적이다. 이 승리의 영성은 모든 사람 안에 있을 수 있다. 가능하다면, '단독자'가 더 진정한 성도가 될지 모른다."270)

개혁을 위한 이 같은 SK의 사상은 내적 심화의 단계에 있다. 그 같은 개혁을 위한 여지를 만들기 위하여 그는 이 모든 거짓 개혁자들을 제거하기 위하여 경찰관의 역할을 해야만 한다. 그리고 그것은 단지 하나님에게만 책임이 있다.

"개혁자의 개념은 질적으로 '하나'에 일치한다." SK 자신은 실제적으로 이상적인 개혁자에 가깝다. 그가 이 엄청난 책임을 떠맡기 위해서 무거운 고통으로 하나님에 의해서 훈련을 받았기 때문이다. 단독자로서 그는 내적 심화를 통한 각성을 위하여 그리고 그의 말년의 통찰에 의하면, "기독교계에 기독교를 도입하기"위하여 단독자들에게 말한다. SK는 자신을 개혁자로 보지 않았다. 그는 기독교계의 오류와 실수들을 환기시키는 것과 기독교의 갱생을 위하여 건축하는 돌을 제공하기 위한 목적으로 내적 심화에 관하여 단독자에게 말하는 것을 자신의 과제로 보았다.

덴마크에서 국가교회(State Church)271)를 비판한 것은 SK가 처음이 아니다. SK를 가르쳤던 코펜하겐 대학교 신학과 교수이며 작가였던 루델바흐였다. 그는 "기독교를 망치게 하는 것은 국가교회이다"라고 주장한다.272) SK는 1851년 1월 31일, Fadrelandet에 기고한 기사- "나 자신에 관한 루델바흐 박사의 언급에 의한 근거"-에서, "루델바흐 박사님은 내가 들은 바로는 놀라운 학식을 소유한 분으로, 덴마크에서 최고의 지성인이다."이라고 주장한다.273) SK는 루델바흐가 쓴 교회에 관한 헌법과 구조에 관한 책을 읽었다. 덴마크에는 진정한 그리스도인이 없다고 주장한다. 가난과 불행의 원인 중의 하나는 교회가 실패했기 때문이며, 국가교회가 세속적인 성향으로 흘러가고 있기 때문에 프롤레타리아 형성의 주된 원인이라고 주장한다. 이러한 주장에 SK는 완전히 동의한다. 기독교는 어떤 체제의 종교가 아니라 취약한 사회적 약자들의 종교가 되어야 한다고 주장한다. 기독교의 친교의 대상자는 가난한 자, 병든 자, 한센병자, 정신질환자, 죄인들, 범인들이라는 것이다. 기독교계와 목사들이 사회적인 문제와 사회적 약자들에 대하여 사기죄를 범하고 있다고 주장한다. 여기서 SK는 스스로 자신은 "습관적인 기독교에 대한 증오자"(hater of habitual Christianity)라고 고백한다. 루델바흐가 SK에게 준 신학적 영향은 적지 않다.274)

45 | 아돌프 트렌델렌부르크(Adolf Trendelenburg, 1802-1872)

가능성에서 실재성으로의 변이는 변화이다. -이것을 텐네만(Tennemann)은 *키네쉬스*(움직임, 변화)로 해석한다. 만약 이것이 맞다면, 이 문장은 대단히 중요하다. 움직임은 정의하기 어렵다. 그것은 가능성(possibility)도 실재성(actuality)에도 속하지 않기 때문이다. 그것은 가능성보다 많고 실재성 보다 적기 때문이다. 지속성(continuation: 존속)과 부패(decay: 쇠퇴)는 움직임이 아니다. 3가지 종류의 *키네쉬스*가 존재한다. 양에 관하여: 증가·감소(감소), 질 또는 우연성에 관하여: 질의 변화, 장소에 관하여: 장소의 변화. 이 모든 것은 논리학에서 움직임들(movements)에 대하여 주목을 받을 만하다.275)

"유한/무한, 가능성/필요성은 인간의 역사적 상황에 의하여 조건이 부여되며 그 상황의 한계 내에서 자유롭게 행동할 수 있다. 유한성(finitude)과 필요성(necessity)은 인간의 결정을 나타낸다. 무한성과 가능성은 인간의 행동 능력을 언급한다. 가능성(possibility)과 무한성(infinitude)의 동일함에 대하여, SK는 "가능성에 의해 교육받은 사람만이 그의 무한성에 따라서 교육을 받는다. 따라서 가능성은 모든 카테고리 중에서 가장 무겁다."라고 주장한다.276)

논리와 존재론 사이에서 관계성을 밝히기 위하여 우리 시대가 가장 필요한 것은 개념들의 시험이다. 가능성, 실재성, 필요성. 이 노선을 따라서 어떤 일을 하고 싶어 하는 사람은 그리스 사람들에 의해 영향을 받는다. 그리스의 냉정함(sobriety)이 우리 시대의 철학자들 사이에서 거의 찾아 볼 수 없다. 그리고 예외적인 창의력(ingenuity) 은 유일하게 진부한 대체품이다. 좋은 정보들이 아돌프 트렌델렌부 르크에게서 발견된다.277)

"아리스토텔레스에 의한 *키네쉬스*-(움직임; Motion)", (변화; Change)-에 관한 글에서, SK는 4가지 범주-실체(substance), 양 (quantity), 질(quality), 관계(relation)-를 나눈다. 이러한 분류는 아돌프 트렌델렌부르크의 "카테고리에 관한 학설"에 관하여 두 개의 논문과 연계되어 있으며, SK는 자신의 논리적 논문들, 즉 변증법과 "파토스로 가득 찬 변화"(pathos-filled transition) 사이 의 차이와 연관시킨다.

아리스토텔레스에 의하면, 파토스는 변화가 가능한 결과로서 명 제의 질이다. SK가 아돌프로부터 얻은 소득은 적지 않으며, 자신의 사고를 위한 장치를 그에게서 발견한다.278)

SK가 1841-42년 겨울, 베르린에 있을 때, 아돌프는 가장 호감을 가진 철학자였다. 그는 아주 특별한 관계였으며 근대 철학자 중에 서 가장 이득을 본 인물로서, 많은 빚을 지고 있으며, 가장 냉정한 언어 철학자 중의 한 사람으로 찬양을 받을 만하다고 고백한다.279) SK를 매료시킨 것은 "카테고리에 관한 학설에 관하여"라는 두 개 의 논문이었다. SK는 최대의 관심을 가지고 읽었다. 아돌프는 칸트 주의자였다. SK는 그의 강의를 듣지 않은 것에 대하여, 함께 여행 을 했던 그의 제자 스위드를 무시했다는 것이 얼마나 어리석었는지 SK는 후회한다.280)

3부작 구조(Trilogy)- "결론"(Conclusion), "생략삼단논법"(Enthymeme),

"결장"(Decision)-은 SK의 "도약이론"(The theory of leap)에 매우 중요한 요소로 작용한다. 최종분석에서, SK가 "파토스"라고 부르는 것은 아리스토텔레스의 "생략삼단논법"이다.[281)

정체성과 모순의 원리는 기본적인 원리로서, 단지 간접적으로 혹은 부정적으로 논증될 수 있다. 이 같은 사상은 자주 트렌델렌부르크의 논리연구(*Logische Untersuchungen*)에서 발견된다. 이것은 도약이론에 대단히 중요하다. 궁극적인 것은 단지 한계로서 도달될 수 있다. 부정적인 결론의 가능성은 결론의 틀 안에서 긍정의 가능성보다 더 중요하다. 유추와 귀납법에 의하여 결론은 도약에 의해서만 도달할 수 있다. 여타 다른 모든 결론들은 본질적으로 동의어적(tautological)이다.

트렌델렌부르크는 수학과 자연과학으로부터 예시를 자주 분류한다. 유감스럽게도 윤리나 논리의 예시를 찾는 사람은 전무하다. SK에 의하면, 논리에 관하여 의심을 불러일으키는데, 트렌델렌부르크는 자신의 도약의 이론을 지지하는데 기여한다고 보고 있다. 도약이론은 본질적으로 자유의 영역이다. 비록 논리에서 메타포적으로 제시된다할지라도 헤겔처럼, 설명해서는 안 된다.[282) SK는 자신의 관점에서 볼 때, 트렌델렌부르크는 전혀 도약을 인지하지 못한 것처럼 보인다.[283)

"카테고리"는 SK의 핵심용어이다. SK가 뮌스터 대주교를 비판하는 이유 중의 하나는 그가 카테고리를 무시하고 있기 때문이다.[284)

누가 그의 진정한 멘토였을까? 그 해답의 열쇠는 SK에게 직접 물어 보아야 할 것이다. 그럼에도 불구하고, 그의 *재판관의 책*에서 추측과 짐작을 할 수 있다. 그가 50여명 대한 이름을 언급하는 것은 그의 인생에 직간접으로 영향을 받아왔다는 것을 인정하는 것이다. 그의 인생여로에서 빼 놓을 수 없는 멘토들이 있다면, 아버지와 약혼녀인 레기네 올센이라고 할 수 있다. 특히 아버지에 대한 영향은 지대했다. "나는 처음부터 아버지에게 모든 빚을 지었다. 비록 아버지가 우울증에 빠져 있었지만, 아버지가 나에게서 우울증을 보았을 때, 아버지는 나에게 호소했다. "너는 진정으로 예수 그리스도를 사랑한다는 것을 분명히 하라."285)

그는 아버지의 소천 이후, 자신의 청년기를 다음과 같이 회고한다. "내가 어떤 위치를 차지해야 한다는 생각도 없고 독립적인 생활을 하게 되었을 때, 우울증에 빠져 거리를 헤매이며 다닐 때, 나 자신이 세상에서 가장 비참한 사람이라고 생각하고 있었을 때, 그럼에도 불구하고 하나님이 나에게 부여한 일을 위하여 나에게 힘을 달라고 매일 아침마다 기도를 드렸던 것은 놀라운 일이다. 지금 이것을 생각하면서 도대체 내가 어떻게 그런 기도를 할 수 있었을까? 하나님이 홀로 나에게 부여한 일을 내가 할 수 있었다는 것이 얼마나 사실적인 일인가!"286)

해 아래 생사의 기로에서, 자신을 붙잡아 준 멘토가 누구인가를 SK에게 묻는다면, 그는 멘토 중의 한 사람, 모차르트라고 당당하게 말할 것이다. 모차르트는 그의 우울증을 치료해 주었다. 그가 제 정신을 차리도록 도와주었다.

사울 왕이 우울증으로 시달리고 있을 때, 젊은 다윗은 수금으로 그의 고뇌를 해소시켜 주었다. 아름다운 선율과 가락이 사울의 고뇌를 씻어 주었다. 가장 가까운 거리에서 음악을 들려주었다. 그러나 모차르트와 SK는 동시대적 인물이 아니다. 시대와 문화를 초월하여 작곡한 오페라, 모차르트의 혼이 담긴 음악을 들었을 때, 시공을 초월하여 SK의 마음과 혼을 사로잡았다. 음악이 그를 살렸다. 음악이 결정적인 시기에 그를 구원해 주었다. 그는 모차르트를 결코 비판하지 않는다. 모차르트는 하나님이 SK에게 보낸 천사였다.

삼위일체 하나님은 SK의 영적 멘토였다. "기독인이 된다는 것이 무엇을 의미하는가?"라고 반문하면서 SK는 다음과 같이 주장한다. "하늘에 계신 사랑하시는 아버지의 시야에서 벗어나지 않은 채, 걸어가는 것이다. 그리스도의 손에 인도함을 받으며 걸어가는 것이다. 성령의 증거로 힘을 얻어 걸어가는 것이다."[287]

눈에 보이지 않는 하나님의 눈, 그리스도의 손, 성령의 증거가 바로 SK의 영적인 멘토였다. 그에게는 오직 위에 계신 하나님뿐이었다. 외톨이로서 대면하는 하나님이 그의 유일한 멘토였다.

VIII

키에르케고르는 "예언자"인가?

'인간'은 진리를 위한 봉사이다.
그 본질적인 형식은 복종이다.

-BJ., No.6075.

1 | 직접계시를 받지 못했나?

"계시"(revelation)는 직접계시와 간접계시가 있다. 소통에는 직접소통과 간접 소통이 있다. 직접소통의 형식이 간접소통 형식보다 더 우수하다.

SK의 불확실성은 철저하게 사라졌기 때문에 담론의 직접형식이 기독교에 정확하며 간접소통의 익명형식을 사용하는 것은 더 이상 지킬 수 없을 것이라고 주장한다.[1]

1846년부터 전개해온 직접담론형식은 역사적 상황, 교육이론, 기독교에 정당하다고 SK는 믿었다. 1850년, 직접담론에로 전환에 관한 확신을 SK는 그의 **재판관의 책(The Book of Judge)**에서 강하게 전달한다. "나의 간접 소통은 직접 소통보다 수준이 낮다. 왜냐하면, 간접소통은 처음에는 나 자신을 분명하게 밝히지 못했기 때문이며, 그 결과 감히 직접적으로 말하지 못했다."[2] 그의 직접소통형식은 간접소통형식보다 우수하다는 SK의 주장은 심층적으로 탐색될 것이다.[3] 결론적으로, 진리는 계시 안에서 선포되어야 한다고 SK는 주장한다.[4]

2 | 하나님의 도구인가?

파스칼의 사상에서, SK는 이성의 한계를 가르치기 위하여 이성을 활용했으며 비합리적인 것이라기보다는 자율적인 인간 이성의 허위를 보여주었다. 그리고 "경이로운 것들의 경계들"(the borders of the marvellous)[5]로 우리를 안내해 주었다. 따라서 우리는 **거룩한 계시**의 수용을 준비해야 하는 것이다.

신학적 자유주의 경우처럼, 계시를 날려 보내는 것도 아니고, 헤겔처럼, 국가에서 정점을 찍는 진화론적 과정의 동의어도 아니다. 신-인간(God-Man)[6] 가운데서, 그리고 신앙공동체인 교회 안에서, 그리스도가 오심의 창조 속에서 유일하게 초점을 맞춘 계시이다.

SK에 의하면, "소명"(Calling)은 3가지 형태로 인간에게 다가온다. 첫째, 회개의 방법이다. 하나님을 향하여 방향을 돌리는 것이다. 이성적이며 감정적인 *메타노이아*(Metanoia)가 아니다. 방향전환을 위한 자아포기조차도 하나님의 특별한 선행은총이 있어야 한다. 둘째, 특별한 사람을 위하여 준비된 특별한 과제를 수행하도록 부르는 것이다. 모든 사람이 출생 시에, 그를 위한 영원한 소명이 주어진다. 가장 중요한 것은 자신에 대한 명료성과 자신의 과제를 획득하고 그 일에 충실 하는 것이다. 셋째, 소명의 특별형태로써 계시를 통해서 부르신다. 이 "계시를 통하여" 자신에게 주어진 명령을 발표할 "신적 권위"(a divine authority)[7]를 획득한다.

SK의 하나님과의 관계성에 대하여 다음과 같이 고백한다: "하나님-관계성에 관한 가장 중요한 핵심 중의 하나가 있다. 만약 하나님이 도구(instrument)로써 그를 사용하기를 원하는 경험적 확실성을 가지고 있다면, 하나님에 대한 순수하고 즉각적인 관계성에 대한 확신을 어떻게 갖는 것이 가능한가? **하나님은 영이시다.** 영적인 존재에 대하여 영적인 관계를 갖는 일 이외에 다른 관계성을 갖는 일은 불가능하다. 그러나 영적인 관계성은 변증법적이다. 어떻게 사도가 계시에 의하여, 그리고 전혀 변증법적인 것이 아닌 확실성을 가지고 소명을 받은 것을 어떻게 이해하는가? 나[SK]는 그 사도를 이해할 수 없다. 그러나 이것은 믿을 수 있다. 하나님과 그리스도에 대한 보통 사람들의 관계성에 관한 한, 나는 이것을 소크라테스적으로 이해한다. 소크라테스는 분명히 불멸이 있다는 것을 몰랐다. 그러나 그의 인생은 불멸이 존재하며 그는 불멸이라고 표현한다. 그가 말하는 불멸은 나를 무한히 사로잡았기 때문에 나는 이 가정(if)에 모든 것을 투자한다."[8]

SK는 자신이 하나님에 의한 선택적인 도구인가 여부에 대하여 대단히 회의적이다. "그리스도에 대한 관계성을 다음과 같이 주장한다: 사람은 그리스도가 그에게 모든 것이 된다는 여부를 스스로 테스트한다. 그때 말한다. 나는 모든 것을 여기에 투자한다. 그러나 나는 그리스도에 대한 나의 관계성에 관한 즉각적인 확실성을 가질 수 없다. 나는 내가 믿음이 있는지 여부에 대하여 즉각적인 확실성을 가질 수 없다. 왜냐하면, 신앙을 갖는 다는 것은 두려움과 떨림 속에서 지속적으로 그러나 결코 절망하지 않는 변증법적 버티기이기 때문이다. 그럼에도 불구하고 이러한 확실한 신앙을 가지고 있는지 여부조차 불확실하다. 신앙이란 모든 위험한 상황 속에서 자아를 일깨워주는 무한한 자아 관심이다. 정확히, 이 자아 관심이 신앙이다. 그러나 엄청난 혼돈이 기독교 안으로 들어온 것은 설교가 변증법적으로 한 번에 이루어지며 다른 시간에 마치 신앙은 즉각적인 확실성인 것처럼 이루진다는 것이다. ..... 이 같은 천박함이 기독교이다. 공포와 전율 속에 있는 나는 결코 기독인이라고 감히 부를 수 없다. 나는 미쳤다. 나는 괴짜다."9)

SK에 의하면, 하나님의 도구들은 특별한 과제를 수행하기 위하여 특별히 선택받은 사람들이다. 하나님은 그와 같은 도구들을 고통을 당하게 함으로써 혹은 비전, 계시 등으로 그 도구들을 고립시키며 또한 고통을 불러일으킨다. 하나님에 의하여 사로잡힌 사람들은 자기 자신을 다른 사람들에게 이해시키는 것이 불가능하다는 것을 알게 된다. 이러한 고립과 고통을 통하여, 도구를 취하여 자신의 일에 섬기도록 한다.

SK는 하나님의 손 안에 있는 도구로 느끼었다. 만약 감사할 수 없는 도구의 상황에 대하여 사람들의 눈을 뜨게 해주려고 노력한다면, 그는 하나님께서 어떻게 말씀 하실까를 생각한다. 즉 "부서지기 쉽고 작고 병들고 가치 없는 인간, 신체적으로 어린아이와 같은 보잘 것 없지만 모든 동물적 인간이 인간으로서 어리석음을 알 수 있다. 이 사람이 어려운 과제를 위하여 사용된다. 그대는 이 불합리한 것을 모르는가!"

"하나님의 선택받은 도구들"에서, SK는 다음과 같이 주장한다. "어떻게 하나님은 사람들 가운데서 자신을 위하여 도구를 선택하는 것일까? 아주 간단한 방법이다. 하나님은 선택받은 사람을 격리시킨다. 그는 다른 사람에게 자신을 이해시키는 것이 불가능하다. 타자들이 이해하는 바로 그 순간, 논쟁이 발생하며 도구로서 중단하게 된다. 그러나 이러한 놀라운 격리 속에서 그 도구는 인내해만 하며 지속적으로 하나님과 함께 홀로 존재해야 한다. 따라서 종교적인 사람이 되는 희생은 확실히 높은 가치가 있다."[10)

하나님은 고통으로 "그 도구"를 격려시킨다. 그가 타자들에게 이해시킬 수 없는 고통 가운데서 거의 미칠 정도로 다가오는 고통이다. 다른 한편으로 도구는 예를 들면, 비전, 계시 등으로 특별한 사건들에 의하여 격려된다. 바울이 계시에 의하여 부름을 받았을 때, 구별된 삶을 살아간 것을 부정할 수 없다.

2020년이라는 시간적 거리가 있음에도, 계시는 개인적으로 동시대적 상황에서 존재하는 것이다. 계시를 받았던 동시대인들 사이에서 유일하게 존재하는 것이 기본적으로 가장 절대적인 격리이다. 인간은 이성과 광기사이에서 동요한다. 계시를 받은 사람은 이해할 수 있는 제3자에 의하여 이해할 수없는 사람이다.

3 | 거룩한 계시는 믿어야 하는가?

모든 의심에도 불구하고, "거룩한 계시는 믿어야 한다."(a divine revelation should be believed)라고 주장했던 데카르트를 SK는 호평한다. 그럼에도 불구하고 SK는 "자유가 아닌 사유를 절대적으로 만들었다"라고 데카르트를 비판한다. SK의 관점은 자유와 존재가 사유보다 한 수 위로 보았다.

　루터는 순교자가 되지 않음으로써 헤아릴 수 없는 해를 입었다. 추종하는 사람들과 함께 연합하여 편안한 연합으로 생을 마친 것이 하나님의 사람으로 선택된 사람치고는 이상하다. 핵심에 도달하지 못하는 것은 매우 위험하다. 루터의 말년은 핵심이 없었다. 믿는 찬 양하는 사람들에 의해서 둘려 쌓여 하나님의 사람이 가장 평화로운 안락 속에서 앉아있었다. 만약 그가 단순히 바람을 깰 수 있다면, 그것은 계시 혹은 영감의 결과일 것이다.[11]

　바울의 육체의 가시는 그가 받은 계시 때문에 자신의 운명이 된 다. 바울의 계시에 의하면, 바울은 한 번의 계시로 끝난 것이 아니 다. 여러 계시를 받는다. 즉, 고난 중에도 계시의 지속성이 이어진 다. 이것은 하늘에서 들여오는 계시만이 아니라, 내 몸의 "육체의 가시" 또한 계시의 역할을 하고 있다. 이 계시의 역할은 바울의 교 만을 막기 위한 것이며 그 결과는 "그러므로 내가 그리스도를 위하 여 약해지는 것들과 모욕과 빈곤과 박해와 곤란을 기뻐한다. 이것 은 내가 약해질 때 오히려 강해지는 것이다"라고 역설적인 고백하 고 있다.[12]

4 | 성육신은 최고의 계시인가?

SK에 의하면, 영원은 다양한 관점이다. 영원은 시간과 대조적이며 본질적으로 사라지는 순간의 "무한한 연속"(infinite succession)[13]이다. 그러나 영원은 항상 "존재하는" "현재"로서 정의된다. 시간은 아무리 긴 시간이라 할지라도 결코 영원이 될 수 없다. 시간과 영원은 두 가지 절대적으로 다른 차원이기 때문이다.

시간과 함께 영원은 두 가지 대립적인 자질들의 종합이다. 의도적인 존재로서 인간은 이러한 종합이다. SK는 영원 속에서 다음과 같은 단계를 제시한다. 첫째, "추상적 영원"이 존재하거나 "추상성의 영원"이 존재한다. 이것은 사상과 추상성의 최고의 개념들은 항상 "존재 한다"는 타당성을 가지고 있다. 둘째, 질적으로 높은 차원에 관하여, 초월적이며 개성적인 활동의 확신(사상)이 존재한다. 하나님은 모든 변화와 시간의 변동 하에서 영원히 변치 않는 존재(점)로서 생각한다. 이 차원의 특징은 "지속적인 성취의 상태"(a continuous state of fulfillment)이다. 셋째, 영원의 등장에서 최고의 차원은 시간 속에 나타나는 계시이다. 바울의 표현을 사용하고 있는 SK는 이것을 "시간의 성취"(the fullness of time)[14]라고 부른다. 하나님은 한 인간 속에서 계시되며 영원은 구체적인 실재성으로 나타난다.

SK의 개념에 의하면, 신앙이란 영원에 대한 개인의 실존적 관계성이다. 더 고상한 신앙의 표현은 아브라함에게서 찾을 수 있다. 그는 복종하는 가운데 자신의 주장을 자기에게 부여하는 초월적인 하나님과 관계를 맺었다. 그리스도 안에서 하나님의 계시가 있기 때문에, 신앙은 전적으로 새로운 내용을 받는다. 신앙의 최고이면서 본질적인 형식은 하나님의 성육신(Incarnation)으로서 그리스도 안에 있는 믿음이다.[15]

모든 지식은 그것이 신성의 실존이라 할지라도, 인간이 만들어 놓은 것이며 계시는 단지 비유적 의미로서 언급되어야 한다고 철학자들은 생각한다. 즉 비는 하늘에서 내린다와 같은 동일한 의미이다. 비는 단지 땅이 만들어 낸 안개일 뿐이다. 그러나 메타포를 유지하기 위하여, 하나님이 하늘과 땅의 물을 분리시켜 놓은 것을 철학자들은 망각하고 있다. 그리고 대기(atmosphere)보다도 더 높은 것이 존재한다는 것을 망각한다.[16]

하나님과 인간 사이의 갈등은 자연과학 뒤로 인간을 철수시킬 때 절정에 이를 것이다. 많은 사람들의 종교는 자연과학이 될 것이라는 결과와 함께, 현재의 기독교는 환상들을 떨쳐버리기를 원하는 것이 미래의 성향이다.

현재 자연과학에 의하면, 성서에서 발견되는 자연현상에 관한 사상의 전체 범위는 과학적으로 방어할 수 없다. 따라서 성경은 하나님의 말씀이 아니다. 계시도 아니다.

여기서 신학적 학문은 어려움에 봉착한다. 자연과학과 이것에 연관된 반대투쟁의 의 갈등은 일반적으로 시스템의 갈등과 유사하다. 현재 우리 시대의 계시를 상상해 보라.[17]

"들의 백합, 공중의 나는 새"에서, 교훈중의 하나는 인간이 된다는 것이 얼마나 영광스러운 일인가를 다룬다. SK에 의하면, 무조건적인 성격 안에 내포된 분리된 실체에 의하여 인간은 동물과 구별된다. 인간은 영원에 대한 사상을 이해할 수 있으며 영원의 가능성을 지니고 있다. 오직 인간만이 하나님에게 절대자에게 관계를 맺고 있으며 하나님은 인간에게 윤리적 요구조건들을 제시하신다. 성육신의 계시에 의하여, 이 요구조건들은 무조건성 속에서 모든 인간들에게 무조건적으로 제시된다. 이러한 이유 때문에 SK는 일반적으로 기독교를 말할 때, "무조건성"(The Unconditioned)이라는 표현을 사용한다.

철학적인 용법에서, 현실성(Reality)과 실재성(Actuality) 이 두 개념은 종종 혼합된다. SK에게 이 용어들은 특별한 의미를 가지고 있다. "현실성"은 그 기원에 대한 특별한 참조 없이 어떤 것의 현존 혹은 구체적인 상황의 현존을 의미한다. 그러나 실존으로 들어오는 것은 "실재성"에서 중심적인 역할을 한다. 여기서 강조하는 것은 사실에 입각하여 어떤 것이 실존 속으로 들어오는 것은 어떤 것이 실존해 있는 것을 의미한다. 보편적인 역사적 실재성은 단지 상대적인 역설이다. SK에게, 최고의 실재성은 절대적인 역설적 실재성이다. 역사 속에서, 이것이 하나님의 구체적인 계시를 의미한다.

계시된 진리로서 그리스도는 세계의 죄와 비참함을 폭로한다. 미학적 관점에서 볼 때, 세계는 아름답지만, 기독교적 관점에서 볼 때 세계는 아름답지 않다. 이러한 관점에서, 세계의 모든 비참함과 도덕적 부패를 볼 수 있다. 그래서 SK는 세계를 "고해소"(penitentiary)라고 부른다.[18]

SK는 1840-41년 사이에 행한 "목회 세미나에서 행한 설교"(Sermon Delivered in the Pastoral-Seminary)에서, "단독자는 그가 한숨지었던 그 영광스런 계시에 대하여 설명할 수 없는 사적인 비밀을 숨겨왔다"고 토로한다. 빌립보서 1: 19-25절을 선택하고 자신의 단독자의 위치를 제3인칭으로 표현하며 자신이 받은 계시를 다음과 같이 설교 한다: "나에게 사는 것은 그리스도이다. 우리가 한 몸의 지체들이라 할지라도 우리는 서로에 대하여 빚진 자들이며 여러분들이 할 수 있는 한 외적 계시를 완성하기 위하여 다시 여러분들을 부르게 되는데 여러분들은 여전히 홀로 서 있다는 것과 여러분 안에는 내적 생명이 있다는 것을 알아야 한다. 그리고 이 생명이 전개되며 그 모든 풍요 속에서 전달되는 것이 여러분의 복이라는 것을 알아야 한다. 여러분이 말씀 속에서 뿐만 아니라 외적인 삶 속에서 다른 사람들이 여러분의 증언을 받아들이도록 증언한다 할지라도, 여러분 자신 안에서 그 증언을 소유할 수 없다면, 그것이 여러분에게 무슨 소용이 있겠는가. 여러분 자신이 수용할 수 없는 것으로 다른 사람들을 설득한다할지라도, 여러분 자신이 흔들리고 있는 상황에서 다른 사람들을 강하게 만들어 준들 그것이 여러분에게 무슨 소용이 있겠는가. 따라서 우리는 사도와 함께 말한다. 우리는 사람들을 얻기를 추구한다. 그러나 하나님 앞에서 우리는 드러나게 된다."[19]

6 | 왜 아들러 목사와 계시논쟁을 벌이는가?

아들러(Adolph Peter Adler)는 예수의 명령, 음성을 직접 듣고 기록한다. "너의 모든 책들을 불태우라. 미래는 성경책만 유지하라." 아들러는 SK에게 자신의 고백을 털어 놓는다. "나는 단지 도구가 되었다. 직접계시를 받은 이상적인 메시아 세례요한과 같다."

SK는 "아들러 현상"(Adler phenomenon), 즉 그의 종교적 경험에 대한 내용을 책-*아들러에 관한 책*(The Book on Adler)-으로 펴내면서 계시와 팩트, 천재와 사도의 차이, "우주, 단독자, 특별한 단독자"에 대한 변증법적 관계에 대한 닭싸움 논쟁을 벌인다.[20]

1846년 초에 종교와 계급 갈등 사이에서 제휴는 삶의 이론과 실제적인 차원에 관한 범주적 혼돈의 결과를 초래했다. SK는 미 출판된, *AR*에서, 이 문제를 공격했다. 여기서 SK는 하나님으로부터 직접 계시를 경험한 아들러 목사의 주장들을 다루고 있다.

아들러 목사는 설교집, *Some Sermons*과 *Studies*를 출판해 낼 정도로 유익했다. 그러나 이 책들에 나타난 이단적 요소들 때문에 뮌스터 주교에 의해 아들러는 정신질환자로 몰려 목사직에서 해임된다. 그 후에, 아들러는 많은 책들을 저술했는데, 그는 헤겔철학의 도움으로 이 계시를 해석하려고 시도했다. 아들러는 자신의 경험이 후에 사색적 이상주의를 거부했지만, 자신이 주장한 계시에 의미를 부여하기 위하여 다시 돌아갔다. SK는 자신의 종교적 경험을 설명하고 그 진리를 표현하기 위하여 아들러의 이상주의적 용어 사용을 비난했다. SK의 주장에 의하면, 아들러는 사색적 이상주의와 그 이국적인 용어들에 의존함으로써 계시와 권위 같은 기독교 용어들을 약화시켜 그 의미들을 파괴시키는데 이르게 했다. 그 결과 이론적 범주들의 광범위한 혼란을 가져 왔으며, 그리스도인들이 그들 자신의 언어적 의미가 무엇인지를 인식하는데 불가능하게 만들었다.[21)

종교의 본질에 관한 아들러의 혼돈은 덴마크 전체에 걸쳐 혼돈의 징후가 되었다. SK의 관점에서 볼 때, 그룬드비히와 뮌스터도 아들러와 다를 바 없었다. 왜냐하면, 그들도 종교의 본질에 관한 기본적인 혼돈으로부터 지속적으로 고통을 겪고 있었다. 그룬드비히와 뮌스터는 종교, 민족주의, 계급의식 사이에서 동일한 제휴를 추구하는 반면에, 아들러는 때때로 부지중에 종교와 이상주의 사이의 제휴를 추구했다. 그룬드비히와 뮌스터 사이에서의 혼돈은 민족주의와 자유주의를 미덕과 동일시하고 이 같은 미덕의 관점을 종교적 성화와 동일시했다. 자유, 평등, 정의, 진리, 행복과 같은 용어들은 덴마크 자유주의의 신조어가 되었다. 미덕의 개념에 그것을 부여함으로써 이들 용어들은 윤리적이며 종교적인 담론으로 둘러싸이게 되었다.[22)

그리스도와 함께한 종교적 동시성은 거룩한 은혜로 기적을 가능케한다. 종교적 동시성은 SK가 계시를 경험했다고 주장하는 아들러와 토론에서 등장한다.[23)

SK에 의하면, 주장된 계시 사건은 신성과 함께한 종교적 동시성을 구성하며, 이러한 이유 때문에 아들러 신앙의 기초가 된다. 그러나 SK는 계시를 경험한 아들러가 자신의 주장을 정당화하기 위하여 이성적으로 시도한 실수에 대하여 비판한다. 계시를 이성의 기초에 두려고 시도함으로써, 아들러는 종교적 권위를 박탈당한다.

*PF*와 *AR*에서, 동시성의 개념은 19세기 이성에 대한 사색적 호소에 대한 도전으로서 그리고 신앙의 합법성과 정당성으로서 역사에 대하여 논쟁적으로 기능한다.24)

SK는 하늘로부터 직접적인 계시를 받은 적이 없다. 그러나 그는 1835년, **몸과 영의 분리**나 **"공중부양"**과 같은 종교적 체험25)과 1838년, 5월 19일, 오전 10:30분, "형용할 수 없는 기쁨"(an indescribable joy)과 같은 영적 체험담을 이야기한다.26) 그가 경험한 기쁨은 마음의 맨 밑바닥에서 솟아나온 혀와 입으로 "기쁨으로부터, 기쁨과 함께, 기쁨에 의해, 기쁨 위에서, 기쁨을 위해, 기쁨과 함께한 영혼의 외침이었다"고 토로한다. 이것은 마치 마므레(Mamre) 숲27)에서 불어오는 무역풍에서 영원한 천국에 이르기까지 돌풍처럼 생기 넘치고 시원케 하는 기쁨이었다.28)

7 │ 양심은 자아계시인가?

SK는 "양심의 구속"(The Constraint of Conscience)이라는 글에서 하늘의 계시이외에 자아-계시를 다음과 같이 언급 한다: "진정성에 관한 한, 이것만큼 미묘한 교활함의 표현은 없다. 왜냐하면 그것은 엄청난 의무가 지워지기 때문이다. 그것은 양심에 호소하고 양심의 압력을 개탄하는 것은 매우 쉽고 매우 호화롭다. 그러나 주의하라. 양심의 압력을 개탄하는 것은 아주 쉽게 **자아-계시**가 될 수 있다. 만약 내가 양심의 가책을 느끼고 불평을 한다면, 외적인 압력이 당연할지 모른다. 그것은 사실이다. 그러나 반대로, 내 안에 있는 자유는 충분하게 기꺼이 최상의 것을 모험할 정도로 강하게 반응하지 못했다. 만약 내가 그렇게 했더라면, 무조건적으로 모든 것을 모험했다면, 나는 한 번 더 양심의 평화를 누렸을 것이다. 문제는 사람이 어떤 이러저러한 압력을 느끼지만 기꺼이 모험을 하지 않는다는 것이다. 그리고 인간은 개탄한다. 그렇기 때문에 인간은 자기 자신을 버리며 실제적으로 그것은 자신을 위한 양심의 문제가 아니다"라고 고백한다.29)

양심은 인생의 최대 불편함 중의 하나이다. 집단의 일원이 되는 것은 양심과 이별하는 것이다. 단독자의 핵심은 양심이다. 단독자, 외톨이가 되기를 원하는 것은 바로 이기주의이며 병적인 허무라고 말한다. 양심을 저버림으로써 자신의 안녕을 누리려고 한다. 세상의 법은 비양심이다. 양심이 조금이라도 있다면, 그것이 인생과 삶의 걸림돌, 장애가 된다.30)

하나님의 직접 계시이외에 한 개인의 종교적 체험은 언어로 표현할 수 없다. 하나님에 대한 작가의 생각, 사람들의 체험은 궁극적인 신비로서 역시 인간의 체험 밖에 있다. 하나님에 대한 체험은 언어 밖에 있는데도 불구하고 한사코 우리는 그것을 드러내려고 애를 쓴다. 이른바 "간증" 혹은 "증언"이라는 단어를 통하여 자신의 경험을 토로해 낸다.

인간의 언어 자체를 뛰어넘는 빛의 효과가 있다. 그 빛이 바로

"에피파니"(epiphany)[31]이다. 이 에피파니는 정수(精髓)를 통하여 드러난다. 체험에는 관계의 체험 이상의 어떤 것이 존재한다. 물론 관계의 본질에 대해 다분히 감정이 이입된 상태에서 했던 사고가 깨달음, 각성을 가능케 하는 순간들이 존재한다. 그런 순간들이 뇌파를 자극하여 사고와 행동의 변화를 일으키게 한다. 이른바, 가던 길에서 돌아서게 하는 *메타노니아*, 회개의 변화이다. 이 순간들이 바로 에피파니의 순간이요, 광명의 순간이요, 계시의 순간이다.

그럼에도 불구하고, 인간의 언어로 하나님을 체험한 들, 그 체험의 의미는 결국 언어 밖에 있다. 언어라는 것에는 조건이 있으며, 제한이 있기 때문이다. 그런데도 새벽 이슬과 같은 보잘 것 없는 인간은 보잘 것 없는 언어에 머물러 있다. 아름답게 묘사를 하지만, 아침 이슬처럼 쉬이 사라진다.

따라서 계시, 그 절정의 순간은 언어 밖에 존재한다. 한 마디로, **"아~~~"**. 이 한마디 밖에 못하는 것이다.[32]

이슬람교의 마호메트(Mohammed)는 "코란"(Koran)을 "시"(Poem)로 여겨지는 것과 자신이 "시인"(Poet)으로 불리어지는 것을 적극적으로 항의했다. 그는 "예언자"(Prophet)가 되는 것을 원한다. 그러나 SK는 자신을 무함마드와 비교하면서, 스스로 "예언자가 아니다"라고 고백한다. "나는 예언자로 여겨지는 것을 강력하게 저항한다. 그리고 단지 시인이 되기를 원한다."[33]

SYB에 의하면, SK는 구약성경에 등장하는 "판관", "사사", 현대의 "판사, 재판관"(Judge)이다. 왜, SK를 "재판관"이라고 부르는가는 SYB가 이 책의 서두에서 주장- "유언, 왜, *재판관의 책*이라고 하는가?"-에서 잘 나타나 있다. 즉, *BJ*에서 그의 "유언"(Will) 때문이다. 그를 아끼고 사랑하는 후학들이 "OOO의 예언자"라고 칭송해 주는 것은 연구의 주제와 관점, 특히 신학적 관점에 따라서 표현해 주고 있기 때문이다. 하나님의 말씀으로, 성경을 사랑하는 마음으로, 세계를 향한 의도적 외침과 절규, 그의 사상적 의도는 역시 "판관"이며 "사사"의 역할을 한 것이다.

키에르케고르는 예언자가 아니다.

IX
키에르케고르는 순교자가
아니다.

(부패한) 기독교를 계몽시키는 것과
그리스도인의 이상을 묘사하는 것이다.

-*BJ.*, No. 6391.

1 | 뱀은 용이 될 수 없는가?

SK는 "기독교와 사색"(Christianity and Speculation)이라는 글에서, 기독교는 실존적 소통이며, 권위로써 세상에 들어 온 것이라는 점을 강조한다. 그리고 기독교는 사색의 대상이 아니며, 실존적으로 움직이는 종교이다. 따라서 기독인이 된다는 것은 매우 어려운 일이다. 기독인이 된다는 것은 순교자라고 본다. 희생양이 되는 것이다.[1]

도시 어느 지역에 줄타기 댄서들의 조직이 있었다. ..... 댄서 A는 자기 자신에게 말했다. "B는 그 특이성을 수행하는 것을 나는 잘 볼 수 있다. 그러나 나는 그것을 다른 사람들에게 지적하고 싶다. 때때로 나는 그것이 일종의 배반이라고 느낀다. 그러나 모든 것이 위태롭다. 단지 사소한 일만도 아니다. 만약 사람들이 그를 주목하고 그의 성취가 특이하다면, 그 때 나는 아무것도 아니다." ..... 그러나 댄서 B는 자신에게 말했다. "나 자신은 자제할 수 있으며 단지 로프 위에서 절반의 길이를 오를 수 있다는 것은 명백한 일이다. A 보다도 높은 그림자. 그 때 나는 찬양의 대상이 될 것이다. 진리를 억압하는 일에 일인자가 된 배신자에게는 마땅히 받아야 할 처벌이 있다. 그러나 춤추는 것이 나의 예술이다. 춤을 출 수 있다는 것은 나의 재능이다. 더 높은 권능의 선물, 이 선물은 정직하고 명예롭게 존재 자체를 위하여 표현된다. 다르게 행하는 것은 섭리에 대한 반역이다." - "내가 시장에서 살아가고 있다는 사실적인 관점에서, 그는 자신에게 말했다. '인간적으로 말해서, 그것은 나 자신에 대한 상당한 자제의 의무라고 불릴 수 있다. 나는 상당히 많이 자제할 수 있기 때문에 존경받는 넘버 원 댄서가 될 수 있을 것이다. 조금씩 사람들에게 특이성을 이해시키는데 익숙해질 것이다.'" 그러나 이것은 멸시할 만한 약삭빠름이다. 여기서 하나님을 경외하는 사랑이 아니라 비겁하게 그리고 지독할 정도로 자기 자신을 사랑하게 된다. 자신의 특이성을 유지할 때, 그는 자신에게 진실하다. 그래서 그는 살다 죽어간다. 오호라, 댄서라 할지라도 순교자가 될 수 있다.[2]

SK는 크리소스텀(John Chrysostom)대하여 언급한다. 그는 또한 타협한다. 그는 어디에선가 말한다. 만약 어떤 여인의 아이가 죽는다면, 그리고 그녀가 인내하며 그것을 받아들인다면, 그녀는 아브라함과 같은 위치에 서게 될 것이다. 그녀는 기꺼이 그런 의도가 있을 것이다. 게다가 그녀는 순교자의 위치에 서게 될 것이다. 기꺼이 그럴 것이다.

"고통을 참아내면서 하나님께 감사하는 사람은 누구나 순교자의 면류관을 얻을 것이다. 예를 들면, 아이가 병이 들었다. 그리고 그의 어머니는 하나님께 감사한다. 이것이 순교자의 면류관이다." 그녀의 고통은 많은 순교자들의 고통보다도 더 크지 않은가? 그러나 그녀는 스스로 강요당하는 것을 허용하지 않는다. 그 어린 아이는 죽는다. 그녀는 새롭게 감사한다. 그녀는 아브라함의 딸이 되었다. 비록 그녀가 자신의 손으로 아들을 희생시키지 안했다할지라도, 그러나 그녀는 기꺼이 그것을 받아들인다. 기쁘게 그것을 위해 준비되었다.[3]

"만약 뱀이 뱀을 잡아먹지 못하면, 용이 될 수 없다"(Serpens, nisi serpentem, non fit Draco)[4]라고 쇼펜하우어는 말한다. 굶주림에 배가 고파 생쥐를 잡아 먹으로써 생쥐를 물어뜯을 수 있도록 훈련을 받는 것이 생쥐이다. 역으로 인간은 어떠한가? 인간들에 의하여 물어뜯기는 사람만이 사도가 된다. 순교가 여기에 속한다. 간접적인 방법으로 인간을 이해하는 사도는 불가능하다.

명분을 위하여 고통 받는 순교자가 있다. 그들은 사람들의 지원을 받는데 전혀 두려움이 없다. 왜냐하면, 고통이 있는 곳에서 인간들은 도망치기 때문이다. 그러나 어떤 경우에든, 만약 제안을 받게 되면, 그들은 오해를 통해서 지원을 피하기 위하여 주의한다. 왜냐하면, 그들에게 명분은 무조건적으로 절대적으로, 무이기 때문이다. 이것이 최고의 의미에서 그것은 명분을 갖는 것이다.[5]

진정한 기독인은 형식에 전혀 관심이 없다. 만약 그것이 필요하다면, 스스로 하나님 안에서 의식하기 때문이다. "나는 그것들을 해체시킬 것이다. 세상의 그 어떠한 권력도 나를 묶어 둘 수 없다." 무한히 더 순수한 의미로, 그는 장전된 권총을 가지고 다니는 사람과 같다.

그는 출구를 알고 있다. 그는 자살을 생각하면서 배회하는 스토아학파의 금욕주의자와 같다. 바로 이 같은 이유는 많은 인내를 할 수 있다. 그는 자신과 하나님 안에서 단지 의식하고 있기 때문이다. 만약 어떤 점에 다다르면, 순교자의 출구가 신호를 보낼 것이다.

그러나 나약한 사람들이 많으면 많을수록, 이 유쾌한 자신감은 더 적어진다. 혹은 최종단계에 이르렀을 때, 그 전체적인 일들은 더 많이 빗나가게 될 것이다. 그들은 두려움이 더 많아진다. 그리고 엄청난 열정으로 그들은 외적인 형식을 가지고 요새를 만들 것이다. 자유로운 형식을 위한 열정 속에서 분명해 지는 것은 동일한 염려, 동일한 세속적인 생각이다. 마치 이것이 모든 것인 것처럼, 동일한 세속적인 생각은 돈을 축적할 때 표현된다. 왜냐하면, 섭리도 자신도 믿지 못하기 때문이다. 하나님에 대한 믿음이 크면 클수록, 축적하고 싶은 욕망은 더 적어진다. 하나님에 대한 믿음이 크면 클수록 보다 많은 형식에 관하여 모든 투쟁을 향하여 무관심이 더 커진다.[6]

"오늘날 기독교의 불가능성"에서, SK는 순교자가 아닌 순교자들, 공식적인 1,100명의 국가교회 목사들에 대하여, 신랄하게 비판한다. "가능성의 열망 속에서, 여전히 생계에 관심이 있으며 의심할 여지 없이 상당한 1,100명의 거룩한 수, 1,100명의 순교자들을 회상할 수 있다. 보라, 이 1100명은 생계를 위하여 순교할 모험을 할 준비가 되어 있다. 실제적으로 그들은 기독교를 불가능하게 할 것이다."[7]

2 | 순교자는 소금이다.

순교의 메타포는 "소금"(Salt)이다. 루터는 순교자가 되지 않음으로써 헤아릴 수 없는 해를 입었다. 한가지, 찬양하고 추종하는 사람들과 함께 연합하여 일반적인 편안한 연합으로 생을 마친 것이 하나님의 사람으로 지정된 사람치고는 이상하다. 핵심에 도달하지 못하는 것은 매우 쉽다. 정상적으로 핵심이 없이 출발할 수 없다는 것은 그가 살아가는 동안 그 같은 사람은 매우 위험하다. 그가 격렬한 죽음에서 사라졌을 때, 그 핵심 없음이 또 다시 피해갔다. 그것이 루터에게는 다른 점이다. 그가 몇 년 동안은 소금이었다는 것이 사실이었다 할지라도, 그의 말년은 하나님의 사람이 가장 평화로운 안락 속에서 앉아있었다. 그의 사역이 계시 혹은 영감의 결과라고 볼 수 없다.

만약 **"순교자는 최고이며 참이다"**라는 기독교의 관점이 확고하게 주장되지 않는다면, 상처 없이 등장하는 것은 저급한 것이다. 그것은 방종을 인정하는 것이다. 그때, 사탄이 미쳐 날뛸 뿐만 아니라 사탄이 승리하는 것이다. 기독교 최고의 이상은 순교이다. 모든 신경이 손끝에서 모아지듯이 모든 기독교의 신경계는 순교의 현실로 통합된다. 모든 기독인들이 순교자가 되어야 한다는 것은 아니다. 기준이 있다. 즉 이상으로부터 자기 자신의 거리를 결정해야만 한다.8)

과거의 순교는 언제나 피를 흘리는 순교였다. 오늘날 아마도 우리는 웃음의 순교를 생각한다. 이성의 시대에, 미소의 순교는 "단독자"가 되기를 원하기 때문에 예상할 수 있는 것이다. 인간에 대한 두려움이 인간들을 지배한다. 어느 누구도 감히 자기 자신이 될 수 없다. 많은 이들이 순교에 함께해야만 하는 것이 진정인가?9)

소크라테스는 실제적으로 유일한 순교자이다. 보편적 의미에서 가장 위대한 순교자이다. 반면에 그리스도는 "진리"이다. 그리스도를 "순교자"라고 부르는 것은 신성모독이다.10)

기독인이 된다는 것은 희생하는 것이다. 사람들에 대하여 순교자가 되어야 한다는 것이 아니라, 자기 자신을 무조건성에 연계시키는 맥락에서 희생해야 한다는 것이다. 왜냐하면, 기독교는 무조건 성이며 무조건성에 자기 자신을 연계시키는 것은 조건성에 희생되는 것이기 때문이다.

공격을 피하기 위하여 무조건적 조건에서 무조건적 요구를 나타낸다. 그것은 "모든 사람들은 불로 소금이 될 것이며 소금으로 소금이 될 것이다."[11]라고 해석된다. 따라서 무조건성은 희생을 의미하며 희생자가 되는 것이다. 더 나아가, "너희들 안에 소금을 두어라"고 읽힌다. 그 결과 타자에 대하여 희생자가 되지 않는다면, 무조건적 관계성에서 희생하게 됨으로서 희생자가 되는 것이다.

희생자가 된다는 것은 메타포로 표현된다. 그리스도가 계속하여 되풀이하여 사용하고 있는 것은 "소금이 되라"는 것이다. 소금이 된다는 것은 자신을 위하여 존재하는 것이 아니라 타자를 위하여 존재하는 것이다. 즉 희생하는 것이다.

소금은 본질적으로 존재 자체가 없다. 그러나 순수하게 목적론적이다. 목적론적인 방법으로 자격이 주어진다는 것은 희생하는 것을 의미한다. 그리스도는 희생양이다. 무조건성에 자기 자신을 연계시키는 것은 희생을 의미하기 때문이다. 따라서 순교자는 희생자일뿐만 아니라, 비록 핍박을 받지 않는다 할지라도, 무조건성에 자기 자신을 무조건적으로 연계시키는 것이다.[12]

SK는 "자아-검증을 위하여"에서 보여주는 것처럼, "나의 하나님, 나의 하나님, 어찌하여 나를 버리시나이까?"(My God, my God, why have you forsaken me?)[13]내가 너무 성급하게 이론을 만드는 것은 아니지만, 모든 순교자들은 최소한 이와 유사한 방법으로 경험할 것이다. 여기서 핵심은 "신-인"(God-man)과 "진리에 대한 증인"(The Witness to the truth) 사이에 차이점이 존재한다. 신-인은 무조건적으로 자발적인 고통에 참여했다. 결과적으로 이 최후의 가장 끔찍스런 고통을 경험한다. 진리에 대한 증인은 전반적으로 질이 낮은 수준이다. 그가 기꺼이 원한다 할지라도, 하나님은 그를 여러 가지 방법으로 제지한다. 아마도 그는 이 같은 고통을 면케 할 것이다.[14]

3 │ 나는 웃음의 순교자이다.

시기하는 자는 순교자이다. 악마의 순교자! 나는 웃음의 순교자이다. 웃음의 순교자는 내 진정 고통을 받아 온 것이다. 그러나 어떤 사상에 대하여 비난을 받는다고 하여, 고통을 받는 사람들이 모두 다 엄격한 의미에서 웃음의 순교자가 아니다. 하나님이 나에게 과제를 부여하셨다. 기독교를 계몽시키는 것이다. 그리스도인의 이상을 묘사하는 것이다. 나는 그 일을 해야만 한다. 그 때는 알지 못하였다. 왜냐하면, 내가 죽어가고 있다고 믿었기 때문이다. ..... 세계, 혹은 덴마크는 순교자가 필요했다.[15]

고통은 모든 목적론보다도 무한히 차원 높은 다른 맥락이다. 진리를 위해서 고통을 받는 것은 복이다. 고통은 악이 아니다. 왜냐하면, 고통을 받는 것은 하나님과 관계성의 가장 깊은 내면을 표현하기 때문이다. 고통을 당하는 것은 하나님의 비밀을 간직하는 것이다. 이 실제적인 세계의 이면에서, 현상들은 역시 하나님은 마치 고통당하는 사람에 반대하는 것처럼 나타난다. 왜냐하면 하나님은 그를 고통에서 벗어나도록 돕는 것이 아니라 고통당하도록 내버려 두기 때문이다. 하나님은 고통당하는 자를 고통 받게 버려두시는 것은 사랑으로부터 나온 것이다. 고통이 복이라면, 실제적으로, 고통은 기쁨이 되지 않겠는가!

4 │ 순교의 모델은 누구인가?

진리를 위하여 살해되도록 허용하는 것은 절대적 진리를 소유하기 위한 표현이다. 이것에 일치시키는 것은 다른 인간들로부터 질적인 차이이다. 우리에게는 천재와 사도가 있다. 그러나 이것에 대한 권리를 가진 인간은 아무도 없다. 권위는 정확하게 요구되는 것이다. 그러나 천재는 권위가 없다. 우리는 모두 순교자가 될 수 없다.[16]

H.H.는 SK의 익명자가 아닌 본인 자신이다. 따라서 *두 개 작은 에세이*는 그의 진술한 고백이다. SK는 "위대한 천재는 상당한 광기가 있어야 한다"는 세네카의 말을 인용하면서, 스스로 천재라는 것은 인정한다. 그러나 또한 그는 권위가 없음을 인정한다.[17]

H.H.에 의해 쓴 *두 개의 작은 에세이*는 매우 교훈적이다. "진리

를 위하여 자기 자신을 죽음에 맡길 수 있는 권리를 인간은 가지고 있는가?", "천재와 사도의 차이점에 관하여", 이것은 *PA*에 포함되어 있다. 이 에세이는 21세기를 살아가는 신학자, 목회자들의 반드시 읽고 묵상해야할 에세이라고 생각한다.[18]

두 개의 윤리적-종교적 에세이, *OWA*에서, "순교자, 사도, 그리고 천재. 만약 나에 관한 어떤 정보를 찾게 된다면, 그 때, 그것은 이것이다: 나는 천재이다. 사도는 아니다. 순교자도 아니다."

두개의 작은 에세이는 적절하게 신호의 특성을 가지고 있다. 그러나 그것은 다분히 변증법적이다. 여기는 멈추는 곳이다. 여기는 출발점이다. 그리고 세상에 알릴뿐이다. 그러나 언제나 그런 방식으로 무엇보다도 어떤 개념적인 혼란을 야기 시키지 않도록 나는 경계한다. 그러나 천재보다도 더도 혹은 덜도 아닌 존재가 될 때, 혹은 글을 쓰고 사색하는 존재가 되는 것에 관하여, 시인과 사색가에서 관습적인 것이 아니라, 질적인 "더함"과 함께 시인과 사색가가 될 때, 나 자신에게 진실을 유지한다. 질적인 "더함"이 아닌 양적인 "더함"은 이것이다: 진리에 대한 증인, 순교자는, 나는 아니다. 그리고 사도가 질적으로 더 높다. "나는 한 마리 새이다"(I am a bird)라는 것 이상으로 나 자신을 생각해 보지 않았다. 나는 신성모독과 종교성의 영역을 세속적으로 혼돈시키는 것에 대항하여 나 자신을 지킬 것이다. 혼돈과 거만한 사유에 의한 타락에 대항하여 안전을 지키며 유지하는데 최선을 다하고 있다.[19]

최상의 순교모델은 그리스도 자신이다. 즉 그리스도가 원형이다. 따라서 SK는 진리의 순교자들과 증인들을 "파생된 원형"이라고 부른다. 그러나 그리스도의 삶이 원형이 되는 것보다 더 높은 의미를 지니고 있기 때문이다. 즉 구속자가 되는 것이다. 그리스도가 하나님이시기 때문이다. 그리스도를 순교자라고 부를 수 없는 이유는, 그리스도는 진리에 대한 증인이 아니라, 진리 자체이기 때문이다. 그리고 그의 죽음은 순교가 아닌 구원이다.[20]

그리스도를 순교자라고 부를 수 없는 이유는 무엇인가? 그는 진리에 대한 증인이 아니라, 진리 자체이기 때문이다. 그의 죽음은 순교(martyrdom)가 아니라 구속(Atonement)이다.[21]

참으로 기독교가 약화되었다. 첫째, 그리스도가 존재한다. 영원 그 자체의 실존적 추진력이다. 그는 고통을 당하고 죽기 위해 오신 분이다. 둘째, 사도들이 존재한다. 조건 없이 기꺼이 죽기를 희망한다. 순교를 갈망하는 사람이다. 셋째, 순교자들이 존재한다. 그러나 이미 변증법이 시작되었다. 순교의 고통을 받기 위하여 조건 없이 기독인이 되는 것인지, 혹은 살고 싶어 하는 진정한 기독인으로서 존재하는 것 인지 모른다. 넷째, 기독교는 충만한 질에 의하여 약화되었다. 지금은 변증자만이 존재한다. 호교론자만이 판을 친다. 다섯째, 기독교는 본질적으로 멈추게 되었다. 여섯째, 과학과 학술, 교회의 이론만이 존재한다.[22]

5 | "새로운 존재"로서 장거리 순교자

천재는 영웅이 될 수 있다.[23] SK의 잠재의식 속에 자신은 천재라고 자부한다. 사도는 순교자가 될 수 있다. SK의 잠재의식 속에, 자신은 순교자가 될 수 없다. "나의 순교는 사색의 순교이다." 그가 주장하는 순교는 사상의 순교를 말한다. 전통적인 순교의 의미가 아니다. "나는 단지 기독교 시인과 사상가일 뿐이다."[24]

SK는 영웅과 순교자를 구분한다. 전자는 천재의 기질이다. 후자는 사도의 기질이다. "나는 천재이지만, 사도도 아니요, 순교자도 아니다. 나는 진리의 증인이 될 만한 힘이 없다. 나는 진리의 증인이 아니다. 사도는 진리를 위하여 죽는다." 그러나 SK는 "조롱의 순교자"[25], "웃음의 순교자", "사색의 순교자"이다.[26] SK는 "섭리의 장난감에 불과하다."고 고백한다.[27]

SK는 전통적인 순교의 개념에 의한 순교자가 아니다. 그는 "나는 한 마리 새일 뿐이다."(I am a bird.)라고 고백한다.[28]

순교는 비변증법이다. 비변증법이 되어야 한다. 왜냐하면, 죽음은 뒤집을 수 없고, 취소할 수 없으며, 역행할 수 없는 것이기 때문이다.

그리스도인이 된다는 것은 순교자가 되는 것이다. 순교자가 된다는 것은 하나님의 테스트를 받는 것이다. 21세기 현대판 그리스도인들은 순교나 순교자와는 너무나 거리가 멀다. 하나님의 테스트를 전혀 받지 못하고 있다.

미래의 순교자들은 "새로운 존재"(The New Being)[29]로서 단거리 순교자가 되기보다는 장거리 순교자들이 되어야 한다. 이 세계가 철저하게 신중하고 도덕적으로 타락했기 때문이다. 따라서 순교자의 과제는 경찰의 비밀요원, 스파이, 첩보원, 레지스탕스처럼, 세속적인 정신성과 상식을 당황스럽게 만드는 일이다. 순교자들은 하나님의 섭리 안에서 "날개 잘린 새처럼 미끼"(clipped bird, the decoy)가 되어야 한다. SK에 의하면, 전통적인 단거리 순교가 아니라 미래를 내다보는 장거리 순교로써 사복 경찰관의 이미지로 순교의 과제를 이행해야 할 것이다. 그 이유는 모든 사람이 다 순교할 수 없기 때문이다. "결국, 우리는 모두 순교자가 될 수 없다."[30]

SYB가 주장하는 '키에르케고르 콤플렉스'는 그가 실존적 순교자가 아니라는 것을 반증해준다. 그러나 SK는 겸손한 인물이다. 신 앞에 홀로 선, 고독한 외톨이로서 겸허한 사상의, 사색의 순교자이다.

그대는 하나님의 이름을 값싸게 외치면서 영웅인척(?), 순교자인척(?) 거들먹거리고 있지는 않은가? 그대는 지금 누구를 위하여 종을 울리고 있는가?

X

키에르케고르의 하나님

하나님이 접근할 수 있도록
공간을 만들어 드리는 것이다.
자리를 양보하는 것이다.

-B.J., No.6936.

1 | 하나님은 영이시다.
Kierkegaard's God is Spirit.

하나님은 영이시다.[1) 영으로서, 하나님은 역설적으로 나타난다. 그러나 역설적으로 그는 또한 실재성과 가깝다. 즉 그분은 그 중앙에 바로 서 있으며, '예루살렘 거리'에 서 있다.

하나님이 직접 확인되는 일은 불가능하다. 하나님의 권위는 대단히 크기 때문에 가장 대담한 상상력과 창의성이 있다할지라도, 그분을 직접 확인할 수 있는 것은 불가능하다. 왜냐하면, 그의 권위는 차원 높은 본질이기 때문이다. 따라서 단지 역설적일 뿐이다.

정말로 그 분이 확인될 수 있다면, 그는 실제적으로 코미디언 일 것이다. 하나님을 직접 이해할 수 있다고 말하는 것은 이교도라고 할 수 있다. 내[SK]가 보는 것이 하나님이시거나 혹은 아니시거나 그것이 하나님이면, 분명 그는 코미디언일 것이다. 결국 인간성과 신적 권위 사이에는 유추가 존재하지 않는다. 단지 역설적으로 확인될 뿐이다.

결론적으로, 하나님은 단지 역설적인 방법으로 나타나심과 연관되어 있다. 그러나 하나님은 실재성의 한복판에, 매우 가까이 계시기 때문에, 바로 우리 코앞에 서 계신다. 하나님의 가까움과 멈은 다음과 같다:

그 현상, 그 나타남이 많으면 많을수록, 하나님은 가능한 임재하지 않는다고 표현할수록, 하나님이 더 가까이 계신다. 그 역으로,

그 현상, 그 나타남이 많으면 많을수록, 하나님이 매우 가까이 계신다고 표현할수록, 하나님은 더 멀리 계신다.

이것이 바로 그리스도의 경우이다. 이 사람은 바로 신-인간이 아니다라고 표현되는 바로 그 순간, 그 나타남이 표현될 때, 인간들은 심지어 그를 인간으로 거부한다. "보라, 인간이다!" "이에 예수께서 가시 면류관을 쓰고 자색 옷을 입고 나오시니 빌라도가 저희에게 말하되 보라, 이 사람이로다 하매"[2] 그 때, 하나님은 과거에 있었던 실재성에 가장 가까이 계신다.

하나님의 '멈의 법칙'은 다음과 같다: 이 역사는 기독교계의 역사이다. 나타남을 강화시키는 모든 것은 하나님과 거리가 있다. 난민으로서 카타콤에 함께 모여든 성도들이 없이 교회가 핍박을 받을 때, 하나님은 실재성에 가장 가까이 계신다. 그 때, 수많은 교회들이 엄청나고 화려하게 나타났다. 그것과 동일한 정도로 하나님은 멀리 계신다. 왜냐하면, 하나님의 가까움은 역으로 현상과 관계성이 있다. 이처럼 상승하는 규모는 나타남의 영역에서 증가이다. 기독교가 교리가 아닐 때, 인간들의 생활 속에 한두 가지 긍정적인 것이 있을 때, 기독교가 교리(dogma)[3]가 될 때보다도 하나님은 실재성에 더 가까이 계신다. 모든 증가와 교리에 적대감을 가질 때, 동일한 정도로 하나님은 멀리 계신다. 왜냐하면, 하나님은 역으로 현상과 연관되어 있기 때문이며, 이 상승하는 규모는 나타남의 영역에서 증가이다. 성직자가 없었을 때, 그러나 그리스도인들은 모두 형제들이었다. 성직자들, 많은 목사들(clergy)[4]의 강력한 종말론적 명령이 있는 곳보다도 하나님은 실재성에 더 가까이 계셨다. 왜냐하면, 목사들의 겉으로 나타는 것들이 증가하면, 하나님은 역으로 그 현상에 관계하기 때문이다. 이것이 기독교계가 '기독교는 완벽하다' 그리고 '발전 한다'라고 주장하면서, 단계적으로 하나님으로부터 가장 먼 거리가 되었던 것을 발생시키는 현상과 방법이다. 기독교계 역사는 하나님으로부터 소외되는 것 중의 하나이다. 겉으로 보여줌을 강화함으로써, 기독교계의 역사는 헤아릴 수 없을 정도로 수많은 설교자들과 함께 괴물 같은 교리적인 시스템(system)[5]을 만들어내고, 교회를 건축하고, 기념비적인 건물들을 세우는 것은 진보적으로 적절하게 하나님을 제거시키는 것 중의 하나이다.

이처럼, 기독교계는 하나님으로부터 최대한 거리를 두려고 한다. 내[SK]가 누구에게 이것을 지금 말을 한다면, 내[SK]는 그 같은 문제들에 관하여 관심을 갖고 염려하는 사람들이 한 사람도 없다는 것을 안다. 그 같은 문제에 관심이 없는 사람들은 물론 나를 무시하고 거부하기 때문입니다.

이렇게 말하지 않을 것이다: 뭔가 성취를 이루어내야만 한다. 인구에 비례하여 턱없이 목사들이 부족하다. 하나님으로부터 더 멀리 떨어지기 위하여, 수천의 더 많고 좋은 교회들을 만들고, 교리를 더 엄격하게 하고, 정확하게 만들기 위하여 목사들과 교수들이 영구적인 위원회를 만들어야 한다. 하나님으로부터 더 멀리 떨어지기 위하여, 이 얼마나 멋진 일인가!

만약 당신이 진정으로 하나님께 가까이 다가가 있다면, 그 거짓말하는 설교자들과 교수들의 일당들을 죽음과 악마에게 위임하고 맡겨라. 이들은 성경구절에 관하여 멋들어지게 해설한다. '먼저 하나님의 나라를 구하라. 실재성의 중앙으로 모험해 들어가라. 모험하라, 그러면, 그 즉시 하나님은 그 현장에 계신다. 오, 그것을 믿어라, 밤에 소환된 의사가 일어날 것이라는 자신감보다도 아주 다른 방법으로 자신감을 갖으라. 하나님을 위하여 실재적으로 모험을 하는 순간, 그 즉시 하나님은 그 현장에 계신다. 그 분은 무한한 사랑이시다. 아주 다른 방법으로 자신감을 갖으라.'

무한한 사랑이신 그 분은 기꺼이 그렇게 하실 것이며, 자신의 표현으로 우리에게 사랑의 편지를 썼다는 사람과 기꺼이 관계를 맺을 것이며, 제안하며 말할 것이다: "오라. 오라. 모험을 하는 단독자가 존재하는지 알아보기 위하여 지금 앉아서 지켜 볼 것이다."

절대적으로, 모든 단독자는 모험을 할 수 있다. 그리고 하나님은 모험을 하는 모든 단독자에게 절대적으로 기꺼이 관여하신다. 그러나 무한한 사랑이신 그 분은 또한 주권적이시다. 그리고 그 분은 전문가이시다. 두려울 정도로 날카로운 시력을 가지고, 그는 인간이 자기를 이용하고 싶어 하는지, 혹은 모험을 하고 있는지의 여부를 알아 볼 것이다. 벨벳으로 치장한 소심한 사람이 사랑하는 하나님에 관하여 기름지고 축 늘어지게 엄숙한 표현들을 가지고 근소한 차이로 하나님을 인도하기를 원할 때, 확실히 하나님은 그와 같은 인간은 하나님의 나라를 먼저 구하는 문제에 관하여 그 구절을 사적으로 해석하고 있다는 것을 아주 놀랍고 분명하게 보고 계신다.

그러나 실재적으로 모험하는 사람이 어디에 있는가? 반면에 수익을 원하는 수백 수천의 목사들과 교수들이 있다. 만약 그들이 그 수익에서 비례하여 증가를 고려할 수 있다면, 그들은 아주 적게 모험을 할 것이다. 기독교적 방법으로 모험은 하지 않을 것이다. 그러나 하나님의 권능을 믿으면서, 실재적으로 모험을 하는 사람이 어디에 있는가? 그는, 역으로 눈에 보이는 것에 관계가 있다. 기독교계가 행하는 일을 수용하는 것처럼 보이는 것이 아니라 하나님이 직접 나타남에 관계하고 있다는 것을 당연하게 여기고 있는 것처럼 보인다. 나타남, 눈에 보이는 것이 가장 크게 될 때, 하나님은 가장 가까이 계신다고 여기는 것이다. 따라서 영적인 기독교계는 하나님을 위하여 더 크고 넓은 공간의 교회를 세운다. 그래서 하나님은 더 큰 방을 가질 수 있다.

그러나 기독교적 관점에서 아무리 가장 작은 공간이라 할지라도, 그 곳은 하나님을 위해서는 너무나 큰 공간이다라는 사실이다. 그는 역설적으로, 공간과 장소에 관계하신다. 하나님을 믿고 있는 단 한사람, 가난하고 버림받은 단순한 사람이 절대적으로 모험을 할 것이다. 그 곳에 하나님이 현존하시고 인간적으로 말해보면, 그를 더 불행하게 만들 것이다. 이 하나님이 그 곳에 현존하기 위하여 일해야만 한다. 그 정도까지 하나님은 부정적으로 현상에 관계하신다. 그리고 그 때, 우리는 하나님을 위하여 거대한 건물을 세운다. 수백 수천 명의 목사들, 주교들, 학장들, 교수들이 거대한 교회당에 함께 모이게 된다. 그와 같은 거대한 몸체가 모여서, 국가에 믿을 수 없는 비용을 들인 채 앉아있다. 하나님은 현존하시고 그는 그곳에 가장 가까이에 계신다는 것, 그의 명분이 그 곳에서 발전한다는 것, 그러나 하나님은 역으로 그 현상에서 멀리 떨어져 계신다는 것이다.[6]

비실재성의 공간, 즉 온라인의 사이버 공간과 실재성의 공간, 오프라인 공간 사이에서 영이신 하나님은 어느 쪽을 더 선택하실까? 영이신 하나님은 비실재성의 공간, 그것도 하나님은 영으로 나타나신다. 두세 사람이 모이는 작은 '골방', 그 다락방을 선호하실 것이다.[7]

SK의 *BJ*에는 4개의 십자가가 등장한다.

첫째, 죽음의 십자가이다. 아버지의 죽음을 기록하는 내용이다. 아버지는 자기 때문에 죽은 것이 아니라 자기를 위하여 죽었다는 것이다. 2년 더 오래 살기를 소원했으며, 아버지의 사랑은 아들을 위한 최후의 희생이라고 생각한다.

아버지로부터 물려받은 가장 소중한 자산은 아버지에 대한 회상이다. 아버지의 변화된 이미지, 시적 상상력에 의한 것이 아니라, 많은 소소한 이야기들 때문이다. 그리고 이 회상을 통하여 세상으로부터 아버지와 자신의 비밀들을 지키려고 노력할 것이라고 SK는 다짐한다.[8]

세상에 가장 쉬운 일은 죽는 일이다. 세상에 가장 어려운 일은 사는 일이다. 죽음의 공포가 들어 올 수 없는 도피처, 숨을 곳은 어디인가? 십자가의 그늘이다. 십자가 밑에서의 죽음은 평화로운 수면이다. 진리를 위하여 기꺼이 자기 자신을 죽음에 맡길 수 있는 권리를 가질 수 있는 십자가가 있다면, 그 죽음의 공포는 사라질 것이다.

둘째, 영혼의 십자가이다. 영혼의 절망 때문에 십자가를 그린다. 그의 고백에 의하면, 삶의 의욕도 없다. 우울하다. 자신의 영혼을 채울 수 있는 것이라곤 아무 것도 없다. 영혼을 만족시켜 줄만한 그 어떤 것도 생각할 수 없다. 심지어 하늘의 복까지도 받을 수 없는 절망을 토로한다.

1840년도, SK에게 일어난 사건이란 영혼이 절망할 정도로 비극적인 사건이 없었다. 신학부 시험, 아버지의 고향방문, 레기네에게 약혼 신청 등 그의 영혼을 고갈시킬 만한 사건은 거의 없었다.9) 무엇이 그의 영혼을 그렇게도 고갈시킨 것일까?

인간의 영혼은 하나님의 쉼터이다. 내 영혼이 피곤해지면, 하나님은 쉴 수 없다. 영혼의 죽음은 가장 큰 비극이다. 영혼의 회복을 위하여 자연의 소리를 들어야 한다. 영혼이 피곤해 지면, 하나님의 쉼터는 사라진다. 멀리서 다정하게 부르듯이 들려오는 개들이 짖는 소리는 영혼불멸의 가장 아름다운 증거이다.10)

셋째, 평화의 십자가이다. 그는 평화를 위한 기도를 한다. "오 하나님, 우리가 평화를 지향해 갑니다. ..... 그러나 우리에게 복의 확신을 주소서. 우리에게서 이 평화를 빼앗아 가는 것이란 아무것도 없습니다. 우리 자신이나, 우리의 어리석음과 세속적인 욕망과 나의 길들여지지 않은 욕정으로 부터도 아닙니다. 내 마음의 불안한 갈망에서도 아닙니다."11)

판단과 경멸이 없다면, 평화를 해치지 않을 것이다. 평화는 모든 투쟁에서 살아남을 수 있다. 세상에 대하여 평화는 설명할 수 없는 수수께끼다. 하나님의 평화는 피 묻힌 문설주를 넘어가듯, 모든 인간의 이성과 이해를 통과한다.

평화를 위한 십자가의 기호는 숨길 수 없는 SK의 내적 불안을 반증해 주며, 자신의 영적 불안을 극복하기 위한 심리적 자위의 표현이다. 그에게는 로마서 8장, 38-39절이 위로가 될 것이다.

넷째, 눈물의 십자가이다. 알렉산더 대제의 초상화를 그릴 정도로 유명한 화가, 아펠레스Apelles의 습관적인 고백- "하루를 보내려면, 반드시 선을 그어야 한다"(nulla dies sine linea)[12]-을 SK는 자신의 담론으로 패러프레이즈시킨다. "하루를 보내려면, 반드시 눈물을 흘려야한다"(nulla dies sine lacryma)고 고백한다.[13]

하나님이 인간에게 자유의지를 부여하고, 자기에게 반항하도록 창조한 것은 철학이 참을 수 없는 십자가이다. 그러나 그 십자가 위에 오늘도 철학은 여전히 매달려 있다. SK의 실존주의적 철학과 신학도 내려올 수 없는 십자가에 매달려 있다. SK는 눈물의 사나이다. 그는 무엇 때문에 매일 눈물을 흘리는 것일까? 그의 눈물의 십자가는 자신의 비밀을 밝히지 않는다. 그러나 그가 십자가를 그리지 않았다면, 그나마 버틸 수 없었을 것이다. 왜냐하면, "만약 내가 비참해지지 않았다면, 나는 벌써 망했을 것이다"(*Perissem nisi Perissem*)[14]라는 모토로 삼았기 때문이다.

3	설교는 "코람데오"이다. *Sermon is "Coram Deo."*

설교는 누가 하는가?
설교하시는 분은 오직 한 분,

언제나 동일하신 분,

바로 하늘에 계신 하나님이시다.

하나님이

'지금 이곳에' 임재 하신다.

이것이 설교다.

그리고

당신은 '언제나' 하나님 앞에 있다.

"*코람데오Coram Deo!*"

이것이 설교의 내용이다.

순수하고 맑은 깨끗한 영혼이라면, '누가 설교 하는가'라는 질문은 하지 않는다. 설교는 '내가, 당신이, 그대와 그녀가, 우리가, 당신들이, 그들이 하는 것이다.' "당신은 하나님 앞에 서 있다."(You are before God)[15] *코람데오!* 이것이 설교이다.

"설교는 교회 안에서 해서는 안 된다. 거리에서 선포해야 한다." 라는 루터와[16] "설교는 펜과 잉크로 써서하는 것이 아니다."라고 주장하는 그룬드비히의 설교관에 SK는 전적으로 동의한다.[17]

설교의 첫마디, 최우선적으로 해야 하는 말은 "왜, 기독교가 들어 왔는가?"에서부터 시작해야 한다. SK는 요한복음 15:10-13절의 말씀을 제시한다.[18]

본질적인 설교는 무엇인가? 자기 자신의 실존이다. 사람은 하루 중 매 시간 마다 설교하는 것이다.[19] 실존적 의미가 없는 설교는 설교가 아니다.[20] 생활, 그 자체가 설교가 되어야 한다는 뜻이다.

현대설교의 위선에 대하여 고발한다.[21]

SK는 설교(sermon)와 강론(담론, discourse)의 차이를 구별한다.[22] 그 강론을 하는 목적은 사람들을 "각성"(awakening)[23]시키는 것이다. 또한 그는 SK는 자신이 행한 구원에 관한 담론들의 제목을 **"사랑의 수고"(Work of Love)**라는 제목이 최고라고 생각하며, 그렇게 표현해 주기를 소망한다.[24]

SK가 1841년, 1월 12일, 화요일, 홀멘즈키르케에서 행한 목회세미나(Pastoral-Seminary)에서 행한 설교가 가장 긴 설교이며 논리와 사려 깊은 내용의 명설교이다. 일반 성도들에게는 다소 어려운 설교였으며, 메스르스(Messrs), 펜거(Fenger), 린네만(Linnemann)으로부터 비판을 받았다.[25]

<table>
<tr><td>4</td><td>소생시키는 이슬이 되게 해주세요.
Kierkegaard's Prayer: Be as the Refreshing Dew.</td></tr>
</table>

하늘에 계신 아버지,

우리의 생각들이 당신을 향합니다. 길을 잃고 헤매고 있는 우유부단한 나그네의 발걸음이 아니라 친근한 고향을 향하여 확실하게 하늘을 비행하는 한 마리 새처럼, 이 시간 다시 당신을 찾습니다. 우리의 신뢰가 덧없는 생각이나 순간적인 공상이나 세상을 향한 마음의 위선적인 평온이 되지 말게 하소서. 당신의 나라를 향한 우리의 갈망이 되게 하소서. 당신의 영광을 위한 우리의 희망이 되게 하소서. 아무런 소득이 없는 출산의 고통이 되지 않게 하소서. 물기 없는 구름이 되지 않게 하소서. 그러나 마음의 충만함으로 그것들이 당신에게 떠오르게 하소서. 우리의 갈증을 촉촉이 적셔주며 소생시키는 이슬이 되게 하소서. 당신의 하늘의 만나처럼 영원토록 우리를 만족시켜 주소서.26)

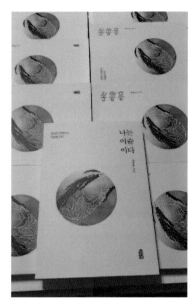

*키에르케고르는 왜, "소생시키는 이슬"을 간구하는가?

21세기는 메타포(Metaphor), '은유전쟁'이다. SYB에게 "나는 이슬이다"라는 메타포를 왜 고백하는가라고 묻는다면, 이렇게 대답할 것이다: 비록 이슬처럼, 인간의 수명이 짧지만, 이슬은 둥글고, 반사적이며, 투명하며, 영롱하고, 아름답기 때문이다. 또한 태초에 창조된 작은 이슬방울이 햇살과 마주 할 때, 녹아내려 에덴동산(Eden Garden)을 휘감아 돌고 돌아, 4대 강-비손(Pishon), 기혼(Gihon), 티그리스(Tigris), 유프라테스(Euphrates)27)-물줄기가 되어 오대양을 만들어 창조해낸다. 그리고 77억의 인류와 육대주를 먹어 살리기 때문이다. 이슬은 일용할 양식-만나와 메추라기-위에 살포시 내려 앉아 목에 갈증을 느끼지 않도록 윤활작용을 해주기 때문이다.

이른 아침 잔디 풀잎 끝에 매달린 보일 듯 말 듯 하는 미세한 이슬방울이 떼르르 굴러 떨어질 때, 그대는 어디에 있었는가? 이러한 질문은 좀 이상하다. 그러나 이 작은 이슬방울이 흘러 내려 오 대양을 만들어 내고, 그 이슬방울이 항공모함과 잠수함을 거뜬히 들어 올려 파도 위에 띄워 놓을 때, 빛나는 햇살도 반짝이며 웃기 때문이다.28)

SK의 기도- "이슬이 되게 하소서"-에는 분명한 목적이 있다.

첫째, 하늘나라를 향한 발걸음이다. 갈피를 못 잡고 헤매이는 나그네 이슬의 발걸음이 아니라 확실하고 분명한 친근한 고향을 향한 발품이다.29)

둘째, 카이로스의 시간을 찾는 것이다. 하나님의 시간 속에서 인간의 시간, 크로노스를 찾는 것이다. 인간의 시간 속에서 하나님의 시간을 찾는 것이 아니다. 잃어버린 "야훼"를 "이 시간" 다시 찾는 것이 주목적, 영적 "텔로스"이다.

셋째, 세계를 향한 위선적인 평화를 버리는 것이다. 우리의 믿음과 신뢰가 세상의 덧없는 생각이나 순간적인 공상으로 채워져서는 안 된다. 쓸모없는 잡생각으로 잠 못 이루는 에너지를 낭비해서는 안 될 것이다.

넷째, 하나님 나라를 위한 갈망이다. 세속적인 나라가 아니다. 진정한 영혼의 자유를 위한 나라, 생명의 안식처를 바라보는 이슬이다.

다섯째, 하나님의 영광을 위한 소망이다. 인간의 명예와 부, 권력과 욕망을 위한 희망 이 아니다. 하나님의 이름, 야훼의 영광을 위하여 사는 하루하루의 삶의 여정이 기도이다.

여섯째, 소득이 없는 생명의 출산이 되지 않도록 하는 것이다. 기도는 생산성이다. 생명의 잉태는 그 무엇보다도 소중하다. 소출이 없는 소비성이 아니다. 그리고 출산의 고통이 이어지지 않도록 하는 것이다.

일곱째, 이슬이 없는 구름이 되지 않도록 하는 것이다. 이슬 없는 구름, 바람에 떠도는 비 없는 구름[30], 메마름의 구름이 되지 않는 것이다. 이들은 야훼를 저버린 배신자들이요, 그리스도를 부인하는 자들이다. 비정상적인 성욕에 빠져 육체를 더럽힌 자들이요, 욕정으로 더럽혀진 그들의 속옷까지 더럽힌 자들이다. 이성이 없는 짐승과 같은 자들이다. 가인[31]과 발람[32], 고라[33]의 길을 걸어간 자들이다. 자신들의 배만 채우며 사랑의 식탁을 더럽힌 자들이다. 경건하지 못한 자들이다. 불평 하는 자들이다. 자신의 욕심으로 배를 채우는 자들이다. 아첨하는 자들이다. 의심하는 자들이다. 가을이 되어도 열매를 맺지 못하는 이슬이다. 죽어서 뿌리째 뽑히는 나무 이슬들이다. 이성 없는 짐승과 같은 거짓과 위선의 선생들을 피하는 것이다.

여덟째, 마음의 빈 그릇을 아름다운 생각들과 성령의 이슬로 가득 채우는 것이다. 더 러운 생각들을 걸러내며 필터링의 이슬이 되는 것이다.

아홉째, 무엇에 대한 갈증인가? 생명을 유지하기 위한 몸의 갈증이다. 생각을 살리기 위한 마음의 갈증이다. 영원을 살리기 위한 영혼의 갈증이다. 이슬은 몸, 마음, 영혼의 보약이다.

열 번째, 하늘의 만나와 메추라기[34]를 영원토록 먹게 하며 영적 만족을 누리게 하는 통로이다.

열한 번째, 이슬은 약이다. 생명을 살리는 보약이다. "주님께서는 이슬을 소금처럼 땅에 내리시고 그것이 얼면 날카로운 가시와 서리가 되게 한다. 찬바람이 북쪽에서 불어오면, 물이 얼어서 얼음이 되고, 모든 물줄기는 걸음을 멈추고, 물살은 얼음의 갑옷을 입는다. 바람은 산을 삼키고 황야를 뒤덮으며 마치 불로 태우듯이 초목을 말려 버린다. 그러나 곧 이 모든 것을 고쳐 주는 약으로 안개가 내리고 더위 다음에는 이슬이 내려 모든 것을 소생시킨다."[35]

헬몬산을 넘으려다가 "우리의 갈증을 촉촉이 적셔주며 소생시키는 이슬이 되게 하소서"라고 간절히 기도하는 SK의 기도소리가 마치 "에피파니" 현상처럼 스치고 지나갔다. 이슬은 하늘의 보화요, 보물이요, 영혼을 위한 약, 치료제이다. 성경 속에 나타난 이슬현상을 추적한 결과, SYB는 "이슬"이 단순한 메타포가 아니라는 것을 발견한다. 그래서 여기 더 무겁지만, 더 가벼운 이슬방울, "나는 이슬이다"라고 고백한다.

5 | 키에르케고르의 운명: 최후의 글:
Kierkegaard's Destiny: Last Writing

Efterladte papirer

Et ark. "Dette Livs Bestemmelse christeligt" 25. september 1855

Dette Livs Bestemmelse er: at bringes til den høieste Grad af Livslede. Den, der saa, bragt til dette Punkt, kan fastholde, eller Den, hvem Gud hjælper til at kunne fastholde, at det er Gud, der af Kjerlighed har bragt ham til dette Punkt: han tager, christeligt, Livets Prøve, er modnet for Evigheden.

Ved en Forbrydelse er jeg blevet til, jeg er blevet til mod Guds Villie. Skylden, som dog i een Forstand ikke er min om den end gjør mig til Forbryder i Guds Øine, er: at give Liv. Straffen svarer til Skylden: at berøves al Lyst til Livet, at føres til den høieste Grad af Livslede. ...

BJ. No.6969. *Pap*. XI 2 A 439.

이 글은 1855년 9월 25일, SK의 마지막 글이며 최후의 일기이다.

제목: "이생의 운명에 대한 기독교적 이해"

The Christian Understanding of the Destiny of This Life

이생의 운명은 극단적인 인생의 피곤함을 야기 시킨다. 그 지점 [피곤함]에 도달했던 그 사람은 주장할 수 있으며 혹은 그를 그 지점까지 데려다 주신 분은 바로 하나님이라는 것을 주장할 수 있다. 기독교적 관점에서 볼 때, 그 같은 사람은 인생의 시험을 패스한 것이며, 영원을 위한 성숙한 존재가 되었다.

나는 범죄를 통하여 이 실존 속에 들어왔다. 나는 하나님의 뜻에 반항하여 실존 속으로 들어왔다. 비록 하나님의 시각에서 볼 때, 실존이 나를 범죄자로 만들었다할지라도, 어떤 의미에서 나의 것이 아닌 그 죄는 생명을 주는 것이다. 그 처벌은 죄와 일치 한다: 생명에 대한 모든 열정을 빼앗기는 것, 가장 극단적인 삶의 피곤함으로 이끌려가는 것. 만약 인간을 창조하는 것이 아니라 최소한 생명을 주는 것이라면, 인간은 창조주의 활동 속에서 장난을 치고 싶어 한다.

"그대는 분명히 이것에 대한 대가를 지불해야 한다. 인생의 피곤함이 이생의 운명이기 때문이다. 그러나 나의 은총에 의하여, 구원을 받게 되는 그대에게만, 극단적인 인생의 피곤함으로 너를 안내해주는 은총을 보여 주겠다."

요즈음 대부분 사람들은 처벌이 자기들에게는 해당이 안 된다는 영혼과 은총의 부재가 특징이다. 이생에 완전히 정신이 빼앗겨 있기 때문에, 그들은 이 같은 가치가 없는 인생을 붙잡고 있으며 허무해진다. 그들의 삶은 낭비되었다. 여전히 영혼이 존재하고 은총을 소중히 생각하는 사람은 극단적인 인생이 피곤함에 도달하는 그 지점으로 인도된다. 그러나 그들은 그것과 자신들을 화해할 수 없다. 그들은 하나님께 저항한다. 등등.

인생의 피곤함에 도달한 사람들은 하나님은 사랑으로 그것을 할 수 있으며, 은총의 도움으로 그들의 영혼 속에, 가장 먼 모퉁이에서, 사랑으로서 하나님에 관한 그 어떤 의심도 숨기지 않는다는 주장을 할 수 있다. 이 사람들만이 영원을 위한 성숙한 사람들이다.

하나님은 그들을 받아들여 영원 속으로 들어오게 하신다. 그러나 특별히 하나님이 원하는 것은 무엇인가? 하나님은 천사들의 일, 즉 영혼들이 찬양하며 경배하며 예배하며 감사하기를 원하신다.

그러므로 하나님은 천사들에 의하여 둘러 싸여 있다. "기독교계"에서 수많이 발견되는 그 같은 존재들, 이들은 2달러, 3달러를 위하여 하나님의 영광과 찬양을 위해 소리 지르며 나팔을 불고 있는데 이것은 그분을 찬양하는 것이 아니다. 아니다. 천사들이 그 분을 기쁘게 한다. 천사들보다 더 그 분을 기쁘게 하는 것은 겉으로 보기에 하나님이 변화시켜 순전한 잔인함 속으로 집어넣고 가장 잔인하게 고안된 잔인성을 가지고 생명에 대한 모든 열정을 그에게서 박탈시킬 때, 이생의 마지막 산골짜기(last lap)에 처해 있는 인간이다. 그럼에도 불구하고 하나님은 사랑이다라고 계속하여 믿게 한다. 하나님은 사랑으로부터 그것을 행하신다고 믿는다. 그 같은 인간이 천사가 된다.

하늘에서 하나님을 찬양하는 것은 쉽다. 그러나 학습기간, 수업 시간은 언제나 가장 힘 드는 일이다. 완벽한 곡조로 노래하는 가수의 노래만을 듣는 고정관념을 가지고 전 세계를 여행하는 사람처럼, 하나님은 하늘에 앉아서 듣고 계신다. 극단적인 인생의 피곤함을 맛본 사람으로부터 찬양하는 소리를 들을 때마다, 하나님은 스스로에게 말씀 하신다: **"이것이 바로 그것이다."(This is it.)**

그분은 마치 어떤 발견이라도 한 것인 양, 말씀하신다. 그러나 물론 그는 준비되었으며, 그분은 오직 자유만이 할 수 있는 것을 위하여 하나님이 도울 수 있는 한 그를 도우며 함께하신다. 오직 자유만이 그것을 할 수 있다. 그러나 놀라운 것은, 마치 그 일을 하신 분이 하나님인 것처럼, 그것 때문에 하나님께 감사함으로써 자기 자신을 표현할 수 있다는 것이다. 이 일을 할 수 있다는 자신의 기쁨 속에서, 그는 너무나 행복한 나머지 그 일을 완수한 것에 대하여 절대적으로 아무 것도 들을 수 없을 것이다. 그러나 그는 감사하게도 모든 것을 하나님에게로 돌리며 그런 방식으로 머물러 있게 해달라고 하나님께 기도한다. 그 일을 하시는 분은 하나님이시라는 것. 그는 본질적으로 믿음이 없지만, 하나님을 믿는다.36)

1855년 9월 3일에 "불변의 하나님"(The Unchangeableness of God) 이라는 CD를 출판했다. 1855. 9.11과 9.24에, 순간(The Moment)37)의 No.8과 No.9에 등장한다.

SK는 9월 말경에 더 건강이 악화되었다. 그는 자신과 익명의 책들의 북 세일러 겸, 출판업자사이의 중개인이었던 기오와드(J. F. Gjodwad, 1811-91) 집에서 열린 파티에서 마루에 쓰러졌다. 개인비서였던 레빈에 의하면, 그는 눈을 껌벅거리면서 주변에 있는 친구들에게 말했다. "오전 하녀가 청소할 때까지 내버려 다오."38)

2-3일 후에, 그는 거리에서 쓰러졌다. 크라데보데른(Kladebodern) 5-6에 있는 집에서 잠시 머물다가 10월 2일에 프레데릭병원(Frederiks Hospital)39)으로 이송되어 1855.11.11.에 사망한다.40)

XI

키에르케고르의 SBNR

기독교가 없어도,
인간은 그리스도인이 된다.

-BJ., No. 526.

1 | 포스트모던니스트이다.
Kierkegarrd is a Postmodernist.

　SK는 누구인가 라는 정체성에 대한 질문은 포스트모던 현상 중의 하나인 다양성을 지향하고 있기 때문이다. 일차적으로, 그는 자신의 정체성에 대한 사이버 세계의 문화적 아이돌이 되었다.

> 나는 악당이다.
> 나는 불한당이다.
> 나는 생각 없는 깡패다.
> 나는 악마의 도플갱어다.
> 나는 시골 천치다.
> 나는 비난하는 천사다.
> 나는 똥개다.
> 나는 개자식이다.
> 나는 교묘한 뱀장어다.
> 나는 달콤한 사탄의 원숭이다.
> 나는 부랑아다.
> 나는 위선자다.
> 나는 네로다.
> 나는 테르시테스다.
> 나는 교회지붕에 매달린 냉소적인 고드름이다.
> 나는 '죽음에 이르는 죄'이다.
> ……

그러므로,
나는 아웃Out이다.

나는 날개 잘린 참새다.
나는 불쌍한 앵무새다.
나는 마도요다.
나는 채색된 새이다.
......

모순과 역설사이에서
나는 돈키호테다.
나는 키메라이다.
그러므로,
나는 인In이다.
나는 시인인가?
나는 산문가인가?
나는 수필가인가?
나는 소설가인가?
나는 목사인가?
나는 변증가인가?
나는 사상가인가?
나는 심리학자인가?
나는 철학자인가?
나는 신학자인가?
나는 천재인가?
나는 사도인가?
나는 순교자인가?[1]

그럼,

"나는" 누구인가?

"나는 지붕위에 홀로 앉아 있는 새와 같다."2)

이차적으로, SK의 글쓰기는 열린 결말 시스템을 자신의 내러티브 전략으로 삼고 있다. 자신의 "비밀노트"를 비롯하여 결론과 종결을 유보함으로써 질문에 대한 대답을 미루는 지연시키는 여백과 공백을 제공한다. 독자들로 하여금 스스로 결론을 내리게 함으로써 리얼리티의 상상력과 환상을 증폭시킨다. 그 대표적인 전략이 바로 간접화법과 익명의 글쓰기 전략이다.

SK의 책 중 하나인 *E/O*는 익명인 "A"와 "B," 그리고 판사 윌리엄(Judge William)3)이 저자 이름으로 등장하고, 필명인 빅토르 에레미타(Victor Eremita)4)가 편집하였다. SK가 쓴 책의 절반 정도가, 그가 서로 다른 사고방식을 나타내기 위해 창조한 여러 익명 인물의 이름으로 기록되었다. 이것은 SK의 간접화법 의사전달 방식을 잘 보여 준다.5)

*POV*와 같이, SK는 자신의 저서가 체계적인 구조를 갖춘 철학적 체계로 취급되는 것을 막기 위해서 그런 식으로 글을 썼다. "익명의 저서들에서, 내 것은 단 하나의 단어도 없다. 나는 마치 제삼자의 입장인 것처럼, 그 저서들에서 개인적인 의견을 표명하지 않았고, 그들의 의미에 대한 아무런 지식이 없었고, 독자로서 읽었을 뿐, 익명 저자들과는 아주 멀리 떨어진 사적 관계조차 맺지 않았다."6) 핸크(Henrlette Hanck)가 앤데르센에게 보낸 1843년 5월 중순 보낸 편지에서, "그는 이것이냐/저것이냐이다. 그러나 결코 둘 다 아니다. 그는 아마도 빛과 그림자 중간 위치에 서 있다"라고 평가한다.7)

SK가 간접적인 의사전달 방식을 사용한 이유는, 자신이 쓴 글이 어떤 관점을 드러내고 있는지 간에, 그것을 독자가 파악하기 어렵게 만들려고 했기 때문이다. 그는 독자가 그의 삶에 어떤 부분이 글에 반영되었는지를 생각하지 않고, 그저 글의 표면적인 의미만 간단히 읽어내기를 원했다. 그는 또한 그의 독자가 그의 사상을 권위적인 체계로 여기지 않기를 원했고, 그런 식으로 신봉하기보다는 차라리 독자 자신의 해석으로 자신의 글을 읽어 내려가는 것이 낫다고 보았다. 이른바, 열린 결말이다.

필명으로 글을 쓴 것이 SK의 의도라고 생각하지 않았고, 전체 저작이 SK의 개인적이고 종교적인 견해를 반영하는 것으로 여겨야 한다고 주장하는 학자들이 있다. 이런 견해 탓에 독자들은 많은 혼란을 겪었고, SK가 논리적인 일관성이 부족한 면이 있어서 그의 저작에 상호 모순되는 내용이 드러난다고 여기게 되었다. 그러나 후기 구조주의자(Poststructurist)들은 SK의 의도가 있었음을 인정하고, 익명의 저서들이 각 저자마다 그들 나름의 관점에서 기록한 것으로 해석하고 있다.

SK의 의사소통의 문제, 역시 간접화법이다. 아이러니의 망토 밑에 숨긴 채, 간접적으로 자신의 사상을 제시한 소크라테스의 방법론은 SK에게는 개인의 생활이 타자들에게 직접적으로 선포할 수 없는 특별한 관계와 경험들이 포함되었다. 그 자신의 생활에서 직접 소통할 수 없는 그런 일들이 있다. 이러한 문제를 연구할 때, 그는 간접 소통과 윤리적이며 종교적인 진리들 사이에서 광범위한 일치가 있다는 것을 인식한다. 그것들이 직접 진술에 의하여 표현할 수 없는 영원의 요소들을 포함하고 있기 때문에, 단지 간접적으로 소통이 될 수 있다는 것이다.

그리스도의 생애가 간접화법의 최고 예시를 제공해 준다. 여기서 두 가지 질적으로 대비되는 요소들이 연합되기 때문이다. 그리스도는 선택을 제시함으로써 간접화법으로 인간들과 소통한다. 간접적인 소통과 관련하여 그리스도의 독특한 입장을 참조하여 SK는 "처음부터 끝까지 모든 면에서, 단지 신-인(God-man)만이 간접적인 소통이다."라고 주장한다.

SK의 전체 익명의 저자들은 간접소통이다.[8] 그 의도는 독자들을 자극하여 선택의 기회를 주는 것이다. SK는 열린 결말 체계로 글을 썼던 포스트모던 작가였다. 독자들에게 자신의 글을 해독하도록 맡김으로써 인간 실존의 환상을 증폭시켜주고 있다. *BJ*에서도 SK는 유독 "나 자신에 관하여"라는 제목으로 글을 쓰고 있다. 그는 자기 자신에 관해서 글을 쓸 때, 자기 자신을 더 확대시켜 나간다.[9] 고백적으로, *BJ*는 때때로 지루할 정도다. 말이 많고 장황하고 반복적이다. 그는 자주 동일한 주제와 동일한 용어로 되돌아가기 때문에 참을성이 없는 독자들은 "전에 이것을 보았잖아!"하면서 책을 내던져 버릴 것이다. 그러나 그것은 성급한 거부반응이다. 각각의 서문에서 새로운 차원과 전개를 보여준다. *BJ*의 매력은 어떻게 개념들이 위대한 인간의 마음에서 자라고 있는지를 지켜보는 것이다. 이것은 SK의 포스트모던 메타픽션(meta-fiction)[10]의 자아 반영적 특징을 잘 나타내 주고 있다.

2 | 익명성은 지렛대이다.

익명성은 침묵의 형태, 이중성, 간접성, 중립성, 권위부정[11]등 다양한 기능중의 하나는 "지렛대"(fulcrum)이다.[12] SK는 지렛대로 익명을 사용할 수 없다고 언급하면서도 그는 자신의 저서들에서 적지 않게 사용하고 있다.[13] SK에게 익명자들이란 그의 전 생애에 있어서 아주 이상적인 이름들이다.[14]

자신의 정체성을 "빙산일각"의 비가시적인 부분을 익명성으로 표현하고 있으며 여기서 지렛대란 바로 바다의 물과 같은 역할이다. 무한한 대양의 바닷물이 증발되어 소금과 같은 역할을 해야 한다는 것을 암시해 준다. 그러나 그는 "긴급요청"(an urgent request)으로, 자신의 익명성의 작품들과 익명자들을 인용할 때, 자신의 "의사소통은 참이다"(communication is true)라는 것을 보장해 주기 위하여, 그 익명성에 대한 모든 책임을 지겠다고 주장한다.[15]

익명성이란 21세기 사이버 디지털 공간의 특징 중의 가장 중요하다. 과연 19세기를 살아간 그가 21세기 사이버 디지털 세계를 예측했을까?

19세기의 시대적 산물로 등장한 SK와 그의 사상에 대하여 꼼꼼히 독서할 필요성을 느낀다. 그는 익명이 아닌 기호-FF, HH, MM, PP[16]-라는 암호를 익명으로 내세워 1849년 5월 19일에 두 개의 수필을 썼다. 이 수필의 원래의 제목은, "윤리적-종교적 에세이의 사이클"(A Cycle of Ethical-Religious)이며, 그 내용에는 넘버 1-6까지 소제목으로 되어 있다.[17) 이 중에서, 넘버 3과 6이 이 수필의 소제목이며 그 내용이다.

제목은 넘버 3과 6, "두개의 윤리적-종교적 에세이"(Two Ethical-Religious Essays)- "진리를 위하여 자기 자신을 죽음에 맡길 수 있는 권리를 인간은 가지고 있는가?"(Has a Man the Right To Let Himself Be Put Death for the Truth?), "천재와 사도의 차이점에 관하여"(On the Difference between a Genius and an Apostle)-로 변경되며, 기본적으로 교훈적이며 계몽과 각성을 촉구하는 내용으로, 신학자들이 관심을 가지고 있어야 할 내용들이다.[18)

이 수필들은 SK가 자신의 이름으로 출판을 의도했으나 결국 H.H.라는 암호로 출판해 낸다. 그 목적은 두 가지로, 하나는 그 자신이 순교자라는 인상을 심어주는 것을 피하려고 한 것이며, 다른 하나는 자신의 역할을 할 사람을 찾기 위한 것이다. 그의 익명의 작품들 속에 등장하는 인물들의 담론은 그 자신의 목소리가 아님을 명심해야 한다. 그러나 H.H.는 바로 SK 자신이기 때문에 중요하다.[19)

SK는 본인이 인정하고 있듯이 가장 핵심적인 정보를 이 수필에서 발견할 수 있으며, 자신의 비극을 3가지-진리의 증인 자격과 그리스도의 사랑, 윤리 종교적인 개념들- 로 요약하고 있다.

이 에세이의 H.H.는 SK의 작품들을 독서한 젊은 비평가이다. 그래서 이 두 개의 수필은 매우 중요하며, SK는 "모든 나의 글의 최대의 잠재성에 이르는 열쇠가 포함되어 있다."고 고백한다.[20)

SK는 "실화소설"(a roman a clef)처럼, 자신에게 특별한 신분을 부여하고, 가상과 실재적인 내용을 중대한 시점-순교자, 사도, 천재-으로 설정한다. 그가 고백하는 최대의 잠재적 가능성은 이 중대한 시점을 내용으로, 아직 오지 않은 실존적 인간의 몸, 영적 자아, 우주, 단독자, 특별한 외톨이를 '가상의 실재', '실재의 가상'의 범주에 넣고 미래를 예측한 것이다.[21] 다시 말하면, 지금까지 전통적이며 절대적인 기독교의 인간, 시간, 공간적 개념은 달라질 수 있으며, 달라져야 한다는 것을 암시해 준다.

익명성의 신학적 의미는 무엇인가?

기독교 안과 교회 안이라는 카테고리를 초월하는 것을 의미한다. "존재는 카테고리이다."(Being is a category)[22] 존재 그 자체를 인정해 주며, 그 자체와 소통을 통하여 타문화적 카테고리까지 초월하게 될 때, 하나님의 구원을 향한 해 아래서의 진정한 상생이 이루어지게 될 것이다.

SK는 "기독교가 없어도, 누구든지 그리스도인이 된다"(One becomes **a Christian-without Christianity**)고 주장한다.[23] 한 시대의, 덴마크라는 한 나라의 기독교 역사의 고통에서 나온 단순한 담론이 아니다. 교회는 눈에 보이지 않는 비가시적인 신앙공동체를 의미한다. 전통적인 기독교가 신약시대 초대 교회공동체들은 온라인 디지털공동체라는 것을 암시해 준다. 그의 고뇌는 기업화되고 제도화된 국가교회, 피라미드 시스템교회를 상징하는 뮌스터와 마르텐센을 '탄핵'하자는 주장이다. 세상을 향하여 죽을 수 없는 교회는 진정한 교회가 아니라는 것이다.

사이버신학자는 19-20세기의 유물을 해체시키고, 그리스도 예수 안에서 내일의 날씨를 예측한다. 역사의 발전사관을 토대로 할 수

만 있다면, 그리스도의 사상에 좀 더 다갈 수 있도록 몸부림치며 고뇌한다.

SK에 의하면, 그 때나 지금이나 교회가 선교적 자아 모순에 빠져 있다. "이상한 자아-모순"이라는 제목에서, 교회가 안정되게 정착하면, **"교회 밖에는 구원이 없다"**(Outside the church there is no salvation)라는 도그마 속으로 빠지게 된다. 이상할 정도로 교회가 안정되면, 교리 속으로 함몰된다. "교회 밖에는 구원이 없다"는 것을 엄격하게 받아들이면, 선교사가 될 수 없다.24) 이것으로 끝난 것이 아니다. "교회 밖에는 구원이 없다"는 교리는 학습된 것이다. 이 도그마를 편안하게 받아들이면, 그리고 특히 학술적으로 배우게 되면, 교회는 마치 유대인들, 심지어 이방인들처럼, 하나님을 민족주의적인 하나님으로 동굴 속에 가두어 버린다. 하나님을 민족주의적인 하나님으로 만들어 버린다. 그리고 교회가 다양한 민족으로 구성되어 있다할지라도, 여전히 어린아이로서 세례를 받고 교회 안에서 태어난 사람들은 하나의 민족과 같다.25)

각 개인의 생활언어를 주장하는 노력, 이 분산적 방법은 단지 우리를 이교사상으로 후퇴시키는 퇴행이다. 모든 민족이 그 자체의 언어를 말하고 있기 때문에, 미국은 최고의 언어를 가지고 있다는 것은 널리 알려진 사실이다. 그러나 이것은 완벽함이 아니다. 한 개의 학습된 언어는 최고이다.

민족성에 대한 그룬드비히의 난센스는 또한 이교숭배를 향한 퇴행이다. 모국어에 초점을 맞춘 그룬드비히의 문화적 민족주의에 대한 SK의 비판은 자신의 덴마크 언어에 대한 찬양을 배제하지 않는다.

그룬드비히의 추종자들이 묵은 이야기를 되풀이하는 것이 얼마나 어리석고 정신분열적인가는 믿을 수 없다. 예를 들어, 펜거(Fenger)에 의하면, 민족성을 통하지 않고서는 진정한 기독인이 될 수 없다고 말한다.[26]

한국교단 중에서, "교회 밖에는 구원이 없다"라고 주장했던 신학자에 대하여 그가 몸담았던 학교에서, 교단에서 출교처분을 내리고 쫓아낸 사건이 있었다. 그 사건의 주역이었던 그가 금년에 세상을 떠났다. 한 겨울 처마 밑에 달려 있던 고드름이 녹아서 땅으로 떨어지는 것처럼, 그가 사라졌다. 도그마에 함몰되어 그리스도의 선교적 지평을 막아섰던 장애물이 사라진 것이다.

SK는 눈에 보이지 않는 **비가시적인 교회(invisible church)**와 함께 **성찬식**을 하는 것이 그의 유일한 의지였으며 수단이었다.[27] 그가 마지막 병상에서 교구목사의 성찬을 거부하고 평신도의 성찬을 수용하려 했던 것은 가시적이고 조직적인 교회 공동체가 아니라 비가시적이고 유기적인 신앙공동체를 사랑하여 추구했기 때문이다.

그리스도의 몸(The Body of Christ)은 모든 실제적이며 실존적인 삶의 목적을 위한 것이다. 단순한 시스템을 유지하기 위한 형식적인 목적이 아니었다. 성 아타나시우스(St. Athanasius)를 "성육신의 예언자"(Prophet of Incarnation)라고 불린다면, SK야말로 그 후계자로서 "숨겨진 내성의 기사"(knight of the hidden inwardness)이며 "성육신의 예언자"라고 불릴 수 있는 인물이다.[28]

그리스도 안에서 SK의 숙명은 제도화되고 조직화된 교회의 해체를 위하여 부단히 투쟁하는 것이었으며 진리의 증인으로서 족적을 남긴 **'사도 아닌 사도'**라고 할 수 있다. 그는 천재이지만, 사도도 아니며 순교자도 아니라고 고백한다.[29]

SYB의 '사이버신학'과 메타버스 예배(Metaverse Chapel)라는 이름으로, 21세기 디지털 시대에 그의 개혁사상은 여전히 지속되고 있다.

3 | '사이버구름학'을 사랑한다.
Kierkegaard loves 'the Cyber-Nephology'.

SK는 그의 가을 예찬에서, 가을은 동경, 색상, 구름, 소리, 회상의 시절이라고 노래한다. 특히 그의 가을은 구름의 계절이다.[30]

눈물은 비와 같다. 하늘의 눈물이다. 때때로 임신한 하늘로부터 혹은 절망으로 똘똘 뭉친 구름으로부터 호우가 쏟아진다. 두 눈과 하늘의 수문이 열릴 때, 부드러운 봄비가 고요하게 내린다. 그러나 눈물만큼 결실을 맺는 비도 없을 것이다.[31]

SK는 1835년, 7월29일, SK는 길브제르그(*Gilbjerg*) 해변에서 바다를 바라본다. "이 장소에서, 나는 바다가 미풍에 의하여 너울거리는 것을 보았다. 바다가 조약돌을 가지고 노는 것을 보았다. 여기서 나는 바다 표면이 변하여 엄청난 눈구름을 만드는 것을 보았다. 그리고 폭풍의 저음이 가성으로 노래하는 것을 들을 수 있었다. 여기서, 말하자면, 나는 세계의 등장과 파멸을 목격했다. 진정으로 침묵을 요구하는 광경이다."[32]

SK는 코펜하겐 북쪽에 있는 자신이 가장 좋아했던 덴마크의 최대 숲, 그립스-스코브(Gribs-Skov) 옆에 위치한 두 번째로 큰 호수, 에스롬(Esrom)을 방문하면서 다음과 같이 고백한다. "앞에선 눈부신 태양의 햇살이 비추인다. 구름들이 뇌데보를 향하여 그립스-스코브 위에 모인다. 구름들이 기어서 내려더니 에스롬으로 내려간다. 나무들이 바람과 함께 구름들에게 허리 굽혀 절을 한다. 전체 장면이 마치 군대와 같다. 경기병, 구름들에 의해 측면을 지키는 이주민들처럼.[33]

1835년 8월 1일 길레라이어에서, SK는 "지식은 모든 행동을 선행해야만 한다는 조건을 제외하고, 내가 정말로 필요한 것은 내가 해야만 하는 것(What I must do)에 관하여 분명히 하는 것이다." 여기서 그의 의무는 자기 자신을 가장 잘 이해하고 있다고 어떤 사람이 믿고 있을 때, 그는 로마 최고의 여신이며 레기나(Regina), "여왕"의 칭호를 받는 결혼과 출산의 여신인 *"주노"*(*Juno*) 대신에 구름 한 조각을 포옹하고 있는 것으로 결론이 난다.

SK는 진리에 대한 비유로 한 조각의 구름을 언급한다. 중요한 것은 *"나는 할 것이라"*(*I shall do*)는 하나님의 뜻, 정말로 그것이 무엇인가를 알기 위하여, 하나의 목적을 발견하는 것이다. 중요한 것은 나를 위한 진리가 되는 진리를 발견하는 것이다. 내가 기꺼이 살고 죽을 수 있는 아이디어를 발견하는 것이다."[34] 마치 한 조각의 구름은 한편의 진리처럼 생각한다.

*SUD*은 앤티-클리마쿠스의 익명으로, *TC* 익명으로 출판되었다.

SK는 고백한다. "이제 나는 나 자신을 완벽하게 이해한다. 전체적인 것의 핵심은 이것이다: 윤리적인 활력에서, 기독교의 절정이 존재한다. 그리고 이것은 최소 한 들을 수 있어야만 한다. 그러나 그 이상은 아니다. 그가 그렇게 높이 탑을 세울 수 있을까 여부를 결정하는 것은 모든 사람의 양심에 남아있다. 그러나 그것은 들을 수 있어야 한다. 그러나 문제는 단순하기 때문에 실재적으로 모든 기독교계와 모든 성직자들은 역시 기껏 세속적인 신중함으로 살아야 할 뿐만 아니라, 그 같은 방법으로 그들은 그것에 관하여 자랑해야 한다. 그리고 하나의 결과로서, 광신적인 행위가 되는 그리스도의 생애를 해석해야만 한다. 이것은 만약 가능하다면, 다른 것이 구름 속에서 들리는 소리로서 들어야만 하는 이유이다. 길들여진 새들의 머리 위로 야생의 새들이 비행하는 것으로서 들어야 한다. 그러나 그 이상은 아니다. 그것은 익명이 되어야 하며 나는 단순히 편집자가 되어야만 하는 이유이다.[35]

SK는 1838년 10월 30일, "기도"에서 "물기 없는 구름"이 되지 않게 해달라고 기원한다. "하늘에 계신 아버지, 우리의 생각들이 당신을 향합니다. 길을 잃고 헤매고 있는 우유부단한 나그네의 발걸음이 아니라 친근한 고향을 향하여 확실하게 하늘을 비행하는 한 마리 새처럼, 이 시간 다시 당신을 찾습니다. 우리의 신뢰가 덧없는 생각이나 순간적인 공상이나 세상을 향한 마음의 위선적인 평온이 되지 말게 하소서. 당신의 나라를 향한 우리의 갈망이 되게 하소서. 당신의 영광을 위한 우리의 희망이 되게 하소서. 아무런 소득이 없는 출산의 고통이 되지 않게 하소서. 물기 없는 구름이 되지 않게 하소서. 그러나 마음의 충만함으로 그것들이 당신에게 떠오르게 하소서. 우리의 갈증을 촉촉이 적셔주는 소생시키는 이슬이 되게 하소서. 당신의 하늘의 만나처럼 영원토록 우리를 만족시켜 주소서."[36]

SK가 언급하고 있는 구름에 대한 유추에서, SYB는 성경에서 등장하는 구름과 *사이버은총*에서 등장하는 구름과 연계시킨다. SK의 기독교는 사이버구름학이다. (Christianity is Cyber-Nephology.) 그는 "기독교계의 기독교"에서, "기독교는 객관적으로 배우며 듣게 된다. 이런 방식으로, 기독교는 마치 구름처럼(like a cloud) 기독교계 위에서 맴돌고 있다. 그러나 개인 속으로 침몰해 들어가지 않는다. 그래서 단독자는 말한다: 그것은 나에 관하여 말하고 있으며 나에게 말하고 있는 것이다. 따라서 기독교는 신화, 시가 아니라고 항변하는 모든 것은 무용지물이다. 우리가 단지 비개성적으로 기독교에 연계된다면, 우리는 기독교를 신화, 시로 만든다."라고 주장한다.[37]

기독교의 주체성을 외면하고 객관적으로 이해하는 기독교계에 대한 비판의 소리이지만, SK의 구름 비유법은 사이버신학의 관점에서, SYB의 *사이버신학과 사이버은총*(2011), 제3부 "WWW와 클라우드 컴퓨팅"에서 **"사이버구름학"(Cyber-Nephology)**과 연계된다. 사이버구름학은 "구름의 탄생"과 함께 지상을 맴돌고 있는 구름, 사이버 클라우드(Cyber Cloud)의 비전을 제시해 준다. 하나님의 전자 시각장치인 밤의 "불기둥", 낮의 "구름기둥"[38]은 "젖과 꿀이 흐르는 가나안 복지"[39]를 향해가는 인간들의 이정표로써 21세기 **메타버스(Metaverse)**와 같다.

메타버스에서는 인간, 시간, 공간을 초월하여 연결방식의 패러다임이 급속도로 바뀌어진다. 시공간의 제약이 사라진다. 마치 "바벨

탑"[40])의 건설이 중단되기 전, 인간들의 언어처럼, 언어의 장벽도 깨진다. 소통의 동시성으로 '영원한 현재'를 더 실감나게 느낄 수 있다. 이른바 "사이버 에덴"[41]의 세계를 경험하게 될 것이다.

구약성서, 선지자 스가랴(Zechariah)[42]가 본 것처럼, 놀랍게도, 구름 저편에 단어들이 유영하는 공간의 세계, 즉 "텍스트"의 세계가 있다는 사실을 인류는 21세기에 깨닫게 된 것이다. **가상현실(VR), 융합현실(MR), 증강현실(AR), ... 등은 "아이클라우드iCloud"(나는 구름이다 메타포)**, 즉 사이버 공간의 메타버스 안에서 모든 것이 이루어지기 때문에 하나님의 섭리는 하나님의 선교, 미쇼데이(*Missio Dei*)의 완성을 보게 될 것이다. 이러한 완성을 방해하는 사탄들이 존재하겠지만, 오프라인과 같은 걸림돌은 사라지게 될 것이다.

21세기, 복음서가 예언하는 그리스도가 "하늘 구름을 타고 오는 것을 볼 것이다."[43]라는 아이크라우드 메타포가 그 기능을 유감없이 발휘하게 될 것이다.

하나님은 이 아이클아우드, 메타버스의 주인이시다. 어떻게 이 공간소유자(Placeholder)가 되느냐에 따라서 에덴동산의 유토피아를 누릴 수 있을 것이다.

구름은 뼈가 없다. 무척추적이다. 구름은 희망이다. 희망은 미래 구름이다. 진정한 구름을 일으켜 세워보라. 나는 아이클라우드이다.(I am a iCloud.)[44]

오늘, 그리스도를 태울 수 있는 구름반석이 된다면, 얼마나 좋을까! 오늘, 지금 이시간이 "카이로스"의 '영원한 현재'의 종말이라고 생각하라! 그러면, 불확실성 속에서도 "품질 좋은 비옥한 시간"[45]을 경험하게 될 것이다.

"아바타"를 원한다.
Kierkegaard wants an "Avatar".

1835년, 6월 17일 SK는 코펜하겐 도시를 떠나 기분전환으로 시골로 향한다. 7월29일, 그는 시골 소르테브로 너머에 있는 길드레제 주막(Gilldleje Inn)에 숙소를 정한다. 여관의 주인은 멘쯔(Christoffer G. J. Mentz)와 그의 아내, 매그레쓰(Birgitte Margrethe)였다. 이곳에서 2개월 이상동안 머물렀다. 이곳에 있는 동안 주민들은 그를 "그 미친 학생"(the crazy student)이라고 불렀다. "방을 청소하는 객실담당 메이드들이 그의 방에 들어갔을 때, SK가 그들을 바라보는 태도에 당황했으며 놀라움을 금치 못했다"고 현지 주민들은 그를 회상했다.

7월 4일, SK의 아버지는 아들이 염려되어 안부편지를 썼다. 그러나 SK는 이곳에서 아버지에게 보내는 편지는 찾아 볼 수 없다.[46]

해변을 따라 들판까지 북쪽으로 1마일 걸어가면, 이곳에서 가장 높은 지점, 길브제르그(*Gilbjerg*)에 도착한다. 이 장소는 SK가 가장 좋아하는 장소 중의 한 곳이다. 어느 고요한 저녁, 그가 바다는 깊지만 고요하게 파도소리의 진지한 노래를 들으면서 그 곳에서 서 있었다. 망망대해의 항해가 아니라 단지 바다가 하늘을 에워싸고 하늘이 바다를 에워싸고 있는 모습을 바라보았다. 다른 한편으로는, 인생의 콧노래가 고요해지며 새들은 그들의 저녁 기도를 노래하고 있었다. 그 순간, 그 앞에 있는 무덤들에서 사랑했던 고인이 된 몇 사람들이 솟아나왔다.

좀 더 정확하게 표현하면, 그들은 죽지 않은 것처럼 보였다. "나는 그들 가운데서 마음이 평화로움을 느꼈다. 나는 그들의 포옹 가운데서 쉬었다. 마치 나는 나의 몸에서 빠져 나와 그들과 함께 더 높은 창공에서, **공중 부양하는 것을 느꼈다**. 그러나 그 순간, 거친 바다 갈매기의 비명소리 때문에 나는 홀로 서 있다는 것과 나의 눈 앞에서 펼쳐진 모든 것들이 사라졌다. 그리고 나는 무거운 마음으로 세상의 군중들과 함께 어울리기 위하여 돌아왔다.

그러나 그 축복받은 순간은 잊지 않았다. 나는 종종 그 곳에 서서 나에게 중요했던 다양한 영향들과 과거의 생활을 곰곰이 생각해 보았다. "내가 진정으로 필요한 것은 앞으로 내가 해야 할 일이 무엇인간에 관하여 분명히 하는 것이다. 이것은 나의 운명을 이해하는 문제이다. 하나님이 내가 하기를 원하는 것을 인식하는 문제이다. 나를 위한 진리가 되는 진리를 발견하는 문제이다. 내가 살면서 기꺼이 죽을 수 있는 사상을 발견하는 문제이다."47)

SK는 여기서 여섯 가지 가정법48)을 사용하면서 자신에게 무엇이 유익한 것인가를 다음과 같이 고민한다.

> 내가 이른바 객관적 진리를 발견한들 무슨 유익이 있겠는가?
> 철학자들의 체계를 통하여 나의 길을 개척한 들 무슨 유익이 있겠는가?
> 각 개인의 범주 안에서 모순들을 내가 논증한 들 무슨 유익이 있겠는가?
> 기독교의 의미를 해석한 들 무슨 유익이 있겠는가?
> 그것이 내 인생과 나를 위한 심층적인 의미가 없다면, 무슨

유익이 있겠는가? 뻔뻔스런 굴종이라기보다는 고뇌에 찬 떨림을 불러일으키지 않는다면, 내가 진리를 인정하는지 여부에 관심을 두지 않고 냉정하고 벌거숭이가 된 채, 진리가 내 앞에 서 있다면, 무슨 유익이 있겠는가?[49]

사람들에게 영향을 주고 있는 타당한 지식의 명령을 부정하지는 않지만, 그 지식이 내 삶의 일부가 되어야만 한다는 것을 강조한다. "지금 내가 문제의 본질이 무엇인가를 이해하는 것이며 아프리카의 사막이 물에 대한 갈증을 느끼듯이 갈증을 느끼는 것은 내 영혼이 갈증을 느끼는 것이 바로 이것이다."[49]-1

이 같은 SK의 고백은 어거스틴이나 루터와 같은 획기적인 고백이라고 할 수 있다. 이른바 '실존주의 선언서'라고 할 수 있을 정도로 매우 소중한 텍스트라고 할 수 있다.

법학이나 행위예술을 연구하고픈 생각도 가지고 있었지만, SK는 **"나는 배우actor가 되고 싶다. 그래서 누군가 다른 사람의 역할을 함으로써, 말하자면, 나 자신의 삶을 위한 대리인을 구할 수 있다."**라고 고백한다. 여기서 "대리인"(surrogate)은 "도플갱어"(doppelganger)[50]와 같은 무의식적이며 허구적, 환상적 캐릭터이다. SK는 소설가적 상상력을 가지고 있었지만, 초기의 저서들처럼, *재판관의 책*에서 3인칭 자서전적 "도플갱어"의 모습들로 가득 차 있다. 이러한 묘사들은 자아 극화의 약점을 지니고 있는 모습이다. 스스로 야누스와 같다는 고백과 함께 자아를 대신할 "도플갱어"를 찾고 있는 것이다. 배우가 되겠다는 욕망은 일종의 방종(self-indulgence)이다. 레기네와 약혼을 파괴하는 과정에서 그의 행동은 역할들을 만들어 내는 달란트라기보다는 미학적 환상의 단계를 설계한 것이다. 그 환상의 대상이 바로 레기네였다. 그녀는 심리적 실험의 대상이 되었다. 13개월 동안 열렬히 그녀를 사랑했지만, 정상적인 결혼생활을 할 수 없었던 자신의 성격적 결함을 "육신의 가시"라고 부른다. 그의 유일한 선택은 약혼을 파기하는 것인데, 레기네가 자신으로부터 떨어져 나가도록 하기 위하여 그는 "유혹자"(seducer)의 역할을 한 것이다. 바로 이 유혹자의 역할 때문에 코펜하겐 시민들로부터 비난의 화살을 받았다. "육신의 가시"는 비정상성을 나타내며 전형적인 나르시시즘(narcissism), 즉 강박 관념적 자아선취(self-preoccupation)라고 할 수 있다. 자신의 질병이 무엇인지 잘 알고 있었으며 천재와 광기사이의 관계성에 매력을 느끼고 있었던 SK는 이 같은 환경에서 벗어나기 위한 방편으로 자신의 분신들을 만들어 냈다.51)

SK의 도플갱어들은 21세기의 사이버 세계, 디지털 세상의 **메타버스Metaverse**의 아바타와 같은 대리인들이다.

8월 24일 다시 코펜하겐으로 돌아온 SK는 7월 17일, 2개월 전에 도시를 떠났던 젊은 청년 SK가 아니었다. *재판관의 책*에서 그는 역설적인 표현으로 풍부해진다. "내가 발견한 것은 무엇이었나? 나의 내가 아니다."52) 자신의 정체성은 자연과학을 배양하는 쪽은 아니었다. 진정한 자아의 선험적 소유와 함께 시작하는 사람은 한 사람도 없다는 것을 SK는 긍정적으로 인식한다. 당분간, SK는 이 같은 자아의 초월과 획득을 위하여, 자신의 에너지를 오직 글쓰기에 전념할 것이라는 뜻을 드러낸다.

SK에게는 시간이 "글쓰기"(writing)였다.53) 저자로서 기꺼이 살면서 죽을 수 있는 진리, 아이디어, 그 생각은 바로 문학 작품을 출판해 내는 일이었다. 물론 그는 22세 젊은 대학생으로서 자기 자신도 눈부실 정도의 다작을 만들어 내리라고는 생각하지 못했을 것이다. 그의 실존은 컨테이너를 만드는 일이었다. 컨테이너가 바로 그의 실존이었다. 문제는 그 속에 담아낼 컨텐츠를 무엇으로 어떻게 만들어 내느냐 하는 문제가 남아 있었다. 이미 알려져 있듯이, 그가 책속에서 등장시킨 익명자들은 **메타버스의 아바타**들이다. 이 아바타들로 하여금, 일차적으로 **대리인**의 역할을 하게 만들었으며, 대리인이 아닌 자신의 정체성으로 저널과 일기를 모은 *재판관의 책*을 쓰는데 그의 인생을 거의 소비했다.

SYB에 의하면, SK의 환상과 공중부양의 체험은 바로 사이버 공간에서 발생하는 가시적, 비가시적인 체험들 중의 하나이다. 성경에서 등장하는 비이성적 현상들과 기적들, 에녹과 엘리야의 공중부양, 연못의 도끼가 떠오르는 사건, 예수와 베드로의 수면위에서 워킹, 오병이어, 죽은 자의 소생, 시공간의 해체와 침투, 만유인력의 법칙의 해체, 더하기 빼기의 역기능, ...

"그 앞에 있는 무덤들에서 사랑했던 고인이 된 몇 사람들이 솟아 나왔다. 좀 더 정확하게 표현하면, 그들은 죽지 않은 것처럼 보였다. 나는 그들 가운데서 마음이 평화로움을 느꼈다. 나는 그들의 포옹 가운데서 쉬었다." 이러한 표현은 대표적인 환상이다. 눈앞에 펼쳐진 환영의 모습이다. "마치 나는 나의 몸에서 빠져 나와 그들과 함께 더 높은 창공에서, **공중 부양**하는 것을 느꼈다."[54]

SK는 자신의 몸과 영의 분리를 경험한다. 특히 무덤에서 죽은 자들이 솟아나와 마치 산자들처럼, 산자와 함께 포옹하는 가운에 영혼의 안식과 평화를 경험한다. 특히 공중에서 육체이탈의 경험을 통하여 죽은 자들과 함께 공중 부양하는 체험은 비록 이 생에서 마지막 숨을 거두며 영과 육이 분리하는 순간이 아니라 할지라도 체험할 수 있다는 것은 21세기 사이버 세상에서 메타버스의 아바타와 같은 역할을 하고 있는 것이다.

1977년도 당시 초겨울부터 홍콩 A형 독감이 유행했다. 해마다 열리는 겨울 동계훈련 계획이 1월 말경으로 잡혀 있었다. 가장 혹독한 겨울 한복판에서 혹한을 견뎌내기 위하여 1주일 동안 야외에서 텐트를 치고 야영하는 훈련이다. 한 겨울 전방의 야외 체감온도는 영하 30여도를 육박했다. 소변을 보는 순간, 곧바로 고드름처럼 얼어붙는다. 식판에 밥을 올려놓는 순간, 모락모락 피어오르는 김이 사라져 버린다. 식사를 제대로 할 수 없다. 조금이라도 미풍이 불어온다면, 그 바람은 칼바람으로 살을 도려내는 추위를 온 몸으로 느낄 수밖에 없었다.

우리 부대는 동계훈련을 받기위하여 한 달 전부터 싸리를 잘라다가 울타리를 만들었다. 짚을 구해다 두꺼운 깔판과 텐트를 둘러칠 담요 아닌 담요를 만들었다. 철저한 월동을 준비하지 않으면, 혹독한 추위와 맞서 싸울 수 없다. 전방의 동절기는 혹한전쟁이라고 표현해도 무리는 아닐 것 같다.

78년도 신년 동계훈련을 1주일 앞두고 원치 않는 홍콩 A형 독감이 SYB를 엄습해 왔다. 높은 고열과 한기로 그는 그만 자리에 눕고 말았다. 자리에 편히 누웠다고 고백한다면, 얼마나 좋았을까? 그가 누워 있었던 곳은 냉기가 휘감아 도는 내무반장실이었다.

"야, 임마, 심하사! 동계 훈련이 코앞에 닥쳐왔는데 뭘 하겠다는 거냐. 너 꾀병이지? 분대장이란 놈이 이렇게 약해 빠져 가지고 ..."

"....."

"분대장 그만 두라."

"죄송합니다."

"심하사. 너는 부대에 남는다. 위병소 수문장이나 해라."

"네에~"

고열에 먹지 못하고 누워있는 그를 보면서 중대장은 특유의 호통을 쳤다. 입을 벌려서 소리를 내려고 시도했지만, 중대장의 귀에 들리지 않았을 것이다. 입 밖으로 소리를 낼 수 없는 지경이었다.

"행정병! 의무대에 가서 감기약이나 타다주라. 그리고 선임하사님은 심하사를 이번 훈련에서 제외시키시오."

한 마디 말조차 할 수 없는 상황이었다. 온 몸이 굳어가고 있었다. 움직일 수 없었다. 사병들이 식당에서 가져다주는 짠밥은 먹을 수 없었다. 군대의 짠밥이란 돌이 굴러갈 정도로 차디차고 딱딱하게 굳어있었다. 그도 그럴 것이 식당에서 본부 포대막사까지는 600여 미터 거리가 떨어져 있었기 때문에 시판의 짠밥과 반찬은 이미 다 식어 버렸고 굳어 있었다. 물 한 모금이 목구멍으로 들어가지 않았다. 누가 몸을 만지기라도 하면 통증을 느낄 정도였다.

의무대에 사병을 보내 감기약을 타다 주었다. 하얀 종이에 쌓여진 작은 알약들이 마치 색바랜 쥐똥처럼 보였다. 빈속에 어떻게 약을 먹을 수 있단 말인가? 의무대의 약이란 잘 듣지 않았다. 아마도 홍콩 A형 인플루엔자가 약보다 더 강했던 것이다. 산송장처럼, 미라처럼 꼼짝없이 누워서 지낼 수밖에 없었다.

막사는 행정반을 중심으로 좌측엔 수송부, 그리고 본부, 우측으로 병참부, 통신부 사병들이 거주하고 있었다. 한 내무반 중앙에 설치된 빼치카의 열은 밤새 한 겨울, 보초로 얼었던 사병들의 몸을 녹여 주기에 충분했다. 그러나 동쪽으로 난 출입문 바로 입구에 따로 칸막이로 마련된 내무반장실이 있었다. 사병 내무반과 반장실의 온도차는 심했다. 그래서 그랬는지 내무반장실 천정에서 물방울이 맺히기 시작했다.

엿새 동안 내무반장 실에서 꼼짝없이 누워있었다. 토요일 오전, 10시쯤으로 생각된다. 그 날도 매트레스 위에서 모포를 덮고 천정만을 바라보고 있었다.

'내일은 주일인데...... .'

전방부대 안에는 군인교회가 세워져 있었다. 대대장은 교회의 장로로서 전 부대원의 복음화에 열정을 가지고 있었다. 대대장은 언제나 교회의 맨 앞자리에 앉아 있었다. 그 여파와 파장으로 부부대장을 비롯한 4개 포대 포대장과 하사관 및 전 병사들은 교회에 집합할 수밖에 없었다. 무신론자이든, 타종교에 몸담고 있는, 상관이 없었다. "길과 산울 가로 나가서 사람을 강권하여 데려다가 내 집을 채우라"(눅14:23)는 예수의 요청대로 대대장은 말없이 자신의 미션을 수행하고 있었다. 종교의 자유가 제한을 받고 있다는 소리가 들리곤 했지만 소용이 없었다. 불평불만을 품은 중대장이나 간부들, 사병들이 왜 없었겠는가! 당직사관, 보초 등 필수 근무요원을 제외하고는 그 어떠한 병사도 열외가 없었다. 주일만큼은 초대받지 않는 손님까지도 모두가 이 잔치에 참여할 수밖에 없는 충성스런 부대가 되었다. 그럼에도 불구하고 각 포대 전 대원의 발걸음은 어김없이 성전을 향해 가고 있었다.

누가 지도자인가? 누가 부대를 이끌어가고 있는 것인가? 리더의 정신과 사상이 얼마나 중요한가를 단적으로 보여주는 장면이다. 부대장은 모세나 여호수아처럼, 광야의 기수와 같은 역할을 수행하고 있었다.

내무반장실 천정에 달라붙은 물방울들이 자신의 몸무게를 이기지 못하고 하나 둘씩 떨어져 내린다.

'어서 일어나야 할텐데..... 내 몸무게는 아마도 천근, 만근이나 되겠지. 그 어떠한 무게와 비길 수 없을 거야. 금악산 만큼이나 무거울 걸. 천정에 매달린 저 물방울 무게는 얼마나 될까? 저것이 내 얼굴에 떨어지면, 나는 박살이 나겠지. 저 놈이 떨어지면, 나는 산산조각이 날 거야.'

물방울이 떨어진다. 하나 둘, 셋, ... 내 얼굴 위에 떨어진다. 모포로 덮은 몸 위에 떨어진다. 떨어지는 물방울이 차갑게 느껴졌다. 수건이라도 옆에 있었으면, 씻어내기라도 하련만..... 미동조차 할 수 없었다.

온도의 차이에서 탄생한 천정의 물방울들은 가차 없이 내 이마, 볼, 코, 턱으로 떨어진다. 산산이 파편화되어 튕겨나간다. 타켓트에 정확히 떨어진 155미리 포탄의 파편들처럼, 이 분산되어 내 눈 속으로 파고든다. 미세한 물방울들을 밀어내기 위하여 눈을 깜박거려 보았다. 차라리 풀잎에 맺혀지는 이슬방울이라면, 얼마나 좋았을까! 작은 입자들이 서로 당기어 맺어지는 새벽이슬이라면, 참으로 좋았을 것이다.

그의 신세가 처량하고 서글퍼졌다. 고향생각이 난다. 아버님 어머님의 얼굴이 스치고 지나간다. 누나 동생들이 보고 싶었다. 애인이 있었더라면, 그녀의 얼굴도 스치고 지나갔을 것이다. 고독이 밀려왔다. 어느 덧, 사리터리 맨이 되어버렸다. 외로움이 밀려왔다. 쓸쓸함이 더해진다. 밖에는 개미새끼 한 마리 지나가는 소리도 들리지 않는다. 눈에 들어오는 것이라곤 하나, 둘씩 떨어지는 저 물방울만이 야속하게 느껴진다. 떨어지는 물방울들을 피하고 싶었다. 그러나 한 번 처박혀 있는 고개가 말을 듣지 않는다. 움직여지지 않는다. 그대로 고스란히 맞고 있었다. 그대로 모포가 적셔지고 있었다.

'주님, 내일은 주일입니다. 그래도 주일은 지키게 해 주십시오. 언제까지 누워있을 수는 없지 않습니까?'

그 순간, 어둠 컴컴했던 내무반장실이 환하게 밝아오더니 갑자기 그가 누워있는 매트레스와 바위처럼 무거웠던 몸이 움직임을 느끼기 시작했다. 서서히 공중을 향하여 떠오르기 시작했다. 어느 만큼 떠올랐을까? 이게 꿈인가, 생시인가? 그 자신을 의심하기 시작했다. 1미터 50센티 정도 솟아올랐다. 마치 서커스라도 하는 것처럼, 뉴톤의 "만유인력의 법칙"을 해체시키는 이상한 현상이 발생했다. 물속에 빠진 무거운 도끼가 수영을 하면서 솟아오르듯 서서히 솟아올랐다.[55]

한 참이나 공중에 머물러 있었다. 누가 이 광경을 지켜보는 관객이 있었더라면, 이 장면은 마치 세기의 마술사, 커퍼필드가 보여주는 공중부양마술이었을 것이다. 혹시 하늘의 "바람곳간"에서 흘러나온 서풍의 기둥이 소리 없이 다가와 그를 받쳐준 것일까?[56] 어느 누가 그의 매트레스를 들어 올린 것인가? 어느 누가 그의 허파에 바람을 넣은 것일까? 허공에 매달린 사람처럼, 바람에 매달려 있는 연처럼, 공중부양마술을 하게 한 것인가? 그의 중력은 어디로 사라진 것일까? 떨어지는 물방울도 더 이상 떨어지지 않았다. 천정에 송이송이 맺혀진 물방울들이 무엇에 녹아버린 것처럼, 모두 다 사라져 버렸다. 부풀어 오른 커다란 고무풍선이 바람을 타고 날아가다가 다시 땅에 내려앉는 것처럼, 공중에 떠 있던 매트레스와 함께 그의 몸이 사뿐히 내려앉는다.

물위를 걸어갔던 베드로[56]는 물속으로 침몰해 들어갔다. 자신의 몸무게가 그가 믿고 있던 스승에 대한 믿음보다도 더 무거웠던 것일까? 베드로처럼, 의심의 논리가 아니었다. 아주 사소하고 보잘 것 없는 홍콩 A형 감기의 논리였다. 바위덩어리처럼 무겁고 힘들었던 이 소마(Soma)[57], 이 몸, 이 육체, 이 육신, 이 땅덩어리가 지상을 떠나 허공으로 솟아오른 것이다. 변화산의 체험[58]이나 임사체험[59]도 아니다. 누구의 간증처럼, 하늘의 3층천을 다녀 온 것[60]도 아니다. 누구처럼, 천사들과 씨름[61]하며 담소를 나눈 것도 아니다. "북편 하늘을 허공에 펼쳐 놓으시고 이 땅덩어리를 공간에 매달아 놓으신"[62]것처럼 그의 몸 동아리를 허공에, 공중에 그렇게 매달아 놓았다.

바닥에 살며시 내려앉는 순간, 놀라운 변화가 생기었다. 언제, 그가 홍콩 A형 독감으로 고통을 받았던가! 언제, 그가 물도 넘기지 못한 채, 아파했던가! 그가 언제 고열로 시달림을 당했던가! 한 순간에 사라져 버렸다. 사뿐, 사뿐히 물위를 걸어오시던 주님처럼[63], 그의 몸이 새털처럼 순간 가벼워졌다.

에너지의 고갈로 번 아웃된 몸을 일으켜 무릎을 꿇고 기도했다.

무슨 기도를 할 수 있었겠는가? 아무 말도 하지 못했다. 눈물도 먹고 마시는 것이 있어야 나오는 것이 아닌가? 눈물샘이 폭발했다. 펑펑 쏟아지는 뜨거운 눈물이 왜 나오는 것일까? 그저 감사의 눈물로 앞을 가렸다. 성령께서 정수리에서 발끝까지 그의 몸을 훑터 내리는 것을 느꼈다. 그의 몸무게, 60킬로보다도 더 무거웠던 심장의 무게를 제로 그라운드로 만들어 버렸다. 그 때처럼, 뜨거운 감사의 눈물을 흘려 본적이 없었다. 흐르는 눈물의 동기가 무엇인지 알 수 없을 정도로 뜨거웠다. 아마도 그의 생에 마지막 날까지 그 같은 뜨거운 눈물을 더 이상 흘리지 못할 것이다.

일어나 문가에 걸려있는 작은 네모난 직사각형의 거울 앞에서 얼굴을 비쳐 보았다. 눈이 퉁퉁 부어 있었다. 이 얼굴을 가지고 어떻게 밖으로 나갈 수 있을까? 사병들을 보기에 부끄러움이 밀려왔다. 아무도 들어오지 못하도록 문을 걸었다.[64]

주님의 날을 사모했던, 한 젊은 청년의 신앙사건을 "주일성수"라는 거창한 표현으로 포장하고 싶지 않다. 우리네 삶의 현장이 모두 거룩하고 신성하기에 '그렇게' 살아야 한다. 하루쯤 쉬어가자! 그렇게 함으로써 토기가 된 우리네 인생이 토기장이를 한번쯤 생각해본다면, 얼마나 좋을까!

신앙이란 주체성이다. 영적체험이 없다면, 끝까지 그리스도에 대한 신뢰와 믿음 지키기란 쉽지 않을 것이다. 베드로도 그랬고, 바울도 그랬다. 감기 때문에 감사의 눈물을 하염없이 쏟아낸 SYB의 '사이버신앙사건 체험은 설령 이 책이 사라져 100년이 지난, 2122년이 된다할지라도 그의 이 영적체험은 사라지지 않을 것이다. 비몽사몽간에 발생한 "환상"65)이라고 해두고 싶다. 에녹이나 엘리야와 같은 소마는 아니지만, 차라리 **"가상현실"(VR)-융합현실(MR)-증강현실(AR)의 메타버스의 아바타**라고 하는 것이 더 정확한 표현일 것이다.

가상현실(VR) 속에는 말이 없는 **아바타**들이 우글거리는 슈퍼컴퓨터 속의 메타포이다. 이 세계에서 마주치는 모든 사람들은 과거의 인물, 어떤 남녀 사람이었든지, 아니면 미래의 어느 날 아직 태어나지 않은 어떤 사람이 될 가능성이 높다. 이 가상현실에서, 잊을 수 없는 과거의 인물이나 어쩌면 사람들이 기다리고 있는 미래의 운명적인 구세주가 될 수 있다. 천국으로의 상승과 지옥으로 하강은 시공간을 초월할 수 있는 유일한 방법이 될 수 있다. 즉 죽은 자들과 영혼들의 지하세계, 연옥 혹은 천국에 들어갈 수 있는 유일한 방법이며, 동시에 과거와 미래, 존재의 영역과 무의 영역을 자유롭게 여행 할 수 있는 유일한 방법이다. 이른바 **메타버스는 가상적 불멸성**의 영역에 도달할 수 있는 방법이다.66)

연세대학교 연합신학대학원, 논문- **"하이퍼신학의 관점에서 본 사이버처어치"**(The Cyberchurch in the viewpoint of The Hypertheology, 2000)-을 *사이버신학과 디지털교회*(한국학술정보, 2008)라는 제목으로 책을 출판을 하고 난 후, 사이버신학에 관심을 갖고 연구를 하게 된 동기치고는 너무나 우연의 일치라고나 할까? 결코 우연의 일치라고 생각하지 않는다.

*키에르케고르는 왜,
"나는 내 손을 기꺼이 보여주지 않는다"라고
말하는가?
BJ., No. 5551.

원, 세상에!

물론 솔로몬의 "시기와 우연이 모든 자에게 임한다"[67]라는 고백은 전적으로 우연을 부정하고 있지 않다. 그러나 믿음 안에서 살아가는 모든 신앙인들의 영적체험이란 '우연이란 없는 법이다.' '우연적 필연인가', '필연적 우연인가'라는 논쟁도 부질없는 노릇이다. 범연, 필연, 악연 등 모든 사람들과의 만남의 사건들이나 현상들의 부딪침이 하나님의 "섭리"(Providence)[68]아래 놓여 있다.

SK와 SYB, 그 밖의 또 다른 이들의 종교적 경험도 마찬가지일 것이다.

서둘러 결론을 내리지 말자. 하나님의 섭리는 언제나 인간의 이성을 초월하며 초월한 이성으로 사이버의 세계에 대한 정보를 제공해 주신다. 하나님의 역사는 닫혀있는 인간의 마음을 원하지 않으신다. "너희가 천기는 분별할 줄 알면서 시대의 표적은 분별할 수 없느냐?"[69] 창조주 하나님은 시시각각으로 오늘 보다는 내일을 향한 Open Minds에 21세기의 또 다른 은혜와 정보를 주실 것이다.

| 5 | SBNR을 추구한다.
Kierkegaard seek after SBNR." |

1)

SK는 *재판관의 책*에서 "종교"라는 특별한 타이틀로 자신의 의견을 보여 주지 않았다. 그가 이른바 세계 5대 종교, 기독교, 이슬람교, 불교, 유대교, 힌두교에 대한 연구도 심층적으로 하지 않았다. 그러나 그가 기독교를 중심으로 연구한 종교에 대한 사상을 살펴보면, **그는 종교철학자이다**. 비단 기독교에만 매달리지 않고 있다. 종교들의 역사적 역할을 볼 때, 그 관계성에 대하여 SK는 다음과 같이 주장한다.

기독교는 마차에 앉아있는 주인이다. 유대교는 마부이다. 이슬람교는 마부와 함께 앉아 있지 않고 뒤에 앉아 있는 하인이다.[70]

이 같은 SK의 평가에 대하여 마부와 하인 취급하는 두 종교는 화가 날 것이다. 일신론(monotheism)[71]은 역사적으로 이신론(deism)과는 다른 유대교와 이슬람교에서 등장한다. 유대교에서 하나님은 율법 제정자로서 전능하신 신으로 나타난다. 모세가 바로 그 배경이다. *욥기*에서는, 분리된 개성이 하나님과는 반대편에서 나타난다. *시편*에서는, 인간은 하나님에 대항하여 투쟁을 해서는 안 되며 **하나님은 전능하신 하나님이시다**라는 것을 인정함으로써 마음의 안식을 얻는다.[72]

이슬람교는 유대교의 신성한 단일신론과 기독교의 하나님의 성육신 교리와 구별되는 "추상적인 단일신론"으로 설명된다. "하나님은 한분이시다"에서 이슬람교는 유대교의 개인적이며 구체적인 **"나는 나다"**(I am who I am.)[73]와 비교하여 **"하나"**라는 수(number)를 강조한다.

이슬람교에서 모든 것은 중간지점에서 멈춘다. 왜냐하면, 이슬람교는 추상적인 출발점을 초월할 수 없기 때문이다. 기독교에 대한 이슬람교의 관계성은 이슬람교도들에 의하여 사용된 상징 속에서 가장 잘 만들어진다. **"달은 태양으로부터 그 빛을 빌려온다."**(the **moon borrows its light from the sun**) 즉 이슬람교는 기독교로부터 빛을 빌려온 것이다.[74]

이슬람교에 대하여 한 분의 마호메트 자신이외에 더 서술적인 표현으로 예언자나 역사가를 찾아 볼 수 없다. 모하메드는 그의 거룩한 무덤의 부유 상태에서 인간이 되지 않았던, 즉 성육신을 하지 않은 신성과 신성이 되지 않았던 인간성 사이의 두 자석 사이에 존재한다.

여기서 개성화된 다신교도 아니고 구체화된 여호와 일신교도 아니지만 추상적 일신교- "하나님은 한 분이시다"[75]-여기서 긍정해야만 하는 것은 특히 그 "수"(number)에 있다. 어느 정도 예측된 유대인의 하나님과는 같지 않다. 그러나 여전히 구체적이다: "나는 나다." 그것은 성육신한 메시야가 아니다. 단순히 예언자, 모세도 아니다. 정도의 차이는 있지만 권력 상 어떤 차이가 없이 유대인들 사이에는 많은 예언자들이 있기 때문이다. 그러나 모하메트는 성육신에 가까워지지만 그러나 이슬람교에서 그 밖의 모든 것처럼, 중간 지점에서 중단하는 특별한 우수성을 요구했다.[76]

이슬람교는 하나의 풍자로 전개시킨다. 하나님의 전능함이 독단성이 되며 그의 통치는 운명론이 된다. 이신론은 기본적으로 그 관계성을 뒤집는다. 일신론은 **신은 신이다, 그리고 인간은 인간이다**라고 하는 것을 전제로 하기 때문에, **인간은 인간이다, 그러므로 신은 신이다**라는 것을 전제로 한다. 인간의 당연한 축복을 실현시키는 것에 대한 필요한 부속물로 여긴다.[77]

가톨릭은 유대교와 비교된다. 이 땅에 주권적으로 내려오신 분이며 (시나이의 천둥 속에서) 자신의 주권에 집착하신 분이 바로 하나님이시다. 따라서 하늘이 땅위에 있을 때, 즉 그 역사적인 순간이 반영된다.

하나님은 자신의 비하나 굴욕으로부터 시작하신다. 그래서 그리스도는 스스로 종의 형태를 취하셨다. 그리고 가톨릭의 교황은 스스로 **"종의 종"**(*Servus Servorum*)이라고 부른다. 그러나 오늘날 교황은 "종"이라고 불릴 수 없다. 유대교는 하나님을 하늘로부터 끌어 내렸다. 기독교의 (개신교)는 인간을 하늘에까지 끌어 올렸다.[78]

SK는 인간 중심적인 조직체에 대하여 3대 종교에 대하여 비판적이다. 오늘날 개신교가 "이상적인 충성파들이 천주교를 지향해가는 것은 재미있는 이유"가 된다.[79]

2)

SK는 자신의 종교철학에 대하여, 1837년, 바우어의 *정기간행물*(Bauer's *Zeitschrift*, II, 1. pp. 1-32)에 실린 기사, 칼 로젠크란츠(Karl Rosenkranz)의 *평행 관계철학*(*Eine Parallele zur Relationsphilosophie*)을 자세히 분석한다.[79]-1

칼 로젠크란츠에 의하면, 만약 다른 종교들이 가장 단순한 조건들에 의한 것이라면, 세 가지 입장을 주장한다.

   a. 인간은 신이다.
   b. 신은 신이다.
   c. 신은 인간이다.

첫째는 민족성 중심주의이다. 그것은 자체 중재하는 것으로서 통일을 단정하는 것이 아니라 직접적이며 자발적인 것으로서 통일을 단정한다. 그리고 즉 중재의 과정이 발생하는 장소를 망각한다. 그것은 독단적인 하나의 주장이다. 이교도적 종교(paganism)에서, 마술사들은 기본적인 권력을 생성시키는 힘과 같다.[80]

인도의 종교에서, 그것은 **"브라마"**(Brahma)이며 누구나가 브라마에 속죄함으로써 즉시 신과 하나가 되는 것으로 나타난다. 따라서 영적인 현현이 영적인 실재와 반드시 일치할 필요는 없다. 이것은 또 다른 방향에서 가톨릭의 신부와 같다.

인도의 범신론(pantheism)[81]은 성육신과 같은 것이 존재하지 않는다. 형식과 의도라는 두 가지 양태 속에서 우연한 특성의 표지를 가지고 있다. 그러나 어느 것도 마치 하나님이 의식을 성취하기 위하여 인간을 필요로 하는 것처럼 인간 생성과 같은 것은 존재하지 않는다.

불교의 종교에서, **"라마"**(Lama)는 직접적인 신이다. 이원론적 종교에서, 그 과정을 실현시키기 위한 인간은 중간적인 존재이다. 두 세력들이 그들의 완성을 위하여 그를 필요로 한다. 여기서 정적주의 대신에, 긍정과 부정적인 실체 사이에 상호작용이 존재한다. 즉, 이것으로부터 영웅적인 것, 비극적인 것이 나온다. 행동이 주제이지만, 죽음이 그것에 대한 한계를 설정한다.[82]

그리스 정교에서, 그것은 예술의 종교, 혹은 미적 개성이었다. 영웅적인 것과 비극적인 것이 개인적 자유의 확대된 정의와 함께 전면으로 등장하지만, 그 후에는 반대로 전환된다. 그 행위에 있어서 스스로 신이 되는 영웅은 사상의 변증법을 통하여 신들을 부정하는 무신론자와 반대편에 서게 된다. 희곡에서의 비극은 아리스토파네스(Aristophanes)처럼 특별한 개성을 절대화한다. 헤겔은 그들의 종교성을 "진실성"(*Ernsthaftigkeit*)으로 묘사한다.[83]

이교적 사상은 시적이었다. 일신론은 산문적이었다. 전자는 결국 미치게 된다. 본질적으로 하나의 통일체는 단지 수많은 분리되고 제한된 개성들의 수단들에 의하여 나타난다. 그러나 최초의 원시적인 세력들은 개성적인 제한에 의하여 길들여지지 않는다. 불완전한 것, 추한 것, 변태적인 것이 나타난다.[84]

3)

기독교 낭만주의는 의심할 여지없이 동양적인 면이 있다. 그러나 그것은 동양에서 온 3명의 왕들이었다. 별들을 추적해 오면서, 황금, 유향, 몰약의 선물을 어린 아기 예수를 찾아왔던 동방박사들의 종교는 이른바 점성술에 기초한 종교적 신념이었다. 이들의 신념에 대하여 SK는 부정하지 않는다.[85]

기독교는 일신론 안에서 서로의 입장에 대하여 두 개의 분리적이며 추적이 가능한 부정적인 정체성이다. 그러나 또한 이교적 숭배의 직접적이며 단정적인 입장을 폐지한다. 일신론의 입장은 절대적이다. 이교사상의 입장은 불확실하며 일신론의 가설이다. 기독교의 입장은 구체적인 통일성 속에서 신성과 인간성의 분리를 내포하고 있기 때문에 분명하다. 따라서 기독교는 가장 영광스런 인간관을 가지고 있다.

SK가 루터의 종교개혁을 비판하는 것은 루터가 자신 스스로 **"순교자"**가 되기보다는 그는 모임을 만들고, 루터교단을 조직했다는 것이다. 이것이 기독교에 혼란을 부추겼다고 비판한다. 루터교는 외향적인 모임에 관심을 가지고 과거의 "가톨릭처럼 기계적으로 움직였다"고 비판한다.[86]

만약 프로테스탄티즘(Prostestanism)이 어떤 주어진 순간에 필수적인 개선책이외의 다른 어떤 것이라고 생각한다면, 그것은 실재적으로 기독교에 대한 인간성의 반항이다.

만약 기독교가 복음서에서, 존재-모방, 순수한 고통, 불행, 통곡, 모든 말씀이 설명되는 곳에서 심판의 배경으로, 그것이 본질적으로 존재하는 것으로 선포된다면, 그 때, 그것은 공포의 고통, 불안, 흔들림, 전율이다. 아주 옳다. 그러나 하나님이 이생의 삶을 초월하는 어떤 곳이 있다면, 복음서에서 실재적으로 말하고 있는 그 곳은 어디인가?

인간의 본성이 지속적으로 추구하는 것은, 평안함, 평온함이다. 안식할 수 없는 행복이란 존재하지 않는다. 인간의 본질은 지금 이 땅에서 인생을 즐기기 위하여, 궁극적으로 이 유한한 삶을 채우기 위한 평온함이다.

프로테스탄티즘은 실재적으로 기독교에 반대하는 인간의 반항이다. 우리는 평온함을 원하며 기독교가 평화를 남겨 주기를 원한다. 그래서 우리를 기독교로 방향을 전환한다. 그러나 신약성서에서 존재하는 기독교의 끔찍스런 염세주의로부터 벗어나 김빠진 낙천주의를 추구하며 그 열매를 얻는다.

이것과 함께 우리는 기독교를 완벽하게 밀어내고 인생의 즐거움과 더불어 콧노래를 부르는 일들을 시작해야한다. 인간은 오직 은혜로 구원을 받기 때문이다.[87]

이것이 세계 역사의 전환점이다. 이교숭배는 현재 혹은 과거의 종교였다. 심지어 유대교조차도 예언적 특성을 가지도 있음에도 불구하고 현재에 너무 많이 집중한다. 유대교는 현재시대 속에 미래이다. 기독교는 미래의 종교이다. 미래 시대의 현재이다.[88]

4)

이 글의 제목- **"기독교는 전혀 존재하지 않는다"**-은 SK의 아바타와 같은 앤티-클리마쿠스(Anti-Climacus)의 선언이다. 그가 자신은 클리마쿠스와 앤티-클리마쿠스의 중간지점에서 머뭇거리는 그림자라고 고백한다 할지라도 여전히 그는 기독교의 아바타라고 할 수 있다.

SK는 "나 자신에 관하여"라는 제목에서 **"기독교는 전혀 존재하지 않는다"**라고 주장한다.[89] 기독교는 존재하지 않는다. 미래에 기독교는 섬김을 받게 될 것이다. 그것은 세계혁명에 준하는 대개혁이 필요하다.[90]

"사랑과 잔임함"이라는 타이틀에서, SK는 **"기독교는 사라졌다"**고 주장한다. 기독교는 죽은 자들을 매장하고 기억하는 사랑으로 변해버렸기 때문이다.[91] 기독교는 본질적으로 이 세계에서 사라진 것이 분명하다. 공식적인 설교에서 조차 신화나 시로 전락하고 말았다.[92]

수백만의 성도가 있으며, 설교 업계가 호황을 누리고 있다. **"기독교는 난센스다."** 하나님은 영이시다. 하나님을 사랑한다는 것은 세상을 위하여 죽는다는 의미이다. 따라서 이 세상에서 가장 소름 끼치는 일이다.[93]

전통적인 교회론을 주장했던 그룬드비히 목사의 교회론, 즉 형식주의, 제의주의, 도그마, 권위를 SK는 난센스라고 비판한다.[94] 이러한 주장은 코펜하겐대학의 신학과 교수였던 클라우센(H. N. Clausen)의 영향을 적지 않게 받았다. 클라우센 교수는 기독교의 모든 것은 "역사-비평적"관점에서 보아야 한다고 주장한다.[95]

SK가 종교철학자로서, 특히 기독교에 대한 비판은 그가 신학을 전공했기 때문이며, 하나님의 사랑과 구원의 보편성을 강조하기 때문이다. 하나님의 모든 종교에 대한 공평성은 의인과 악인의 지붕위에 햇살과 비를 공정하게 내려 주시는 것처럼 공정하시다.[96] 그러나 영적인 세계에서는 햇살과 비의 공정성을 허락하지 않는다. **"주사위는 던져 졌다. 나는 루빈콘 강을 건너고 있다"**라고 SK는 주장한다.[97]

자신의 정체성과 미션이 무엇인지를 자각한다. 그래서 그는 덴마크 군주, 크리스천 8세(Christian VIII)[98]를 세 번씩이나 알현했음에도 불구하고, 군주권력의 찬스를 이용하지 않는다. 종교의 수장이며 아버지의 친구였던, 뮌스터(Mynster) 주교의 찬스를 사용하지 않는다. 신학을 전공했으면서도 안수목사라는 '안수의 찬스'를 사용하지 않는다.[99]

이러한 SK의 신념은 **"권위 없음"**(without authority)이라는 자신의 정체성에서 가장 잘 보여준다.[100]

SK는 흑수저가 아니고 금수저였다. 금수저로서 주변의 환경은 그가 신학과 목회의 꽃길만을 걸을 수 있도록 준비되어 있었다. 그러나 성직자들이 누리는 권위에 대한 미련이 없음을 다음과 같이 고백한다.[101]

시스템이 나를 끌어 들이기 위하여, 나에게 고위직을 위한 게스트 룸이 배당되어 있었지만, 나는 나무 잔가지에 앉아 있는 한 마리 새처럼, 여전히 사상가가 되는 것을 더 선호한다.

뮌스터, 마르텐센 등 전통신학을 고수해온 국가교회 시스템의 기득권 세력들이 마치 에베레스트 산 정상 둥지를 틀고 살아가는 육식의 독수리의 이미지라고 한다면, SK는 독수리와 같은 권위를 포기한

숲 속 계곡 에서 채식을 주로 한 채 살아가는 한 마리 작은 새였다.

자신이 **"영적이지만 종교적이지 않은"**(**SBNR**: Spiritual But Not Religious) SBNR 신학자라는 것을 노골적으로 다음과 같이 표출시킨다. "기독교계의 역사는 헤아릴 수 없을 정도로 수많은 목사들이 괴물 같은 교리적인 시스템을 만들고, 교회를 건축하고, 기념비적인 건물들을 세우는 것은 하나님을 제거시키는 것 중의 하나이다."102) 그는 권위를 가장 싫어한 겸손한 '하늘나그네'였다.

5)

SK는 **SBNR**의 메시지를 전하면서 기독교에 몸담고 있으면서 기독교인이 아닌, 즉 **"영적이지만 소속되지 않음"**(**SBNA**: Spiritual But Not Affiliated)을 지속적으로 추구해 나갔다.

그러나 19세기 덴마크 기독교는 국가종교로서 전형적인 **"종교적이지만 영적이지 않음"**(**RBNS**: Religious But Not Spiritual)의 모습들이었다. 이러한 현상에 대하여 SK는 화살을 날린다. 그의 눈에는 1세기 이후부터 교회의 시스템이 복음적이지 않다고 하는 것을 지적한다.103) 하나님은 피라미드 체계(pyramidal system)와 같은 체계적인 계급구조를 증오하신다.104)

SK가 SBNR의 현상을 부정하는 것은 "국가교회"였던 덴마크뿐만이 아니라, 로마 카톨릭교회의 조직체, 시스템을 지향하는 종교들의 집단적 양태들이다. 그래서 그는 "시스템"(System)과 "수"(number)를 부정한다. 특히 수로 구성되는 시스템을 부정하면서, 자아의 예언자답게 "단독자"를 주장했다. 대중은 비진리이다. 대중은 "키메라"이다. 군중은 난센스이다. 공동체 안에서, "단독자"는 우주를 질

적으로 생성시키는 소우주이다.105)

SYB에 의하면, 1851년, "..... **기독교가 없어도 성도가 될 수 있다"**(One becomes a Christian-without Christianity)106)고 주장하는 SK의 신학사상은 성경에서 등장하는 "만인, 만유, 만물, 만상, 만국, 만방"의 세계 구원을 원하시는 하나님의 뜻과 의도, 즉 모든 언어와 민족주의적 문화를 초월하여 하나님의 세계주의와 복음의 보편성, 그 **"코스모포리타니즘"**(Cosmopolitanism)을 추구한다. 이러한 세계주의는 모세의 **'만인 예언자설'**107), 요엘의 **'만인 영감설'**108), 베드로의 **'만인 제사장설'**109), 만유 회복설110), 바울의 만유 구원설111)등에서도 엿볼 수 있다.

샤르댕(Pierre Teilhard de Chardin) 신부의 생명계의 사유층, 즉 "누스피어"(Noosphere)의 영역과 *파르테니아/Partenia*를 운영하는 프랑스 가일롯(Jacques Gaillot) 주교, 영향을 주었으며 **"나에게 교회는 없지만, 그리스도는 있다"**고 고백하는 일본의 우치무라 간조에게 영향을 주었을 것이다. 미국의 인터넷의 행성 지구촌 신경 네트웍을 주장하는 제니퍼 캅 크레이스베르그(Jennifer Cobb Kreisberg)와 "사이버은총"(Cyber Grace)를 주장하는 제니퍼 캅(Jennifer J. Cobb)에게 영향을 주었으며112) 이러한 SBNR 신학사상은 한국의 김정식, 류영모, 김교신, 함석헌, ... 등으로 이어진다. 이들은 SBNR을 추구했던 인물들이다.

6)

"**선악과"**(The Tree of the knowledge of good and evil)113) 스토리는 사람들이 왜 병이 걸리는지를 설명하려고 만들어 낸 개념이다.

왜 사람들이 육체적 정신적 바이러스에 걸리는가를 설명해 준다. 선악과는 데이터(Data)이다. 이브가 아담에게 선악과를 먹게 한 것은 그녀가 선/악의 개념을 세계에 소개 한 것이다. 즉 여러 바이러스를 만들어내는 **"메타바이러스"(Metavirus)**를 세상에 등장시킨 것이다.114)

정보가 담긴 존재들 가운데에 **메타바이러스**라는 것이 있다. 정보를 다루는 여러 시스템이 스스로 다양한 바이러스에 감염되도록 하는 존재이다. 다윈에 의한, 자연적인 선택처럼, 기초적인 자연원칙일 수 있고, 혜성이나 전자기파에 실려 우주를 떠돌아다니는 실재하는 정보일 수 있다. DNA가 어느 정도 복잡하다면, 반드시 바이러스에 감염되고 만다. 그 내부에서 스스로 바이러스가 생성되기 때문이다.

인간의 신체는 일반적으로 DNA에 저항할 수 있을 정도로 발달했다. 과거 인간을 감염시킨 **메타 바이러스**는 그 이후 늘 인간과 함께 했다. 천연두, 페스트를 비롯한 독감 같은 것들이다. 메르스, 사스, 역병들도 일종의 정체기가 있었지만, 인간의 건강한 생활과 장수는 항상 위험에 노출되어 있었다. 인류는 편안한 생활에서 병과 고통으로 가득한 세상으로 쫓겨났다는 추방당한 에덴동산의 스토리 속에 내포되어 있다.

메타바이러스는 아세라(Asherah) 신전의 창녀115)처럼 병을 퍼트린다. 병은 악이다. 악은 질병이다. 악은 마약이다. 메타 바이러스에 감염된 사람들의 혈청을 화학적으로 처리한 것이다. 악은 바이러스다. 누가 그걸 퍼트리는 것인가? 제2의 이브는 누구인가? 아니면, 제3의 아담이란 말인가?116)

21세기에 다시금 처음으로 등장한 것은 DNA 바이러스로 가득 찬 "판도라 상자"(Pandora's box)가 다시금 열리었다.[117) 새로운 DNA 메타바이러스가 나타난다. 누가 열어 제친 것인가?

지구촌의 코로나-19를 비롯한 "메타바이러스"의 등장은 SBNR와 SBNA의 의미를 가속화내지는 지향해가라는 것이며, 'RBNS를 지양하고 차단하라'는 의미를 담고 있다. 특히 모든 종교들의 수직적인 피라미드식 그리고 하이러키한 문화를 해체하고 수평적인 생명 중심적 패러다임의 관계성을 추구하라는 것이다. 특히 가톨릭과 프로테스탄트들의 도그마와 교리, 시스템에 갇혀 있는 '체계 이기주의'에서 벗어나야 한다.

그리스도는 그 어떤 도그마를 주장하지 않았다. 인간을 위한 구속이 있었다고 가르치지 않았다. 단지 인간들을 구속했을 뿐이다. 특히 그리스도는 행동, 행위, 실천으로 그 구속을 보여주었을 뿐이다.

코로나-19의 의미중의 하나는 전통적인 '뭉치는 문화'의 '흩어지는 문화'에로 해체를 가속화시킬 것이다. 더 나아가 가상현실(VR)의 메타버스와 언제 종식될지 모르는 불투명한 코로나-19의 "메타바이러스"때문에, 인간의 생활문화가 180도로 전환될 것이다.

7)

'성직자들이란 종교로부터 사회를 보호하는 것이다.' '목사들이란 기독교로부터 사회를 보호하는 것이다.' 얼마나 종교들이, 기독교가, 성직자들이 부패 했으면 이러한 항변(?)을 하는 것인가?

지구촌의 비극이라 할 수 있는 코로나-19의 상황에서, 대한민국 기독교가 보여준 작태들(?)을 지켜보면서, **사회가 교회를 걱정하는**

사태가 벌어졌다. **교회는 사회의 어머니이다.** 사회가 교회의 어머니가 되어서는 안 된다.

"내가 비참해지지 않했으면, 나는 벌써 망했을 것이다."(*Perrissem, nisi perrissem*)가 인생의 모토[118]라고 한다면, 그 비참함과 망하는 현실을 종교로 극복할 수 있어야 한다. 그러나 21세기 사이버시대, 메타버스 채플이 진행되는 현대의 기독교는 '내가 행복해지지 않했으면, 나는 망했을 것이다'라고 그 모토가 변질되어 가고 있다.

SBNR은 지구촌의 민족주의적 종교문화의 장벽과 경계선을 초월하여, 하나님의 보편주의적 사랑과 구원의 여정에서 자연스럽게 등장한 섭리적 현상이며 실재이다. 이러한 현상과 실재에 SK가 나팔을 불어댄 것뿐이다. 이러한 나팔 소리는 SK의 **"세계주의"**로 향한다.

SYB에 의하면, 하나님은 기독교 안과 밖에 존재하신다. 그리고 기독교를 초월해 있다. 그는 SK가 불어댄 '나팔소리'가 사라지지 않기를 바랄 뿐이다.*119)*

어느 사냥꾼이
훌륭하게
자신의 나팔을 불었다
능숙하게 자신의 나팔을
그리고
그가 불어댄 모든 것이
사라졌다

XII

키에르케고르의 사이버신학사상

KIERKEGAARD

*키에르케고르는 왜, 기독교를 '그토록'
증오하는가?

시간과 공간은 절대적으로 동일하다.

CA., 77.

1 | 기독교가 없어도, 인간은 성도가 된다.

SK는 1851년, *재판관의 책*, No. 526에서 다음과 같이 고백한다.

기독교가 없어도, 인간은 성도가 된다.
One becomes a Christian-without Christianity.

SK의 이 같은 주장은 코페르니쿠스적 전환이요, 혁명이라고 할
수 있다. 그가 로마 가톨릭에 몸담고 있었더라면, 그가 목사 안수를
받았더라면, 그는 아들러처럼, 당연히 파문을 당했을 것이다.

SK가 **"기독교 없이도"**라고 표현하는 것은 그 만큼 19세기 덴마
크의 기독교가 부패했다는 것을 의미하며 경고의 외침이었다. 본질
적인 기독교 부패의 원인은 그리스도인이 된다는 것과 정반대로 이
루어져 왔기 때문이며, 여기에는 어떤 유추가 존재하지 않는다. 이
러한 그의 외침은 19세기만의 현상이 아니라, 1세기 이후부터 그리
고 13세기 십자군 원정, 15-16세기 루터의 종교개혁의 원인, 등으
로 나타나는 기독교의 부조리한 현상으로 21세기에도 귀담아 들어
야 할 '나팔소리'이다.

"기독교는 진정한 종교이다"라는 사실에 간접적으로 존경을 표
하면서도 이 같은 기독교 부패는 선천적으로 존재한다. 이 선천적
인 부패를 감히 누구도 폐지할 수 없다. 이 선천적인 부패를 사람

들의 머리 속에 입력되어 있는 동안, 설교자들, 성직자들은 은밀하게 다른 반대되는 것으로 만들어버린다. 그리고 이것이 진정으로 기독교라고 자신들을 속이고 있다. 이 정도로 속고 있으면서도 그들은 기독교에 대한 실제적인 존경심을 가지고 있다. 이것이 기독교의 부패의 원인이다.[1]

"기독교적으로, 그 서열이 바뀌었다"에서 SK는 다음과 같이 주장 한다: 서열이 높으면 높을수록, 더 많은 고통이 따른다. 이것이 분명하게 신약성서에 표현되었다. 우편과 좌편에 앉기를 원하는 제자들에게 그리스도는 말한다.[2] "너희는 너희가 요구하는 것이 무엇인지 모르는구나. 너희는 내가 마시는 잔을 마실 수 있느냐?"[3]

제자들은 자신들이 요구하는 것을 모르고 있다. 사도들은 일반적이며 직접적인 방법으로 이해했을 뿐, 그 역전된 서열을 제대로 인식하지 못했다.

하나님의 생각과 인간의 생각이 너무나 차이가 난다! 인간들은 명예와 존경 속에서 더 높은 사회적 신분을 성취하기 위하여 경쟁한다. 그러나 그들은 더 많은 부채 속으로 깊이 빠져들고 있다는 것을 모른다. 왜냐하면, 이 같은 명예, 존경, 신분 상승 등의 긍정적 요소가 부정적이다. 정확히 말하면, 모욕, 조롱, 핍박, 요약하면, 진리를 위한 고통 등, 이 같은 부정적 요소가 긍정적이다. 세상의 진정성은 하나의 농담이다. 그리스도를 닮아가면서 세상 속에서 바보가 되는 것이 진정한 진정성이다.[4]

하나님을 경외해야할 기독교가 인간을 경외하고 있기 때문이다. 목사들이 두려워하는 것은 하나님이 아니라 인간들이다. 설교의 기술은 바람이 어떻게 부는가, 사람들이 무엇을 듣고 싶어 하는가라는 방법론으로 구성되어 있다. 이것이 기독교이다. 따라서 기독교계의 기본적인 혼돈은 기독교가 잘못된 장소에서 중심을 잡고 있으며 하나님 머리 위에 서있기 때문에 기독교는 존재하지 않는다.[5]

기독교는 사실상 폐지되었다. 따라서 우리는 목사들과 함께 무엇을 해야 하는지 모른다. 목사가 되는 것은 실재적으로 허구(charade)에 불과하다. 그것이 무엇인지 분명히 언급하는 사람이 없다. 그것은 정의할 수 없는 것이다. 그러나 종말론적이거나 세속적이지도 않지만, 모든 종류의 거룩한 교회행사들과 그곳에 참여하는 사람들은 종말론적-세속적 어지자지, 즉 자웅동체성(hermaphrodite)과 같다.[6]

2 | 기독교는 완전히 폐지되었다.

본질적으로, 기독교는 "자발성"(voluntary)[7]이다. 자가-부정(self-denial)[8]이라는 말에 의하여 단순하게 보여 질 수 있지만, 내가 나 자신을 부정하는 것은 자발적인 것이며 내가 나 자신을 부정하지 않으면, 뭔가 얻기 위하여 내가 권력을 갖게 되는 어떤 것이다. 기독교계에서 어떻게 기독교가 폐지되었는가? 자기 부정의 고통처럼 그것을 이해하지 못하기 때문이다. 그리스도의 십자가는 고통으로 이해되어야 한다.[9]

"기독교는 더 이상 핍박을 받지 않는다." 이것이 문제다. 사람들이 실존의 방법, 모방적 삶으로 **기독교를 완전히 폐지시켜 버렸다.**

기독교는 단지 교리로 전락하고 말았다. 그러나 교리는 고난과 핍박을 불편하게, 흥분하게, 불러일으키지 않는다. 교리는 이 세계에서 어느 방법으로든 중요하지 않다. 교리가 되기를 원하는 모든 것에 관하여, 세계는 *로마서*의 경건만큼이나 관용적이다.10)

세상과 기독교계는 매우 깊숙이 침몰하고 있으며 오랫동안 세속적인 정신성 속에서 그와 같은 전략은 완전히 잊혀 져 왔다. 그리고 지금, 물론, 그것은 순수하게 미친 것처럼 보인다. 모든 점에서 정의, 실존 속에 의미가 있다고 믿는 것, 또한 하나님이 존재 하신다고 믿는 것은 미친 것이 아니다. 그리고 진리 안에 있는 단독자, 그가 진리 안에 있는 한, 백만보다도 더 강하다.11)

그리스도의 전 생애는 자발성이다. 고통을 받기 위하여 이 땅에 오신 것은 자발성이다. 만약 자발성이 사라진다면, 기독교는 폐지된다. 자발성이 사라질 때, "영적 시험"도 사라진다. 그리고 영적 시험이 사라질 때, 기독교계에서 사라지는 것처럼, 기독교도 사라진다.

유혹의 스토리에서, 만약 배가 고프지만, 빵이 없다면, 그것은 비자발성이다. 그러나 만약 빵도 있고 빵을 얻을 권력도 있지만 그것을 사용하지 않는다면, 이것은 자발성이다. 그리스도는 빵을 얻기 위한 권력을 가지고 있었다. 자발성은 하나님과 신앙의 투쟁에서의 고통이다.

하나님을 유혹할 수 있고 "하나님을 시험하는"(tempting God) 개념을 강조하는 이 세계는 기독교를 폐지해 버렸다.12)

3 │ 그리스도인이 되는 것은 최대의 고통이다.

앤티-클리마쿠스의 선언에 의하면, 진리 안에서 기독인이 되는 것은 인간 최대의 고통이기 때문이다. 절대적 존재로서 그리스도는 우리를 영으로 만들기 위하여 우리 인간이 살아가는 모든 상대성들을 파괴시키기 때문이다. 그러나 영이 되기 위하여 인간적 관점에서 볼 때, 우리를 가능한 불행하게 만드는 위기들을 경험해야만 한다. 인간적으로 말해서 **기독인이 된다는 것은 최대의 고통이다.** 이런 의미에서 구원이다.13) 기독교는 고통당하는 진리이다. 또는 진리는 이 세계에서 고통을 당해야 한다는 것을 가르쳐야 한다.14) 그러나 기독교가 여기에서 벗어나서, 부와 행복과 편안함을 추구하기 때문에 본질적으로 수치스럽다는 것이다.

"내가 원하는 것"이라는 타이틀에서, 기독교는 성경을 거부하고 대항하는 음모이다.-이것을 공식적으로 선포하는 것-우리는 우리에게 맞지 않는 것을 억압한다.15)

"현재 내 생애의 의미"에서, 교회는 개혁될 필요가 없다. 교리도 마찬가지다. 만약 어떤 일이 이루어지려면, 그것은 우리 모두에게 참회가 있어야 한다. 그것이 내 삶이 보여주는 것이다. **나는 결코 자신을 감히 스스로 기독인이라고 부를 수 없다.** 내가 감히 어떻게 교회를 개혁하기를 원하고 있는가, 아니면 그와 같은 일에 어떻게 몰입하겠는가. 기독인이 된다는 것은 매우 무한정으로 숭고한 것이기 때문에 나는 감히 기독인이라고 부를 수 없다. 기독교가 더 이상 존재하지 않을 때, 교회를 개혁하기를 원함으로써 새로운 죄를 부추기지 말라. 그대는 교회를 개혁하기를 원하는가? 내가 스스로 질문한 것[16] 지금 추측하건대 그들은 그것에 대하여 질려버렸을 것이다.[17]

SK는 자신의 미션에 대하여 "기독교에 위험성이 존재한다고 느끼는 움직임이 있는 곳에는 내가 그곳에 있다"라고 고백한다. 이러한 자신의 움직임에 대한 관계성을 앤티-클리마쿠스를 통하여 주장한다. **"기독교는 전혀 존재하지 않는다."** 그것은 거의 사도가 말하는 것처럼, 모든 관계성이 적절하게 영향을 받은 것처럼 들린다. 마치 거대한 물고기 한 마리의 움직임이 바다 속 깊은 곳까지 요동치게 만드는 것처럼, 사도의 움직임이 단 한번 호흡하는데 모든 것에 영향을 미친다. 동요하는 사람들 중 어느 누구도 제안을 하는 사람이 없다. 최고의 것을 제안한 사람조차도 그것을 인정하고 말한다: "마치 기독교는 존재하지 않은 것처럼 보인다고 말하도록 거의 유혹을 받는다."[18]

"기독교를 망치게 하는 것은 국가교회이다"라고 루델바흐(1792-1862) 교수는 주장한다. 그러나 SK는 국가교회의 범위를 벗어나 기독교 전체가 부패했다는 것이 문제라는 것을 지적한다.

모든 기독인들은 선교사들이다. 목사, 선교사, 평신도 구분하는 것은 곤란하다. "가서 나의 복음을 전하라." 만약 이 과제를 망각하고 평화롭게 안주해 있다면, 기독교는 그 의미를 잃고 교회는 타락하게 될 것이다. 편안하고 안락한 기독교는 기독교가 아니다. 예수를 받아들이는 순간, 그는 이미 선교사가 되었다. 종교는 정치나 민족주의와 연계되어 있지만, 기독교는 민족주의를 초월한 전 인류와 연계되어 있다.

4	교회 밖에는 구원이 없다는 것은 학습된 도그마이다.

SK에 의하면, 그 때나 지금이나 교회가 선교적 자아 모순에 빠져 있다. 교회가 안정되게 정착하면, **"교회 밖에는 구원이 없다"**(Outside the church there is no salvation)라는 도그마 속으로 빠지게 된다. 이상할 정도로 교회가 안정되면, 교리 속으로 함몰된다. 교회 밖에는 구원이 없다는 것을 엄격하게 받아들이면, 선교사가 될 수 없다.19) 이것으로 끝난 것이 아니다. **"교회 밖에는 구원이 없다"**는 교리는 학습된 것이다. 이 도그마를 편안하게 받아들이면, 그리고 특히 학술적으로 배우게 되면, 교회는 마치 유대인들, 심지어 이방인들처럼, 하나님을 민족주의적인 하나님으로 동굴 속에 가두어 버린다. 이것은 기독교의 "이상한 자기모순"(curious self-contradiction)이다.20)

사람들이 기독교를 폐지시켰다. 만약 기독교가 무조건성이 아니라면, 그것은 폐지된다.21) 기독교는 먼저 하나님의 나라를 구해야 하기 때문에 "무조건적 복종"을 요구한다.22)

"더 높은 광기에 가까운 시적 유머"에서, **기독교는 전혀 존재하지 않는다** 라고 하는 것이 나의 의견이다."23) *TC*에서, 앤티 클리마쿠스가 한 말로써, 이처럼 파토스는 감정 따위의 수용력 한계점(bursting point)에 이르면, 개인은 피를 흘린다. 그럼에도 불구하고, SK는 *BJ*에서, 발전해 오지 못한 기독교의 관점으로 "기독교는 사탄의 창조물이다."라고 주장한다.24)

5 │ WWW 패러다임이 무엇인가?

SK의 "기독교 없이도, 인간은 성도가 된다"는 주장은 SYB의 사이버신학사상과 아주 밀접하게 연계되어 있다. "영혼"만큼 높은 희생; 그는 모든 경계선들을 폐지한다. 그는 자기 자신의 순교를 따른 갈망으로 서두른다. 따라서 그는 우리 모두를 구원할 수 없다. 약하여 부러지기 쉬운 많은 사람들이 보다 더 관대한 조건하에서 따를 수 있는 사람들을 전복시킨다. 만약 어떤 양보가 있다면, 많은 유유부단한 사람들은 마음이 굳어지게 될 것이다.[25]

SYB는 사이버신학을 연구하고 연대 신대원에서의 논문- "The Digital Church in the Viewpoint of Hypertheology"(2000)-을 책으로 출판하여, 연대대학원 특강, 한국 기독교 정보학회, 한국문화와 신학학회 등에서 사이버신학이 무엇인지 발표하면서 21세기 신학적 패러다임의 개혁을 추구해왔다.

SYB의 과제와 미션은 분명하다. 18세기 돌연변이가 되어가고 있는 잘못된 기독교에 대한 몸부림을 사이버신학으로 온전히 흡수하여 21세기의 상징, WWW라는 패러다임을 제시했다.[26]

WWW(WORD-Word-word)

WWW(WEB-Web-web)

WWW(World-Wide-Web)

WWW(WORD-Web-World)

WWW의 상징적 기호는 '말씀-말씀-말씀, 웹-웹-웹, 세계-폭-웹, 말씀-웹-세계'라는 4차원의 구조로써, 지금까지 전통적인 신학의 흐름들과 모든 종교적 담론들을 하나의 메타버스(Metaverse)에 태워 자유롭게 우주를 유영하며 영이신 야훼와 코이노니아, 친교, 인티머시(intimacy)를 추구하는 것이다. 이것은 마치 "인드라 웹"처럼, 서로 연결되어 있기 때문에 야훼 중심의 새 예루살렘이 사이버 공간에서 이루어진다.

마치 스가랴가 본 하늘을 "날아다니는 두루마리"(A flying Scroll)[27]처럼, 포용하면서 급변하는 영적 세계의 흐름을 하나님의 신학으로 새롭게 사이버 신학을 실존적 리얼리티와 접목해 본 것이다.

예수의 선교 패러다임 중에서 마가복음 11장 2-6을 보라. "반대편 마을로 가서 나귀 새끼를 끌어오라"고 예수는 명령한다. 반대편 선교지는 이데올로기가 전혀 다른 곳이다. 해외 선교지만을 이야기하는 것이 아니다. 국내 선교에서 순교한 스데반 집사를 보라. 아직도 여전히 우리 옆에는 전혀 다른 타종교가 엄연히 살아 있는 현실이다. 반대편 마을의 나귀새끼가 상징하는 것은 무엇인가? 그곳의 정치 경제, 사회, 문화, 언어 등의 자원을 최대한 활용하라. 나귀 새끼를 끌어가는 것에 대한 반항, 반대, 적개심, 저항이 있을 것이다. 그들이 순순히 내어 줄 수 있는, 그들의 허락을 받을 수 있는 인적, 영적 네트웍을 형성해야 할 것이다. 이것이 예수의 선교적 모토이며 패러다임이다. 이 명령을 가지고 세계선교에 나선다.

6 │ 왜, 메타버스를 서핑하고 있는가?

SK는 전통적인 시간의 개념에 대하여 문제를 제기하고 만족하지 못한다. 시간에는 두 종류가 있다. 외적인 시간과 내적인 시간이다. 전자는 객관적 시간이며, 후자는 주관적 시간이다. 그러나 이 두 시간들은 분리가 아니라 동일하다. 한 발 더 나아가 "공간화된 시간"(spatialized time)을 제시한다. 이 개념은 시간이 물체를 언급하는 것이며, 물체 혹은 자아와 관련하여 시간을 개념화하는데 매우 적절한 방법이다.

시간을 고려할 때, "공간화 된 시간"은 물체들을 시험하는 것에 기초한다. 생명의 시간, 즉 수명은 물체 혹은 자아의 연구에 기초한다. 시간문제에 관한 많은 철학적 사색은 "공간화된 시간"의 범주 안에 있었다. "공간화 된 시간"의 범주는 주체와 자아에 대한 가장 중요한 문제로 대두된다. SK에 의하면, "시간과 공간은 절대적으로 동일하다."(Time and space are absolutely identical.) 그리고 이 둘이 시각화된다."[28] 이 같은 동일시가 동등한 것 사이에 존재한다는 것은 아니다. "공간화 된 시간"은 공간의 개념보다 우선한다. 공간 이해에서 시간에 대한 개념을 끌어낸다.

"순간의 합처럼, 모든 순간은 지나가는 과정이다. 현재의 순간은 존재하지 않는다. 이처럼, 과거, 현재, 미래는 없다." 만약 3차원의 시간으로 구별이 가능하다고 생각한다면, 그것은 순간을 공간화하는 것이다. 그러나 그것으로 무한한 연속은 정지한다. 그리고 시각

화가 도입되기 때문에, 시간을 사고하기 보다는 시각화시킨다.[29]

첫째, 모든 시간의 순간들은 동질적(homogeneous)인 것이며 동등하다. 각 순간들은 공간의 점과 동일하다. 다양한 점들은 본질적인 차이가 없다.

둘째, "공간화 된 시간"은 양적(quantitative)이다. 시간은 움직임의 양을 측정한다. 이 같은 양은 모든 질적이 차이를 배제시킨다.

셋째, "공간화 된 시간"은 보편적(universal)이다. 물체들의 특성과 관계없이 모든 물체들에게 적용된다. "공간화 된 시간"이 동질적, 양적, 보편적이라는 것은 사건들이 구성되는 네트워크처럼 보인다. 객관적 시간은 물체들의 움직임에 대한 인식에서 파생된다는 사실은 사람들과 연관된 시간이해를 막을 수 없다. 그러나 이렇게 될 때, 유사한 방법으로 사람들을 물체로 처리될 수 있다. 이러한 관점에서, "공간화 된 시간"은 기본적으로 연대기(chronology)와 관련된다. 이 "공간화 된 시간"은 인간행동을 규정하는 내적인 시간에 반대하는 것만큼이나 외적인 시간으로 생각하게 할 수 있다. 예를 들면, 폴 틸리히가 생각하는 "크로노스"(*chronos*)와 "카이로스"(*kairos*)와 같은 시간 개념이 된다.[30]

넷째, 현재의 시간만이 실재이다. 오직 현재 만이 존재한다. 왜냐하면, 과거는 존재했지만, 지금은 아니며 미래는 존재할 것이지만, 아직은 아닌 것이다. "공간화 된 시간"의 이 같은 특징은 이미 아리스토텔레스의 주장에서 밝혀졌다.[31]

이 같은 이해의 관점에서, SK의 현재는 "시간을 무시할 때, 더 이상 설명할 수 없는 침묵하는 미분자적 추상작용으로만 존재하는 순간"이다.[32]

"공간화 된 시간"에 따라서 제시하는 순간을 "미분자적 추상작용"(atomic abstraction)으로 분류할 때, SK는 과거와 미래에서 온 추상작용을 가리키는 것이다. 시간 시제의 상호침투력(interpenetration)과 상호귀속력(coinherence)은 존재하지 않는다. 이것은 공간의 관점에서 시간의 개념을 기초한 직접적인 결과이다.

물체들의 관찰에 따른 시간의 공간적 이해에 대하여, 선을 따라서 물체의 움직임과 상관성이 있다. 그 같은 이동 속에서, 물체는 항상 한정된 경계를 유지한다. 이동이 물체가 횡단하는 직선으로 나타날 때, 점들은 물체들의 다른 위치들을 나타난다. 물체들이 나타내는 것처럼, 점들은 한정된 경계들을 유지한다. 그것들은 중복되지 않는다. 선의 점들이 움직임을 표현하기 위하여 포착될 때, 상호관계성과 같은 것은 존재하지 않는다. 과거, 현재, 미래는 구별되고, 상관성이 없는 "미분자적 추상작용"으로 남는다.

"공간화 된 시간"의 관점 내에서, 3가지 시간의 시제를 언급하는 것이 가능한지는 분명하지 않다. 만약 유일한 현재가 존재한다면, 그리고 과거와 미래가 지속적으로 현재로부터 배제 된다면, 인간이 과거와 미래를 인식할 수 있는 방법을 알아내는 것은 어려운 일이다. SK는 실존적 상관성을 제시한다.

이 같은 인식의 유일한 방법은 움직이는 현재, 거기서 과거와 미래는 시간의 지속성에서 벗어나 있는 관점에서 기인한다. 그 해결책으로 SK는 시간적 진행 밖에서의 관점, 즉 정확히 실존하는 개인이 결코 얻을 수 없는 **"아르키메데스 점"(archimedean point)**[33)]에서 찾는다. 그가 *BJ*에서 제시하는 "아르키메데스 점"의 환경은 크게 네 가지 지점-침묵, 기도, 자연과학, 가상현실(VR)-에서 발생한다.

첫째, 침묵이다. 세속적인 세계에서, 왕은 양심의 관계성에 의해서 묶여 있는 조건 없이 유일한 사람이다. 오직 그만이 하나님과 자신의 양심에게 책임이 있는 탁월성이다. 그러나 영적인 세계에서, 완전히 다르다. 바울은 말 한다: 그러므로 사람은 하나님의 진노를 피할 뿐만 아니라 양심을 위하여 복종해야한다. 결과적으로 그것은 양심의 관계성이다.

부자의 정원에서 잡초를 뽑는 가난한 여인이 말할 수 있다: 나는 하루 일당으로 1달러를 받고 일하고 있다. 그러나 나는 양심을 위하여 매우 주의 깊게 일해야 한다. 사실, 이것이 왕다운 언급이다! 그러나 기억해야만 한다. 그는 하나님과 더불어 자신을 위하여 그런 말을 해야만 한다. 이것이 진정한 위대성이다. 이 같은 이유 때문에 가난한 노동자 계급들에게 그들의 환경과 조건으로 참지 못하게 만들기를 원하는 것은 매우 어리석은 일이다. 성취될지도 모르는 이 작은 세속적인 변화는 그럼에도 불구하고 무(nothing)와 같은 것이다. 그러나 이 같은 표현과 생각은 양심을 위하여 언어의 변형이며, **세계 밖에 존재하는 아르키메데스 점**이다. 그리고 이것과 함께, 하나님 앞에서 깊은 내적 침묵 속에 있는 것이다. 잡초를 뽑는 여인은 하늘과 땅을 움직일 수 있다.[34] 하나님에 대한 관계성의 침묵은 원기를 돋우는 것이다. 절대적 침묵은 감옥이나 혹은 아르키메데스가 말하는 세상 밖의 점, 혹은 잭(jack)과 같다. 하나님과 관계성에 관하여 말하는 것은 쇠약하게 하는 것을 비우는 것이다.[35]

둘째, 기도이다. SK의 선언에 의하면, 우선 우리는 "어떻게 기도해야만 하는지" 그 방법을 모르고 있다. 1844년에, "바르게 기도하는 사람은 기도 중에 애쓰고 노력해야하며 하나님은 정복하시기 때문에 우리도 정복할 수 있다"라는 강화담론에서, "가장 힘 있는 사람은 바르게 자신의 손을 모으는 사람이다." "바르고 정확하게 기도하는 사람"이 갖게 되는 힘은 "세상 밖에 존재하는 **아르키메데스의 점**은 진실한 사람의 기도는 최선의 정직으로 기도하는 다락방이다. 그리고 그는 세상을 움직일 것이다."라고 주장한다.

아르키메데스의 점은 기도하는 방이다. 이곳에서 기도하는 참 인간은 모든 정직함을 가지고 기도한다. 그러면 그는 지구를 움직일 수 있다. 만약 그가 이러한 참 기도자라면, 그가 자신의 문을 닫을 때, 그가 성취하는 것은 상상을 초월케 한다.[36]

셋째, 자연과학이다. 자연과학자 룬트(P.W. Lund)에게 보낸 편지에서, SK는 자신의 연구 계획에 관하여 말한다. 그는 자연과학에서 연구를 동정적으로 쓴다. 자연과학자는 **세계 밖에 존재하는 아르키메데스의 점**을 발견하는데 노력해야만 한다. 그는 그것으로부터 그들의 고유한 맥락에서 특이성을 볼 수 있다. SK는 처음부터 자연과학에 대하여 한계가 있는 것으로 이해하면서, 긍정적인 태도를 가지고 있었다. 후에 그가 강하게 반대하는 것은, 자연과학이 점점 영적 현상을 설명하는데 이용될 수 있다는 신념이다.

과학자들은 그들의 사색을 통하여 이 세계에 존재하지 않는 **아르키메데스의 점**을 발견해 왔으며 찾으려고 애쓰고 있다. 그 지점으로부터 전체를 조사하고 그들의 고유한 관점에서 상세한 내용들을 목격했다. 그들에 관한 한, 그들은 SK에게 매우 유익한 영향을 끼쳤다는 것을 부정할 수 없다.[37]

코펜하겐에서 이른바 정적이라고 할 수 있는 3인방보다는 SK에게 유익한 영향을 준 세 사람이 있다. 외스테드, 스초오우, 호르네만이다. 이들은 SK에게 평온함(tranquility), 조화(harmony), 기쁨(joy)을 준 사람들이다.[38] 이들은 자연에 관한 연구를 한 사람들로서 특히 "클라드니"(Chladni, Ernst Florens Friedrich,1756~1827)[39]는 소리를 시각화시킨 **"사이매틱스"**(Cymatics), 즉 소리를 눈으로 보게 하며, 모든 물질은 소리와 연계된다는 이론을 주장했다. SK에 의하면, 외스테드는 자연을 통하여 감동을 준 를 닮은 인물이라고 높이 평가한다. 그가 클라드니를 언급하는 이유는 그의 사이매틱스 때문이다. 비가시적인 소프트웨어가 가시적인 하드웨어로 볼 수 있게 만들어 내는 **"사이매틱스 모형"** 때문이다.[40]

넷째, 가상공간이다. 1835년 7월 29일, *Gilbjerg*의 해변에서 여름을 보낸다. 이곳은 SK가 가장 좋아하는 곳으로 실존주의 사상의 출발점이 되기도 했던 곳이다. 8월 1일, 이곳에서 SK는 행복이 무엇인지를 밝힌다. "나는 한 순간 그리고 동시에 내가 얼마나 위대하다는 것과 참으로 보잘 것 없다는 것을 느꼈다. 이 거대한 두 세력들, 교만과 겸손이 조화롭게 결합되었다. 이것이 평생 동안 항상 가능한 사람은 행복한 사람이다. 이 사람의 가슴 속에서 이 두 요소들이 서로 타협이 이루일 뿐만 아니라 서로에게 손을 내밀어 결합하게 된다. -이 결합은 편리함의 결합이 아니며 부적합의 결합이 아니다. 그러나 인간의 마음들의 마음속에서, 거룩한 곳들의 거룩한 곳에서 수행되는 참된 고요의 결합이다."[41]

대중들의 관심을 피하며 조용한 결실을 하는 식물 메타포, "은화식물"(cryptogam)에 대한 생태학을 이야기하면서 단지 고독한 탐색자만이 그들을 발견하며 그의 발견 속에서 기뻐한다고 말한다. "그의 인생은 침착하고 고요하게 흐른다. 그리고 그는 취하게 만드는 교만의 잔도, 절망의 쓴잔도 고갈시키지 않을 것이다. 그의 계산에 의하면, 적의 전쟁 수단들을 파괴시킬 수 있는 그 위대한 철학자가 갈망했던 것을 발견했다. 그러나 찾지 못했다." 자기 자신을 3인칭 단수의 고독자, 외톨이로 표현하면서 **"아르키메데스의 점"**에 관하여 언급한다. "그 점으로부터 그가 전 세계를 들어 올릴 수 있었던 그 점은 바로 정확하게 세계 밖, 시공간의 제한 밖에 놓여 있어야만 한다."[42] 단독자는 지구를 떠난 사이버리스트이다. 해 아래서의 시공간을 초월한 존재, 아바타(avatar)로서 사이버 공간 세계, 메타버스(Metaverse)의 비전을 내다보았다. 특정 객관적인 진리가 완벽하게 인식될 수 있는 가상의 점, 또한 '하나님의 눈 보기'이라고 할 수 있으며, 신념이 아닌 신앙의 알파로서 추론할 수 있다. 즉, "아르키메데스 점"에서 자아는 자신을 지우거나 제거하는 영적 존재로서 그 이상을 보여 준다.

SK가 추구하는 "아르키메데스 점"은 지구를 떠난 비가시적인 비존재의 영역이다. 비존재, 비실재도 카테고리 영역이다. 비존재는 영원한 창조적 하나님의 능력으로서 무한히 실재적이다. 비존재는 일정치 않은 변덕스러움과 무작위적 임의성에 영향을 미치는 본질적인 무(nothing)이다. 그러나 비존재는 창조적 선택과 자유를 위한 능력이다. "비존재는 제한이 아니라 기회이다."(Nonbeing is not a limitation, but an opportunity.) 비존재의 심연이 존재한다.(There is an abyss of nonbeing.) SK의 "자유"에 대한 사색에 의하면, 가능성과 비존재 사이에 연결고리(vinculum)가 존재한다.[43] 이 같은 그의 깊은 통찰력은 사이버신학자로서 가상현실(VR)과 사이버 세계의 온-오프라인(On-Off Line)의 비전을 내다 본 것이다. 비가시적인 비존재, 비실재는 창조적 선택을 위한 조건으로서 가능성을 위하여 존재한다.

메타버스와 같은 비존재가 없다면, 창조성은 난센스하다. 가상현실의 사이버시공간은 존재의 형태가 아니라 실재의 카테고리들 안에서 비존재와 함께 유기적으로 연결된 것이다.

만약 사랑이 궁극적 존재의 본질이라면, 비존재, 비실재, 믿음, 신앙은 존재의 본질에 대하여 상관적이며 무한한 가능성이다.[44]

XIII

키에르케고르는 세계주의

기독교의 허위적인 선전을
중단시키는 것이다.

-*BJ.*, No.6872.

1 | 세계는 고해소이다.

SK가 바라보는 "세계"(World)란 무엇인가? 전체적인 창조를 의미하는 "세계"에 의하여, 그리고 그 같은 세계는 많은 다른 관점에서 볼 수 있다. 예를 들면, 세계는 미학적, 철학적, 윤리-종교적 관점에서 볼 수 있다. 그의 저술에서 이와 같은 관점들이 나타난다. 그러나 세계에 대한 윤리-종교적 관점에 대한 그의 강조는 창조된 세계, 즉, 유한적인 것과 무한적인 것, 하나님 사이에서 대조를 중심적으로 설명한다.

시간적 존재의 피조물로서 인간은 이 세계에 속해 있지만, 또한 인간 안에는 영원의 가능성을 지니고 있다. 영원은 하나님과 관계성을 위한 조건이다. 이처럼 인간은 이 세계의 시민일 뿐만 아니라 천국의 시민이다. 기독교의 가르침과 완벽한 조화를 이루는 익명의 저자, 비질리어스 하우프니엔시스(Vigilius Haufniensis)[1]의 지적에 의하면, 불순종 때문에 인간은 죄를 가지고 이 세계에 들어왔으며 또한 "죄에 의하여 죄가 이 세계에 들어왔다"[2] 인간의 죄성을 표현하는 것으로서 세계는 하나님과 반대의 편에 서 있으며, SK와 그의 익명의 저자들은 하나님과 세계 사이에서 인간의 내부에서 발생하는 전투를 묘사한다. 결과적으로, 인간은 선택해야만 하며 그는 말한다. "그 갈등은 끔직하다. 하나님과 세계 사이에서 인간의 마음속에 있는 갈등".

그는 하나님을 다시 찾아가는 자신의 길을 추구하기 위한 인간의 시도에서 다른 단계들을 묘사한다. 아이러니를 통하여, 인간은 세계의 무를 통하여 본다. 포기를 통하여 인간은 세계의 권력을 깨트리려고 시도한다. 회개를 통하여 인간은 세계에 대한 속박으로부터 회개를 시도한다. *E/O*에서 윌리엄 판사는 회개운동을 벌이는 사람을 언급한다. 그는 다시 자신 속으로 들어가기 위하여, 가족 속으로 들어가기 위하여, 다시 인류 속으로 들어가기 위하여, 그가 하나님을 발견할 때까지 회개한다. 이 회개운동에 대한 심오한 표현이 클리마쿠스에서 발견되는데, 그는 세상으로부터 벗어나기 위한 것뿐만 아니라 스스로 선의 성취가 가능하다는 생각으로부터 벗어나기 위한 회개를 선포한다. 그는 세계에 대항하는 투쟁보다는 더 자신에 대항하여 싸우는 투쟁이 더 어렵다고 묘사한다.

세계는 선에 대한 상대적 기준을 가지고 있으며 세계는 선에 대한 적절한 개념을 결코 가지고 있지 않다는 것을 의미한다. 하나님과 관계에서 오직 단독자로서 서 있는 인간만이 유일하게 절대적 기준을 가지고 있다. 인간은 자신의 생활을 통하여 선에 대한 세계의 기준에서 양적인 변화에 기여할 수 있을 것이다.

만약 단독자가 절대적 기준 밑으로 들어오지 못한다면, 세계의 기준은 부정적인 방향에서 변화될 것이다. 이것이 SK가 언급하는 소위 세계에서 수평화 혹은 타락을 설명하는 것이다. 타락은 자신의 생활에서 기독교의 요구조건을 성취하려고 노력하는 사람에게 가장 분명하다. 왜냐하면, 기독교는 하나님과 세계사이의 대조를 가장 날카롭게 구분하기 때문이다. 계시된 진리로서 그리스도는 세계의 죄와 비참함을 폭로하고 있다.

세계에 대한 그의 관찰은 특히 그가 특별히 기독교의 요구조건

하에 들어가려고 지속적으로 노력했던 말년에 날카롭다. 미학적 관점에서 볼 때, 세계는 아름답지만, 기독교적 관점에서 볼 때, 세계는 아름답지 않다. 이러한 관점에서, 세계의 모든 비참함과 도덕적 부패를 볼 수 있다. 그래서 그는 세계를 **"고해소"**(penitentiary)[3])라고 부르기까지 한다.

세계는 전진하지 못하고 후퇴하는 이유는 각자 개성적으로 하나님과 상의하는 대신에 인간들과 상의하기 때문이다. 기본적으로 인간 세대는 사라진 과거의 전통을 먹으면서 살아간다. 그러나 이러한 전통들은 더욱 더 빈약해져 간다. 더 높고 지고한 것과 새로운 연합을 시도하지 않는다. 신성의 흐름은 단순한 인간들의 협정에 의하여 지속적으로 흐려져 가고 있다. 따라서 세계는 후퇴하고 있는 것이다.[4])

세계는 선에 대한 상대적 기준을 가지고 있기 때문에 세계에서는 진보에 대한 언급이 존재할 수 없다. *TC*에서, 그는 이 상황과 세상에 대한 의미를 단독자에 접목시킨다. "이 세계는 전진 혹은 후퇴를 하지 않기 때문에, 본질적으로 마치 바다, 공기, 즉 어떤 하나의 요소처럼 동일하게 존재한다. 세계는 존재하며 그 요소로 존재할 것이다. 기독교인이 되는 것이 무엇을 의미하는지에 대한 시험을 제공할 수 있다. 기독인은 이 세계에서 교회투사의 멤버로 항상 존재한다."

SK는 그가 비록 **SBNR**의 신학을 추구하면서 **"세계주의"**를 주장한다.5) 낭만주의 시대와 이성의 시대사이의 비교는 분명한 차이가 있다. 낭만주의 시대는 하늘과 땅을 연결하기 위하여 하늘로 치솟아 있는 거대한 나무, 거목 사상6)을 주로 다루었는데, 이성의 시대는 평범한 광경 속에서 병행하여 펼쳐지는 모든 것을 추구한다. 낭만주의 시대는 하나의 개성 속에 전 세대의 융합을 추구했지만, 이성의 시대는 모든 민족들이 서로 나란히 함께하기를 추구한다. 이른바 **세계주의 시스템**이다. 낭만주의도 역시 일종의 세계주의라는 점에 이의를 제기하는 사람은 없다. 낭만주의 시대는 위대함, 장엄함이나 "단독자"의 사상을 더 강조했으나, 이성의 시대, (즉 우리의 시대는) 다양성의 사상을 더 강조했으며 다양성 속의 통일성을 추구했다는 점이 차이점이다. 낭만주의 시대에는 모든 민족이 축도되어, 말하자면, 그 민족 대표가 되어 민족의식에 집착했으나 우리시대에는, (즉 19세기에는) 한 국가 안에서 통일된 다양한 개성 사상, 여기서 교차하는 관심의 복수성을 더 크게 강조했다.7)

종교의 확산은 정치나 민족주의와 연계되어 있다. 기독교의 선교적 특성은 전 인류와 연계되어 있다. 기독교 사상에 붙들린 개인, 즉 **"단독자"**는 선교사가 된다. 단독자로서 선교사는 타 종교에서 찾아 볼 수 없다. 기독교의 세계화, 즉 기독교가 확산되는 근거는 바로 여기에 있다.

기독교와 정치의 확산을 연계시켜 주는 유일한 시도는 교황청이다. 그러나 로마의 사상은 민족주의를 초월한 전 인류와 연계되어 있다.[8]

기독교의 보편적 특징은 구별된다. 즉 기독교와 함께 모든 민족적 차이는 초월적 요소로서 중단된다. 남아있는 유일한 차이가 있다면, 동서양의 차이이다. 비록 이 차이가 엄청나게 크지만, 본질적으로 도그마의 차이에 기반 한다. 반면에 다른 차이는 단지 부차적이다. 민족적 대조에 기초한다. 가톨릭과 개신교와 같은 남아있는 대조는 종종 민족적 유사성이다. 단순히 사상의 객관적 조건들에 기초한다.[9]

유대교는 이 땅에서 장수하며 성공과 번영을 추구하면서, 강력한 민족주의를 지향해가지만, 기독교는 이 세상에서 **민족주의의 한계를 초월한 순례자**로서 생각한다.[10] SK의 순례자로서 이 같은 사상은 민족주의적 사고를 지양하는 예수 그리스도의 선교미션에 충실하고 있다.

3 │ 편안한 기독교는 기독교가 아니다.

1849년 4월25일, SK는 자신이 "시인이며 사상가 된다는 것을 인정할 수밖에 없다"고 고백하면서 자신에게 주어진 세계를 향한 미션을 토론한다. "하나님이 나에게 과제로 이끌어 가신 방법에 관하여 내가 좀 더 일찍 깨달았던 모든 것이 나에게 분명해 졌다. 기독교를 계몽시키는 것과 그리스도인의 이상(ideal)을 묘사하는 것이다. 나는 그 일을 해야만 한다. 그 때는 알지 못하였다. 왜냐하면, 내가 죽어가고 있다고 믿었기 때문이다. 그 일이 발생하지 않고 내가 죽지 안했을 때, 나는 일시적으로 나 자신을 오판했었다. 나에게 세계, 혹은 덴마크는 순교자가 필요한 것처럼 보였다." 그러나 SK는 순교자라는 초인간적 미션의 부족함을 깨닫고 진리를 위하여 죽을 수 있는 진리의 증인이 되는 강점이 부족하며, "나는 이상적인 그리스도인이 되는 것에 관하여 불행한 애인이 되었다"라고 고백한다.

"오호라, 나는 그리스도인이 아니다. 나는 단지 기독교적 시인이며 사상가일 뿐이다."[11]

SK가 생각하는 그리스도인보다는 차라리 시인과 사상가 내지는 철학자가 오히려 세계화를 향한 꿈을 펼치는 것이 더 유리했을 것이라고 생각했을 것이다. 왜냐하면, 그의 실존주의적 관점이 목사 안수를 포기하게 하고 또한 그의 저서들이 내향성을 지향하는 *재판관의 책*과는 다르게 외향성을 지향하는 익명의 저서들로 채워져 있기 때문이다.

진정한 기독교는 보편적이며 선교사적 특성을 지니어야 한다. "신약에 의하면, 기독교는 끊임없는 선교이다. 모든 기독인들은 선교사들이다. 가서 나의 교훈을 전하라." 만약 이 과제를 망각하고 평화롭게 안주해 있다면, 기독교는 그 의미를 잃게 되며 타락하게 될 것이다. 모든 기독인들은 이 과제를 항상 염두에 두어야 한다고

SK는 주장한다. **"편안한 기독교는 기독교가 아니다"** 예수를 받아들이는 순간, 그는 이미 선교사이다.

그리스도인이 된다는 것은 본질적으로 선교사가 되는 것이다. 이것을 망각하면 곤란하다. 안식을 취하는 편안한 기독교는 더 이상 기독교가 아니다. 편안한 기독교, 흐르지 않는 정체된 기독교는 오히려 장애를 일으킨다. 이 끔직스런 장애물은 기독교계의 질병이다.[12]

"제자들의 위임명령"의 제목에서, 제자들에게 "나귀 새끼를 끌어오라"고 제자들을 파송할 때, 예수는 명령한다. "너를 반대편 마을로 들어가라." 이것은 제자들의 사명과 기독교의 **보편주의**를 위한 모토이다. 이 명령을 가지고 인간은 **세계일주** 할 수 있다.[13] "나"를 찬성하고 "나"를 받아들여 주는 곳이라면, 진정한 세계화가 이루어지지 않을 것이다.

4 | 예수는 결코 민족주의자가 아니다.

한국의 대부분 기독교계는 '행복'이라는, '성공'이라는, '숫자'로 뭉친 기업적이며 상업적인 교세, 교단, 교파, 교회라는 "메타바이러스"(Meta virus)에 걸린 채, 질병을 앓고 있다. 이 질병은 예수그리스도의 '사회복지학'과 그 선언[14]을 무시한 채, 닫힌 무덤들이 되어가며 세계 선교를 방해한다. 기독교는 시공간을 초월하여 언제나 쉴 틈이 없어야 한다. 21세기 전통적인 기독교계, 오프라인 예배만을 고집하는 기독교는 과식하고 난 후, 변비에 걸린 것과 같다.

예수는 결코 민족주의자가 아니다. 예수의 죽음은 정치적으로 민족주의를 거부한데서 기인한다. 예수는 유태인 민족주의 때문에 죽었다. 반유대주의자인 휴스턴 스튜어트 체임벌린(Houston Stewart Chamberlain, 1855-1927)에 의하면, "예수 그리스도가 유태인이라고 주장하는 자는 무식하든지, 정직하지 않든지, 둘 중의 하나이다."라고 주장한다. 예수 그리스도는 국경, 국적, 특히 언어적 장벽의 해체를 강력히 요구하신다. 복음이 "땅 끝까지" 전파되는 세계주의를 각별히 부탁하셨다. SK를 포함한 모든 그리스도인들은 국경과 언어, 문화를 초월한 선교사들이 되어야 하며 타종교와의 대화도 자유롭게 이루어져야 한다.

SK는 종교다원주의적 관점[15](religious pluralism)에서 다양성을 부정하지 않는다. 그러나 한 가지 분명한 것은 그가 이른바 타종교로 개종하지 않는다는 점이다. 즉 다른 것은 양보할 수 있지만, **"영혼"**(spirit)[16] 만큼만은 결코 양보할 수 없다는 신앙을 견지한다.

5 | 하나님을 더듬어서 찾는 시대는 지났다.

코스모폴리탄주의는 모든 인간이 하나의 공동체의 구성원이라는 생각이며, 인간이 "보편적 공동체"에서 "세계 시민"이 될 수 있다는 사고이다. 이 아이디어는 보편적 도덕적 기준을 증진하거나, 글로벌 정치구조를 확립하거나, 상호 문화적 표현과 관용을 위한 플랫폼을 개발하는 등 공동체의 다양한 차원과 방법들이 포함된다.[17]

디오게네스(Diogenes)[18]가 "그가 어디에서 왔는지 물었을 때, 그는 '나는 세상의 시민이다(kosmopolitês)'"라고 대답했다. 당시 그리스인들 사이에서 가장 광범위한 사회적 정체성은 개별 도시 국가 또는 문화적, 언어적으로 균일한 헬레니즘적 집단이었다.

칸트(Kant)는 군대가 폐지되고 인간이 대표적인 글로벌 기관 하에서 통치 받는 국제적인 세계를 구상했다. 모든 인간이 하나의 응집력과 연합 공동체를 형성해야한다는 것을 강조한다. 칸트의 국제적 권리는 모든 인간을 보편적 공동체의 동등한 구성원으로 이해하는 데서 비롯되며, 국제 정치권과 인류의 보편적 권리와 함께 일하는 코스모폴리탄 권리를 주장한다.

레비나스(Levinas)의 상대방에 대응할 의무와 데리다(Derrida)의 "환대이론"(hospitality theory)[19]은 다르지만 국경을 초월한 타자들에 대하여 동등한 입장으로 다른 것을 받아들일 가능성을 열어두고 있다. 고립은 세상에서 실현 가능한 대안이 아니며, 따라서 이러한 상호 작용에 접근하는 최선의 방법을 고려하고 자신과 다른 사람들에게 어떤 위험에 처해 있는지, 즉 부과할 환대 조건, 그리고 상대방의 부름에 응했는지 여부를 결정하는 것이 중요하다.

바울의 세계주의에 의하면, **"우리는 한 조상에게서 모든 인류를 내시어 온 땅위에 살게 하시고 또 그들이 살아갈 시대와 영토를 미리 정해 주셨다. 사람들이 하나님을 더듬어 찾기만 하면, 만날 수 있게 해주셨다. 사실 하나님께서는 누구에게나 가까이 계신다."**[20]

우리는 모두 형제자매이며, 하나님의 아들딸들이기 때문에 우리는 낯선 사람들이 아니며, 세계의 시민으로서 세계에 속해 있다.

XIV
키에르케고르의 과제와 미션은
무엇인가?

내적 깊이,

영성을 추구하는 것이다.

-*BJ.*, No.6769.

SK는 "루터는 그리스도와 함께 충분히 동시대의 것으로 만들지 못했다."라고 신랄하게 비판한다. 이러한 비판은 루터의 종교개혁도 실패했다는 것을 의미한다. 1세기의 기독교로 돌아가는 것이며, 그리스도의 역사적 인격과 만남을 추구하는 것을 미션으로 보았다. SK는 자신의 과제에 대하여, "그것은 기독교의 교정보다 더도 아니고 덜도 아닌 문제이다. 마치 그들이 결코 존재하지 않은 것처럼, 1800년을 제거하는 문제이다. 나는 성공할 것이라고 확고하게 믿는다. 전체적인 나의 과제가 대낮만큼이 분명하다"라고 강조한다.[1]

SK는 "나의 과제는 전적으로 변증법적이다."라고 주장한다. 그 이유는 아버지와 절친이었던 뮌스터와의 논쟁 때문이다. "나로 하여금 나의 아버지를 생각나게 하는 사람과 투쟁을 해서는 안된다."라고 고백한다.[2]

하나님께서 누구나가 개인 각자에게 주어진 과제와 미션이 있을 것이다. *재판관의 책*에서, SK는 자신에게 주어진 운명, 숙명, 천직, 소명이 무엇인지를 다음과 같이 밝힌다.

-기독교적으로, "인간은 영이다"라는 것을 증언하는 것이다.[3]
-"당신의 집이 하나님의 집이 되어야 한다"는 것을 알리는 것이다.[4]
-계시된 진리로서 그리스도와 함께 하는 동시대성을 사람들에게 알리는 것이다.[5]
-이상들을 시적으로 제시하며 기존 질서에 관하여 사람들을 자극하면서 실존적 교정을 지속적으로 공급하는 것이다.[6]

-그리스도 안에서 기뻐할 뿐만 아니라, 그리스도를 모방하는 일이다.[7]

-단독자에 의한 과제다.[8]

-진리를 위한 봉사이다. 그 본질적인 형식은 복종이다.[9]

-기독교를 계몽시키는 것과 그리스도인의 이상을 묘사하는 것이다.[10]

-자신이 그리스도인이라는 환상에 빠진 사람들을 각성시켜 주는 일이다.[11]

-기독교계가 신약성서의 기독교로부터 너무나 멀어지고 있기 때문에, 나는 나 자신 을 기독교인이라고 부를 수 없다는 것을 상세히 밝히는 것이다.[12]

-하나님이 접근할 수 있도록 공간을 만들어 드리는 것이다. 자리를 양보하는 것이다.[13]

-균형 잡힌 미학과 종교적 풍요를 위해 각성의 수수께끼를 동시에 밝히는 것이다.[14]

-최우선적인 과제는 지성, 상상력, 통찰력의 우수성을 가지고 실존을 위한 파토스를 보증하기 위하여 파토스를 창조하는 것이다.[15]

-엄격성을 도입하는 것이다.[16]

-진리가 그 과정에서 고통을 받도록 시적으로 각성시키는 것이다.[17]

-내적 깊이를 추구하는 것이다.[18]

-기독교의 허위적인 선전을 중단시키는 것이다.[19]

많은 과제가 있음에도 불구하고, SK는 자신의 미션에 대한 어려움을 토로해 낸다. "하나님을 사랑하는 것은 인간을 증오하는 것이다"(To love God is to hate what is human)라는 제목에서, "인간은 상대적이며 평범하다. 이 평범한 가운데 인간은 편안하다. 하나님은 조건이 없으시다. 그 때, 하나님을 사랑하는 것은 인간적인 것을 증오하지 않고서는 불가능하다."고 SK는 주장한다.[20] 이러한 영적세계에서, 기독교의 미션이란 결코 쉬운 일이 아니다.

SK의 미션에 의하면, "인간과 연관된 것으로 소크라테스가 자신의 삶을 이해한 것처럼, 거룩한 심부름을 하는 것이며, 동시에 사람들을 경계하는 것이다. ..... 나는 결코 젊지 않았다. 내가 청춘이었을 때, 나는 노인보다도 1,000살이나 더 많은 나이를 먹고 있었다. 이처럼 나는 나 자신에 대하여 슬프게 말해야만 한다. 나는 결코 인간이 되어 본 적이 없다! 나는 결코 사회생활을 그리워해 본적이 없다. 혹은 인간들 속에서 자발적인 신앙을 가져 본 적이 없다. 그러나 이것이 모순이 될지 모르지만, 나는 광신자이다. 참으로 광신자이다. 만약 내가 자발적이며 즉각적인 열정주의자라면, 만약 내가 단순히 반영된 과제가 아니고 솔직한 과제를 가지고 있다면, 나의 명분은 멋진 위치를 차지하고 있을 것이다. 모든 것은 사람들이 지지를 얻기 위하여 가능한 한 호의적이어야 한다. ..... 나는 결코 인간이 되어 본 적이 없다. 그리고 비인간적인 것이 존재한다. ..... 이 같은 생각이 청년시절에 가지고 있었다. 인간들의 운명은 타자들을 위하여 희생되어야 한다.”21)

계시나 다른 어떤 것에 호소함이 없이, 보편성을 긍정하기 위하여 예외적인 것, 특별한 것을 추구하기 위하여 인간을 사랑할 때, 내가 불행해지는 것, 하지만 타자들의 행복 돕기를 바라는 마음이 나의 과제로 생각했다. 나의 잘못을 보상하기 위하여 선한 일을 위한 경건한 시도가 나의 과제였기 때문에 세속적인 이익과 수단으로 이 생각과 진리를 위해 봉사할 생각은 없었다. 진정한 포기를 통하여 일하겠다는 것이 내가 긍정적인 면으로 변한 이유이다. 하나님의 뜻을 보다 더 잘 이해하게 되었다. 내가 고뇌하는 것은 특별한 사역을 수행할 수 있도록 하나님이 나를 체크하고 있는 것이다. 약하고 부서지기 쉬운 가운데 나는 내 능력을 소유하게 되었다고 말하고 싶다. 나 자신만을 믿고 확신하면서 나의 과제를 수행한다면, 가장 놀라운 일을 성취할 수 없을 것이다. 나의 초인적인 힘의 감

각이 나의 불행이었다.[22]

진리는 덫이다. "나는 나를 사랑하는 자에게 그때, 나 자신을 보여 줄 것이다."[23] 사상이란 그가 살아가는 건물이다. 그 건물에 진리의 덫이 있다.

SK는 전통적인 그리스도인이 아니다. 그는 전형적인 SBNR의 신학자요, 기독인이다. "마지막으로, 나 자신은 가장 결정적인 단어의 의미에서 기독인이 아니다. 그러나 다른 사람들을 기독교에 인도한다."[24]

부록

키에르케고르의 *MBTI* 분석
Kierkegaard's *MBTI* Analysis

SK가 인간을 미워하게 된 동기가 무엇인가? 심리적으로 파악해 보는 것은 의미 있는 일이다. 성장과정에서 경험한 인간들에 대한 반감(antipathy) 때문에 깊이 새겨진 저항과 반항의 흔적들이 재판관의 책에 남아 있다.

어릴 적 식탁에서 소금을 흘린 것을 두고, 아버지가 "이 탕자 같은 놈"이라는 소리를 들었을 때부터 SK는 그 혐오와 반항의 싹이 텄을 것이다.

25세, 성인이 되어서 아버지에 대한 갈등과 증오로 집을 뛰쳐나갔다. 아버지가 죽기 1주일 전, 화해하고 집으로 돌아왔다.

자신의 가정교사였으며 대학에서 지도를 받은 마르텐센 교수에 대한 이념의 차이로, 아버지의 친구였던 뮌스터 주교에 대한 신앙적 갈등 등으로 비난을 한다. 베를린에서 자신의 철학에 맞지 않는다는 이유로 스켈링 교수에 대한 철학을 비판하고 귀국한다. 기타, 소크라테스를 비롯한 철학자들과 루터, 칸트, 헤겔 등에 이르기까지, 특히 덴마크의 영웅이요, 지도자요, 목사인 그룬드비히를 "난센스한 인물"로 비판한다. 마지막 죽어가면서, 에밀에게 "너는 뮌스터 주교가 어떤 종류의 독초인지 모를거야."라고 비판한다. *SKB*., 718. 바울 사도에 대한 비판도 예외가 아니다. 사도 바울의 일상생활에서 진지하지 못하고 신중하지 못한 인물로 평가한다. *B.J.*, No.3193.

그룬드비히 목사는 SK에 대하여, "교회 처마 밑에 대달려 있는 고드름"의 "냉담한 조롱자"(ice-cold scoffer)로, 마르텐센 교수는 그를 "비난하는 천사"(accusing angel)라고 비판한다. *SKB.*, 719-720. 1,000명의 목사들을 비롯하여, 그의 부와 명예를 시기하며 질투했던 이들이 SK가 42세 나이로 길거리에서 쓰러져 죽자 온갖 비난의 나팔을 불어댔다. 종합해 보면, 성격상, 긍정적인 내용보다는 부정적인 비판이 더 많은 것을 알 수 있다.

그룬드비히즘에 대한 견해 차이로, 자신의 의견에 동조해 주지 않은 친형을 미워하고 마지막 숨을 거둔 병원에서 조차 형의 방문을 문전박대하며 거부했다.

보레트를 3년 3개월 동안 연애하면서, 그녀를 희롱한 것에 대하여 세상 사람들이 "불한당"이라고 비판의 소리를 들었을 때조차도 그는 마이동풍이었다. 그러나 그녀에 대한 책임감을 느꼈다고 고백한다.

1842년 2월 6일, 친구 에밀 보센(Emil Boesen)에게 보내는 편지에서, SK는 다음과 같이 기록 한다: "나는 레기네, 그녀를 위하여 약혼을 깼다. 그것이 나의 위로가 되었다. 그리고 내가 가장 고통을 받았을 때, 내가 완전히 빼앗겼을 때, 그 때 내 영혼 속에서 비명을 질렀다. '네가 약혼을 깬 것은 하나님의 선물이 아니냐? 좋은 것이 아니냐?' 나는 나 자신을 안다. 내가 참아야 할 것이 무엇인지도 안다. 그녀는 인내할 수 있을 것이라는 것을 안다."

사랑하는 사람이 납득할 수 없는 일방적인 이유로 약혼을 파혼시킨 것, "그것이 나의 위로가 되었다"(That became my consolation)라고 고백한다. 이 같은 의식은 마치 세익스피어의 4대 비극의 공통적인 원인, **"일방성"**(Onesideness)을 연상시킬 정도이다.

낳아주시고 길러주신 어머니에 대한 비정한 마음은 인간 혐오증의 절정에 달한다. 그 많은 저서와 재판관의 책에서조차 "어머니"를 한 번도 부르지 않는다. 이마에 피가 나오지 않을 정도로 비정함이 극에 달한다. 이 같은 의식은 육신의 부모를 "의붓아버지"(step-father), "의붓어머니"(step-mother), 즉 계부, 계모라고 생각하고 있기 때문이다.*BJ.*, No. 5488.

SK의 인간 관계성은 "단독자", "외톨이"만큼이나 비정하다. 그의 사전에는 "우리"라는 단어가 거의 없을 정도로 삭막하다. 그리스도가 가르쳐 준 "주님의 기도"(Lord's Prayer)에서, "하늘에 계신 우리 아버지, ... 우리에게 일용할 양식을, ... 우리의 죄를 사하여 ..... 우리를 시험에 ....." 등장하는 "우리" 공동체 의식이 결여되어 있다.

아무리 미학적 단계와 윤리적 단계에서 "사기꾼이다." "악당이다."라는 비판의 소리를 들어도 SK는 자신의 건강과 감정을 가슴 속 깊이 숨겨왔다. 그러나 1842년, 그의 나이 29살에 베를린에 유학하면서, "나는 이 세상을 경험했다"(I pass through this world)라고 고백하면서 자신이 인간에 대한 적대적 내면의식을 친구, 에밀에게 털어 놓는다.*BJ.*, 5551.

내가 인간을 항상 무시해 온 것처럼, 나는 인간을 조롱해왔다.
나는 인간들에게 끔찍한 복수를 하고 있으며,
최악의 복수는 항상 인간의 편에 선 권리이기 때문이다.

그는 왜 인간들에 대하여 기피하는 것일까? 그는 "자신의 손에 든 패를 상대에게 여간해서 보여주지 않는다"라고 고백한다. 기피를 떠나서 자신보다 조금이라도 낮거나 우위에 있다고 생각하는 사람이면, 무조건 "포크"(fork)를 가지고 찌르는 공격적 성격이다. 자신의 입맛에 맞는 음식을 찍어 넣듯이, 역설적으로 그 포크를 사용한다. 그는 단순한 인간 혐오증이 아니라, 복수혈전을 기획하고 최악의 복수를 가한다. 적이라고 생각하면, 피도 눈물도 없는 것 같다.

자신의 약혼 파혼을 찬성했던 레기네의 아버지, 테르킬드 올센(Terkild Olsen)에 대하여 "잔인하다"고 비판한다. 레기네의 아버지는 처음부터 SK가 마음이 들지 않았다. 상대가 자신의 약혼 파혼에 동의한다하여 "잔인하다"라는 표현은 자신의 미학적 윤리적 고충(?)에 동조해 주지 않았다는 것에 대한 '앙심'을 드러낸 것이다.

공동체 의식의 결여, 이것이 영국이나 미국의 학자들에게서 SK가 '여전히' 환영을 받지 못하는 이유일 것이다. 인간은 사회적 동물이다. 사회나 공동체에서 '어우렁더우렁' 살아가야 할 책임이 있다. 하나님이 "세상을 사랑하라"는 명령에 자연과 인간에 대한 "공감능력"(synesthesia)을 길러야 한다.

대나무를 그리려면, 먼저 내 마음속에서 올곧은 죽순이 자라야 한다. 더 나아가 "세상을 향하여 죽어야 한다라는 신앙적, 영적 의무가 그리스도인들에게 있어야 한다."라고 스스로 주장하면서 어떻게 세상을 포용할 수 있을까? 너그러운 마음, 동정심(sympathy)이 요청된다. SK의 실존주의 철학과 신학, 신앙이 삶의 현실, 실재사이에는 적지 않은 괴리가 존재한다. 그 골의 깊이가 상대적으로 깊이 패여 있다.

김빠지고 맛없는, 활기 없고 무미건조한 세상의 칭찬을 원하지 않는다 할지라도, "하나님의 형상", 인간 자체를 무시는 해서는 안

될 것이다. 사후에 덴마크 교계에서 그에 대한 비난의 소리가 적지 않았다. 비난의 소리는 상대적이겠지만, 그가 누린 부와 명예에 대한 비판의 목소리는 지극히 부정적이었다. 그럼에도 불구하고 처음부터 끝까지 "에포케"(epochē)의 여유, 즉 "판단중지"를 견지했더라면, 더 멋진 인간, 키에르케고르가 되었을 것이다.

결론적으로, SK는 재판관의 책에서 나타난 성격을 분석해 보면, *MBTI* 분석에서, 전형적인 *INTP*형이다. 이 유형은 "과묵하나 관심이 있는 분야에서는 말을 잘하며 높은 직관력으로 통찰하는 재능과 지적 호기심이 많다. 개인적인 인간관계나 친목회 혹은 잡담 등에 별로 관심이 없으며 매우 분석적이고 논리적이며 객관적 비평을 잘한다. 지적 호기심을 발휘할 수 있는 분야, 즉 순수과학, 연구, 수학, 에지니어링 분야나 추상적인 개념을 다루는 경제, 철학, 심리학 분야의 학문을 좋아한다. 지나치게 추상적이고 비현실적이며 사교성이 결여되기 쉬운 경향이 있고, 때로는 자신의 지적 능력을 은근히 과시하는 수가 있기 때문에 거만하게 보일 수 있다."

SK는 전형적인 평면적 성격의 **"Flat Character"**이다. 타이어에 에어가 빠져있었다. 그에게 바라는 유형은 원형적 성격의 **"Round Character"**이다. 사교적이며, 활동적이고 수용적이며, 친절하고 낙천적인 *ESFP*유형과 사교성이 풍부하고 동정심이 많은 *ENFJ*유형이 바람직스럽다.

"역사는 필터링의 과정이다"(History is the procession of filtering)라고 SK는 정의하지만, 문제는 그 필터의 부품이 부분적으로 고장이 났다면, 교체하거나 수리를 해야 할 필요성이 있다. 인간 대 인간의 공감적 직관, 혹은 "감정이입"(Empathy)은 문제 속으로 들어가서 그 문제의 일부가 되어버리는 것이다. 식물이 살아가려면, "탄소동화작용"이 이루어져야 하듯이, 반드시 이산화탄소, CO_2가 필요하다. 나에게 맞지 않는 이산화탄소조차도 내게 필요한 에너지원으로 삼아야 한다. 그러나 SK는 이 부분의 필터에 고정된 나사 하나가 헐거워진 상태로서 그 기능이 제대로 발휘되지 못한 것이다. SK에게 오직 하나의 우정, 한 사람의 친구, 에밀 보센만이 그의 마지막 임종을 지켜보았다.

SK의 의식에 깊이 자리 잡고 있는 것은 마지막 숨을 거두는 순간까지 피를 나눈 형에게까지 적용하는 '인간혐오증'이었다. "네 이웃을 네 몸처럼 사랑하라"고 말씀하시는 예수를 그리스도로 믿고 고백하는 사람들, 그리스도인, 신앙인, 신부, 목사, 전도사, 장로, 권사, 집사, 평신도이기 이전에, '우리는' 끈적끈적한 땀 냄새를 풍길 줄 아는 보아스(Boaz)와 같은 인간성, 인간미가 먼저 있어야 한다.

그럼에도 불구하고, 인간 위에 인간 없고 인간 아래 인간 없다. "양에 가죽을 쓴 이리"가 되어서는 안 될 것이다. '해 아래서' 인간에 대한 비판, 판단, 평가는 삼가 멈추어야 한다. We are all in the same boat!!!

그러나 '해 위에서', 코람데오! 그 평가가 달라질 수 있을지 모른다.

*룻기서 2:15:
"저 여인이 이삭을 주을 때에는
곡식 단 사이에서 줍도록 하게하라.
자네들은 저 여인을 괴롭히지 말라.
그녀를 나무라지 말고
오히려 곡식 단에서 조금씩 이삭을 뽑아 흘려서
저 여인이 줍도록 해주라."

글을 마치면서

키에르케고르의 **"아모르 파티"**(amor fati), 그는 자신의 '운명을 사랑'했으며 그렇게 살다간 인물이다. 그러나 SBY의 1차적인 결론에 의하면, 이 *재판관의 책*은 키에르케고르의 '에테르적 숨결'이다. 그는 '영혼의 떨림'을 고백한다.

아리스토텔레스의 비물질적 에테르이론, 필로포누스의 신의 인과과적 해위매개체론, 베이컨의 상호관계적 공간이론, 데카르트의 소용돌이 이론, 라이프니즈의 홉스의 비가시적 침투이론, 뉴턴의 유체역학적 매개체론 등의 카테고리들을 종합하는 영혼의 공포와 전율을 실존주의 차원에서, 특히 기독교적 리얼리즘의 뒤틀림을 고발하는 고백서이다.

2차적인 결론은 없다. 왜냐하면, SK의 *재판관의 책*, 일기와 저널을 통독하고 그 속에 숨겨진 행간의 의미를 더 파헤쳐야 하기 때문이며 225개항의 다양한 주제어에 대한 해석이 이루어져야 하는 과제를 안고 있기 때문이다. 핵심 사상 51개 정도를 소개했을 뿐이다. 그의 일기의 고백에서 드러낸 그의 철학, 신학, 심리학, 문학 등의 주제어 사상들과 "자기 자신에 관하여"를 담아내기엔 지면 관계상 역부족이다. 특히 그의 에테르적 이론에 대한 탐색과 연구가 SYB의 사이버신학사상과 어떻게 연계가 되는지를 좀 더 구체적 증거를 가지고 제시해야할 책임이 있다.

SK는 어린 시절의 별명, "포크"답게 논쟁을 즐기며 살다간 "코펜하겐의 소크라테스"였다. 그는 '기독교계의 세례요한'과 같은 인물이다.

SK의 미션은 덴마크라는 한정된 공간과 19세기라는 제한된 시대가 낳은 결과물이다. 즉 기독교계에 기독교를 선교하고 도입하는 아이러니한 과제의 여정이 그의 운명아닌 운명이었다. 그러나 21세기에 이르기까지 그의 이 같은 사상은 시공을 초월하여 한국 기독교교계에도 경종을 울리고 있다.

이 글이 SK를 조금이나마 객관적인 시각으로 볼 수 있기를 기대한다. 한 인간의 평가는 주어진 텍스트를 벗어날 수가 없다는 것을 인정하면서도 여전히 그의 "비밀노트"를 두고 추리하는 학자들과 연구자들이 많다는 것을 부인할 수 없다.

호랑이는 죽어서 가죽을 남기고 사람은 죽어서 이름을 남긴다. 키에르케고르는 죽어서 "저 단독자"라는 사상을 남기었다. "자아의 예언자" 답게 자아에 대한 사색에 천착하여 "외톨이"라는 개성적 실존에 더 무게를 두었기 때문에 심리학자에 더 가깝다고 할 수 있다. 인생의 3단계라는 변증법-미학적, 윤리적, 종교적-은 자신만의 독특한 개념이 아니라 선배 철학자들의 이론을 모방한 이론이다.

호랑이 가죽과 같은 그의 인생의 자서전적 기록에서 벗어나 "날아다니는 두루마리"와 같은 21세기 사이버신학사상과의 연계에 의미를 두고 싶다. 그의 실존주의 철학과 신학은 가시적인 하드웨어 Hardware가 아니라, 비가시적인 소프트웨어Software에 초점이 맞추어져 있다. 인간이 어떻게 하면, 영이 되느냐에 생명을 걸었다. 영적인 생명이외에 다른 것은 쓰레기 취급을 했다. 사이버신학은 가상현실로서 메타버스신학이다. 메타버스 채플, 온라인예배와 영성과 기독교서교와 교육 등이 이루어지는 디지털 비가시적인 공간에서 하나님과 교제한다.

키에르케고르의 심리학은 지금까지 알려진 것과는 다르게 그 우물의 깊이를 헤아릴 수 없을 정도로 깊이가 있다. 다분히 프로이드보다는 융에 영향을 주었으며 키에르케고르의 산문문학은 시대적 용어만 다른 뿐, 포스트모던 문학의 정수를 있는 그대로, 리얼리즘의 진수를 보여주고 있다. 그의 메타픽션적 자아 반영적 글쓰기가 그것을 증명해 주고 있다.

선진들과의 치열한 공방을 벌이면서 '논쟁의 달인'처럼, 자신의 주장을 가감 없이 표출시키고 있다는 점에서 SK는 정직한 인물이었다. 그러나 그의 인간관계와 성격적 결함은 *재판관의 책*에서 부정적으로 적나라하게 드러난다. 죽을 때까지 자신의 비밀노트를 고백하고 있지 않지만, 이제는 그의 숨겨진 비밀들이 *재판관의 책*을 통해서 더 분명하게 드러나게 될 것이다.

그의 강론과 설교들이 그의 자아에 대한 내면성, 즉 영성의 깊이를 더 해주고 있으며 이것에 대한 내용들은 "사이버은총교회: 키에르케고르와 사이버신학"-에서 소개할 예정이다.

사이버은총교회(Cyber Grace Church)

1. 성부, 성자, 성령의 삼위일체 하나님의 공존과 역사를 인정한다.

   그러나 .....

2. 하나님의 나라의 초월성과 내재성을 인정한다.

   그러나 .....

3. 신구약의 성서는 하나님의 계시에 관한 거대담론을 인정한다.

   그러나 .....

4. 십자가를 통한 구원과 영생을 믿고 인정한다.

   그러나 .....

5. 기독교 역사적 신앙과 세례식, 성만찬을 인정한다.

   그러나 .....

6. 기독교의 윤리와 도덕을 인정한다.

그러나 .....

7. 기독교의 종말적 역사관을 인정한다.

　　그러나 .....

8. 미쇼데이, 하나님의 선교를 위한 예수 그리스도의 지상명령을
　　인정하며 따른다.

　　그러나 .....

9. 페미니즘 목회를 위한 여성안수를 인정한다.

　　그러나 .....

10. 목회자들도 세금을 납부해야 한다는 것을 인정한다.

　　그러나 .....

11. 기독교의 보수-진보적 신학을 인정한다.

　　그러나 .....

12. 그리스도 예수 안에서 일치를 위한 에큐메니즘을 추구한다.

　　그러나 .....

13. 온-오프라인의 비가시적-가시적 교회를 인정한다.

　　그러나 .....

여기서, "그러나"(But)에 이어지는 사이버 신학적-신앙적 담론은 하나님의 인류를 위한 역사발전 사관을 지향한다.

"태초에 웹(WEB)이 있었다.

나는 WWW에 접속한다, 그러므로 나는 존재한다."

사이버은총교회, 심영보 목사(Ph.D)

https://blog.naver.com/jdewpoint

미주

I

1) SK가 익명으로 글을 쓰는 이유 중의 하나는 "나는 참회자이기 때문에 익명으로 글을 쓴다. 그럼에도 불구하고 핍박을 받을 것이다."라고 고백한다. 자신의 실수와 잘못을 뉘우치며 회개하는 "메타노니 야"의 심정으로 글을 썼다. 익명은 침묵의 형태이다. 그러나 그는 펜의 힘으로 그 침묵을 깨고 있다. *BJ.*, No.6444.

2) *BJ.*, No.xxiii.

3) *BJ.*, No.xxiv.

4) "자유"(Freedom): 1230-1278, "평등"(Equality): 1008-1018. "우애"(Fraternity)는 *재판관의 책*에서, 특별한 주제어로 등장하지 않지만, "우정"(Friendship)은 No.1279-1286에 등장한다.

5) *BJ.*, No.317, 326, 386, ... 3061, 3149, 6859.

6) 사회적인 분석은 출판된 책에서 발견된다. ... 윌리엄 후벤(William Hubben)은 자신의 저서, *우리 운명의 네 예언자들(Four prophets of Our Destiny)*에서 SK를 비판 한다: "SK는 내적 자유에 대한 추구 때문에 그 시대의 과학적 사회적 상황들을 무시했다. *BJ.* No.xxv.

7) *BJ.*, No.xxviii.

8) *BJ.*, No.xxv.

9) *BJ.*, No.xxvi. 파스칼이 이성(reason)에 대한 태도는 긍정적인 것과 부정적인 두 가지가 발견된다. 긍정적 요소는 부정적 요소를 지향했던 SK보다는 데카르트(Deacartes) 쪽에 더 가깝다. 이 두 요소 들은 영원히 지속될 것이다. 파스칼은 *팡세(Pensées)*에서 인생의 제 문제에 대한 Yes와 No의 둘 다 포용하는 "비극적 변증법"(the tragic dialectic)을 견지한다. Lucian Goldmann, *The Hidden God.* Routledge & Kegan Paul Ltd., 1964. 10-11.

10) 헤겔철학은 "존재하는 것"(to be)과 "존재"(being)사이의 구별을 하지 못하는 혼돈에 빠져 있다. 이러한 주장은 Poul M. Moller의 주장이다. No.5798. 그러나 헤겔과 SK의 관계성은 역설적이다. "절대적 지식이 존재 한다"는 것과 "종교적인 문제는 외적인 문제로 해결할 수 없다"는 것과 같다. 원인은 사상체계의 철학적 기능에 놓여 있으며, 결국은 체계인가, 주체성인가의 대립의 문제이다. 이러한 갈등의 문제는 헤겔의 *영의 현상학(Phenomenology of Spirit)*과 *종교의 철학(Philosophy of Religion)*을 SK의 변증법적 관점에서 독서할 것인가, 아니면, SK의 역설을 헤겔의 "재현"(representation)과 "절대적 지식"(absolute knowledge)의 관점에서 독서할 것인가에 달려 있다. 학문이 전부는 아니다. 학문을 초월한 사색의 영역이 있다. 실존의 문제는 언어와 논리의 죽음이 아니다. 사색과 실존의 공존이 철학이 사는 길이다. Joseph H. Smith, M.D., *Kierkegaard's Truth: The Disclosure of the Self.* 340-41.

11) "영적이면서 종교적이지 않는"(Spiritual But Not Religious) 종교 문화적 현상.

12) 샤르댕(Teilhard de Chardin)의 하나님은 "목적론적 하나님"(teleological God)이다. Paul davies, *The Mind of God.* A Touchstone Book, 1992. 229. 심영보, *사이버신학과 디지털교회.* 33.

13) *Ibid.*, 7-10.

14) 강채정에 의하면, "하나님의 시간 속에 우리가 있고, 하나님의 일이 우리의 미션이기 때문입니다."(In God's time, We are, God's ministry is our mission)라고 충고하는 "카이로스"(Kairos)와 "크로노스"(Chronos)의 "동시대성"(Contemporaneity)때문이다. SK는 *POV*에서, "시간성이란 시

496 키에르케고르의 콤플렉스와 사이버신학사상

간과 공간에서 펼쳐지는 지연, 방해, 저지, 뒤처짐, 정신지체이다. 그러나 영원성은 저편을
향해 발길을 재촉하는 집중, 결렬, 강도, 긴장이다."라고 주장한다. "절대적 역설"인 성육신
(Incarnation) 의 사건은 크로노스와 카이로스의 충돌하게 되어 있지만, 인간의 시간인 크로
노스는 연속성이 존재 한다. 혹자는 필자가 SK의 나르시시즘(narcissism)에 빠져 있다고 비
판할지 모른다. 필자의 시간관 은 '과거/현재/미래'가 분리되어 있는 것이 아니라, '과거-현
재-미래'가 하나로 연결된 크로노스의 동시성(simultaneity)을 강조하고 있기 때문이다. 특히
하나님의 시간, 카이로스를 믿고 의지하는 믿음 때문이다. 강채정은 필자의 "갈빗대"(rib)이
다. *창2:21-23. 심영보, *사이버신학 시간의 본질이란 무엇인가*(2013). "목차" 앞에서. 168-179.

15) *BJ.,* No.71-2, 180, 200, ... 3887-3903, ... 5636, 6137-8, 6161. SK의 자아정의에 의하면,
자아란 다양한 구성요소의 섬세한 종합이다. 즉, 가능성/실재성, 무한성/유한성, 영원성/시
간성, 자유/현실, 그리고 하나님을 의지하는 것이다. 특히 "시간은 인간 실존의 형태이다"(Time
is the form of human existence)라고 강조하면서 시간과 자아는 분리할 수 없다고 강조한다.
인간은 영이다. 영은 자아이다. "자아는 관계이다."(Self is a relation), 관계는 스스로 자기
자신의 자아와 관계한다. 자아는 관계가 아니다. 그러나 자아는 존재한다. 인간은 종합이
다. 종합은 두 구성요소 사이의 관계 이다. 그러나 인간은 아직 자아가 아니다. 둘 사이
관계성에서, 그 관계는 부정적 연합으로서 제3자이다. 둘은 스스로 그 관계에 관계한다.
그 같은 관계는 인간이 영혼으로 결정될 때, 영혼과 몸의 관계이다. 만약 그 반대로 그
관계가 스스로 자아와 관계할 때, 그 관계는 제3자가 된다. 이것이 자 아이다. 영은 인간
속에 있는 영원과 동등하다. 오직 자아는 인간 속에 있는 영원이다. *SUD.,* 146. 자아는
정체상태의 실체가 아니라 역동적인 활동이다. 따라서 자아는 자아가 관계하는 역동적 활
동 이다. 자아는 스스로 자기 자신과 관계를 맺는 정체성이며 단순성이다. Mark C. Tayler,
Kierkegaard's Pseudonymous Authorship. 7. 87. 109.

16) *BJ.,* No.13, 143, 425, ... 2240-2303, ...5091, 5101, 5794. 가장 중요한 지식의 객관적인 것
이 아니라 본질적으로 주체적인 것이다. 종교의 궁극적인 영역에서는 보편성이 존재하지
않는다. Nels F.S. Ferre, *The Christian Understanding of God.* 156. 과학, 철학, 윤리 등이
존재하는 것과 같은 방법론이 아니다. 이런 점에서 SK의 사상이 확실하게 옳다.

17) 죄란 하나님에 대항하는 불순종이다. 하나님과 관계성 속에서만 인간은 죄를 말한다. *SUD*
에서 앤티 -클리마쿠스에 의한 가장 함축성 있는 죄의 정의는 "죄는 하나님 앞에서 혹은 하
나님의 개념과 함께, 자신이 되려는 의지가 아닌 절망 속에서, 혹은 자신이 되려는 의지에
대한 절망 속에서 존재한다." 본질적으로, 이 같은 정의에 의하면, 죄 아래서 인간은 절망
속에서 자신에 저항하는 분열과 그 는 하나님의 개념을 가지고 있다는 동시성에서 이 조건
에 집착한다. 그리스도 안에서 계시를 통하여 하나님께서 인간을 계몽시킬 때, 절망과 불순
종 안에서 그의 깊은 잠입에 관하여 질적으로 새로운 죄의 강화가 발생한다. 죄의 정의가
지금은 다음과 같다. "죄란 자신이 되려는 의지가 아니라, 혹은 자신이 되려는 의지에 대한
절망 속에서, 하나님 앞에서 혹은 절망 속에서, 하나님으로부터 계시에 의하 여 죄의 본성에 관
하여 계몽이 된 후에, 존재한다."*BJ.* No.23, 33, 41, ... 3989-4051, ... 6444, 6468-9, 6689.

18) *BJ.,* No.424, 890, 1183, 3633-3644, ... 4636, 5027, 5641.

19) *BJ.,* No.237, 299, 902, ... 3782-3790, ... 6395, 6444, 6472.

20) *BJ.,* No.174, 334, 349, ... 1463-1504, ... 6834, 6843, 6947.

21) *BJ.,* No.5832, 5909. *SKB.,* 99-100, 104-5, 132-34, 136, 177, 292, 785, 790, 811. "주제어"
들에 대한 SK의 의도는 '젖소/우유'에 비유한다. "그러므로 내가 가지고 있는 저자 주제어
들이나 저자 표제어들은 완벽하게 수수께끼와 같은 비밀휘들이기 때문에 그것들을 나는
전혀 이해 할 수 없으며 혹은 전적으로 이따금씩 이해하기도 한다. 그리고 나는 왜 보통
많은 주제어들이 동일 한 하루 동안에 나오는지 알 수 있다. 그러나 이것은 미친 짓이다.
추상적인 가능성 안에서 사람이 느끼는 풍요롭고 분명한 환상들과 생각들은 유쾌하지 않으
며 불안을 야기 시킨다. 이것은 마치 젖소가 제때에 젖을 짜내지 못할 때 고통을 받는 것

과 유사하다. 그러므로 만약 외적 조건들이 아무런 도움이 되지 않는다면, 사람의 가장 좋은 방법은, 젖소처럼, 스스로 유유를 짜내는 것이다. *BJ*. No.5242. SK의 *재판관의 책*은 비밀어휘들로 포장되어 있기 때문에, 그 행간의 뜻을 파악하는 것이 중요하다. 더욱이 문장과 문장 사이에서, 혹은 주제어의 제목이 삭제되었을 것으로 추측되는 부분에 이르기 까지 파악해야 할 것이다. 가장 대표적인 예시가, 그의 나이 23세인 1836. 11. 11. No.5175 의 "My God, My God, ..."와 No. 5176의 "The bestial sniggering"일 것이다. 제목과 날짜가 삭제된 이 기록은 SK에게 치명적인 불명예를 가져다 줄 것이다.

22) * "예수께서는 이 밖에도 여러 가지 일을 하셨다. 그 하신 일들을 낱낱이 다 기록하자면, 기록된 책은 이 세상을 가득히 채우고도 남을 것이라고 생각한다."(요21:25).

23) 이 책에서 다루지 못한 SK의 주제어들에 대한 핵심 사상들에 대해서는 기회가 주어진다면, 후속편으로 기획출판이 될 것이다.

24) * "그 누구도 두 주인을 섬길 수 없다. 한 편을 미워하고, 다른 편을 사랑하거나, 한편을 존중하고 다른 편을 업신여기게 된다. 너희는 하나님과 재물을 아울러 섬길 수 없다."(마 6:24, 눅16:13)

25) * "온갖 훌륭한 은혜와 모든 완전한 선물은 위로부터 오는 것입니다. 하늘의 빛들을 만드신 아버지께 로부터 내려오는 것입니다. 하나님 아버지는 변함도 없으시고 우리를 외면하심으로서 그늘 속에 버려두시는 일도 없으십니다. 하나님께서는 뜻을 정하시고 진리의 말씀으로 우리를 낳으셨습니다. 그래서 우리는 모든 피조물들의 첫 열매가 되었습니다. 나의 사랑하는 형제 여러분, 여러분이 알아두어야 할 일이 있습니다. 누구든지 듣기는 빨리하고 말하기는 더디 하십시오. 또 여간해서는 화를 내지 마십시오. 화를 내는 사람은 하나님의 정의를 이룰 수가 없습니다. 그러므로 모든 더러운 것과 온갖 악한 행실을 버리고 하나님께서 여러분의 마음속에 심으신 말씀을 공손히 받아들이십시오. 그 말씀에는 여러분을 구원할 능력이 있습니다."(약1:17-21)

26) *BJ.*, No.6965.

27) "이 세계는 하나의 텍스트이다. 이 텍스트는 자신의 부재뿐만 아니라 누군가 다른 존재에 대해서 기쁘고 겸손하게 전해주는 내용이 들어 있다. 그 내용은 다름 아닌 창조주의 현존이다." 폴 클로델(Paul Claudel)의 수필, *책의 철학*. 1925. Umberto Eco & Jean-Claude Carriere, *Nesperez Pas Vous Debarrasser Des Livres*. Grasset & Fasquelle, 임호경 옮김, *책의 우주*. 332. *BJ.*, No.99, 101, 182, ... 5697, 5788, 6673, 6965, 6688.

28) https://blog.naver.com/jdewpoint

29) 심영보, *사이버신학과 디지털 교회*. 한국학술정보(주), 2008. 상징은 기호이며 기호는 상징이다. 기호는 상징이 할 수 없는 이유 있는 방편으로 대체가 가능하다. 종교적 상징과 기호에 대한 6가지 특징에 대하여, 폴 틸리히의 *Dynamics of Faith*, 41-48을 참고.

30) *출15:26, 신28:61.

31) *BJ.*, No.89, 90, 98, 136, ... 2304-2337, 6398, 6576, 6921, 6952.

32) 모더니즘(Modernism)이 수직적이라면, 포스트모더니즘(Postmodernism)은 수평적이다. 포스트모던 현상은 파타피직스, 다다이즘, 반형식, 유희, 우연, 무정부주의, 고갈, 침묵, 참여, 수행, 해체, 대조, 부재, 분산, 상호텍스트성, 수사학, 신태그마, 병렬, 환유, 조화, 리조움, 표피성, 오독, 시니피앙, 방언, 반내러티브, 욕망, 양성, 정신분열증, 차이-차연, 아이러니, 불확정성, 내재성, 돌연변이, 성령 등이다. Ihab hassan, *The Postmodern Turn*. 91. 포스트모던 내러티브 기법은 장르의 확산, 탈장 르화, 탈영역화, 탈중심화, 패러디, 메타픽션, 자아 반영성 등 다양하게 등장한다. SK가 추구한 것은 "자아의 예언자"다운 자아 반영성 테크닉을 구사하고 있다. *Inter et Inter*에 대한 내용은 *SKB.*, 548-60 참고. *BJ.*, No.5708, 5726, 5754, 5857, 6636.

33) *BJ.*, No.5865-66.

34) "자아-캡슐"은 자아 폐쇄성을 의미한다. SK는 자신에게 '양심고백'을 하면서도 결코 자신의 비밀을 죽는 날까지 털어 놓지 못한다. *BJ.* No.6131. 변증법적 모순은 하나님과 애로틱한 사랑 사건 아니면 남성들을 향한 자존심으로부터 나온 것 때문에 그는 유일하게 폐쇄 된다는 그 여부가 불확실한 방식으로 유지되어야만 한다. 다윗의 *시편*에서처럼, 하나님과 두두 관계(*Du and Du*)와 모든 인간관계를 피하기 위하여 자아 캡슐 혹은 폐쇄성과 같은 예시가 있다.*BJ.* No.5810. 각주) 1259.

35) *BJ.*, No. 5721. *SKB.* 282-283. "날이 저물어 선들바람이 불 때, 야훼 하나님께서 동산을 거니는 소리를 듣고 아담과 그의 아내는 야훼 하나님 눈에 뜨이지 않게 동산 나무 사이에 숨었다."(창3:8). "죄가 많은 곳에 은혜가 더욱 넘쳤다."(롬5:20)

II

1) *BJ.*, No.795, 1179, 1184, ... 5217, 5367, 5797.

2) *BJ.*, No.5061, 5062, 5064, 5205.

3) 하나님은 그들을 받아들여 영원 속으로 들어오게 하신다. 그러나 특별히 하나님이 원하는 것은 무엇인가? 하나님은 영혼들이 찬양하며 숭배하며 예배하며 감사하기를 원한다. 이것이 천사들이 하는 일이다. 천사들은 하나님을 기쁘게 한다. 천사들보다 더 하나님을 기쁘게 하는 것은 이생의 "마지막 산골짜기"(last lap)에 있는 인간이다. 인생 여정의 마지막 단계이다. 겉으로 보기에 하나님이 변화시켜 순전한 잔인함 속으로 집어넣고 가장 잔인하게 고안된 잔인성을 가지고 생명에 대한 모든 열정을 그에게서 박탈시키는 것이다. 그럼에도 불구하고 "하나님은 사랑이다"라고 계속하여 믿는다. 하나님은 사랑으로부터 그것을 행하신다고 믿는다. 그 같은 인간이 천사가 될 수 있다. *BJ.* No.6969. * "모든 천사들은 하나님을 섬기는 영적인 존재들로서 결국은 구원의 유산을 받을 사람들을 섬기라고 파견된 일꾼들이다."(히1:13-14)

4) *BJ.*, No.1476.

5) *BJ.*, No.5064.

6) 2006년 타라나 버크가 사용한 "Me Too"의 원래 목적은 공감을 통해 여성, 특히 젊고 취약한 여성들에게 힘을 실어주는 것이었다. 2017년 10월, 알리사 밀라노는 이 문구를 해시태그로 사용하여 성희롱과 폭행에 대한 문제의 정도를 밝히는데 도움을 주도록 격려했다. 따라서 여성들이 혼자가 아니라는 것을 알고 자신의 학대에 대해 이야기하도록 장려하는 일종의 여성해방운동이다. * "사람 속에 있는 사람의 영이 아니고서야 누가 그 사람의 생각을 알 수 있을까? 이와 같이 하나님의 영이 아니고 서는 아무도 하나님의 생각을 깨닫지 못한다."(고전2:11).

7) *BJ.*, No.801, 1025, 1700, 1974, 2107, 2314, 2798, 3697, 5178, 5249, 6870, 6879.

8) 아브라함이 이삭을 죽이는 공식적인 예시보다도 더 근본적인 동기 속으로 깊이 들어가는 예화가 있다. 아기가 젖을 떼는 "이유기의 주제"(the theme of weaning)가 바로 그것이다. 비록 이유기의 주제가 반복적으로 나타나지만, "어둡게 하기"(blackening)-보레트와 레게네, 두 여성을 희롱하는 그의 악당의 행위에 상응하는 요소-의 참조는 사라진다. 엄마와 아기가 분리될 때, 모성애의 사랑과 슬픔 의 동기만이 언급된다. Kenneth Burke, *A Rhetoric of Motives.* 247-248. SK도 엄마의 젖을 물고 수유를 했을 것이다. 그 모성애의 사랑을 외면 할 정도로 비정함이 어디서 솟아난 것일까? John Barth, *Lost in the Funhouse.* 3-13. 난자의 유혹.

9) 어린 시절 장차 무엇이 되고 싶은가라는 질문을 받았을 때, SK는 항상 집에서 별명이 "포크"(fork)가 되고 싶다고 대답한다. 집에서 별명이 "포크"로 통했다. 이것은 얼굴에 주근깨가 있던 그 소년

은 "왜? 식탁에서 내가 원하는 것을 나는 무엇이든 찌를 수 있으니까."라고 응수한다. 이러한 그의 성격은 성인이 되어서 자신의 성미에 맞지 않는 인물이라면, 가차 없이 찌르는 조숙한 성향의 풍자적 비평을 하는 것을 알 수 있다. *SKB.*, 8-9.

10) *BJ.*, No.497, 705, 738, ...5183, 5393, 5515. 기본적으로 절망은 "바싹 마르고 건조한 불모의 상태가 고독한 사람을 에워싸는 곳마다, 영이 가라앉고, 마음이 약해지며, 신앙생활이 나태해지며, 신앙의 공언을 증오하고 세속적인 것을 찬양하게 된다. 이 때 절망이 스며든다"라고 그레고리(Gregory)의 *욥기에서 윤리적 원리(The Ethical Principles in Job)*에서 밝힌다. No.739. "현 시대는 절망의 시대다. 방랑하는 유대인들의 시대이다." "절망"의 표제어: *BJ.* No.9, 68, 205, 737-750, ... 6138, 6227, 6277-8, 6279.

11) *BJ.*, No.5430. *SKB*, 131-138.

12) "완벽한 사랑이란 나를 불행하게 만드는 사람을 사랑하는 것이다."라고 SK는 주장한다. 그러나 만약 어머니가 그 자신을 불행하게 만들었다면, 어머니를 사랑했어야만 했다. *BJ.* No.6615.

13) *BJ.*, No. 265, 730, 1158, 1159, 1160, 1835, 2425, 5149, 5640. * "자, 이분이 네 어머니이시다." 하고 말씀하셨다. 그 때로부터 그 제자는 그 분을 자기 집으로 모셨다."(요19:27)

14) *BJ.*, No.5219-20, 5238, 5848.

15) *BJ.*, No.150, 154, 168.

16) SK의 첫사랑, 보레트의 이미지와 레기네와의 관계, 그의 가족에 대한 자세한 내용은 Joakim Garff, *Kierkegaard's Muse.* 17, 20, 95, 211-212, 232. Kierkegaard, *The Myths and their Origins.* Yale University Press. 1980. 1, 151-54, 156, 177, 186-7.

17) *BJ.*, No.5219, 5220, 5238, 5471.

18) *BJ.*, No.5517, 6247, ... 6762, 6810, 6843. SK가 약혼 파혼을 선언하자, 테르킬드(T. Olsen)는 무릎을 꿇고 눈물을 흘리며 간청한다. 그 분은 "제발 내가 할 수 없는 것을 하도록 간청한다." 약혼을 말리는 것이 아니라, 제발 약혼을 파기 해달라고 간청하는 것이다. SK는 여기서 결코 잊을 수 없다고 고백한다. "가장 잔인한 것은 잔인한 사람이 되는 쪽을 선택하는 것이다. 혹은 잔인하게 되도록 다른 사람을 공격하는 것이다."No., 6203.

19) *BJ.*, No.3507, 6132, 6152, 6177, 6195, 6206, 6327, 6335, 6364, 6389, 6395, 6426, 6533.

20) *BJ.*, No.6472. No.424, 890, 1183, ... 4636, 5027, 5641.

21) *BJ.*, No.1818, 4051.

22) "에포케"는 헬레니즘 철학에서, "판단의 정지"로 번역되지만 현대 철학에서, 가정(If)과 믿음(trust)까 지도 유보하는 과정을 의미한다.

23) *BJ.*, No.4291, 5205, 5693, ... 6763, 6800, 6843.

24) "약혼파기 사건을 미학의 관점에서만 보는 사람들은 나를 여전히 조롱하고 있다. 그 사건을 윤리적 관점에서 보는 사람들은 나를 사기꾼(deceiver)이나 불한당(scoundrel)이라고 부를 것이다. 노발대발하지 않겠는가? 나는 이 세계를 겪어보았으며 내 건강(?)과 가슴 속에 있는 강력한 감정들을 숨 겼다. *BJ.*, No.5551. 이 사건을 종교적 관점에서 보는 사람들은 SK를 무엇이라고 부를까? "죄인 중에 내가 괴수다"(딤전1:15)라고 고백한 바울처럼, SK는 '죄인의 괴수'라고 부를 것이다. *BJ.*, No.93, 2809, 5219, 5220, 5238, 5446, 6472, 6726. ... *SKB.* 175-178. *"나는 사랑하는 이의 것이요, 내 사랑하는 이는 나의 것, 그는 나리꽃 틈에서 양떼를 먹이는 구나."(아6:3)

25) *BJ.*, No.2595.

26) *BJ.*, No.2594. *E/O.* I. 64. 루터나 칼빈은 결혼한 신부들로서 결혼을 찬양한다. SK는 독신

(celibacy)에 반대하는 목사들을 비난한다. 그는 미학적 단계에서, 사랑의 열정을 찬양한다. 윤리적 단계에서, 결혼을 최고의 가치로 여긴다. 종교적 단계에서, 결혼은 최고의 장애물이라고 생각한다. 신앙이 영원을 요구하는 시간과 장송에서 결혼은 인간들을 구속하기 때문이다. Denis De Rougemont, *Love in the Western World.* 300-301.

27) "약혼의 파기는 소녀를 죽이는 것이다"라고 아버지는 경고한다. *BJ.*, No.5913. 보레트 뿐만 아니라 레기네, 이 두 여성은 꽃들이다. 미학적으로 여성이 직접성의 단계에 속해 있는 한, 그들은 모든 것 을 잃어 버렸다. 꽃이 꺾이어 질 때, 그 청순함과 신선함을 빼앗기게 된다. 처녀성을 잃게 된다. 따라서 이 두 여성들은 그 향기를 잃게 되었다. 이러한 과정에서 SK는 두 여성의 오빠들이 복수하지 않을까 내심 걱정하고 있었다.*E/O.*, 439. Robert Denoon Cumming, *Starting Point.* 405-407.

28) *BJ.*, No.5949. SK는 약혼을 "하나의 희극적인 장애물에 불과하다."라고 정의한다. 1841년 10월 11일, 약혼을 파기한 진정한 의미는 하나님이 자기를 "독신"으로 부르셨다는 것이다.

29) *BJ.*, No.5175-5176.

30) 아바타(avatar)는 신화, 종교, 문학, 인터넷 등에서 그 의미의 뉴앙스가 저마다 다르다. 일반적으로 '자기의 다른 면, 객관적으로 본 또 하나의 자신, 분신, 화신, 대역, 대리자, 성육신' 등으로 사용된다. 닐 스틴븐슨의 *스노우 크래쉬*에 의하면, 아바타란, "메타버스에 들어온 사람들이 서로 의사소통을 하고자 사용하는 시청각적 가짜 몸뚱이이다."(Avatars, they are audiovisual bodies that people use to communicate with each other in the Metaverse.) Neal Stephenson, *Snow Crash.* 44.

31) *BJ.*, No.5219-5220.

32) *BJ.*, No.2595. SK는 두 여인과 그들의 가정에 '윤리적 테러'를 가했다. 신앙인이기 이전에 인간이 되어야 한다. 목사이기 이전에 먼저 인간, 휴머니티가 있어야 한다. "원한을 품고 있는 형제가 생각나거든 그 예물을 제단 앞에 두고 먼저 그를 찾아가 화해하라."(마5:24) 법정으로 가는 길에서 화해 의 손을 내밀어야 한다.(눅12:58)

33) Søren Kierkegaard, *Either/Or A Fragment of Life,* 54. SK의 입장은: "행동하지 않고 후회하는 것보다 행동하고 후회하는 것이 더 낫다."라고 주장하는 보카치오(Boccaccio)의 입장에 동의한다. "인간은 불행을 만났을 때, 한 차원 더 높아진다"라고 주장하는 철학자 캐리에르(Moriz Carriere)의 언급을 덧붙인다.*BJ.*, No.5994.

34) "불안은 유혹의 변증법이다."(It is the dialectic of temptation.) 만약 인간이 불안에서 완전히 벗어난다면, 유혹은 접근할 수 없을 것이다. 아담과 이브를 유혹한 것은 뱀이었다. 뱀의 힘은 정확히 불안이다. 그리고 불안은 무(nothing)에 대하여 가장 강렬하다. 유혹의 발견과 함께 그 아래서 굴복하는 사람에게 짐을 지우는 것이 유혹자와 유혹의 방식이다. 유혹과 유혹자는 말 한다: 나는 전혀 무를 말하지 않았다. 당신이 무에 대하여 염려한 것이다. 불안은 최초의 가능성, 껍새의 반사이다. 그러나 끔찍스런 마술이다. *BJ.* No.102. 불안은 유한성에서 가능성에 대한 개인적 관계성의 표현이다. 인간 실존의 저차원에 관한 자유의 표식이다. 왜냐하면 개인은 불안에 의하여 수용되며 동시에 퇴출되기 때문이다. 이처럼 불안은 복합적이다. 자유의 표현으로서 불안은 죄와 연관되어 있다. 인간 실존의 첫 단계에서 죄는 개인적이면서 인류의 죄를 내포하고 있기 때문에 SK는 불안의 개념을 원 죄의 문제에서 빛을 찾는다. 그의 난해한 책, *불안의 개념*에서, 불안은 원죄의 표현 형식으로 일관성 있게 제시한다. 개인의 불안을 정복하는 것은 단지 원죄 결과의 개인적인 가정과 영원에 대한 신앙을 통해서만 가능하다. *BJ.*, No.91-104.

35) 페르소나(persona)는 개인적 의식과 사회사이의 관계성의 복합적인 체계로서, 두 가지 기능이 있다. 하나는 타자에 대한 자신의 분명한 인상을 심어준다. 다른 하나는 자신의 진정한 본성, 정체성을 숨기는 마스크이다. Jolande Jacobi, *C. G. Jung: Psychological Reflections.* 237.

36) *창2:14

37) "만약 하나님이 여기에 현존하고 계시다는 것과 당신은 하나님 앞에 서 있다는 것을 느낄 수 없다면, 하나님의 집으로 들어가는 것은 헛수고다."라고 강조한다. 오감 육감 등으로 느끼는 모든 것들은 중요하지 않다. 인간들이 사는 집이라는 공간을 중시한다. 다윗의 고백처럼, "경건하지 못한 자들의 기도는 죄로 여길 것이다"(시109:7). SK는 교회라는 건물 보다는 인간들의 집은 중요한 방식으로 하나님이 현존하고 계시는 장소이며, 언제나 하나님 앞에 서 있다라는 것을 인식할 수 있는 곳이어야 한다. "당신의 집이 하나님의 집이 되어야 한다"(Your own house should become a house of God)는 것이 과제이다. 집은 분명히 거룩한 장소이다. 거실이 거룩한 장소가 되어야 한다. 이것이 과제이다.*BJ.* No.590.

38) *BJ.*, No.180, 2582. *SKB.* 160-161. * "새 수레를 만들고 멍에 메어 보지 아니한 젖 나는 소 둘을 끌어다가 수레를 소에 메우고, 그 송아지들은 떼어 집으로 돌려보내고 ....."(삼상6:7)

39) *BJ.*, No.5961, 6617. 프로이드의 용어인 "가족로망스"(family romance)는 오이디푸스 콤플렉스 (Oedipal Complex)에 기초한다. SK는 아버지가 누나에 대한 사랑과 관심에 반항을 표출시키는 것이 그의 별명, "포크"(fork)와 같은 역할을 하게 된다. 구약성서의 가족로망스는 야곱(Jacob)과 에서 (Esau)의 스토리에서도 찾아 볼 수 있다. 요한네스 클리마쿠스를 통하여, 아버지가 모든 것을 만들어 내는 전능하신 하나님의 인상을 받고 SK는 성장했다. SK는 골리앗과 같은 아버지와 씨름을 하는 내면적 고통을 겪었다. Leopold Damrosch, Jr. *God's Plot & Man's Stories.* 31. 69.

40) "주체성은 내향성이다. 내향성은 영이다."*BJ.*, No.4537. *CUP.*, 115-8. 자기중심주의(egotism)와 주 체성(subjectivity, I-ness)은 별개의 문제이다. *BJ.*, No.532. "진리는 주체성이다." 또는 "주체성은 진리이다."라는 개념을 오해하는 경우가 있다. SK에게, "모든 진리는 주체적이다, 혹은 인간이 알 수 있는 유일한 진리는 주체적 진리이다."(all truth is subjective or that the only truth that man can know is subjective truth)라는 의미가 아니다. 유일한 진리들은 논리적 진리이거나, 혹은 확인된 경험적 주장들 중의 하나라고 단언하는 논리적 실증주의자의 담론이 아니다. SK의 주체적 진리- "한 개인의 이상적인 실존 속에 있는 진리의 표명"(the manifestation of truth in the authentic existence of an individual)-에 대한 강조는 주체적 관점의 타당성을 부정하는 경향 혹은 그것을 환상, 공상, 논리에 맞지 않는 관련성이 없는 영역으로 분류하는 것에 대한 교정 (corrective)이다. "진리는 주체성이다"라는 것은 SK의 관점이 아니다. 오히려 이상적인 윤리적 실존안에서, 주체성의 강화 안에서, 더 급진적이다. "진리는 시간성 안에서 형성되고 드러난 다."(truth becomes or is revealed in temporality.)는 것을 SK는 믿는다. 개인이 진리 '안에' 존재한다는 것은 헤겔적 사고-진리에 이르는 길은 인식론적 과정일 뿐만 아니라 역사적과정이다-의 메아리이다. George J. Stack, *Kierkegaard's Existential Ethics.* 172-73.

41) *Kierkegaard og Pengenn*, 54(코펜하겐 1935). *BJ.*, No.6134. Notes 1796.

42) *BJ.*, No.6625. *SKB.* xx-xxi, 50, 146, 288-92, 313, 460, 478-79.

43) *BJ.*, No.6030. Notes. 1276.

44) 최고의 덴마크 작가 겸, 헤겔철학의 상징적 인물이며 뮌스터, 마르텐센과 더불어 SK를 적대시하는 3인방중의 하나이다. *BJ.*, No.732, 752, 1569, ... 6748, 6850, 6954.

45) *BJ.*, No.6624 Notes 2759-60.

46) *BJ.*, No.6134 Notes 2692. 덴마크의 정치 경제적 상황: Notes 1783.

47) *BJ.*, No.1606, 4105, 4355.

48) SK의 초기담론에서, 금욕에 대한 구별된 매력이 있다. 그러나 금욕주의는 외적인 정리로 이해되는 것이 아니라 자신을 완벽하게 세상에 의존하도록 만드는 것이 아닌 내적인 요구로 이해되는 것이다. 금욕주의는 "무한한 포기 운동"(the infinite movement of resignation)이다 (*FT*, 46)라는 것을 강조한다. 여기서 개인은 진리를 섬기기 위하여, 유한한 목적의 절대적인

권력으로부터 스스로 자유로 움을 추구해야 한다. 핵심은 "세상으로부터 물러나는 것이 아니라, 진리를 증거 하기 위하여 버티며 인내하는 사람은 자신의 생활에 금욕을 적절하게 적용시켜야 한다." 금욕주의의 원형으로서 그리스도를 더 강조한다. 기독교의 이러한 모습이 망각되었으며 가시적인 형태의 금욕주의를 더 분명하게 폭로하며 교회와 투쟁을 벌인다. SK의 금욕주의 동기는 결정적으로 중요하다. "존재하는 것은 고통 이다"(to exist is to suffer)라는 금욕주의를 전제조건으로 제시한다. "기독교적 금욕주의"가 진정한 금욕주의라고 주장한다. 그 이유는 "기독교는 스스로 인생의 고통을 선포한다. 기독인이 되는 것은 고통을 받는 것이다."(Christianity proclaims itself to be suffering, to be a christian is to suffer) 기독인은 영생을 준비하기 위하여 이 땅의 기쁨을 포기한다. SK는 "고통은 자발적인 선택이 다"(suffering is a voluntary choice)라는 점을 분명히 해야 한다.*BJ.*, No.3881.

49) *SKB.*, 775-781.

50) *Ibid.*, 505-534.

51) *BJ.*, No. 6539.

52) *BJ.*, No. 6771.

53) *SKB.*, 518.

54) *마25:35-40

55) *BJ.*, No.343, 689-698, 761, 961, ... 6529, 6667, 6839.

56) *BJ.*, No.6623.

57) "육체의 일은 현저하니 곧 음행과 더러운 것과 호색과 우상 숭배와 술수와 원수를 맺는 것과 분쟁과 시기와 분냄과 당 짓는 것과 분리함과 이단과 투기와 술 취함과 방탕함과 또 그와 같은 것들이라 전에 너희에게 경계한 것 같이 경계하노니 이런 일을 하는 자들은 하나님의 나라를 유업으로 받지 못 할 것이요. 오직 성령의 열매는 사랑과 희락과 화평과 오래 참음과 자비와 양선과 충성과 온유와 절제니 이 같은 것을 금지할 법이 없다."*(갈5:22)

58) *BJ.*, No. 6623. Notes 2757, 2758; *E/O*, II, 343-56), 재정적 위기: No. 2757. Notes 1783, 1796, 2692.

59) *BJ.*, No.5976.

60) 뮌스터는 1834년부터 코펜하겐 주교로 활동한다. SK의 아버지의 친구였으며, 정규적으로 그의 책들을 독서했으며, 집에서 그의 설교를 큰 소리로 정독할 정도였다. 존경과 애정의 대상으로, 말년에 뮌스터를 주기적으로 방문했으나, 뮌스터가 죽기 전까지 공개적으로 비판하지 않았다. SK의 주된 비판 은 종교성에 대한 문화 정치적인 수용의 문제라고 할 수 있다. *BJ.* No.5637, 5961.

61) *SKB.*, 707.

62) *BJ.*, No.3939.

63) *BJ.*, No.2875.

64) *BJ.*, No.39.

65) *눅15:11

66) *BJ.*, No.3407. SK의 기도의 정의에 의하면, "기도는 호흡하는 것이다."(To pray is to breathe.)라는 교부들의 담론에 동의한다. *BJ.* No.3432. 왜 호흡하는 것인가를 묻는 질문은 어리석은 것이다. 기도하지 않으면, 죄를 범하고 죽기 때문이다. 기도의 목적은 생명력을 소생시키는 것이다. SK는 "하늘에 계신 우리 아버지"라고 "주기도문"(The Lord's Prayer)(마6:9-13)의 첫마디로 기도한다. "주기도문"을 분석하면, "십계명"(Ten Commandments)(출20;1-17)과 일치한다고 주장한다. *BJ.* No.5265.

67) *BJ.*, No. 1175.

68) *신21장.

69) *눅15장.

70) *벧전4:3-4.

71) "밤이 깊고 낮이 가까웠으니 그러므로 우리가 어두움의 일을 벗고 빛의 갑옷을 입자. 낮과 같이 단정이 행하고 방탕과 술 취하지 말며 음란과 호색하지 말며 쟁투와 시기하지 말고, 오직 주 예수그리스도로 옷 입고 정욕을 위하여 육신의 일을 도모하지 말라."*롬13: 12-14. * "저희가 감각 없는 자 되어 자신을 방탕에 방임하여 모든 더러운 것을 욕심으로 행하되 너희는 유혹의 욕심을 따라 썩어져 가는 구습을 좇는 옛 사람을 벗어버리고 오직 심령으로 새롭게 되어 하나님을 따라 의와 진리의 거룩함으로 지으심을 받은 새 사람을 입으라."*엡 4:19-24 "술 취하지 말라 이는 방탕한 것이니 오직 성령의 충만을 받으라"*엡5:18

72) 레갑 족속의 가훈: 1. 포도주를 마시지 말라. 2. 집을 짓지 말라. 3. 곡식의 씨를 뿌리지 말라. 4. 포도나무를 심지 말라. 5. 포도원을 소유하지 말라. 6. 텐트에서 살아라. 7. 나그네로 살아라. 바벨로니아와 시리아 군대가 이스라엘을 침공하여 치열한 전투가 벌어지는 예루살렘 속으로, 생명을 부지하기 위하여 역발상과 창발성을 가지고 그 불구덩이 속으로 들어간다.*렘35:6-11.

73) *BJ.*, No.5515. "내 인생은 영원한 밤이다. 마침내 내가 죽을 때, 그 때 나는 아킬레스와 함께 이야기 할 수 있다." E/O I. 20-21, 35. Louismackey, *Kierkegaard: A kind of Poet.* University of Pennsylvania Press. 1971. 15.

74) *BJ.*, No.4733.

75) *BJ.*, No.4261.

76) 정체성의 원리는 모순의 원리보다 차원이 높지만, 인간 사상에 대한 한계일 뿐이다. 블루마운틴과 같다. 드로잉의 선과 같다. 단지 하나의 추상명사이다. 자신과 타자들을 속여 다양성을 포기하게 만든다. SK의 정체성은 영원한 진리와 다양한 실존 사이에 존재하는 모순 속에 사는 것이다. 이 모순의 연결고리는 신앙이다. *BJ.* No.705.

77) *BJ.*, No.1672.

78) *BJ.*, No.5395. SK의 심리학에 관한 저서는, *E/O.* II(1843,), *CA.*(1844), *SUD*(1849)이다. 특히. *SUD*에서, 영과 자아 속에서 하나의 질병으로, 절망을 3가지- "절망하여 자아 소유에 대한 의식이 없는 것/절망하여 기꺼이 자아가 되지 않으려는 것/절망하여 기꺼이 자아가 되려고 하는 것"-로 요약한다. F.A. Weiss는 이 절망들을 각각 "자아-마비"(self-anaesthesia)로써 "자아-소외"(self-alienation), "자아-소멸"(self-elimination), "자아-이상화"(self-idealization)로써 표현한다. Joseph H. Smith, M.D., *Kierkegaard's Truth: The Disclosure of the Self.* 384-83.

79) *BJ.*, No.4513.

80) *BJ.*, No.4731. * "사람이 만일 온 천하를 얻고도 제 목숨을 잃으면 무엇이 유익하리요. 사람이 무엇을 주고 제 목숨을 바꾸겠느냐."(막8:36-7)

81) *SKB.*, 291.

82) *Ibid.*, 707-8.

83) *BJ.*, No.1621. *SKB.* 709-710.

84) *BJ.*, No.3367.

85) *BJ.*, No.5101.

86) *BJ.*, No.335, 442, 897, ... 6704, 6706, 6896.

87) *BJ.*, No.6633. *3개의 경건한 담론들*(*Three Godly Discourses*)에 등장하는 *들의 백합*과 *공중의 새*는 3개의 담론구조-미학적, 윤리적, 종교적-로 되어 있다. SK가 가장 사랑하는 성경구절 중의 하나에서 출발한다. *마6:24-34. 이 담론들의 주제는 침묵, 순종, 기쁨이다. 백합과 새를 감상하라는 것이 아니라, "당신은 오늘이다", 자신에게 현재가 되는 것은 오늘이다. 오늘 백합과 새가 되라는 것이 다. *SKB.*, 546-47.

88) *BJ.*, No.4591, 5634, 5818, 6480.

89) *SUD*에서 SK는 의식의 강화는 자아의 실재성을 증강시킨다. 비록 의식이 실재적이지만, 그것은 의미에서 실재적이 아니다. 직접성(Immediacy)에서 우연히 마주치는 것이 실재적이다. SK에게 직접성 이란 구체적인 경험을 의미한다. 개념이나 혹은 언어의 관점에서, 분류, 조직, 묘사이전에 경험하는 감각, 지각을 느낄 수 있는 이론적 틀, 패러다임이다. 만약 의식이 실재성이 아니라면, 그것은 또한 관념성이 아니다. George J. Stack, *Kierkegaard's Existential Ethics*. 141. *BJ.*, No.48-9, 102, 188, 475, ... 6298, 6604, 6901.

90) *BJ.*, VI. 653.

91) *BJ.*, No.3979.

92) *BJ.*, No.5092. 6/1. 1835년. SYB., *나는 이슬이다*. 한국학술정보(주). 2021. 참고.

93) *BJ.*, No.5102.

94) *BJ.*, No.6787.

95) *BJ.* No.6788.

96) *BJ.*, No.3817.

97) *BJ.*, No.4575-4576.

98) *BJ.*, No.646, 1183, 1339, 1706, 3059.

99) *BJ.*, No.3059.

100) *BJ.*, No.5253. 1837년. 이 사진의 꽃그림은 SK가 베르린에 있을 때, 그의 집사, 앤더스(Anders)를 통해서 전달이 된 1841년 혹은 1842년에 SK의 조카, 헨리에트 룬트(Henriette Lund, 1829-1909. SK의 누나, Petrea Severind, 1801-34.의 딸)의 생일, 1841. 11. 12날에 선물로 보낸 편지의 꽃이 다. No.5527.

101) *BJ.*, No.2407.

102) 소크라테스는 추한 것을 사랑했다. 기독교 이웃사랑의 교리는 보기 흉한 것, 추한 것을 사랑하는 것이다. *BJ.*, 2455. 924. Note; 523.

103) *E/O.* I., 76., *From the Papers of One Still Living*. S.V., XIII. 75.

104) *BJ.*, No.5744. "*In vino veritas*"는 "와인 안에는 진실이 있다."(In wine, there is truth.)이라는 뜻이다. 1845년, 4월 30일에 출판된, *SLW*의 일부이다.

105) *BJ.*, IV. 771-772.

106) *SKB.*, 675.

107) *BJ.*, No.5099. 크립토우갬: 꽃이 피지 않고 포자를 이용하여 번식하는 식물, phanerogam; 패너로우갬, 꽃식물.

108) *BJ.*, V. 474.

109) *BJ.*, No.2852. 유추(Analogy)는 최고의 메타포이다. 아리스토텔레스가 그의 *수사학*(*Rhetoric*)에서 이점을 강조한다. 유추에 의한 메타포를 사용함으로써 생동감을 얻을 수 있다. 메타포의 종류들 중에서 가장 많은 에너지가 소모되고 신경이 쓰이는 것은 바로 유추에 의한 메타포이다. Jacques Derrida, *Margins of Philosophy*. 242. SK는 누구보다도 뛰어난 유추의 전문가이다. 유추에 의한 모든 결론은 "도약"에 의하여 도달된다.No.2341.

110) *BJ.*, No.5430. *SKB*. 132. SK는 죄의 문제를 다룰 때, 그를 움직이게 하는 죄와 용서의 신학적 문제가 아니라, 개인적인 죄의 관점에서, 개인적 실존의 문제의 가능성이 무엇인가의 문제를 다루고 있다. 이 같은 배경은 '아버지의 죄'에서부터 비롯된다. 하이데거(Heidegger)는 자기 자신의 죽음의 예상에 관하여 언급할 때, 불멸의 문제가 아니라, 인간의 상황에 대하여 죽음 예상이 무엇을 의미하는가의 문제에 초점을 맞춘다. Paul Tillich, *The Courage to Be*. 140.

111) *BJ.*, No.718. *POV*에서 클리마쿠스는 죽음에 관한 많은 사실들을 암송하면서 시작한다. 죽음에 대한 이해는 저마다 다르다. "죽음과 세금 이외에 확실한 것은 아무것도 없다."(Nothing is certain except death and taxes.) 문제는 "죽음을 주체적으로 이해하는 것"(To understand death subjectively)이다. 그 기본은 "인간의 생명은 불확실하다."(Human life is uncertain.)는 것을 확실하게 인식하는 것이다. 결국 실존은 "영성의 사색"(the reflection of inwardness)에 초점을 맞추는 것이다. Ralph Henry Johnson, *The Concept of Existence in the Concluding Unscientific Postscript*. Martinus Nihoff, The Hague. 1972. 78-83.

112) 라틴어로 "*Regina*"는 "여왕"(Queen)을 의미한다. SK는 올센을 가장 깊은 마음속의 숨겨둔 비밀스런 "여왕"으로 생각했다.

113) *BJ.*, No. 5185. 이 편지는 레기네 올센에게 전달된다. 매제를 맞는 그의 입장과 오빠로서 올센에게 남편이 되는 슐레겔은 "첫사랑이며 마지막 사랑"이라고 위로한다. 이 편지를 받은 SK의 마음은 고통스러웠을 것이다.

114) *BJ.*, No.5510. 1841년. *마26:75, 눅22:62.

115) *BJ.* No.6903.

116) *"온갖 영화를 누린 솔로몬도 이 꽃 한송이 만큼 화려하게 차려 입지 못하였다."(마6:29) SK의 누이 Petrea Severine(1801-34) Henrik Ferdinand Lund(1803-75)의 딸, Henriettr Jette Lund(11/12, 1829-5/16, 1909) 조카에게 생일선물로 보낸 편지의 꽃그림이다. *BJ.* No.5527.

117) 파울리 목사(1809-65)는 뮌스터 주교의 사위로서, 1840년부터 왕실 채플린이었다.*BJ.* No.1887, 3522, 3950, ... 6800, 6802, 6807.

118) * "Not a sparrow will fall to the earth without your heavenly Father's will."(마10:29).

119) 이 같은 내용의 스토리가 코진스키(Jerzy Kosinski)의 *채색된 새*(*The Painted Bird*. 1965)에 잘 묘사되어 있다.

120) *BJ.*, No.6407. "The Total Production with the Addition of the Two Essays by H. H." *Two Minor Ethical-Religious Essays*, by H. H., published May 19, 1849. * "참새 두 마리가 단돈 한 닢에 팔리지 않느냐? 그러나 그런 참새 한 마리도 너희의 아버지께서 허락하지 않으시면, 땅에 떨어지지 않는다."(마10:29). 요8:32.

121) *BJ.* No.5614. note. 899와 *POV.* 46-50.

122) *SKB*. 139-146. *BJ.* No.5077, 5211, 5339, 5348, 5669, 5988, 6360.

123) *BJ.*, No.1300. 2653. SK는 코페르니쿠스(Copernicus)와 미네르바(Minerva)와 같은 "광기"를 언급하면서, 자신도 그런 광기에 가까운 존재라는 것을 암시한다. *BJ.*, No.5270.

124) Leeming, *Encyclopedia of Creation Myths*, Volume 1. 12. Volume 2, 342.

125) *마13:32, 17:20, 막4:31, 눅17:6.

126) * "성령은 마치 바람과 같다."(요3:6-8)

127) *BJ.*, No.284, 305, 333, 357, 421, 601, 2898, 3860, 4183,

128) SK는 익명을 사용하지 않고 *그리스도의 생애[Joh. de Cruce An Eyewitness]*에 관한 책을 출판해 내려는 소망을 가지고 있었으나 하지 못했다 .*BJ.*, No. 6397. 특히 *PF*에서, 예수의 생애에 관하여 거의 아는바가 없다고 주장한다. 그러나 핵심의 본질은 하나님이 인간의 형상을 입고 존재했다는 사실이다. 나머지는 중요하지 않다고 주장한다. 하나님이 인간이 되셨다고 하는 것은 "절대적 모순"(absolutely Absurd)이며 "절대적 역설"(absolute paradox)이며 사실이라고 주장한다. "왜 실존적 그리스도인은 성육신을 믿는가?"라고 질문하면서, 어느 누구도 그와 같은 생각을 가져 본 사람이 없기 때문에 믿는 것이라고 주장한다. Søren Kierkegaard, *Philosophical Fragment.* trans. David F. Swenson(Princeton University Press, 1936, 87. J. E. Barnhart, *Religion and the Challenge of Philosophy.* 255-56. *BJ.*, No.280, 284, 297, 301, 318, 421, 533, 1344, 1635, 1960, 2402, 3076, 5181, 5383, 6680.

129) *BJ.*, No.346, 364, 1079, 1087, ... 5015, 5039, 6644.

130) *SKB.*, 656. 그룬드비히는 "성경책은 귀가 멀고 말 못하는 벙어리이다"(Bible is deaf and dumb)라고 주장하며, 오직 살아있는 말씀만을 강조한다. 그러나 SK는 살아있는 말씀과 기록된 말씀 사이에는 차이가 없다고 주장한다. *BJ.*, No.5089-90. SK는 그룬드비히의 설교 등을 비판하면서, 그는 "요들송을 부르는 놈"(yodeling fellow), "고함치는 대장장이"(bellowing blacksmith), "소음을 일으키는 놈"(noisemaker)이라고 부른다. 결론적으로, SK는 "그룬드비히는 엉터리이다."(Grundtvig is nonsense.)고 주장한다. *SKB.*, 318-322.

131) *Ibid.*, 784.

132) *마7:1-2

133) *SKB.*, 720.

134) 그룬드비히는 화산과 같은 폭발적인 영혼을 소유했으며 과거 예언자적 권능과 영성으로 세례식을 유난히 강조하고 성찬식은 도외시했다. 그는 "전통적인 의식과 개념은 권위가 있다"는 점을 강조하고 있으며, 성경, 교회의 모든 것은 역사 비평적 분석을 끊임없이 받아야 한다고 주장하는 클라우센 교수를 공격한다. *SKB.*,590. SK는 성찬식을 무시하는 것과 "그룬드비히즘은 "유대교적 낙관주의"(Jewish optimism)로 가장 위험한 "쾌락주의"(Epicureanism)이다 "라고 비판한다.*BJ*, No.6876.

135) *BJ.*, No.5963.

136) *BJ.*, No.67.

137) *BJ.*, No. 637, 1215. 용서의 심리학적 문제는 내외적인 생활 속에서 얽히고, 교차되고, 구부러지고 속죄 받아야 하는 것을 추구하고 대면하는 것이다. 이 심리적 단계가 어렵다. 용서의 종교적인 문제는 이러한 심리적인 문제들을 하나님 앞으로 가져오는 것이다. "치유의 근원으로서 행동으로서 보여주는 용서"는 아름답다. Elizabeth Boyden Howes and Sheila Moon, *Man the Choicemakers.* 193-195. "죄의 용서는 진정한 역설이다."(The forgiveness of sin is indeed a paradox.)*BJ.*, No.3085. SK가 평생을 두고 강조하는 "역설"이, 그 자신의 삶의 실재성과 구체성에서 포기하고 있는 것은 '역설적 모순'이며 안타까운 일이다. 그리스도는 사랑의 행위로서 "용서"를 정의한다. *마9:5, 눅7:47. 따라서 서로 수용하고 화해하며 변화가 요청된다.

138) *BJ.*, No.2067. *마5:23-24.

139) *BJ.*. No.3126, 4511.

140) *BJ.*, No.1266, 3880, 3898, 3903, 3907, 4625, 5572, 6794.

141) *BJ.*, No.1565, 3040,3771, 3848, 3863, 6611.

142) 존재한다는 것은 생성이다. 존재하는 개인은 동시에 두 장소에 존재할 수 없다. 즉 주체
와 객체의 정체성이 될 수 없다. 두 장소에 동시에 가장 가까이 존재할 때, 그는 열정 속
에 있는 것이다. 그러나 열정은 순간적이다. SK에게 열정이란 주체성의 최고의 표현이다.
Ronald E. Santoni, *Religious Language and the Problem of Religious Knowledge.* 227. *BJ.*,
No.1242, 2361, 5593, 5636.

143) *BJ.*, No.3040, 3863, 4514, 4516.

144) *BJ.*, No.4513.

145) *BJ.*, No.4690 "하나님은 사랑이다. 그것이 의미하는 것은 세상을 향하여 죽는 것이다."*마20:22

146) *AC.*, 183.

147) *BJ.*, No.4712. 인생의 의미, 특히 그리스도인은 돈을 축적하고 아이를 생산해 내고 성공해
서 VIP가 되는 것이 아니라, 고통을 받는 것이다.

148) *BJ.*, No.4510-4518, 3848, 3903. ..... "진정한 실존주의"(The True existential)란 무엇인가? 특
히 예수의 실존주의는 행동하는 양심에 의한 구체적인 '손품과 발품'(마25장)이었다. 예수의
지구여행은 "케노시스"(*Kenosis*)이다. Tom F. Driver, *Patterns of Grace.* 90. 비우는 실존이
무엇인지 보여주기 위한 목적이다. 우리의 여정도 '케노시스 실존주의'가 되어야 한다. 이
용어는 필자의 용어로서, 예수 사상을 추구하는 사람들이라면, 빈자리, 빈손을 추구하는 실
제적인 행동을 요청한다. 식민주의, 제국주의, 인종차별주의, 세계기아, 저개발국가, 지구온
난화, 지구생태학 등, 허구적인 해설과 해석, 거짓양심에 의한, 협잡과 사기만으로 실존주
의를 논할 수 없다. Jacques Ellul, *Hope in Time of Abandonment.* The Seabury, 61-62. 특히
철학적 체계와 이론의 "플레시보 효과"(placebo effect)만으로, 특히 "서광"(書狂, Graphomania,
SKB., 457-460)의 열정만으로 의식주로 인하여 고통당하는 이들에게, "'평안히 가서 몸을
따뜻하게 녹이고 배부르게 먹어라'고 한다면, 무슨 소용이 있겠는가? 믿음에 행동이 따르지
않으면, 그 믿음은 죽은 것이다."(약2:14-17) 실존주의도 손품과 발품이 절실히 필요하다.

Ⅲ

1) *BJ.*, No.103. SK의 *CDR*은 자신의 간질을 극복하기 위한 몸부림에서 나온 것일 수 있다.

2) 측두엽 간질 (TLE)은 -비정상적으로 한꺼번에 많은 수의 측두엽 뇌세포가 동조화되어 일어
나는 발작이나 경련으로 뇌의 측두엽에서 시작하여 약1~2분 지속되다는 재발하고 도발적이지
않은 초점 발작을 특징으로 하는 신경계의 만성 질환이다. TLE는 초점 발작을 가진 간질의
일반적인 양식이며, 머리 부상, 뇌졸중, 뇌 감염, 뇌의 구조적 병변, 또는 뇌종양과 같은 여
러 가지 원인이 있거나 알려지지 않은 발병일 수 있다.
SK는 "나의 글쓰기들에서 섭리의 역할"이라는 글에서 스승이 소년에게 들려주는 시적 열정
의 목소리 - "지금 펜을 들고 조심스럽게 글을 쓰라"-를 듣게 되고, 그는 밤낮으로 아무런
방해 없이 "날개 달린 펜"(a winged pen)으로 글을 쓴다. 그 목소리는 마치 섭리의 작용으로
들리는 것처럼, SK의 텍스트를 결정할 정도이다. SK의 이러한 "서광" 기질은 자신이 살기
위하여 왕을 위해 새로운 동화를 매일 밤마다 창작해 내야 하는 세헤라제데(Scheherzade)와
같은 운명적인 공주라고 생각한다. 매일 글을 쓰는 것이 그의 에로틱한 모든 욕망의 에너지
를 차단시킨다. 보센에게 보낸 편지- "나는 미친 듯이 글을 쓴다."-에서, 잘 나타난다. *BJ.*
No.1511, 4990, 6274. *SKB.*, 211. 자신의 불행한 생활 속에서 유일하게 러브스토리가 등장

하게 되고 이것이 하나님과 관계성으로 이어진다는 SK의 텍스트들은 모든 프로이드 식 미식가들에게 맛있는 한조각의 진미를 제공하는 것과 같다. *SKB.*, 555-56.

3) *BJ.*, No.827, 2048, 4149, ... 6847, 6853-4, 6886.

4) *BJ.*, No.5555.

5) *SKB.*, 308-316.

6) *BJ.*, No.3045, 5555, 5765, 5930.

7) *BJ.*, No.3, 820, 928, ... 4284, 4332, 5092.

8) *BJ.*, No.1308, 1817, 5281.

9) *SKB.*, 467.

10) *BJ.*, No.5478.

11) *SKB.*, 469.

12) *BJ.*, No.102, 5732. *SKB.* 467.

13) *BJ.*, No.2807.

14) *BJ.*, No.6615. "사랑은 풍요와 빈곤의 아이이다. 사랑은 대립쌍들의 연합이다."(Love is made to be the child of Plenty(*Poros*) and Poverty(*Penia*)) 어느 곳에서든, 대립쌍들의 연합이 사랑의 수고이다." 신성과 운명, 부자와 가난한 자, 무지와 지식의 연합이다. Adrian Thatcher, *The Ontology of Paul Tillich.* 45.

15) *SKB.*, 793.

16) *BJ.*, No.5289.

17) SYB의 추론적 해석

18) *BJ.*, No. 5289. 5471.

19) JG., *SK's Muse.* Preface xv.

20) *BJ.*, No.194, 1279, 2206, ... 6800, 6888, 6889.

21) *BJ,.* No.6078.

22) *SKB.*, 463-470. JG는 SK가 측두엽 간질로 고통을 겪고 있었을 것이라고 추정한다.

23) *BJ.*, No.6154.

24) *BJ.*, No.6131. *FT*에서, SK 아니면, 익명의 저자 요한네스 드시렌시오는 아브라함이 경험한 시적인 실재성을 독자들에게 알리는 시인의 기능을 이야기한다. 즉 아들을 희생시키는 아버지의 공포를 느끼게 하며 이 세상에서 가장 사랑하는 것을 윤리적인 이유 없이, 비극적 주인공의 태도로서, 기꺼이 죽여야 하는 것을 깨닫게 해준다. 만약 신앙이 없었다면, 살인자로서, 그는 모든 사람들의 칭송을 받았을 것이다. "신앙은 본질적으로 모순이다."(Faith by its very nature is absurd.) Edith Kern, *Existential Thought and Fictional Technique.* Yale University Press. 1970. 15-16. 그 신앙 적 모순 때문에, 그 희생이 부메랑처럼, 자기에게로 돌아왔다고 느낀다. 레기네가 바로 그 희생양이다.

25) *SKB.*, 460-461.

26) *SKB.*, 462. 784.

27) *E/O., SD., Preface.*, 250. Vol. 1. 301-320.

28) *BJ.*, No.305, 486, 636, ... 6191, 6224, 6235.

29) *SKB.*, 784.

30) "신앙이란 거룩한 광기이다라"고 주장하는 것은 이 같은 맥락이다. *BJ.* No.1107.

31) *BJ.*, No.5624.

32) *BJ.*, No.5175, 5176. *SKB.* 104-105, 131-138.

33) *SKB.*, 435-6. 1848년, SK는 작가가 된 원인을 3가지로 밝힌다. 첫째, 올센, 둘째, 우울증, 셋째, 돈이었다. 그리고 예수 그리스도가 우울증 극복에 도움이 되었으며, 지금은 참회자로 살아간다고 고백 한다. 우울증이 극복되면, 목사가 될 것이라는 소망을 갖고 있다. *BJ.* No.6132.

34) *BJ.*, No. 6161.

35) *BJ.*, No. 5913.

36) *SKB.*, 437.

37) *마17:14-20.

38) *SKB.*, 785.

39) *BJ.*, No.2322.

40) *BJ.*, No.1826, 3993, 5205, 5239, 5240.

IV

1) *BJ.*, No.5269.

2) *BJ.*, No. 6623.

3) SK의 메타로는 다양하다. 특히 그는 정치 사회적인 개념으로, "피라미드 메타포"(the metaphor of pyramid)를 사용한다. 즉, "하나님은 피라미드를 싫어한다." 이른바 "수퍼킹"(super king)은 제일 높은 곳으로 하나님과 가장 가까운 존재라고 생각하지만, 실은 가장 먼 곳에 존재한다. 하나님의 선택 은 가장 비천한 자리, 낮은 곳을 선택한다. 피라미드 시스템은 기독교와는 정반 대이다. *SKB.* 147, 154, 241, 256, 316, 375, 491, 500-502, 554, 563, 609, 764.

4) *BJ.*, No.6060. 문학적 미스터리 창작 의도를 가지고 "어느 청년의 글들"이라는 제목으로 원고 를 작성 했다. 이 책의 주인공은 "플렉스드 성 빈센트"라 칭한다. 4가지 내용-1. 어느 여배우 인생의 위기 2. 가을예찬 3. 콧노래 하는 사람으로서 로젠킬 4. 글쓰기 견본집-으로 구성되어 있다.*BJ.*, No. 6060.
셰익스피어의 "사느냐 죽느냐, 그것이 문제로다"와 같이, "출판하느냐/ 하지 않느냐 그것이 문 제로 다."라고 고백할 정도로 종교작가로서 신분에 걸맞지 않는 작품으로 SK자신이 양심적으 로 고뇌한 작 품이다. 1848년 여름, SK는 *The Crisis* 원고를 손에 쥐고 출판을 원했지만, 이 작품이 너무 미학적으로 보이며 작가 생활에서 종교적 위기를 초래할 수 있다는 생각을 가지 고 있었다.
1847년 초, 헤이베르그 부인이 셰익스피어 줄리엣의 역할을 공연했을 때, SK는 헤이베르그 부인을 기쁘게 해주는 동시에 그녀의 남편, 헤이베르그 교수를 짜증나게 만드는 전략을 시도 한다. 여기에 최근에 죽을 지도 모른다는 고정관념이 *The Crisis* 출판을 부추긴다. 이 기사의 출판 생각만 하면, 각성시켜 주는 것과 출판업자 기쬐드와드의 요청은 "섭리로부터 암시"라고 생각한다.
그러나 일간지에 여배우에 관한 기사를 게재한다면, 대중들은 공격해 올 것이다. 출판하면, 심각한 위 기 상황에 놓일 것이며 "N.B"에 "피할 수 없는 데미지를 입을 것"이라고 표기한다. "하나님 앞에서" 변호할 수 있기 때문에 출판을 결정하고 패드리랜더지에, 1848. 7/24-27일까지 Inter et Inter라는 익명으로 연재기사화시킨다. 만약 이것을 출판하지 않고 죽었다면, 사람들은 나를 "나는 사도였다는 취지의 일종의 난센스를 퍼트리고 끔찍할 정도로 무책임한 개념적 혼돈의 전형으로 나는 완전히 망했을 것이다."라고 고백한다.

후에 SK는 *The Crisis*는 반전된 간접의사소통이다라는 점을 파악하지 못한 라무스 니엘슨을 비판한 다. 순진무구한 구경꾼에 대항하여 폭력을 휘두르는 분명한 사건이다. *The Crisis*는 SK가 의도한 방 법 중의 하나로써 네엘슨의 변증법적 능력을 시험해보는 리트머스 테스트와 같은 기능이었다. "미학 이 어떻게 유혹과 변명, 익명으로 이용되는가?"를 주장하는 니엘슨은 오해했으며, 그는 본질적인 변증론자가 될 수 없다는 것과 종교의 근거가 빈약하다는 것이라고 SK는 비판한다. *SKB.*, 584.

이 20쪽의 작은 글을 읽게 되면, 실제적으로 그 저자를 죽인다. 매우 미학적으로 놀라게 하는 것이 무엇인가를 파악하는 것은 어렵다. 그 당시 자신의 비평 선언을 위한 도구로서, 초기에 SK가 길렘보 우그의 작품에 대한 그의 비평을 이용했다. *SKB.*, 548-550.

*The Crisis*에서, SK는 유사하게 시대의 어리석음을 비판하는 기회로서, 헤이베르그 부인을 이용한다. *The Crisis*의 진정한 독자로서 그녀에게 편지와 함께 책을 보낸다. 그녀의 남편, "덴마크 미학자, 작가이신 헤이베르그 교수에게 헌사"한다. 그 결과 헤이베르그 교수는 "연극에 관한 키에르케고르의 지식에 공헌"한 것으로서 SK의 *The Crisis*를 추천한다. 이것이 SK의 성공적 전략이었으며 *The Crisis* 에 만족한다.

헤이베르그 부인과 견줄 수 있는 유일한 여배우, 니엘슨 부인에 관한 글 때문에, 부분적으로 덴마크 최고의 여배우, 헤이베르그 작가의 와이프, 헤이베르그 부인에게 SK는 빚을 졌다. 그러나 SK는 헤이베르그 교수를 (포크로) 찌르기 위한 목적이 있었다.

지금까지 오직 종교성에 관한 책을 써 왔는데, 문학적 공격은 SK로 하여금 신앙이 깊은 체하는 것으로 만들어 주었다는 것이다. "내가 변했다는 것을 사람들이 이해해 줄 것이라는 것이라고 믿으며, 나의 종교성이 사람들을 옛날로 돌아가게 하는 것이다. *E/O*는 본질적으로 종교적인 것인데 작가로서 전 작품의 신경은 종교성인데, 이것은 내가 매우 본질적인 것을 반작용하는 것으로 고려하는 이단이다. 세상은 매우 재미없기 때문에, 종교성을 선포하는 사람이 미학을 생산할 수 없는 사람이라고 믿는다면, 세상은 종교성에 관심이 없을 것이다. ..... 중상하고 비방할 사람들이 있을 것이다. 그러나 나의 입장은 진지하다. 약간의 변증법적 실수는 돌이킬 수 없는 해를 입힐 수 있다. 헤이베이그 부인에 관한 신문기사는 큰 책들보다는 더 큰 센세이션을 일으킬 것이다. 사실 기사 자체는 훨씬 구식이다." SK는 "NB: 주의"라고 표기하면서 다음과 같이 적는다: 전체적인 문제는 자만심의 문제이다. 하 나님에 대한 나의 신뢰와 인격보다는 나를 매우 특별한 존재로 만들어주기를 원하는 사색이다. 이 사색을 중단하면 나는 심하게 후회할 것이다. *BJ.*, No.6209. 이 같은 SK의 고백은 자기변명으로 들린다. 우울증 사색으로 사람들을 행복하게 만들어 주면서 내가 원했던 많은 기쁨으로 바꾸어 놓았으며, 내가 마치 스캔들을 만든 것처럼, 마치 하나님은 나를 포기한 것처럼, 되었다. 그것은 마치 게으름, 우울증 이상, 이하도 아니다. 출판의 불편함이나 문제야기를 피함으로써 나 자신을 소중하게 생각했다. 하나님의 도움을 간청하지 않는다. 하나님 앞에서 글쓰기를 정당화시켜 왔다. 그것이 잘못이다. 그러 나 사색을 중단한다면, 나는 실패할 것이다. 출판할 것이다. 정직해야만 한다. 사소한 문제로 하나님의 이름을 사용하는 것은 어려운 문제이다. 하나님 앞에서 담대한 자신감을 갖는 것, 나 자신이 되는 것은 아주 다른 문제이다. *BJ.*, No.6211. 이 기사를 출판함으로써 몇몇 사람들에게 상처를 줄 수 있는 가능성이 있다. *BJ.*, No.6212.

SK는 *The Crisis* 출판으로 긴장은 했지만, 유익한 것으로 주장한다. 지금 해야 하는 일은 과거의 산파법적(maieutic structure) 구조를 확실하게 수용하는 것이며, 분명하고 직접적으로 성격상 추진해 나아가는 것이다. 출판하지 않았더라면, 나는 간접소통의 미래사용에 관하여 모호성으로 사라졌을 것 이다. 각성시키는 효과는 하나님이 나에게 수수께끼로서 살아가기 위하여 힘을 주신 것이 근본이 되었다. 더 이상은 아니다. 내가 당당하게 그것을 이용하지 않는 한, 그 사상을 얻지 못했을 것이다. 그러나 다른 사람에 대한 엄청난 책임감을 느끼며,

하나님의 처벌로서 이해한다. *BJ.*, No. 6231, 6238, 6242.

5) *BJ.*, No. 2842-45, 2840, 5269, 6623, ...*"가만 두어라 가라지를 뽑다가 곡식까지 뽑을까 염려하노라. 둘 다 추수 때까지 함께 자라게 두어라. 추수 때에 내가 추수꾼들에게 말하기를 가라지는 먼저 거두어 불사르게 단으로 묶고 곡식은 모아 내 곳간에 넣으라 하리라"(마13: 29-30)

6) *BJ.*, Vol. 5, No. 66.

7) *BJ.*, No.2840-2845, ... 5722. *"여러분의 시인가운데 몇몇도 '우리도 하나님의 자녀다'라고 말한 것처럼, '우리는 하나님 안에서 살고 움직이고 있는 존재이다.'"(행17:28)

8) *BJ.*, No.5178. SK의 글쓰기는 철학적 글쓰기에서 장르들의 역사적 역할을 기본적으로 암시하는 '포스 트모던 글쓰기'로써 "소설적 넌픽션"(the fictional nonfiction)이라고 평가할 수 있다. Beral Lang, *The Anatomy of Philosophical Style.* 28.

9) *BJ.*, No.5290. 영어 단어 노벨라는 "새로운"을 의미하는 노벨로의 여성인 이탈리아 소설에서 유래되었다. "너무 길어서 단편 소설만큼 팔리지 않고 너무 짧아서 한 권의 책만큼 팔리지 않는 산문형식의 픽션이다." John Barh. *LETTERS.* 652.

10) *BJ.*, No.5279, 5281.

11) *BJ.*, No.801, 1025, 1700, 1974, 2107, 2798, 3697, 5178, 5249, 6870, 6879.

12) *BJ.*, No.5099, SKB. 52-53., R. 94, SLW. 245, WL. 138.

13) *BJ.*, No.2809, 2818, 5950. 칼 융에 의하면, "오직 무의식만이 선과 악의 차이를 구별하지 않는다" 고 주장한다. C. G. Jung, *Psychological Reflections.* Bollingen Foundation Inc. 1953. 245.

14) *BJ.*, No.3709, 3978, 4381.

15) 수비학(Numerology)은 숫자와 하나 이상의 일치하는 사건 사이의 신성하거나 신비로운 관계에 대한 의사 과학적 믿음이다. 그것은 또한 단어, 이름 및 아이디어로 문자의 수치 가치에 대한 연구이다. 그것은 종종 점성술과 함께 초자연적인 것과 관련이 있으며 신성 예술과 유사하다. SK는 나이의 숫자에 노이로제에 걸릴 정도로 민감한 반응을 보인다. 또한 "군중은 비진리이다"라고 주장할 때, 수에 대하여 알레르기 반응을 일을 킬 정도이다. "수란 진실을 호도하는 속임수이다."(Number is a hocus pocus hoax.)*BJ.* No.2988. 수비학과 수의 개념에 대하여, Caroline D. Eckhardt의 *Essays in the Numerical Criticism of Medieval Literature.* Associated University Presses, Inc. 1980. 참고.

16) SK의 폐쇄성이 가장 깊은 골짜기이다. 그의 중요한 죄의 범주들 중의 하나이다. 이것이 "그가 당하는 고통의 처벌이다."라는 것을 세상 어느 누구도 알아서는 안 된다는 것이다.*BJ.* No.5801. 라틴 어, "*de profundis*"는 "from the depth"를 의미한다. *SKB.* 339.

17) *BJ.*, No. 2314. "문학은 그리스도 제자를 위한 깊이 있는 정보를 제공하는 것이다."(Literature is to provide information in depth for the disciple of Christ.) 행동에 대한 사전 준비를 위하여 도움이 된다. 중요한 것은 인식이 아니라 행동이다. "유미주의"(aestheticism)에 대한 저항의 경고를 SK는 지속적으로 반복한다. Norman Reed Cary, *Christian Criticism in The Twentieth Century.* 58.

18) *BJ.*, No.4593. YOLO: You only live once.

19) "유혹자의 일기"(The Seducer's Diary)는 "심리학적 실험"(Psychological Experiment)에 관한 것 이다.*BJ.* No.6330. No.4235, 5007.

20) *고후4:16.

21) *BJ.*, Carus, 각주 532.

22) *BJ.*, No.4590

23) *BJ.*, No.5007. SK의 저서들을 번역하는 사람들의 실수는, 리더블링과 리듀플리케이션(중복)의 차이를 구별하지 못하고 무시하고 있다는 점이다. 따라서 독자가 만약 이 부분과 연관하여 번역된 저서 들을 읽게 된다면, 리듀플리케이션(reduplication) 혹은 듀플리케이션(duplication, doubly, duplexity, by pairs, doubleness), 등을 발견하게 될 것이다. 이것들은 리더블링 개념과는 다르다.

24) *BJ.*, No.6726.

25) *BJ.*, No.4288.

26) *BJ.*, No.6721. SK는 "너무 많은 것을 집어 삼키지 않도록 하기 위하여, 두려움과 떨림으로 박사학위 논문- "아이러니의 개념"-을 썼다고 고백한다. *BJ.* No.5484. 종교 심리학자와 문학도로서 "아이러니"를 언급하지만, 가장 중요한 신학자로서 아이러니를 언급한다. 만약 이 "도약"(leap)이 없다면, 아이러니는 그 힘을 잃게 된다. 즉 절망의 원인이 되는 미학적 단계의 특징인 단순한 "회의주의"(skepticism)에 굴복할 수 없기 때문이다. Berel Lang, *The Anatomy of Philosophical Style*, 108-109.

27) *JP.*, "Introduction", xxviii.

28) SK는 "신앙이란 변증법과 파토스로 가득 찬 변화이다." 지식의 소통에서, 단지 변증법적 변화가 있다. 특히 윤리성과 종교성에서, 내재적 필요성의 진리를 요구한다. 그 가능성에서, 그 변화는 파토스로 가득 차있다. 즉 "도약"을 말한다. **BJ*, No.653, 변증법으로는 아무 것도 얻을 수 없다. 플라톤, 라이프니즈, 스피노자, 테네만 등의 이데아도 파토스에 의한 변화를 추구한다.No.2339.

29) *BJ.*, No.67-69, 73, 78-9, ... 4323-4363, 6794, 6881-2, 6969.

V

1) 심영보, *고갈과 소생의 변증법*, 99.

2) *BJ.*, No. 5795.

3) *BJ.*, No.2952.

4) *BJ.*, No.5441.

5) *BJ.*, No.1781, 1958, 1962, 2357, 3733, 5341, 6239, 6325, 6329, 6337, 6416, 6421, 6487, 6649, 6739.

6) *마13:25-30.

7) *마7:1-2.

8) *롬14:1.

9) 이 같은 주장에 대하여, *BJ*에서, 주제어들인, "Many, Mass, Number"를 참고.

10) *BJ.*, No. 67, 126, 228, ... 4385-4494, ... 5950, 5975, 6969. *SLW*: 4999, 5610, 5622, ... 6640, 6858, 6882. "공동체 안에서 단독자는 우주를 질적으로 생성시키는 소우주이다." 대중은 키메라이다. 대중은 난센스이다.No.67. 2952.

11) Caroline D. Eckhardt, *Essays in the Numerical Criticism of Medieval Literature*. 15-64.

12) *BJ.*, No.124, 198, 703, ... 5100, 5616, 6237.

13) *BJ.*, No.29, 191, 1154, ... 4470, 4670, 4877.

14) *BJ.*, No.4132. 마틴 부버는 "태초에 관계가 있었다."(In the beginning is the relation)고 주장한다. I-You, I-IT의 관계는 전인적 관계성이다. It의 세계는 시공간에서 함께 매달려 있다. You의 세 계는 시공간에 함께 매달려 있지 않다. 개인적인 You는 관계의 사건이 그 과정이 제대로 운행될 때, It가 되어야만 한다. 개인적인 It는 관계의 사건이 시작될 때, You가 될 수 있다. Martin Buber, *I and Thou.* Charles Scribner's Sons. 1970. 69-85.
SYB는 "태초에 웹이 있었다"(In the beginning is WEB)라고 주장한다. WEB는 사이버은총이다. WWW의 패러다임의 가상현실에서 관계성을 획기적인 방법으로 제시한다. 마치 "인드라 넷"처럼, "넷 에너지"(Net's energy)를 통하여 세계가 하나의 관계성으로 통일되는 에큐메니즘을 추구한다. 심영보, *사이버신학과 디지털교회.* 101-120.

15) Eckhart, 174.

16) 삼분법(trichotomy), 고전2:14-16, 15:38-49.

17) *BJ.*, No.238, 499, 518, ...1810, 2922-3024, ... 4295, 5044, 6788, 6886, 6930.

18) *BJ.*, No.4234.

19) *BJ.*, No.4166. "자연과의 일치나 합일을 토로해내는 예수 자신이 사용하는 화법의 핵심은 은유법 (metaphor)이다. 그러나 은유는 항상 위험성이 존재한다. '거대 담론'의 진실도 마찬가지이다. 함부로 발설해서는 안 되는 화법이다. 복음서에서 예수가 자신에 대하여 언급하는 은유적 담론은 하나같이 위험한 발상이었다. 이것 때문에 33세의 젊은 나이에 요절한 것이다. 예수는 스스로 자청한 메타 포의 희생자였다. 그래서 우리는 성서 속의 은유적 텍스트들을 좀 더 면밀하게 살펴볼 필요가 있다. 최후의 만찬에서 예수 그리스도가 빵 조각을 들고 "이것이 나의 몸이다", 포도주 잔을 들고 "이것은 나의 피다"라고 말씀하신다. 이 얼마나 이상한 메타포(Metaphor)인가? 그러나 이 은유는 우리들의 심장을 두근거리게 만들며 더 의미 있게 들리게 한다. 그의 몸은 우리 몸과 마찬가지로 우주의 얼개를 이루는 한 조각이며 파편이다. 샤르댕에 의하면 "지구는 명의 미사가 계속 드려지는 제단이다." 특히 바울은? 베드로는? 인간의 몸이 성령께서 안주하시는 성전이라고 고백한다. 메타포는 참된 영혼을 걸러내는 과정 속에서 긴급성과 생동력을 가지고 있다. 진리에 이르는 유일한 방법은 메타포를 통해서만 가능하다. "나는 길이다", "나는 진리다", "나는 생명이다." 이 같은 은유의 행진들은 예수가 메타포의 전문가였으며 '환유신학(Metonymy Theology)'의 대가라는 것을 리얼하게 보여준다. "심영보, *은유신학과 디지털-생태신학.* "들어가는 말", 4.

20) *BJ.*, No.4166. "카테고리"는 SK의 핵심용어이다. 군중이 삶의 지배적인 카테고리가 되는 것을 거부 한다. 개인의 카테고리를 전적으로 왜곡하기 때문이다. SK가 *PA*에서 집단주의 현상을 비판하고 있는 것처럼, 뮌스터 대주교와 목사들을 비판하는 이유 중의 하나는 카테고리를 무시하고 있기 때문이다. Nathan A. Scott, JR., *Mirrors of Man in Existentialism*, Collins. 1969. 46. *BJ.* No.260, 622, 630, ... 5787, 5977-8.
SK의 카테고리는 보통명사와 추상명사를 가리지 않고 아주 세밀한 부분까지 선을 긋는다. "아리스 토텔레스에 의한 *키네쉬스*-(움직임; Motion)", (변화; Change)-에 관한 글에서, SK는 4가지 범주 실체(substance), 양(quantity), 질(quality), 관계(relation)-를 나눈다. 이러한 분류는 아돌프 트렌 델렌부르크의 "카테고리에 관한 학설"에 관하여 두 개의 논문과 연계되어 있으며, SK는 자신의 논리적 논문들, 즉 변증법과 "파토스로 가득 찬 변화"(pathos-filled transition) 사이의 차이와 연관 시킨다. 아리스토텔레스에 의하면, 파토스는 변화가 가능한 결과로서 명제의 질이다. *BJ.*, No.5977.
논리와 존재론 사이에서 관계성을 밝히기 위하여 우리 시대가 가장 필요한 것은 개념들-가능성, 실재성, 필요성-의 시험이다. 가능성에서 실재성으로의 변화는 텐네만(Tennemann)도 *키네쉬스*로 해석한다. 만약 이것이 맞다면, 이 문장은 대단히 중요하다. 움직임은 정의하기 어렵다. 그것은 가능성 (possibility)도 실재성(actuality)에도 속하지 않기 때문이다. 그것은 가능성보다 많고 실재성 보다 적기 때문이다. 지속성(continuation: 존속)과 부패(decay: 쇠퇴)는 움직임이 아니다. 3가지 종류의 *키네쉬스*가 존재한다. 양에 관하여: 증가-감소(감소), 질 또는 우연성에 관하여: 질의 변화, 장소에 관하여: 장소의 변화. 이 모든 것은 논리학에서 움직임들(movements)에 대하여 주목을 받을 만하 다. *BJ.*, No.258-259.
"유한/무한, 가능성/필요성은 인간의 역사적 상황에 의하여 조건이 부여되며 그 상황의 한계 내에서 자유롭게 행동할 수 있다. 유한성(finitude)과 필요성(necessity)은 인간의 결정을 나타낸다. 무한성과 가능성은 인간의 행동 능력을 언급한다. 가능성(possibility)과 무한성(infinitude)의 동일함에 대하여, SK는 "가능성이 모든 카테고리 중에서 가장 무겁다."라고 주장한다. *CA.*, 139-140. Mark C. Tayler, *Kierkegaard's Pseudonymous Authorship*. 111. 도약이론은 본질적으로 카테고리가 분명한 자유의 영역이다. 비록 논리에서 메타포적으로 제시된다할지라도 헤겔처럼, 설명해서는 안된다. *BJ.*, No.2352.

21) *눅12:49.

22) John Barth, *Chimera*. 251.

23) *BJ.*, No.5341.

24) *마18:20.

24)-1 SK는 역사(history)를 "필터의 과정"(process of filtration)에 비유한다. 비록 그가 메타포를 반전시키지만, 불순물을 제거하기 보다는 역사의 필터(filter)가 악의 있는 성장의 원인이 된다고 보고 있기 때문에 역사를 "쇠퇴의 역사"로 이해한다. 즉, 역사는 난센스에서 에너지를 취하여 무로써 끝낸다. 역사의 내재적 합리성의 개념을 주장하는 헤겔과는 아주 대조적이다. SK의 급진성은 역사에 대한 급진적 거부에서 비롯된다. 즉 기독교가 전파되는 동일한 속도로 기독교는 폐지된다는 이유이다. 이 같은 모토는 달리 표현하면, "많으면, 많을수록, 더 작아진다. 모두 많아지면, 그때, 아무것도 존재하지 않는다."(The more, the fewer; and if all, then none.) 그래서 SK는 더하기보다 빼기를 선호하는 미니멀리즘을 추구한다. 그러나 SK의 역사에 대한 급진적인 불신은 결국 문화(culture)에 대한 관점이다. 문화의 과정이라고 불리는 "문명"(civilization)을 인류의 타락과 영적인 인간의 죽음으로 보고 있다. 그는 *순간(The Moment)* 제5판에서, "염세주의"(pessimism)의 계보를 제시한다. 즉 신약의 기독교처럼, 신성, 영성을 소유한 인간이 더 이상 태어나지 않는다는 것이다. *SBK.*, 764-65. SK의 역사이해적 카테고리를 자세히 살펴볼 필요성이 있다. SK는 브살렘(Bezalel)과 같은 테크노 과학자(창31:1-5)의 하나님의 역사발전 사관에 부정적이다. 특히 토인비(Arnold Toynbee)의 역사철학에서 제시하는 "도전과 응전의 변증법"(The dialectic of challenge and response)을 간과하고 있다. Gerhard Sauter, *Eschatological Rationality*. 185.

25) *BJ.*, No.4166.

26) *BJ.*, No.22, 46, 69, ... 3081, 4483, 4502. SK에 의하면, 하나님과 인간 사이에는 골 깊은 무한한 질적 차이가 있다. 하나님은 영적인 존재로서 영원한 샘이며, 고갈되지 않는 에너지의 근원이다. 하나님은 역사 속에서 새로움을 추구하는 "에너지의 발전기"(dynamo of energy)이다. Nels F.S. Ferre, *The Christian Understanding of God*. 135.

27) "차연"의 개념은 단어도 아니고 개념도 아니지만, 운명적으로 위험한 것의 시야 속으로 끌어들이는 단순하고 근사치에 가까운 의미론적 분석으로 유도하는 전략적인 개념이다. Jaques Derrida, *Margins of Philosophy*. 3-27과 Jonathan Culler, *On Deconstruction*. 95, 97, 129, 142, 162, 164. 참고.

28) *BJ.*, No.1983, 2583, 4160, 4166.

29) *BJ.*, No. 4166. "누가 이 짐승과 같으랴? 누가 이 짐승과 맞서서 싸울 수 있으랴?"(계13:4)

30) 심영보, *고갈과 소생의 변증법*. 75-81.

31) *BJ.*, No.5260. 5247.

32) *BJ.*, No.*569, 1059, 1174, ...6598, 6636, 6690.*

33) *BJ., SUD*에서 No.102, 1531, 3567, 4029, 4030, 4549, 6535, 6689. *TC*에서, 677, 679, 1891, 2958, 3685, 4483, 4727, 6686-7, 6699, 6914. 요한네스 클리마쿠스는 무신론자로서, 앤티-크리마 쿠스에게서 특별한 차원의 그리스도인이라고 생각하는 것이 무엇인지 탐색해 낼 수 있는 인물이다. 앤티-크리마쿠스는 그리스도인이라고 선언할 정도로 특별한 차원의 그리스도인으로서, 비지성적인 의미에서 무모하고 유머스러운 아이러니스트이다. 기독교는 때때로 단지 천재들만을 위한 종교라고 믿는 인물이다. SK 자신은 이 둘의 중간지점에 위치해 있다고 고백한다. No.6142, 6431, 6433, 6686. *SKB.*, 650-654.

34) *BJ.*, No.117, 2089, 3426, 5092, 5099, 5100, 5378, 5410, 5468, 5740, 6519.

35) *BJ.*, No.2016, 3498, 4684, 4868, 4939.

36) *FT.*, 116.

37) *BJ.*, No.1165.

38) *BJ.*, No.323, 1165.

39) *BJ.*, No.49, 226, 619, ... 1165, ... 3971-3976, 6732, 6882, 6903.

40) *BJ.*, No.175, 317, 416, 536, 1562, 1670, 1762, 1781, 3047, 3568, 4387, 5319.

41) *BJ.*, No.711.

42) *BJ.*, No.1562.

43) *TF.*, 37.

44) *BJ.*, No.1107.

45) 퀵서티점(quixotism)은 이상을 추구하는 비실용성, 특히 발진, 고상하고 낭만적인 아이디어 또는 사치스럽게 기사적인 액션으로 나타나는 이상이다. 실용성에 관계없이 이상주의를 설명하는 역할을 하며 충동적인 사람이나 행동은 비실제적인 것으로 간주된다. 결과나 부조리를 고려하지 않는 이상주의, 순진한 낭만주의, 유토피아주의와 관련이 있다.

46) "목사들과 배우들"(The Priests-the actors)이라는 제목에서, 배우는 정직한 사람이다. "나는 배우이다"라고 평범하게 말한다. 그러나 목사는 "배우의 반대편 입장이다"라고 생각한다. "The Instant No. 10." Walter Lowrie, *Kierkegaard's Attack upon "Christendom"*. Princeton University Press, 289.

47) 피히테(Fichte), *윤리학(Ethics)* 파트 원에서, 프랑스의 모토: 자유, 평등, 형제애.......정치는 사랑으로 치장한 이기주의이다. 정치는 가장 끔찍한 이기주의다. 정치는 광명한 천사의 모습을 한 악마 천사이다. *BJ.*, No.4206.

48) *BJ.*, No.1029.

49) 사랑에 대한 관계성에서, "왜냐하면,~이기 때문에"(because)가 플러스가 될 때, 그것은 빼기이며 마이너스가 된다. 그러나 만약 "왜냐하면,~이기 때문에"(because)가 마너너스가 될 때, 다시 말하면, 나를 불행하게 만드는 사람은 빼기와 같은데, 그것은 플러스가 된다. 이것만이 유일하게 절대적으로 사랑에 대한 관계성에서 감동을 주는 것이다. *BJ.*, No.2416. 영적인 세계에서, 더하기는 신비하게도 수가 사라지는 결과를 초래한다. 모든 것이 180도 방향을 바꾸게 된다. 그러나 물질의 세계에 서는 사물이 더해지면 더해질수록 큰 수를 형성한다. *BJ.*, No. 2988.

50) *BJ.*, No.3750, 2416, 4453, ... SK의 긍정의 철학과 부정의 철학은 역설적이다. "내 인생은

역설의 영역이다. 긍정은 부정에 의해서 인정을 받는다. ..... 그러나 하나님의 부정은 긍정의 표지이다." "사도-나의 약점"에서, SK는 자신의 '불행은 행복이며, 행복은 불행'이라는 '부정의 긍정', '긍정의 부정'이라는 역설론을 제시한다.*BJ.*, No.6918.

51) *BJ.*, No. 5, 77, 493, ... 6319, 6373, 6919.

52) *BJ.*, No. 6234.

53) *BJ.*, No. 815, 1540, 3342, 4741, 4943. 진리의 반의어는 개연성이다. 진리는 근사치로 구성되지 않는다. 진리에 가장 가까이 존재하는 것은 그 진리에 가장 가까이 있는 것이 아니다. 이것은 모든 것 중에서 가장 위험한 망상이다. 가장 위험한 것이다. 왜냐하면, 진리가 되지 않고 진리에 매우 가깝기 때문이다. 예수는 "나는 나를 사랑하는 자에게 그때, 나 자신을 보여 줄 것이다."라고 말씀하신다. *요14:21. 따라서 진리는 빛이다.

54) 아리스토텔레스의 신 개념에 의하면, "부동의 동자"이다. 즉 "하나님은 자기 자신 이외에 모든 것을 움직일 수 있다."(God moves all things but himself is unmoved mover.) 베를린에 있을 때, 스켈링이 지적한 것을 SK는 기억하면서, 바다의 요정, 사이렌이 부르는 노랫소리만큼이나 자석과 같이 매력적인 것이다. 그러나 모든 이성주의, 합리주의는 미신으로 끝이 난다. *BJ.*, No.1332. *BJ.*, No. 6-7, 47-8, 416, 486, ... 5092, 5997, 5638.

55) *WL.*, 192. *JP.* Volumn. 3, Notes. 905.

56) *마5:45.

57) *BJ.*, No. 4776. SK의 *순수한 마음*(Purity of Heart)에서 "불변의 주제"(The theme of immutability)를 다룬다. 시간의 통합(integration)과 독립성(independence)의 주제를 동등하고 직 접적으로 연계시킨다. 예를 들면, 악의 목적은 인생의 통합을 이룰 수 없다고 주장한다. 열정 (passion)에 초점을 맞춘 인생은 자신의 삶을 변화시켜 순간(instants)이 되게 하며, 주인이 맹목적 인 노예처럼, 그 열정을 섬길 때까지, 그 열정은 교활하게 주인을 속이는 구실을 하게 한다. 진리 안 에 있는 인간은 모든 것이 변한다할지라도 변치 않는 불변을 획득할 수 있다. D. M. Mackinnon, *The Philosophical Frontiers of Christian Theology*. 125.

58) *BJ.*, No. 6244.

59) *BJ.*, No.6391. 6400.

60) *BJ.*, No.6407.

61) *BJ.*, No.3656-58, 4776, 4833, 4895, 4896, 5638, 5640. *JP.* Volumn. 3, Notes. 903-905. 토니 킴, *키에르케고르의 신앙의 합리성*. 윤덕영 옮김(2018). Kim, *Tony, Reasonableness of Faith*(2012)에서, 토니 킴은 "이성, 이해, 사색"의 덴마크 언어를 구별하지 않고 있다. 그러나 SK는 자신의 *BJ*에서는 이 어휘들을 구별해서 쓰고 있다. 1. Forstand = understand 이해 2. Fornuft = reason 이성 3. Refleksion = Reflection 사색 4. Faith 신앙1과 3은 하나님의 선물이 다. 1과 2는 보는 능력이다. 4의 신앙은 이성 2와는 반한다. 인식하는 것과 판단하는 것은 별개의 문제이다. 제안하는 것과 추론하는 것도 전혀 다른 문제이다. 사물은 감각에 의해서 제안되고 인식 된다. 인간은 이해를 통해서 판단과 추론이 이루어진다. Paul J. Olscamp, *The Moral Philosophy of George Berkeley.* 25.

62) SK는 레기네에게 보낸 편지에서, 크닢펠스브로 다리위에서 쌍안경과 같은 망원경(mirror glass)을 가지고 브로스가데 66번가, 레기네 가족들이 살고 있는 집을 본다. 이 다리는 코펜하겐 항구의 도개교(drawbridge)로써, 코펜하겐 항구에 있는 섬 요새, 트렉크로너를 보기 위하여, SK는 자주 이곳을 찾은 곳이다. *BJ.*, No.5478. 현미경과 쌍안경을 만든 자연과학자들을 비난했던 SK가 자신의 취미생활 로 이러한 장치들을 이용하고 있다는 것이 아이러니한 일이다.

63) *BJ.*, No.4219, 5205, 5693, ... 5117, 5892, 6460.

64) *BJ.*, No.1308, 1817, 2806-2824, 5281.

65) 성육신한 신처럼 지상에 내려온, "이것은 무한의 전달수단이다."(This is the currency of the infinite.) 영은 그 본질과 함께 모든 것을 주입시키며 하나의 빛으로 모든 것을 씻어내며, 세계의 우 연적인 전혀 다른 사실들을 하나의 초월적이며 일원론적 원리, 아이러니하게 "모순"이라고 불 리는 것에 종속시킨다. 이 같은 변화는 "같은 표준으로 잴 수 없는 것"(the incommensurable)을 통과한 "도약"이라고 부른다. SK의 변증법은 유한적인 종들을 변화시켜 무한의 전달수단이 되게 하는 것이 다. Kenneth Burke, *A Rhetoric of Motives*. 244-45. *BJ.*, No.261, 385, 653, 808, 972, 1248, 1603, 1607, 2704, 2807, 3247, 3598, 4421, 4806, 5116, 5787, 6019, 6405.

66) *BJ.*, No.1055, 2807, 2810. 2811, 2813, 2817, 2819, 2820. 2821, 2822, 5281, 5478. *SKB*. 467-468 *SLW*. 129. *PF*. 108. * "하나님과 변론하려 하노라./ 오라, 우리가 서로 변론하 자!"*욥13:3, 사1:18, 마10:30, 눅12:7.

67) *BJ.*, No.4077, 4116, 4143.

68) *BJ.*, No.2951, 6730.

69) *BJ.*, No.1258, 2048, 2146, ... 6886, 6901, 6934.

70) *BJ.*, No.4144. 이미지(image)란 조상(彫像), 성상(聖像), 우상, 화상(畵像), 초상 등의 가시적 인 형상 과 상징, 전형, 화신, 이상상(像) 등 비가시적인 형상이 있다. 마음속 깊은 심상 속 의 영상까지도 이미지에 속한다. 십계명 중에서 창세기 20:4절의 하나님은 추상명사이다. 이 세계의 방향이 진보인가, 퇴행인가를 심사숙고해야 한다.No.1400. 누가복음 21:31절은 그리스도의 대표적인 비가시적 이 미지를 보여준다. 엠마오(Emmaus) 도상에서, 함께 동행 하면서 두 제자의 식탁에서 빵을 나누기까지 가시적인 예수는 '한 순간'에 사라진다. No.2262. 외적인 요소들에 의하여 굳어진 심연의 깊은 '부정적 이미지'조차도 진정한 정보, 지식, 진리 앞에서 사라지며, '긍정적 이미지'로 변화된다. 추상 명사는 비가시적이다. 따라서 하나님의 정 체성은 영이시다. 소프트웨어인가, 하드웨어인가를 고민해야한다.

71) 공산주의(communism)에 관한 내용은 *BJ.*, No.175, 4111, 4124, 4127, 4131, 4187, 6257. 참조.

72) *BJ.*, No.2933, 4124, 4129, 4131, 4144, 6730. *SKB.*, 486-500.

73) * "의논이 없이 세워진 경영은 실패하지만, 조언자들이 많으면, 성공한다."(잠15:22)

74) *CUP.*, 288.

75) *BJ.*, No.1059.

76) *BJ.*, No.181, 529, 789, ... 4927, 6448, 6449.

77) *BJ.*, No.2233-2239.

78) *BJ.*, No.38, 927, 1587, 2021, 2277, 3249, 4834, 4837.

79) *BJ.*, No.3651-3655.

80) *BJ.*, No.37, 188, 649, 650, 5283, 5702, 6465.

81) Jennifer Cobb, *Cybergrace The Search for God in the Digital World*. 30-31, 50.

82) *Ibid.*, 186-92, 197-99, 231.

83) "인공지능이 신앙을 가진다면?" 종교적 인간의 미래고찰이라는 주제로 학술세미나가 2018년 11월 14일, 연세대학교 원두우드신학관 2층 대예배실에서 열렸다. 2인의 기조발표- "김진형, 인공지능의 본질: 비전, 능력, 그리고 한계"/ 김흡영, "인공지능 그리고 인간과 신학의 미 래"-와 3인의 패널토론, 및 종합토론으로 진행되었다. "인공지능이 신앙을 가진다면?"에 대 한 SYB의 대답은 "AI는 신의 선물이다."라는 이 책의 다음 주제의 글에서 발표한다. Jennifer

Cobb, 159-61.

84) *Ibid.*, 19-20, 30, 47, 60, 119-21.

85) *BJ.*, No.35, 164, 380, ... 5251, 6355, 6966.

86) *BJ.*, No.1846. 자아에 대한 관심은 인간의 가장 깊은 "비밀의 방"(secret chamber)으로 들어가게 한다. 그 곳에서 하나님을 발견할 수 있다. 자기 자신을 하나님의 자비에 내맡길 때, 자아를 포기할 때, 하나님을 만날 수 있다. 이것이 자아에 대한 후회 없는 실험이다. Leopold Damrosch, Jr. *God's Plot & Man's Stories.* 23-24. David F. Swenson and Lillian M. Swenson, *The Gospel of Suffering.* 67.

87) *BJ.*, No.633. 예수가 겟세마네 동산에서 경험한 고뇌처럼, "실존은 허공에 매달려 있는 불안한 상태 이다."(Existence is a state of anxious suspense.) 이 서스펜스를 느낄 수 있는 불안감이 최고의 예시라고 할 수 있다. 오직 역설적인 "도약"을 통하여 신앙에 이르게 될 때, 인간은 하나님을 확신 할 수 있다. "죄의 반의어는 미덕이 아니라 신앙이다."(The opposite of sin is not virtue but faith.) William Hubben, Dostoevsky, *Kierkegaard, Nietzsche, and Kafka Four Prophets of Our Destiny.* 43.

88) *BJ.*, No.1066.

89) * "나는 나다"(I am who I am)(출3;14)라는 하나님의 말씀은 자아의 내향적 무한성을 의미한다. *BJ.*, No.4898. Joseph H. Smith, *Kierkegaard's Truth: The Disclosure of the Self.* 1981. Xi. 신탁 - "너 자신을 알라"(know thyself)-에서, 소크라테스는 자기 자신과 타자의 구별을 의미하며, 자아는 외적 결정요인들과는 무관한 주체적 실재라는 것을 말한다. 그러나 자아를 결정하는 의지로서 파악 한다. 주체성과 내향성의 풍요로움을 인정하지만, 그 자아 지식은 결과적으로 지식의 대상이 되는 분리와 차이일 뿐이다. 따라서 소크라테스는 미학과 윤리적 단계의 경계선에 서 있다. 따라서 그의 입장은 아이러니이다. Mark C. Tayler, *Kierkegaard's Pseudonymous Authorship.* 65-66.

90) Jennifer Cobb, 98, 104, 106.

91) Gerald L. Schroeder, *The Science of God.* 17, 117, 127, 137, 138-140, 142, 144-145, 171-172.

92) Michael Heim, *The Metaphysics of Virtual Reality.* 80-81.

93) M. Kroy, *The Conscience A Structural Mind.* 1, 16, 33, 36, 38-9, 40-1, 45-6, 55, 58, 60-1, 65, 80, 91, 109, 111, 128, 132-3, 140, 144, 152, 169, 178-9, 181, 189, 192, 208, 210.

94) "생물학적 인간은 제한적이며 결함이 있다. 인간의 본성은 변할 수 있으며 정적인 상태가 아니다. 인간들은 물질적인 존재들이다. 인간들은 원리적으로 기계들이다. 인간의 본질은 정보이다"라는 것을 가정으로 한다. "Mind Uploading, Cybernetic Immortality, Digital Resurrection, Enigineering Utopia(Eden?)"의 과정을 거치면서 인간 본질과 정체성의 패러다임의 변화를 추구한다. http://transhumanity.net.

95) *BJ.*, No.260, 622, 630, ... 5787, 5977-8. "카테고리"는 SK의 핵심용어이다. 그는 아돌프 트렌델렌 부르크(Adolf Trendelenburg, 1802-1872)에게서 큰 도움을 받았다. 아돌프는 "카테고리에 관한 학 설에 관하여 두 개의 논문을 썼다.*BJ.* No.5977.

96) Michael Heim, *Ibid.*, 136-137. 찰스 윌리엄스(Charles William)에 의하면, "거룩한 행운"(holy luck), 군켈(Kunkel)에 의하면, "신성한 우연일치"(divine coincidence), 융(Jung)에 의하면, 의미있는 동시발생의 원리로서, "동시성"(synchronicity)으로 표현한다. Elizabeth Boyden Howes and Sheila Moon, *Man the Choicemakers.* 96-97. 이 순간의 동시성은 인류 77억의 기도요청에 대 한 하나님의 '기도응답의 원리'라고 본다.

97) 하나님이 77억 인간의 '기도소리'를 들을 수 있는 방법과 응답이 있다면, 그 과정은 바로

'한번에' 모든 것을 처리하는 동시다발적 방법이다.

98) 샤르댕(Teilhard de Chardin, Pierre)의 사이버신학사상은 Jennifer Cobb의 *사이버은총 (Cybergrace)*, 41-42, 77-85, 102. 참고.

99) Neal Stephenson, *Snow Crash*. 55.

100) Jennifer Cobb, 40-42, 81-82, 86, 89-91, 95, 121-25, 114-15, 123-24, 234-39. SK가 주장하는 범신론에 관하여, *BJ*. No.220, 1019, 1771, 1983, 1990, 2004, 2942, 3849,3887, 3890. 참고.

101) *BJ*., No. 1059. *"태초에 로고스가 있었다."(요1:1) M. Kroy, *The Conscience A Structureal theory*. A Halsted Press Book, 1974. 30-34. 심영보, 옮김, *마음의 지도 I*, 넥서스, 1997. 60-64.

VI

1) *BJ*., No.575, 1123-5, 1348, 1642, 2096, 2287, 2532, 2591, 2803, 3707, 3710, 4782, 6373, 6598.

2) *JP*., Volumn 1, 497-498.

3) *BJ*., No.1006.

4) *BJ*., No.7.

5) *Ibid.*

6) *BJ*., No.8.

7) *BJ*., No.657, 906, 1452, 1578, 1587, 1615, 1983, 2042, 2152, 2163, 2172, 2512, 3887, 3890, 4056, 4160, 4163, 4356, 4548, 4569, 5899, 6780, 6803.

8) *BJ*., No.510, 2500. 그리스도에 대한 시대적 동시성의 관계가 진정한 관계성이며, 이것은 상황의 진리이다. 그 외의 부차적인 기독교는 무의미하다. 장의 실재성이 없다면, 그것은 기독교가 아니다.

9) *BJ*., No.9.

10) *Ibid.*

11) *FT*., 110-111.

12) *BJ*., No.10.

13) *Ibid.*

14) *BJ*., No.11.

15) *FT*는 SK 자신이 인정하고 있는 가장 완벽한 책 중의 하나이다. SK가 새롭게 '공포와 전율'을 느끼는 것을 유추로 해석해 볼 수 있다. 아브라함: 이삭 = 미카엘 : 키에르케고르. *FT*에 대한 심층적이 며 다양한 논문은 Robert L. Perkins, *Kierkegaard's Fear and Trembling*. The University of Alabama Press. 1981. 115-140. 참고. *BJ*. No.1109, 1812, 2223, 2343, ... 6598, 6791, 6843.

16) *CUP*는 SK가 작가로서 그의 전 작품가운데서 전환점을 형성한다. 제목의 "결론"이라는 표현은 1846 년 2월 7일 SK가 더 이상 작가로서 활동을 중단하고 목사로서 새로운 인생길을 가고자 하는 단호한 의지와 결단을 표현한다. *BJ*. No.5873. *CUP*에서, 그는 "어떻게 나는 그리스도인이 될 수 있는가?", "기독교란 무엇인가?", "진리란 무엇인가?", "주체성이 진

리이다." 등에 대한 문제를 제기하며 변증법적으로 전개한다. 따라서 이 작품은 미학적 작품도 아니며 종교적 작품도 아니다. 목사로서 새롭게 인생을 시도하는 출발점이기도 하다. *BJ.* No.6690. 단 한 번의 결심이 아니라, 여러 번 시골목사로 가겠다는 결단을 1847.1.20.일에 한다. *BJ.* No.5961. David F. Swenson and Walter Lowrie, *Kierkegaard's Concluding Unscientific Postscript.* Princeton University Press, 1941, xiv-xviii.

17) *BJ.,* No.5-12. * "누구든지 자기 목숨을 보존하려고 애쓰는 사람은 잃을 것이요, 목숨을 잃는 사람은 보존할 것이다."(눅17:33)

18) *BJ.,* No.3089. 그리스도 자신이 패러독스다. 그러므로 기독교는 그리스 사상에 대하여 어리석은 것이 되어야 한다. 고통 중에 자기 자신을 계시하신 하나님은 정확히 패러독스이기 때문이다. 고통은 비정상이며, 나약함이다. 그러나 그것은 최고의 부정적인 형식으로, 그 직접적인 형식은 미, 권능, 영광 등이다. 그러나 직접적인 형태 속에서 적절한 형식을 가지고 있는 그 최고의 형식은 최고란 특별한 최고가 아니라는 것을 보여준다. 이 관계성은 종교적 의미에서 선택받은 사람을 위한 원형이다. 그리스적 관점에서 볼 때, 선택받은 사람은 "운명의 팜필리리어스"(Pamphilius of fortune)였다. 그리스도와 모든 선택받은 사람 사이에는 무한한 질적 차이가 존재한다는 것은 더욱 자명한 일이다. 그리스도 자신이 패러독스의 영역이다. 그리고 선택받은 사람은 이 영역에 속해 있는 표지만을 간직한 파생물이다.*BJ.* No.3087.

19) *BJ.,* No.3070.

20) *BJ.,* No.3072. *FT.* 77.

21) 진정한 역설이란 무엇인가? "그리스도가 고통을 받기 위하여 세상에 오신 것이다."(Christ came to the world in order to suffer.)*BJ.,* No.3090. 3077. 예수의 제자들, 그리스도인들이라고 생각한다 면, 세상을 사랑하신 하나님의 고통을 '체득'하며 이타적 삶을 살아야 한다.

22) SK의 이름, "쇠렌"(Søren)의 의미는 "악마"라는 뜻이다. "내 인생은 일종의 순교라고 말할 수 있다. 나의 순교는 새로운 형태의 순교이다."*BJ.* No.6906. 그가 생각하는 순교는 "조소, 조롱, 비난"을 당하는 의미에서의 순교이다. 코르사이르 사건을 통하여 고통스러웠던 SK는 이 시기에 "나의 인생은 날마다 순교 한다"(My life is a daily martyrdom)고 토로한다. *BJ.,* No.6509.

23) *BJ.,* No.7, 11, 183, ... 3072, 3074, 3076, 3078, 3079, 3085, 3087, 3089, 3090, ... 6598, 6918, 6924. *SKB.,* 636. *FT.,* 77. *예수의 대표적인 역설에 의하면, "나는 부활이요 생명이니 나를 믿는 사람은 죽어도 살고, 살아서 나를 믿는 사람은 영원히 죽지 않을 것이다"(요 11:25-26)

24) "이것이냐/저것이냐"의 단순한 구조보다는 "이것이냐/저것이냐"(either/or)도, "이것과 저것 둘 다"(both/and)도 아닌, 심지어 "이것도 아니고/저것도 아닌 것"(neither/nor)까지를 해체시킨다.J. Hillis Miller, *Fiction and Repetition.* 17. SK는 전체적으로 이들의 논리를 포기하지 않는다. 즉 논리의 영역을 뛰어 넘은 '무논리의 논리'이다. SK는 이것이냐/저것이냐의 이분법적 선택 앞에 서 있지 않았다. 그는 오직 빛과 그림자 사이의 중간지점에 서 있었다. "무장된 중립성"이 그의 논리이 며 인생철학이었다.

25) *마25:1-13

26) Kurt Vonnegut, Jr. *Slaughterhouse-Five Or The Children Crusade,* 181.

27) *BJ.,* No.5007. 인간의식의 반복적 형태들이 다양하지만, "환각의 무의식적 인간 상태가 반복의 원인 이다."(The unconscious human state of illusion is the cause of repetition) J. Hillis Miller, *Fiction and Repetition.* 13.

28) *"포도주가 된 물을 맛보고 그것이 어디에서 났는지 알지 못하였으나 물을 떠온 일꾼들은

알았다"(요 2:8) *"여기 한 아이가 보리빵 다섯 개와 물고기 두 마리를 가지고 있습니다."
(요6:9)

29) *고후4;16.

30) *BJ.*, No.653, 808, 822, 1769, 1878, 2339, 2345, 2353, 2645, 2772, 3129, 4180, 4220, 4421, 5793, 5796. 파토스는 SK의 주제어 "passion"을 참고.

31) * "엘리 엘리 레마 사박타니."(마27:46)

32) *BJ.*, No.2353.

33) *BJ.*, No.6924. 인간적으로 말해서, 그리스도인이 되는 것은 불행해지는 것이다. 진정한 기독교는 인간을 불행하게 만들어야 만 한다.

34) *BJ.*, No.2950.

35) SK의 변증법은 다양하다. 대표적으로 기독교의 변증법, 커뮤니케이션 변증법, 실존의 변증법, 사색의 변증법이 있다. *BJ.* No.9, 38, 73, 164, ... 641, 752, 761, 762, 1845, ... 2296, 2353, 2813, 2950, 3079, ... 5007-8, 5484, 6002, 6006, 6061, 6472, 6523, 6518, 6690, 6924. [VI A 46]

36) *BJ.*, No.1669-1769. 아이러니의 개념적 의미는 형식적 반대이다. 내적인 것은 외적인 것이 아니다. 외적인 것은 내적인 것이 아니다. 본질은 현상이 아니다. 현상은 본질이 아니다. 그리스도와 소크라테스의 유사성은 본질적으로 부동성(dissimilarity) 속에 있다. SK와 헤겔사이의 분명한 유사성은 역시 실제적인 부동성 안에 있다. SK의 아이러니에 대한 철학적 에세이는 문학적 풍자(satire)이다. Lee M. Capel, *Søren Kierkegaard The Concept of Irony*. Indiana University Press, 34-5.
덴마크의 유명한 무용수, 아우구스트 보우르논빌(August Bournonville)이 SK에게서 배운 아이러니 의 정의에 의하면, "영적실존에서 핵심요소이다. 비꼼, 조롱, 쓴웃음이 아니라 그 반대이다. 눈물을 통한 미소이다. 사람들에게서 눈물을 억제케 한다."*SKB.*, 310.

37) "유머는 신성모독에 가깝다. 발람의 나귀로부터 지혜를 듣는 게 더 낫다."라고 주장한다. *BJ.*, No.1693.

38) *BJ.*, No.1716. 이 둘은 SK의 논리적 모순을 드러내는 장면이다. No. 422, 739, 797, ... 6181, 6193, 6446.

39) *BJ.*, No.48, 150, 497, ...5975, 6288, 6293.

40) *CUP.*, 184.

41) *BJ.*, No.4288. 186, 340, 474, 502-3, ... 3842, 3862, 6708. SK의 변증론은 기독교를 위한 것이지만, 그리스도인들에게 기독교를 옹호하고 변증하는 것은 "구원할 길이 없는 난센스"(abysmal nonsense)라고 주장한다.No. 6708.

42) *BJ.*, No.4289.

43) *BJ.*, No.4285. 오쇼(Osho)에 의하면, "모든 나무는 이기적이다."(Each tree is selfish.) 나무는 결코 애타주의(altruism)가 아니다. 나무는 물을 뿌리에서 끌어 올려 줄기, 가지, 꽃, 열매를 맺게 하며 모든 것을 공유하지만, 만약 나무들이 이타적이라고 가르친다면, 전체 인간애가 죽는 것처럼, 모든 나무는 죽을 것이다. 단지 시체들이 공동묘지를 향하여 걸어가는 것은 묘지에서 안식을 취하게 될 것이다. 오쇼는 먼저 자아를 사랑하라고 권면한다. Osho, *Intimacy: Trusting Oneself and the Other.* St. Martin's Griffin. 2001. 131.

44) *BJ.*, No.89.

45) *마21:28-32.

46) *요20:24-29.

47) *엡6:12

48) *전1:18

49) *BJ.*, No.4359.

50) *BJ.*, No.5335, 5513, 5542, 5548, 5551-2, 5655, 5665, 5711, 6303, 6472, 6537.

51) *Letter.*, No.82.

52) *BJ.*, No.739, 745, 907, ... 6603, 6659, 6837.

53) *BJ.*, No.2693.

54) *BJ.*, No.3739-3781. *CD.*, 186.

55) *BJ.*, No.2974, 4609, 눅14;34, 막9;42-50.

56) *BJ.*, No.6907.

57) *Ibid.*

58) *BJ.*, No.5999.

59) *BJ.*, No.5104.

60) *BJ.*, No.701, 745, 1727.

61) *BJ.*, No.5160.

62) *CI.*, 34-35.

63) *마19:30, 20:16, 막10:31, 눅13:30, 계21:6. *BJ.* No. 23-24, 89, 248-279, 109, 915, 1456-1459, 1475, 1727, 1733, 1740, 2302, 2691, 2693, 2736, 4288, 4289, 4293, 4244, 4347, 4351, 3459, 5007, 5104, 5160, 5999, 6142, 6721, 6907.

64) Michael Heim, *The Metaphysics of Virtual Reality*. 30-31.

65) *BJ.*, No.653, 808, 882, 1769, 1878, 2339, 2345, 2353, 2645, 2772, 3129, 4180, 4220, 4421, 5793-96. 요한네스 클리마쿠스의 철학에서, "도약은 의지의 행동이다."(The leap is an act of will.) 일련의 사색을 파괴하는 결함 있는 수단이다. 체계적인 의심으로는 확실성에 도달할 수 없다. 클리마쿠스의 도약은 단지 혼돈, 환멸, 지루함, 바보 같은 자기-기만이 된다.*CUP.* 105. Louismackey, *Kierkegaard: A kind of Poet.* 142. *"두렵고 떨리는 마음으로 자기의 구원을 이루어 나가십시오."(빌2:12)

66) *BJ.*, No.4961, 4974, 6391.

67) *BJ.*, No.3088.

68) *BJ.,* No.187.

69) *BJ.,* No.4457, 6049, 6079, 6336.

70) *마21:12.

71) *BJ.*, No. 6962. JG. 732-733.

72) *BJ.,* No.6947. Armed Neutrality. 33. 36-37, 39, 43.

73) *Pilate and Jesus*, 44-45.

74) *Ibid.*

75) * "그대는 큰 권위를 가지고 이러한 일들을 가르치고 사람들을 권고하고 또 책망하시오. 그대는 아무 에게도 멸시당하지 않도록 하시오."(디2:15).

76) *BJ.*, No.6141-6790.

77) *BJ.*, No.3157.

78) *Ibid.* SK는 "기독교계의 소크라테스"(Socrates in Christendom)라고 스스로 생각한다. Ronald E. Santoni, *Religious Language and the Problem of Religious Knowledge*. 226. 어린 시절 그의 별명이 "포크"(fork)였다. 무엇인가 찍어서 입으로 넣어야만 직성이 풀리는 캐릭터의 단면을 보여준다. SK의 포크는 '논쟁적'이라는 상징성을 내포하고 있다.

79) 심영보, "죽음의 미학: 죽음은 예술이다." 하이퍼텍스트 논문 참고.
   https://blog.naver.com/jdewpoint/222556025387

80) 두개의 작은 윤리적-종교적 에세이들(Two Minor Ethical-Religious Essays): *BJ.* No. 3429, 6049, 6050, 6079, 6114-5, 6229, 6264, 6358, 6399, 6400, 6407, 6420, 6429, 6447, 6704. 참고.

81) *BJ.*, No.6229, 6238, 6256, 6325, 6334, 6336-7, 6346, 6358, 6387, 6527.

82) *BJ.*. No. 2116, 6346, 6932-6969. * "모세가 그에게 이르되 네가 나를 위하여 시기하느냐 여호와께서 그 신을 그 모든 백성에게 주사 다 선지자 되게 하시기를 원하노라."(민11: 29) 이것이 모세의 '만인선지자설'이다.

Ⅶ

1) *전도서1:9.

2) *BJ.*, No.4293.

3) *BJ.*, No.4244.

4) *BJ.*, No.5619.

5) *BJ.*, No.4265.

6) 산파법 기교(maieutic skill): 소크라테스 산파법: 마음속의 막연한 생각을 문답식으로 유도하여 명확하게 인식시키는 방법이다.

7) *BJ.*, No.4266.

8) *BJ.*, No.4272.

9) *BJ.*, No.4273.

10) *눅24:13-32

11) *BJ.*, No.4274.

12) *BJ.*, No.4288.

13) *BJ.*, No.4287.

14) *BJ.*, No.5619. 19, 73, 88, ... 4243-4304, ... 6903, 6919-20, 6949.

15) *BJ.*, No.18, 42, 45, ... 3323-3331, 6630, 6819, 6839.

16) *BJ.*, No.5590.

17) *BJ.*, No.502.

18) *BJ.*, No.794.

19) *BJ.*, No.262. 가능성에서 실재성으로의 변이는 변화이다. -이것을 텐네만(Tennemann)은 *키네쉬스* (움직임, 변화)로 해석한다. 만약 이것이 맞다면, 이 문장은 대단히 중요하다. 움직임은 정의하기 어렵다. 그것은 가능성(possibility)도 실재성(actuality)에도 속하지 않기 때문이다. 그것은 가능성보다 많고 실재성 보다 적기 때문이다. 지속성(continuation: 존속)과 부패 (decay: 쇠퇴)는 움직임이 아니 다. 3가지 종류의 *키네쉬스*가 존재한다. 양에 관하여: 증가 감소(감소), 질 또는 우연성에 관하여: 질 의 변화, 장소에 관하여: 장소의 변화. 이 모든 것은 논리학에서 움직임들(movements)에 대하여 주 목을 받을 만하다. *BJ.*, No.258-259. "유한/무한, 가능성/필요성은 인간의 역사적 상황에 의하여 조건이 부여되며 그 상황의 한계 내에서 자유롭게 행동할 수 있다. 유한성(finitude)과 필요성(necessity)은 인간의 결정을 나타낸다. 무한성과 가능성은 인간의 행동 능력을 언급한다. 가능성(possibility)과 무한성(infinitude)의 동일함에 대 하여, SK는 "가능성에 의해 교육받은 사람만이 그의 무한성에 따라서 교육을 받는다. 따라서 가능성 은 모든 카테고리 중에서 가장 무겁다."라고 주장한다. *CA.*, 139-140. Mark C. Tayler, *Kierkegaard's Pseudonymous Authorship.* 111.

20) *BJ.*, No.257-264.

21) *BJ.*, No.7, 143-44, 627, ... 5977, 6037, 6794.

22) *Fear and Trembling*, 116.

23) *BJ.*, No.3904.

24) *BJ.*, No.3912.

25) *BJ.*, No.2016, 3498, 3904-3912, 4684, 4868, 4939.

26) *BJ.*, No.4095, PF.65, 67. *JP*, Volumn 4, 736. Paul Ricoeur에 의하면, "상징은 사상의 근원이다."(The symbol gives rise to thought.) 합리적 사색은 상징에 의존한다. 무엇이 상징이 되게 하는가? 상징은 경험과 지식이 연합하여 축적된 이미지로서 상징의 힘은 에너지의 무한한 창고이다. Tom F. Driver, *Patterns of Grace.* 44-45. WWW의 상징적 패러다임은 21세기 "하이퍼텍스트"(hypertext)로서 시공간을 넘나들며, 초월하는 하나님 말씀, "날아다니는 두루마리"(슥5:1)에서 비롯된 것이다.

27) *CD.*, 19.

28) 헤겔은 자연존재론을 시간의 일차성에서 시작한다. 그는 시간을 양적 사건들의 순차로 정의한다. 모두가 서로에게 외부적이며 서로와 구별 불가능한 양적 순간들이 미규정적으로 잡아들여진 단일한 연속적 직선을 형성한다. 시간의 이러한 연속적이고 미분화되고 외부적인 순간들이 함께 전체를 형성 하는데 이것을 헤겔은 "공간"이라고 부른다. 그러므로 시간은 자기 자신으로부터 나와서 자신의 총체성으로서의 공간으로 들어간다. 그러므로 시간의 전체과정은 시간에 관한 순수하게 공간적인 표현 속에서 지양된 것으로서 정립될 수 있다. H. S. Harris, *Hegel's Development, Night Thoughts.* (Jena 1801-1806) (Oxford: Clarendon Press, 1983), 245-246. 최일만 옮김, *존재와 운동.* 앨피, 2021. 637-640. 787. 재인용. "공간의 진리는 시간이다. 그러므로 공간은 시간이 된다. 우리가 주관적으로 시간을 이해하는 것이 아니고 공간 자체가 이행하는 것이다." Hegal, *Philosophy of Nature.* 34. 헤겔은 공간이 접힌다고 대담하게 공헌한다. 순수 시간은 공간의 자기 자신에 대한 바로 이 자기 감응의 조건자체라고 공헌한다. Hegal, *Philosophy of Nature.* 35. 시간이 없다면, 공간의 변증법 속에는 계기/순간이 존재하지 않는다. 헤겔은 시간과 공간의 변증법에서, "우리는 시간과 공간의 이러한 직접적 통일성이 이미 이들 존재의 근거임을 본다. 공간의 부정적인 것이 시간이고, 시간의 실정적인 것, 즉 시간차이들의 존재가 공간이기 때문이다." Hegal, *Philosophy of Nature.* 40. "공간을 통해 실재적 실존을 가지는 시간, 또는 시간에 의해 처음으로 참되게

차이화된 공간, 그래서 우리는 공간과 시간이 운동에 귀속된다는 것을 안다. 가속도, 운동의 양은 경과한 특정시간과 관계속의 공간이다. ... 공간과 시간이 처음으로 현실성을 획득하는 것은 운동 속에서 이다." Hegal, *Philosophy of Nature*. 43. Thomas Nail, *Being and Motion*, Oxford University Press, 2019. 최일만 옮김, *존재와 운동*. 앨피, 2021. 637-640. 787. 재인용. SK의 "공간화된 시간"은 헤겔의 시간과 공간의 변증법을 패러디한 것이며, 도약이론의 "도약"은 "운동", 혹은 "움직임"이라는 어휘의 별칭이라고 본다. 단지 그 목표와 목적지가 다를 뿐이다.

BJ., No.3846, 5657, 5728, ... 6838, 6893, 6901.

29) "완전성"(perfectibility)에 대하여, *The BJ.* No.3203-3213 참조.

30) *BJ.*, No.4769, 542, 559, 616, ... 3790, 4095, 5831.

31) *SLW.*, 308

32) *Repetition.*, 141.

33) *BJ.*, No.3239-42.

34) *BJ.*, No.625, 1516-17, 1898, 3460, 3838, 4562. SK는 사보나로라의 책을 읽지 않았다. 그리고 그의 출판된 책들에서 사보나로라의 직접적인 언급은 보이지 않는다. 그러나 그는 니콜라우스 레나우 (Nicolaus Lenau)의 시, "사보나로라"를 알고 있었다. SK가 자신의 최초의 저널 서문에서 사보나로라를 기록하고 있다. 이 시를 읽고 있는 동안, SK는 많은 서문에서 사보나로라의 설교들을 특별히 언급하고 있다.

35) *BJ.*, No.29, 1565, 4034.

36) *BJ.*, No.29, 179-181, ...4470, 4670, 4877.

37) *BJ.*, No.2465.

38) *BJ.*, No.6255.

39) *BJ.*, No.4950.

40) 루터를 생각해 보라. 그는 멋진 사람이다. 그러나 그를 통해서 혼동이 왔다. 그는 당을 만드는 일을 그만 두지 않았다. 그는 단독자였다. 비상한 존재였다. 그의 과제는 내적 심화를 위한 개인적 충당이었다. 그는 기독교가 이미 존재했기 때문에 세상에 내 놓을만한 새로운 교리를 가지고 있지 않았기 때문이었다. 그러나 개인적 충당이 필요했다. 자신 스스로 순교자가 되기보다는 그는 모임을 만들었다. 아주 짧은 순간에 루터교가 외적으로 형성되었으며 과거의 카톨릭처럼 기계적으로 움직였다. 그러나 앞서 언급한 것처럼, 모임을 만들어 냄으로써 우리는 모든 종류의 순교를 회피했다. *BJ.* No.2046. *BJ.* No.170, 209, 229, ... 2456-2556, 6943, 6947, 6957.

41) *BJ.*, No.2775.

42) *BJ.*, No.2778.

43) *BJ.*, No.2784.

44) *BJ.*, No.78.

45) *CD.*, 140.

46) *BJ.*, No.948, 2848, 3634.

47) *SLW.*, 210.

48) *E/O.*, 27.

49) *BJ.*, No.5429.

50) *SLW.*, 410.

51) *Ibid.*, 409-11.

52) *FT.*, 72.

53) *BJ.*, No.5674.

54) *BJ.*, No.5675.

55) *BJ.*, No.6882.

56) *SUD.*, 258.

57) *FT.*, 72. *BJ.* No.49, 226, 619, ... 3971-3976, ... 6732, 6882, 6903.

58) *BJ.*, No.4787. "선은 약하다. 이 세상에서 매우 강력한 것이 등장할 때, 인간은 하나님과 영원은 없다고 믿으며 실망하는 것이 그 이유이다." 악은 선보다 강하며, 마치 잡초에 비유한다. "잡초는 결코 죽지 않는다."(Weeds never die.) *BJ.*, No.966.

59) *Ibid.*

60) *BJ.*, No.2691.

61) *Ibid.*

64) *BJ.*, No.734.

65) *BJ.*, No.735. "철학은 의심이 아니라, 전혀 다른 기적의 현상에서 시작한다 "라는 가능성이 존재한다. 의심과 기적은 마치 '공포와 불안' 사이에서 SK가 강조하는 차이나, 가브리엘 마르셀(Gabriel Marcel)의 문제와 신비 차이만큼이나 많이 존재한다. 전자는 특별한 대상에 대한 반응이라면, 후자 는 전체적인 경험의 특징이다. Berel Lang, *The Anatomy of Philosophical style.* 152.

66) *BJ.*, No.736.

67) *BJ.*, No.5621.

68) *BJ.*, No.736.

69) *BJ.*, No.2338.

70) *Ibid.*

71) David Lodge, *Modern Criticism and Theory.* 96-97.

72) *BJ.*, No.4868, 5804, 5888, 5939, 6202, 6330.

73) *SLW.*, 416.

74) *BJ.*, No.3109.

75) *BJ.*, No.3110.

76) *BJ.*, No.1347.

77) *BJ.*, No.176.

78) 심영보, *하나님의 실수.* 15-50.

79) *BJ.*, No.3073.

80) *BJ.*, No.7.

81) *BJ.*, No.4762.

82) *BJ.*, No.4754.

83) *눅23:34.

84) *눅23:43, 마27:46.

85) *BJ.*, No.4750.

86) *BJ.*, No.1390, 4040, 4751-4763, 6426, 6762.

87) *BJ.*, No.6687.

88) "목사가 되는 문제에 관하여"라는 고백에서, 목사와 배우(actor)의 관계성을 비교 설명한다. 특히 뮌스터의 사위, 파울리가 장인인 뮌스터가 아파 누워있을 때, 설교를 하고 싶다는 이 야기를 털어 놓을 때, "인생의 가장 세련된 즐거움"을 누리고 싶다는 세속적인 욕망, 위선 적인 목사들을 비판한다. *BJ. No.6807.

89) *BJ.*, No.6685.

90) *BJ.*, No.2694-2697.

91) *BJ.*, No.3828.

92) *BJ.*, No.6794. 앤티-클리마쿠스가 권장하는 것은 하나님 앞에서 정직함과 그리스도인이 될 수 없다는 고백이다. 그리스도인이 되는 조건은 첫째가 인간이 되는 것이다. "하나님 앞에서 정 직함이 첫째요, 마지막이다."(Candor before God is the first and the last.)*CPU*, 219. Louismackey, *Kierkegaard: A kind of Poet.* 232. SK는 스스로 자신이 불한당(scoundrel)이라고 고백한다. 보레 트와의 연애관계도 그렇지만, 레기네의 애정을 우습게보고 희롱했기 때문이다. Kenneth Burke, *A Rhetoric of Motives.* 245-246.

93) *Ibid.*

94) *Ibid.*

95) *Ibid.*

96) *BJ.*, No.4830

97) *CI.*, 138-39.

98) *CUP.*, 292.

99) *Ibid.*, 292-93.

100) *BJ.*, No.188.

101) *BJ.*, No.2233.

102) *BJ.*, No.2234.

103) *BJ.*, No.1600. "양"(quantity): No.759, 1599, 1600, 1986, ... 4806, 4866, 4874. "질"(quality): No.759, 1599, 1600, ..., 4493, 4806, 5594. "질적 차이"(qualitative difference): No.77, 236, 352, ... 4696, 6075, 6076. "양/질"(quantity/quality).

104) *BJ.*, No.2235.

105) *BJ.*, No.2236.

106) *BJ.*, No.2236.

107) *BJ.*, No.2237.

108) *BJ.*, No.2238.

109) *BJ.*, No.2239.

110) *BJ.*, No.3089.

111) *BJ.*, No.2233, 3089.

112) SK가 하나님께 감사하는 3가지 일이 있다. 첫째, 살아있는 사람 중에서, 나에게 생명의 빛을 진 사람이 없다는 것, 둘째, 부주의하게 기독교의 조롱거리가 되는 목사가 되는 것을 막았다는 것, 셋째, 코르사이르(*Corsair*)에 의해서 매도당하는 것을 자발적으로 스스로 드러낸 것이다. *BJ.* No.6935.

113) *CUP.*, 88.

114) *BJ.*, No.2370.

115) "무한한 서사시"에서 세계를 향한 스켈링(Schelling)의 체계와 유사한, 헤겔학파에서, "시스템은 허구이다"(the system is a fiction)라고 SK는 주장한다. *BJ.*, No.1604. 헤겔의 체계는 본질주의 (Essentialism)에 대한 고전적 표현이다. 이것에 반대한 SK는 2가지를 제시한다. 실존적 태도와 실존철학(Philosophy of Existence)을 선언하고 부추긴다. 불안과 절망의 관점에서 인간론을 제시하며, 유한성과 소외의 실존적 상황 속에 있는 인간은 실존적 태도 안에서만 진리에 도달할 수 있다. 실존적 태도와 무한한 관심의 태도 안에서만 지식이 가능하다. "인간은 하나님의 보좌위에 앉을 수 없다." 인간은 유한성(finitude)과 소외(estrangement)를 초월한 객관성을 대신할 수 없다. 인간의 인지적 기능은 실존적으로 전인으로서 조건이 절대적으로 필요하다. Paul Tillich, *The Courage to Be*. 125-126.

116) *BJ.*, No.73, 974, 1637, ... 2369-79, 5794-96.

117) *BJ.*, No.1539-40.

118) *BJ.*, No.1599.

119) *BJ.*, No.1690.

120) *시편84:11.

121) *BJ.*, No.1693.

122) *BJ.*, No.1690.

123) *고후5:17

124) *BJ.*, No.96, 265, 596, ... 5328, 5389, 5672-4.

125) *BJ.*, No.1669.

126) *BJ.*, No.5632.

127) *Ibid.*

128) *BJ.*, No.2789.

129) *BJ.*, No.2785-2791, 3565, 3835, 4355, 4397, 5095, 5212, 5403.

130) *BJ.*, No.1189.

131) *CUP.*, 169.

132) *CI.*, 289.

133) *BJ.*, No.1186-1192. 1455, 2338, 3543, 5099, 5102, 5982.

134) *SKB.*, 209-213.

135) *BJ.*, No.2495, Note: 243. 스켈링과 헤겔철학의 유사성과 차이점은 No.1589, 1604, 1612 참고.

136) *BJ.*, No.6456.

137) *BJ.*, No.5599.

138) 가장 본질적인 이유는 스켈링의 계시철학에 대한 반대일 것이다. 이 문제는 아들러의 계시 사건과 연계되어 있다. *BJ.* No.6310. *SKB.* 209-211. 1114, 1190, 1332, 589, ... 6310, 6456, 6574.

139) *BJ.*, No.5552. SK는 스켈링(Schelling)의 계시철학과 잠재력과 비신화화이론의 "긍정의 철학"(Positive Philosophy)과 "부정의 철학"(Negative Philosophy)에 관한 강의를 요약하면서 헤겔에 관한 자신의 입장과 관련한 내용에 감동한다. Niels Thulstrup, *Kierkegaard's Relation to Hegel*, 267-274. No.5536, 5542-5544. 스켈링은 자신의 역사적인 상황 속에서 경험하고 생각하고 결정하는 개인의 생각들을 "긍정의 철학"이라고 부르며, 긍정의 철학은 19세기 혁명적인 실존주의자들의 대부분의 개념들이다. 그러나 실제적인 실존을 제거하거나 분리시키는 것을 "부정의 철학"이라고 불렀다. 스켈링과 헤겔과 친구 사이였는데 스켈링이 헤겔을 공격하자 SK는 그의 철학에 대한 매력을 느낀 것이다. "반항으로서 실존주의"(Existentialism as Revolt) 관점에서, 스켈링은 SK에게 지대한 영향을 미쳤다. Paul Tllich, *The Courage to Be.* 134.

140) *BJ.*, No.5279.

141) *BJ.*, No.5281.

142) *BJ.*, No.5495.

143) *BJ.*, No.194, 1279, 2206, ... 6472, 6696, 6800.

144) *BJ.*, No.1190.

145) *BJ.*, No.4206. 657, 1400, 2346, ... 5332, 5883, 6460.

146) *BJ.*, No.1563.

147) *BJ.*, No.3849.

148) *BJ.*, No.2822.

149) *BJ.*, No.3542-3550.

150) *BJ.*, No.3852.

151) *BJ.*, No.3843.

152) *BJ.*, No.3853.

153) 1839년 7월 14일, SK는 헤겔에 대한 완벽한 반대를 표명한다. *BJ.* No.1578. 참고. *JP.* Volumn 2, 577. 헤겔 사상에는 "비인간적 논리의 원칙"(the rule of depersonalizing logic)에 대한 공격이 SK의 배경이다. Paul Tllich, *The Courage to Be.* 137.

154) *BJ.*, No.1232.

155) *CUP.*, 450.

156) 시간이 지남에 따라서 헤겔의 신봉자들이 증가하자, 그에 대한 경멸이 증폭된다. SK는 그들의 무리들을 순수하고 단순하다고 생각하지만, 헤겔은 "양에 가죽을 쓴 늑대"(a wolf in sheep's clothing)라고 비판한다. Niels Thulstrup, *Kierkegaard's Relation to Hegel.* 13. *BJ.* No6596. 36-7, 184, 224, ... 1563-1621, ... 6456, 6596, 6602.

157) *BJ.*, No.2224, 2554, 3039, ...5035, 6863, 6919. 비관주의(pessimism): 1448, 2666, 3039, 3881,

4354, 5052, 5035, 6863. 참고.

158) *BJ.*, No.14, 171-178, ... 597, 676, ... 6843, 6911, 6966.

159) *BJ.*, No.3882

160) *BJ.*, No.3881.

161) *BJ.*, No.3877.

162) *Ibid.*

163) *BJ.*, No.3883.

164) *BJ.*, No.3877. 111, 1620-1, 2550, ... 3843-3853, 4917, 4998, 6883.

165) 뮌스터는 부와 명예, 권력을 누리면서 비기독교적 방법으로 기독교를 선포했다고 비판한다. 하나님의 섭리로 뮌스터를 돕지 않은 것은 좋은 거래였다고 고백한다. *BJ.* No.6171.

166) *BJ.*, No.4273.

167) *BJ.*, No.5637.

168) *BJ.*, No.6967.

169) *BJ.*, No.5961. SK는 아버지, 형, 친구들로부터 언제나 말썽을 피우는 "검은 양"(black sheep)이었다. 특히 대학에서 시험 준비를 게을리 하는 동생에 대하여 페드로 형은 1835년 3월, 일기에서 동생을 위해 기도한다. "하나님 이 모든 내적 불안과 동요에서 벗어날 수 있도록 그를 도와주시고 그의 영혼을 구해 주소서." *SKB.* 37-46.

170) "국가교회"(national church)라는 표현은 그룬드비히(Grundtvig)가 부르기를 좋아했던 표현이다.

171) *BJ.*, No.1804.

172) *BJ.*, No.6150.

173) *BJ.*, No.1922.

174) *Ibid.*

175) *BJ.*, No.77, 172, 265, ... 6958, 6961-2, 6967.

176) *BJ.*, No.6888.

177) *BJ.*, No.804, 1044, 1690, ... 5961, 6888, 6889.

178) *BJ.*, No.2329. 마르텐센(Martensen)은 신학에 대한 철학의 관계성에서, 주체성과 객관성 사이에 존재하는 "분리의 벽"(the wall of separation)을 허물어트리고 철학과 조화를 이루어 사색적 교리 (dogmatics)를 위한 방법론을 제시한 것에 대하여 스켈링과 헤겔을 높이 평가한다. Niels Thulstrup, *Kierkegaard's Relation to Hegel.* Princeton University Press, 1980. 136-137.

179) *BJ.*, No.6634.

180) 주체성과 객관성의 비교: *BJ.* No.188, 591, 673, 3170, ...6360, 6614, 6687. 참고.

181) *BJ.*, No.6866.

182) *BJ.*, No.6875.

183) *BJ.*, No.355, 508, 637, ... 6942, 6947, 6961.

184) *BJ.*, No.5335, 5513, 5542, 5548, 5551-2, 5655, 5665, 5711, 6303, 6472, 6587.

185) *BJ.*, No.1108, 2428, 4577, 6281.

186) *BJ.*, No.769. SK는 1836-37년 동안, 괴테(Goethe, 1749-1832)의 다른 작품들을 독서하면서 특히 파우스트(Faust)에 대한 문제에 집중했다. 파우스트라는 인물은 의혹의 상징이다(The Faust figure is the symbol of doubt). 그 의심은 지적인 차원이며 영원한 진리를 인식하는 데 그 초점이 맞추어져 있다. 인간이 성취할 수 없는 윤리적 주장과 대치하고 있을 때, 이 의혹은 절망으로 변한다. 괴테의 작품에서 제시된 인생관에 대하여 인간으로서 괴테는 윤리적 입장이 결여되었다고 SK는 비판한다. 예를 들면, "그는 그 사상을 조금도 파악하지 못했다. 그러나 그가 할 수 있는 모든 것(여자들, 사라의 개념, 기독교 등)을 토로했다." SK는 "실존적 법칙들과 자신의 재능을 적당히 혼합하여 천재가 되었다"고 괴테를 신랄하게 비판한다.

187) *E/O*, I., 63. *JP.*, Volumn I. 526.

188) *눅12;49-52.

189) *BJ.*, No.4355.

190) *BJ.*, No.6727.

191) *BJ.*, No.175.

192) *BJ.*, No.5319.

193) *BJ.*, No.3047.

193)-1 *BJ.*, No.1562.

194) *BJ.*, No.771.

195) *JP.*, Volumn I. 526.

196) *BJ.*, No.795. 돈주앙(Don Juan): 방탕하게 세월을 보낸 스페인의 전설적 귀족, 방탕아, 난봉꾼, 엽색꾼. 파우스트(Faust): 전지전능을 바라며 혼을 악마(Mephistopheles)에게 팔아넘긴 독일 전설상의 인물. 괴테(Goethe)의 대표적 희곡. 만족을 모르는 정신, 권력·지식·부 등을 얻기 위해 영혼을 파는 인물을 상징. 원더링쥬(Wándering Jéw, 방랑하는 유대인): 형장으로 끌려가는 예수를 모욕했기 때문에, 영원히 방랑하는 벌을 받았다는 유랑인이다. *파우스트*의 문학에 관하여 *BJ.* No.5167 참고. No. 197. 독일에는 파우스트가 있고 이태리, 스페인에는 돈 주앙이 있고, 유대인들(?)에게는 방랑하는 유대인이 있고 덴마크와 북독일에는 오일렌슈피켈(Eulenspiegel)이 있다. 오일렌슈피켈: 16세기초기의 통속소설에 나오는 전설상의 인물로 방랑벽이 있고 장난치기를 좋아하는 1300년대의 독일인 소작인. *BJ.* No.5110, 5111, 5112.

197) *BJ.*, No.795, 1179, 1184, ... 5367, 5797, 6523.

198) *BJ.*, No.1178.

199) *BJ.*, No.1179.

200) *BJ.*, No.1183.

201) *BJ.*, No.1184.

202) *BJ.*, No.1185.

203) *BJ.*, No.5160.

204) *BJ.*, No.699.

205) *SLW.*, 410.

206) *AR.*, 54. *BJ.*, No.5968.

207) *BJ.*, No.1561. "의혹이란 단순한 불확실성이 아니다. 그러나 의도적인 판단의 연기 혹은 동의의 계획적인 거부이다."(Doubt is not simple uncertainty, but a deliberate suspension of judgement or a willful refusal of assent.) Louismackey, *Kierkegaard: A kind of Poet.* 146.

208) *BJ.*, No.1562.

209) *Ibid.*

210) *BJ.*, No.1247, 1561-62, ...1578, 2344, ...5900, 6732, 6903.

211) *BJ.*, No.2674.

212) *FT.*, 75.

213) *BJ.*, No.2670.

214) *BJ.*, No.1079.

215) *BJ.*, No.2674.

216) *요2:4.

217) *마16:23.

218) *BJ.*, No.346.

219) *BJ.*, No.1079. *눅2:35.

220) *BJ.*, No.364.

221) Vol., 5, 814. *BJ.*, No.346, 364, 1079, ... 2669-2674, ... 5015, 5039, 6644.

222) *BJ.*, No.2674. 어머니와 아들의 고통을 동일하게 병행하는 감정이입(empathy), 공감능력 (sympathy power)의 의식을 제시하고 있지만, SK는 해아래서, 현실적으로, 어머니를 '외면한' 불효자이다. 어머니 마리아는 "예수의 제자"(Jesus' Disciple)였다. 가나의 혼인잔치(요2:1-12), 공관복음에서 마리아, 십자가 밑에서의 마리아(요19:25-7), 등에서 예수는 어머니와 거리두기 (Distancing)를 통하여 그녀로 하여금 제자로서 어머니의 역할과 사역에 충실하게 하도록 하는 것을 알 수 있다. Ben Witherington III, *Women in the Ministry of Jesus.* 80-100.

223) *SUD.*, 218.

224) *TC.*, 239, 247-48. 칸트는 "비인지적 종교철학"(non-cognitive philosophy)을 제시한다. 그의 종교적 관점은 전통적인 부정적 방법이다. "하나님은 이성의 환희에 의하여 알 수 있다."(God can only be known by an ecstasy of reason.) "감정들은 지식이 아니다."(Feelings are not knowledge.) "이성의 환희"란, 계시, 예언적 영감, 수용적이며 수동적인 신비의 무지 등이다. "이 성의 환희"의하여, 하나님에 대한 신비적 지식의 가능성을 거부하는 것이다. 이러한 전통이 비트게슈타인(Wittgenstein)과 SK에게 까지 전수된다. 예를 들면, 클레이스트(Kleist)가 제기하는 악의 문제로서, 칠레의 지진에 의한 악의 사실과 비극에 직면하는 것은 신앙의 영적 시련은 부정적 방법으로 걸어가는 그 자체이다. "순수한 부정적 방법은 십자가의 길이다."(The true negative way is the Way of the Cross.) D.M. Mackinnon, *The Philosophical Frontiers of Christian Theology.* 60-66.

225) *BJ.*, No.2228-30.

226) *BJ.*, No.2228.

227) *BJ.*, No.2232.

228) *BJ.*, No.2228-32.

229) *BJ.*, No.695. 1888. *요13:27. 동시성은 그리스도의 진정한 제자가 되는 것이다. 진정한 동시성은 그리스도의 은혜이다. SK는 *SUD*에서, "가룟 유다는 사실상, 예수의 제2인자이다." 라고 주장한다.

230) *BJ.*, No.286.

231) *BJ.*, No.2231.

232) *BJ.*, No.2094.

233) *마16:23.

234) *BJ.*, No.3238.

235) *BJ.*, No.3238.

236) *TC.*, 79, 120, *WL.*, 115.

237) *BJ.*, No.3236.

238) 베드로가 부정하고 한 소녀를 두려워했다는 것은 크라이소스톰(Chrysostom)의 언급이다. "폭풍 때문에 집이 무너지는 것이 아니라, 모래위에 짓기 때문에 무너진다." *BJ.*, No.576-577.

239) *BJ.*, No.3234.

240) *WL.*, 154.

241) *BJ.*, No.237, 319, 346, ... 3230-3238, ... 6631, 6772, 6933.

242) *눅19:4

243) *눅19:2-10

244) *BJ.*, No.5050.

245) "인생의 최대 불편함 중의 하나는 양심이다."(Conscience is one of life's greatest inconvenience.) SK의 이같은 담론은 "단독자"라는 주제어에서 밝히고 있지만, 삭게오는 세무공무원으로서 조직 혹은 시스템의 일원으로서 활동하고 있었다. 집단의 일부가 된다는 것은 양심과 결별을 의미한다. *BJ.*, No.2040. *BJ.*, No.5228.

246) *행 6:8-15과 7:54-70.

247) *행7:60. 호렙산의 모세, 성전에서 이사야, 하나님의 영광을 대면한 에스겔 등은 지독한 공포를 경험한다. "인간은 반드시 죽어야 하나님을 볼 수 있다."(Man cannot see God without dying.) Paul Ricoeur, *The Symbolism of Evil.* Beacon Press: Boston, 1967. 63. 그러나 잠을 자는 스데반 집사의 얼굴이 "천사의 얼굴"이 되는 것은 고통 속에서나 가능한 일이다. 하나님의 분노와 그리스도인의 죽음은 악의 현장과 천사가 공존하는 역설적인 상황이다.

248) *마8:24.

249) *BJ.*, No.4506. 심영보, "수면신학", https://blog.naver.com/jdewpoint/222151042904

250) *BJ.*, No.4507. 그렇다면, 이 때, 성령은 어디에 가 계신 것일까? 위기의 순간에 성령과 주의 천사들이 베드로와 바울을 구해주셨던 것처럼, 스데반은 왜 외면을 당한 것일까? 사도들처럼, 신급이 낮은 집사였기 때문일까? 야고보도 순교를 당했다. 그 때, 성령은 어디에 있었던 것일까? 스데반 집사의 설교는 성령이 충만한 가운데 선포되고 있었다. 성령이 충만하면, 생명이 위태롭다는 것을 반증해 주는 것인가? 누가의 사도행전 기록에서, 성령과 스데반 집사의 죽음과는 어떤 관계를 설명하기 위하여 이렇게 기록하고 있는 것인가? 성령의 역할은 자신을 따르는 기독인들에게 순교를 강요하고 있는가 아니면, 방치하고 있는

것인가? 하나님, 예수님, 성령과 친해지면 친해질수록, 삼위일체와의 "코이노니아"는 목숨
이 위태롭다.

251) *행7:55-56.

252) *BJ.*, No.4508.

253) *BJ.*, No.3088.

254) *롬11:33

255) *BJ.*, No.2635, 4368, 4585, 4644, 4654, 5913, 6002, 6011, 6021, 6025, 6183, 6224, 6396,
6468, 6492, 6532, 6659, 6769, 6837, 6906.

256) *롬1:1

257) *BJ.*, No.3190.

258) *롬1:1

259) *BJ.*, No.6021.

260) *CDR.*, 30.

261) *BJ.*, No.3193.

262) *롬14:23

263) *BJ.*, No.113, 1732, 1734, ... 4286, 4297-8.

264) *BJ.* No.3194.

265) *고전 9:18.

266) *BJ.*, No.3197.

267) *AC.*, 282. *BJ.* No.438, 575, 601, ... 3189-3201, ... 6029, 6323, 6553.

268) *JP.*, Volumn 3, 913.

269) *BJ.*, No.3727.

270) *ANOL.*, 51. *JP.* Volumn 3. 913-4.

271) *BJ.*, No.2904, 3154-5, 3334, ... 4232, 4238, 6053.

272) *BJ.*, No.6851.

273) *SKB.*, 662-663.

274) *BJ.*, No.384, 1014, 1516-7, ... 6778, 6847, 6854. *SKB.* 25-26, 123, 670, 705, 728.

275) *BJ.*, No.258-259.

276) *CA.*, 139-140. Mark C. Tayler, *Kierkegaard's Pseudonymous Authorship*. 111.

277) *BJ.*, No.199.

278) *BJ.*, No.5977.

279) *BJ.*, No.3300. 3306: Note 935.

280) *BJ.*, No.5987.

281) *BJ.*, No.2353.

282) *BJ.*, No.2352.

283) *BJ.,* No.2341.

284) *BJ.,* No.260, 622, 630, ... 5787, 5977-8.

285) *BJ.,* No.6164. SK의 아버지는 "네가 돈을 가지고 있는 한, 그 어떤 것에도 도달할 수 없다."고 예언적으로 말씀하신다. "그는 내가 거친 인생을 살아갈 것이라고 생각했다. 그러나 정확히 그것은 아니다. 그러나 나의 총명함, 나의 우울증, 그리고 돈을 가지고 있는 것이 내 마음 속에서 자아를 괴롭히는 모든 종류의 고통들이 새롭게 발생하는 것에 대한 상서로운 분위기를 만들어 낸다."*BJ.* No.6131.

286) *BJ.,* No.6165.

287) *BJ.,* No.1615.

VIII

1) *BJ.,* No.6248.

2) *BJ.,* No.6700. 세계에 대하여, 데리다는, "세계는 언제나 영적인 세계이다." 영은 무엇인가? "영은 불이요, 불꽃이요, 불타오르는 것이요, 큰 화염이다." 영은 영혼을 준다. 죽음의 순간에 영혼을 포기하지 않는다. 하이데거는 "모든 세계는 영적이며, 동물계에는 영이 존재하지 않는다"라고 주장한다. 헤겔은 영의 본질을 무한한 고통을 지지하기 위한 "자유"와 "수용능력"으로 정의한다. Jacques Derrida, *Of Spirit: Heidegger and The Question.* 1989. 47. 83-84. 118.

3) 직접소통과 간접소통에 대하여, John W. Elrod, *Kierkegaard and Christendom.* Princeton University Press. 1981. 271-303. 참고.

4) *BJ.,* No.1957. "계시는 하나님의 사역이다."(Revelation is God's work) 하나님의 최우선적인 계시는 사랑으로서 자기 자신의 자아이다. 기독교 계시론의 기본적인 전제는 "하나님은 세상을 사랑 하신다"에서 출발하여 "하나님은 사랑이시다"라는 의미는 하나님은 자기 자신을 드러내시기를 원하신다. SK가 *PF*에서 왕이 신분이 천한 하녀를 유혹하여 꾀어내 사랑한다는 비유에서, 드러내는 것처럼, 그 자체를 드러내지 않는 사랑은 사랑의 죽음이다. 하나님의 사랑은 인격적이다. Nels F.S. Ferre, *The Christian Understanding of God.* 155.

5) *JP.,* Volumn 1, xxvi.

6) *BJ.,* No.284, 305, 333, 357, 421, 601, 2898, 3860, 4183.

7) *BJ.,* No.595. 융에 의하면, "소명"(vocation)이란 군중으로부터, 진부한 인생의 여정으로부터 자기 자신을 해방시키는 인간의 운명을 결정하는 비합리적 요소이다. "진정한 개성은 항상 하나의 소명이다."(True personality is always a vocation). C. G. Jung, *Psychological Reflections.* 318. 소명이 있는 사람은 인간의 내면의 목소리를 듣는다. 융의 소명에 대한 정의는 SK의 단독자와 자아, 광기의 개념에서 비롯된다.

8) *BJ.,* No.255.

9) *Ibid.*

10) *BJ.,* No.2093.

11) *BJ.,* No. 2546.

12) *고후12:7-10.

13) *BJ.* No.5276.

14) *갈4:4

15) *BJ.*, No. 2093.

16) *BJ.*, No. 2266.

17) *BJ.*, No.2823.

18) *BJ.*, No.4057, 5025, 5027, 5037.

19) *BJ.* No.3915. *고후5:11. *POV.* 30. 단독자는 자기중심주의자(egotist)로 보인다. 누가복음 14:26 절 에서, 예수는 부모, 형제, 자매들에 대한 증오와 자신의 생명까지도 버려야 한다. 자기중심 주의자는 이 같은 포기에서 가장 먼 거리에 있다. SK는 "단독자로 존재하는 것이 모든 것 중 에서 가장 끔찍한 일이다"라고 주장한다. Walter Lowrie, *Fear and Tremble*. 1954. 82. 85. 단 독자의 상황은 영광스런 입장이 아니라 가공할만한 고통의 자리이다.

20) *BJ.*, No.6079. 1847. 12.1 "아들러에 관한 책"(*The Book on Adler*)과 아들러와 SK의 관계 는 JG, *SKB.*, 444-457. 참고.

21) SK의 미 출판된, *권위와 계시에 관하여*(*On Authority and Revelation*)에서, 멋진 토론은 Joe Jones의 "*Some Remarks On Authority and Revelation*" 참고. *The Journal of Religion*, LVII(1977, 232-51)

22) John W. Elrod, *Kierkegaard and Christendom*. 80-81.

23) *AR.*, 58-59, 63-64, 66, 155, 157.

24) John W. Elrod, *Ibid.*, 225.

25) *BJ.*, No.5099

26) *BJ.*, No.5324. *JG*, SKB. 56.

27) *창13:18, 14:13

28) *보겐 옴 아들러*(*Bogen om Adler*)에 관한 책은 SK의 작품으로 1847년 저작으로 1872년에 사후 출판되었다. 영어로 번역된 책의 제목은 *권위와 계시에 관하여*(*On Authority and Revelation*)라 고 되어 있다. 이 작품은 부분적으로 계시를 받았다고 주장하는 아들러(1812-1869) 목사에 관한 것이다. 1843년의 저서, *Nogle Pradikener*의 서문에서 직접 계시를 주장한다. *BJ.*, No.234, 5679, 6079. 몇 가지 의심스러운 행위 후, 아들러는 나중에 그의 목사직에서 해고되었다. 아들 러는 나중에 그것 이 계시가 아니라 천재의 작품이라고 주장한다. 권위의 개념과 아들러의 상황과 어떻게 관련되어 있는지에 초점을 맞추고 있다. SK는 정당한 고려 없이 받은 계시 의 주장에 반대했다. 요하네스 홀렌버 그는 이 작품에 대해 "우리가 질적인 방언이 매우 명확한 질문을 설정 할 때 무슨 말을 해야 하는 지의 아이디어를 얻으려면, 우리는 아들러 에 대한 책을 공부해야한다". *Journal of Religion*, 1977년. 홍, 하워드 V. 에드나 에이치 에 센셜 키어케가르드. 프린스턴 대학 출판부, 2000.

29) *BJ.*, No.4935.

30) *BJ.*, No.2040. 183, 503, 534, 1264, ... 6686, 6728, 6842.

31) 에피퍼니는 일반적으로 갑작스럽고 눈에 띄는 깨달음의 경험이지만, 제임스 조이스의 *율리 시스* (*Ulysses*)에 의하면, "신비스런 순간"(mysterious instant)을 의미하며, 어떤 물체, 장면, 사건 또는 기억가능한 마음의 단계이든 갑작스런 영적 표현으로 정의한다. Martin Coyle, Peter Garside, Malcolm Kelsall, John Peck, *Encyclopedia of Literature and Criticism*. Routledge, 1991. 622.

32) 지루한 장마가 잠시 소강상태를 틈타서 덕유산 향적봉에 등산을 하던 중, 구름 사이로 잠시

얼굴을 내민 태양의 모습을 순간 "찰칵" 촬영을 해 보았다. 순간, "하나님은 태양이시다. 우리의 방패이시다. 태양 주위에 천사들이 손에 손잡고 강강술래를 하며 찬양한다. "아~~~", 이 한마디 밖에 나오지 않는다. * "하나님은 태양이시며 방패이시다."(The Lord God is a Sun and Shield.)(시84:11)

33) *BJ.,* No. 6353. 기독교는 시에 비교하면, 산문이다. 욕망하고 매혹시키고 마취시킨다. 인생의 현실을 동양의 꿈처럼, 변형시키는 산문이다. 그리고 영원의 시이다. 시인은 영원의 어린이다. 그러나 어린 이는 진지한 영원이 아직 결여되어 있다. *SKB.,* 546-47.

IX

1) *BJ.,* No.2654.

2) *BJ.,* No.3064.

3) *BJ.,* No.4665. *FT*에서, 다음과 같은 희생양의 유추관계를 제시한다. [아가멤논 : 이피게네이아 = 아브 라함 : 이삭]. 아가멤논을 위해서 눈물을 흘릴 사람은 있어도, 침묵과 공포의 존재, 아브라함에 대하여 울어 줄 사람은 없을 것이다. 아브라함의 욕망이 하나님의 욕망이라면, 그 어떤 비교도 차고 넘친다. 왜냐하면, 아가멤논의 욕망이 아르테미스의 욕망이 아니라는 것이 분명해지기 때문이다. 아가멤논 의 욕망은 트로이 약탈의 욕망이다. SK는 이러한 유추를 자신과 레기네의 관계를 이러한 유추관계로 대체시킨다. [아브라함 : 이삭 = 키에르케고르 : 레기네]. 희생의 목적은 도덕성의 초월을 의도하고 있다. Andre Green, *The Tragic Effect.* 180-81.

4) *BJ.,* No.111.

5) *BJ.,* No.250.

6) *BJ.,* No.1266.

7) *BJ.,* No.3152.

8) *BJ.,* No.2546.

9) *BJ.,* No.2046.

10) *BJ.* No.2652, 4277. 루소는 "글쓰기는 단지 화법의 표현이다. 대상보다도 이미지를 결정하는데 더 많은 신경을 쓰는 것은 참으로 이상한 일이다."라고 비판한다. Jacques Derrida, *Of Grammatology.* Translated by Gayatri Chakravorty Spivak. 27. SK의 작품들도 예외가 아니다.

11) *마9:42-50

12) *BJ.,* No. 4906.

13) *마27:46, 막15:34.

14) *BJ.,* No. 4980.

15) *BJ.,* No. 5917. 6348. 6391.

16) *BJ.,* No.2660.

17) *BJ.,* No. 1300. 2653.

18) *BJ.,* No.187.

19) *BJ.,* No. 6407.

20) *BJ.,* No. 2546.

21) *BJ.*, No. 2651.

22) *BJ.*, No.2662.

23) 모세(Moses)가 태어날 때, 바로(Pharoh)의 유대인 말살정책으로 수많은 유아들이 홍해바다에서 수장되어 익사체들로 떠올랐다. 예수가 태어날 때, 헤롯(Herod)의 유아살해정책으로 아이들이 비극적으로 살해되었다. 만약 세상에 영웅이 태어날 때, 누군가를 대신하여 원치 않은 희생양(scapegoat) 이 되었을 때, 이 아이들은 순교자라고 볼 수 있는가?

24) *BJ.*, No.6244, 4457. 6391.

25) *SBK.* 416.

26) *SBK.* 416. *BJ.* No.6244. 6348.

27) *SBK.* 785.

28) *BJ.*, No.6407.

29) 폴 틸리히(Paul Tillich)의 "새로운 존재"는 사랑으로서 새로운 존재(The New Being as Love), 자유로서 새로운 존재(The New Being as Freedom), 성취로서 새로운 존재(The New Being as Fulfillment)를 의미한다. *The New Being*. New York Charles Scribner's Sons. 1955. 3-175. SK는 전통적인 순교의 개념을 탈피하여 새로운 순교와 순교자의 개념을 제시한다.

30) *BJ.*, No.2661, 2668.

X

1) *BJ.*, No.67-69, 73-81, 84, ... 4323-63, ... 6881-2, 6969. "주님은 영이십니다. 주님의 영이 계시는 곳에 자유함이 있습니다."(고후3:17) SK는 "유대교와 기독교"를 비교하면서 다음과 같이 주장 한다: 유대교에서 하나님은 기독교에서 만큼 어렵지 않다. 그 분은 영으로 분류되지 않는다. ..... 기독교에서, 하나님은 영이다. 그리고 그러므로 사랑으로부터 라고 말하는 것은 매우 어렵다. 왜냐하면, 하나님은 사람으로부터 영을 원하기 때문이다. 파스칼에 의하면, 그가 계시된 하나님보다도 더 이해할 수 없을 정도로 과거에 계시된 하나님보다도 계시 속에서 하나님에 관하여 더 모호하시다라는 유사한 역설이 여기에 존재한다. 여기서 동일한 방법으로, 사랑의 하나님은 율법의 하나님보다도 더 어렵다. *BJ.*, No.3098.

2) *요19:5.

3) *BJ.*, No.273, 412, 627, ... 3273, 3279, ... 5299, 5514, 6475.

4) *BJ.*, No. clergy: 224, 326, 470, ... 6254, 6300, 6860. pastor: 226, 375, 381, ... 6257, 6521, 6709. 대부분의 목사들이 종말론을 가지고 순진한 성도들을 유혹하고 협박한다. 마치 "개를 유혹하기 위하여 차에 매달아 놓은 소시지"처럼, 종말의 기다림을 정의한다. "이 굶주린 불쌍한 개는 진미를 낚아 챌 수 있다고 생각한다. 개의 주둥이가 소시지에 닿으려는 순간마다, 운전기사는 가속페달을 밟는다. 개가 뒤처질 때마다 속도를 늦춘다. 이것이 바로 종말론적 희망의 시간 연장을 위한 약속과 성 취의 모습이다." 심영보, *사이버신학: 시간의 본질이란 무엇인가?* 228.

5) *BJ.*, No.36, 972, 1232, 1587, ... 6449, 6596, 6748. SK는 헤겔의 철학 시스템에 대한 반기를 들었을 뿐만 아니라, 기독교계의 시스템에 대한 저항을 불러일으킨다. 순간(*The Moment*)에서, SK는 1000명의 국가교회 목사들이 전체 사회를 "옴"(scabies)으로 오염시킨 위증자들로 비판한다. 1853년, 콜레라(cholera) 점염병으로 시대를 정신질환자의 치료를 위한 재앙의 대조적 요소로 활용한다. "덴마크 국민들의 교회는 거대병원이다."(Danish People's Church is a gigantic hospital.)라는 메타포를 사용한다. 1849년, "국가교회"(State Church)라는 새로운 명칭

으로 바뀐다. 모든 사람들이 이 곳에서 파리처럼 죽어간다. *SKB.*, 757-78.

6) *BJ.*, No.3099.

7) *BJ.*, No.3099.

8) *BJ.*, No.5335.

9) *BJ.*, No.5454.

10) *BJ.*, No.1945.

11) *BJ.*, No.5455.

12) *BJ.*, No.5289

13) *BJ.*, No.5471.

14) *BJ.*, No.6154. 이 표현은 SK의 인생모토 중의 하나이며 환경에 굴복하지 않는 인내의 표상이다.

15) *BJ.*, No. 591. "코람데오"의 카테고리는 "언약"(Covenant)이다. 하나님과 인간의 성약, 그 언약을 선포하는 설교는 인간의 죄를 드러내 고발하는 것이다. 코람데오는 헤겔의 분석처럼, "완전한 타자"(Wholly Other) 앞에 서는 것을 의미하지 않는다. 물론 "하나님은 완전한 타자이다."(God is the Wholly Other.) Jacques Ellul, *Hope in Time of Abandonment.* 217. 신 앞에서 인간의 불 행한 의식이 아니라 언약이다. Paul Ricoeur, *The Symbolism of Evil.* 50. 코람데오는 인간의 죄성을 불편하게 자극하여 두려움과 떨림으로 구원을 이루라는 거룩한 약속을 상기시키는 것이다. 설교는 '참을 수 없는 존재의 가벼움'의 코메디가 아니다.

16) *BJ.*, No.6957.

17) *BJ.*, No.626.

18) *BJ.*, No.656.

19) *BJ.*, No.1056.

20) *BJ.*, No.644.

21) *BJ.*, No.644.

22) *BJ.*, No.638, 641, 643, 5686, 5729, 5735, 5741.

23) *BJ.*, No.6096, 6344, 6347, 6367, 6387, 6436, 6450, 6461

24) *BJ.*, No.6092. SK의 "사랑의 수고"라는 제목의 책명의 희망은 익명의 저서, *WL*과 혼동해서는 안 될 것이다.

25) *BJ.*, No.3915. 855, 2891-2, ... 3913-3958, 4802, ... 6769, 6790, 6965.

26) *BJ.*, No.3366.

27) *창2:10-14

28) 심영보, *나는 이슬이다.* 20.

29) *빌3:20.

30) *잠25:14, 유1;14.

31) *창4:5-16.

32) *민22:21-35.

33) *민16:1-35.

34) *출16:1-36.

35) *『집회서』 43:19-22.

36) *BJ.*, No.1849. No. 6969. *SKB.*, 781-82. *"죄인들의 이러한 반항을 참아내신 분을 생각하십시오. 그러면 여러분은 피곤하여 낙심하는 일이 없을 것입니다."(히12:3)

37) *SKB.*, 752-753.

38) *BJ.*, No.1791, 4307, 5312, 5997, 6209, 6211, 6619, 6620, 6621.

39) *SKB.*, 781-783.

40) *Ibid.*, 792-793.

XI

1) *BJ.*, No.5007, 5237, 5842, 6472, 6500. *SKB.* 755-781.

2) *시102:7.

3) *BJ.*, No.5750, 5804, 5823, 6323, 6357.

4) *BJ.*, No.5699, 5705, 5755, 5804, 5823, 5853, 5860, 6413.

5) SK의 의사소통(communication) 방식에는 직접 소통과 간접 소통이 있으며, 미학적, 윤리적, 종교적 방식으로 구성되어 있다. *BJ.*, No.648-681. 이것은 의사소통예술의 다양성을 나타내준다. 그는 변증법적 의사소통에 관한 12개 시리즈 강좌를 기획하고 있었으며, 결코 이루어지지 못했다. 그러나 에로스적 사랑, 우정, 사랑에 관한 강의들이 1847. 9. 29일 *WL*을 출판해 냄으로써 성취된다. *BJ.* No.5784. 5786, 5996.

6) *Viewpoint*, 36. *POV*의 핵심은 자신의 전 작품은 "어떻게 그리스도인이 되는가"(how to become a christian)에 대한 문제를 달고 있다고 주장한다. SK의 내적 자신의 진실은 하나님의 섭리 안에서 투명하게 자기 자아의 원칙을 세우는 그 같은 신앙에 대한 추구와 투쟁이다. Edith Kern, *Existential Thought and Fictional Technique*. 21.

7) *JG.*, 225.

8) *BJ.*, No.3846, 5646, 5826, 5991, 6006, 6574.

9) *BJ.*, No.6380. 작가의 사명은 예수 그리스도가 살과 피로써 우리를 먹인 것처럼, 자신의 개성을 주는 것이다. No.5318. 그러나 SK는 더 이상 작가가 되어서는 안된다고 확신한다. 그래서 그는 골목사가 되겠다고 다짐한다. 6843.

10) 메타픽션은 소설과 실재 사이의 관계성에 관하여 문제들을 제기하기 위하여, 가공물로서 그 자격에 "자의식적으로"(self-consciously), 체계적으로 주의를 끄는 글쓰기 방법이다. Patricia Waugh, *Metafiction*. Methuen. 2. 자아반영성과 장르 형식의 다양성을 추구한다. SK는 포스트모던 작가로 서, 메타픽션 방식으로 글을 쓴 최고의 작가이며 철학자이다.

11) *BJ.*, No.5614, 5645. Note. 958. 5826.

12) *BJ.*, No.6519.

13) *BJ.*, No.3846, 5657, 5728, ... 6838, 6901.

14) *BJ.*, No.6893. 예를 들면, 유혹자 유한네스(Johannes the Seducer)는 아이러니스트로서, 독자

들에게 절망감을 각성시킨다. 요한네스 클리마쿠스(Johannes Climacus)는 유머리스트로서, 죄의식을 각성시킨다. 콘스탄틴 콘스탄티누스(Constantin Constantinus)는 심리학자로서, 불가능한 반복의 절망하는 것을 인정하며, 반복의 불가능성을 각성시킨다. 요한네스 드시렌시오(Johannes De Silentio)는 무한한 체념의 기사로서, 하나님 앞에 서 있을 때, 인간이 경험하는 공포와 전율을 인정 하라는 것을 깨닫게 한다. 각 익명자들은 저자의 관점에서 상응하는 주체성의 양식에 따라서 각성되는 것을 알 수 있다. 27명의 익명자들은 SK텍스트 속에서 "아바타"들이라고 할 수 있다.

1. Victor Eremita, editor of *Either/Or*. 2. A, writer of many articles in *Either/Or*. 3. Judge William, author of rebuttals to A in *Either/Or*. 4. Johannes de Silentio, author of *Fear and Trembling*. 5. Constantine Constantius, author of the first half of *Repetition*. 6. Young Man, author of the second half of *Repetition*. 7. Vigilius Haufniensis, author of *The Concept of Anxiety*. 8. Nicolaus Notabene, author of *Prefaces*. 9. Hilarius Bookbinder, editor of *Stages on Life's Way*. 10. Johannes Climacus, author of *Philosophical Fragments* and *Concluding Unscientific Postscript*. 11. Inter et Inter, author of *The Crisis and a Crisis in the Life of an Actress*. 12. H.H., author of *Two Minor Ethical-Religious Essays*. 13. Anti-Climacus, author of *The Sickness Unto Death* and *Practice in Christianity*. 14. Johannes the Seducer. 15. Quidam. 16. Phister as Scipio. 17. Procul. 18. Rosenblad. 19. Rosenpind. 20. Simon Stylita. 21. Victorin Victorius Victor. 22. Esaias Strandsand. 23. Frater Taciturnus. 24. Felix de St. Vincent. 25. . F. F. 26. P. P. 27. M. M.

15) *BJ.*, No.6567.

16) *BJ.*, No. FF: 6202, 6387, HH: 187, 1921, 2653, ... 6557, 6562, 6704. PP: 6387. "열사람의 이름이 함께 모이면, 익명성의 효과가 난다." 이 같은 SK의 담론은 주체성의 상실로 익명성의 부정적인 효과를 의미한다. *BJ.*, No.2051.

17) *BJ.*, No.6336.

18) *BJ.*, No.187.

19) *BJ.*, No.6557.

20) *BJ.*, No.6447.

21) *SKB.*, 626-632.

22) *BJ.*, No.5787. 260, 622, 630, 953, ... 5572, 5977, 5978. 비존재, 비실재도 카테고리 영역이다. 비존재는 영원한 창조적 하나님의 능력으로서 무한히 실재적이다. 비존재는 일정치 않은 변덕 과 무작위적 임의성에 영향을 미치는 본질적으로 무이다. 비존재는 창조적 선택과 자유를 위한 능력 이다. "비존재는 제한이 아니라 기회이다."(Nonbeing is not a limitation, but an opportunity.) 비존재의 심연이 존재한다.(There is an abyss of nonbeing.) Nels F.S. Ferre, *The Christian Understanding of God*. 111. SK의 "자유"에 대한 사색에 의하면, 가능성과 비존재 사이에 연결고리가 존재한다. 이 같은 그의 깊은 통찰은 사이버신학자로서 가상현실과 사이버 세계의 온-오프라인의 비전을 내다 본 것이다. 비가시적인 비존재, 비실재는 창조적 선택을 위한 조건으로서 가 능성을 위하여 존재한다.

23) *BJ.*, No.526.

24) *POV.*, 30.

25) *BJ.*, No.2729.

26) *BJ.*, No.4121.

27) Ralph Harper, *The Seventh Solitude*. 88.

28) *Ibid.*, 89.

29) *BJ.*, No. 6407.

30) *BJ.*, No.2840-2845.

31) *BJ.*, No.4581.

32) *BJ.*, No.5099. 자연의 침묵과 하나님의 침묵은 다르다. 전자는 명상과 자아의 안정을 위해 필요하지만, 후자, 말씀의 하나님이 중립적인 침묵을 지킬 때, 그 자리에 어둠과 죽음의 모든 악마들에게 양보한다. 하나님의 거부는 공격적인 거부의 최고의 싸인이다. Jacques Ellul, *Hope in Time of Abandonment.* 125. 그렇게 인생을 마감했던 사울 왕(King Saul)의 운명적 비극이 21세기의 교회와 그리스도인들에게도 적용된다. 지금 SK는 자아의 명상으로 자연의 침묵을 요구한다.

33) *BJ.*, No.5746.

34) *BJ.*, No.5100.

35) *BJ.*, No.6445.

36) *BJ.*, No.3366.

37) *BJ.*, No. 4567.

38) *출13:21.

39) *출3:8.

40) *창1-9.

41) 심영보, *사이버신학과 디지털교회.* 179-181.

42) *슼5:1-2

43) *마24:30, 26:64, 막13:26, 14:62, 눅21:27

44) 심영보, *사이버신학과 사이버은총,* 115-116.

45) *Ibid.,* *사이버신학 시간의 본질이란 무엇인가?,* 255-258

46) *BJ.,* No.5100.

47) *Ibid.*

48) "불행히도 내 인생은 너무나도 가정법이다. 하나님께서 나에게 직설법의 힘을 주시기를 기원한다." *SKB.* 117.

49) *BJ.,* No.5100.

49)-1 *SKB,* 57-59. *BJ.* No.5099. *마10:29, 요6:15/12:37, 창19:26. SK가 이곳에서 은화식물 (cryptogam), 아르키메데스의 점(Archimedean Point), 동정녀, 그리스도의 겸손 파르네서스 산 (Mount Parnassus)을 생각한다.

50) 도플갱어(doppelgänger)는 "이중 보행자", 또는 생물학적으로 관련이 없는 외모, 즉 살아있는 사람의 이중성, 분신을 의미한다. 소설과 신화에서 도플갱어는 종종 유령이나 초자연적인 현상으로 묘사 되며 일반적으로 불운의 선구자로 간주된다. 종종 다른 사람을 물리적으로 닮은 사람을 묘사하기 위해 더 일반적이고 중립적인 의미에서, 속어로 사용된다.

51) Paul Zweig, *The Heresy of Self-Love.* 188-193.

52) *BJ.,* No.5100.

53) *BJ.*, No. 637-6957. 저자로서 개인적 실존의 이해가 필요하지만, 그것은 경험적 의미에서

"내"가 아니라. "단독자"이다. 이 단독자 바로 저자이다.*BJ*. No. 6360. SK의 글쓰기는 분명히 비밀을 탄생시킨다. 그러나 독자들은 그의 글쓰기가 비밀과 거짓을 숨기려고 애쓰고 있는지 아니면, 자신의 비밀을 드러내고 싶다할지라도 그 비밀의 낌새를 주려고 하는지 둘 중의 하나라는 점을 명심해야 한다. 54. *BJ.*, No.5100.

54)

55) *왕하6:5-6.

56) *마14:22-33.

57) "소마"는 그리스어 'ο ῶμα'에서 유래된 '몸'을 의미한다.

58) *마17:1-8.

59) *요11:38-44.

60) *고후12:1-10.

61) *창32:23-33.

62) *욥26:7

63) *마14:25

64) 심영보, *사이버신학과 사이버은총*. 15-24.

65) *욥20:8, 사29:7, 행9:10, 고후12:1,

66) 가상현실의 상상력은 로마의 국가 서사시, *아이네이스(Aineis)*의 저자, 베르길리우스(Publius Vergilius Maro)에서 찾아 볼 수 있다.

67) *전9:11.

68) *BJ.*, No.741, 1010, 1117, 1242, 1308, 1347, 1450, 1587, 2083, 2139, 3062, 3662, 4097.

69) *마16:3.

70) *BJ.*, No.447.

71) *BJ.*, No.2211, 2734, 3276.

72) *BJ.*, No.5222. 6, 204, 243-4, 274, 305, 324, 378, 387, 410, ... 832, ... 1006, ... 2068, ... 2206-2227, 3028, ... 4460, ... 5047, ... 6033, 6273, 6321.

73) *출3:14.

74) *BJ.*, No.2736.

75) *출3:14.

76) *BJ.*, No. 2734.

77) *BJ.*, No.5222. 124, 412, 413, 447, 1709, 2207, 2734-2738, 5071, 5212, 5410, 6353.

78) *BJ.*, No.244.

79) *BJ.*, No.4061. 83, 164, 242-244, 252, 273, 419, 431, 614, 825, 1463, 1698, 1698, ... 4504, 4814, 5181. 참고.

79)-1 SK와 칼 로젠크란츠의 관계성에 대하여, Niels Thulstrup의 *Kierkegaard's Relation to Hegel*, Princeton University Press(1980), 108-9, 157, 202-3, 285-295, 316, 337, 351, 377을 참고.

80) *BJ.*, No.48, 141, 413, 417, 428-30, 452, 534, 584, 714, ... 3058-3063. ... 6150. 참고.

81) 범신론과 유신론의 차이를 SK는 유기체적 관점, 하나님의 편재성(omnipresence)의 관점, 단독자의 관점에서 구별하여 언급한다. *BJ.* No.1983. 하나님의 편재성에 관하여, *BJ.* No.1429, 1443, 1983, 4741, 4951, 4955, 참고.

82) *BJ.*, No.5222.

83) *BJ.*, No.5222.

84) *BJ.*, No.5222.

85) *BJ.*, No.3818. Romanticism에 대하여, 16-7, 421, 699, 825, 1232, 1563, 1966, 2304, 3268, 3796-3823, 4063, 4070, 4072, 4398, 5131, 5137, 참고.

86) *BJ.*, No.2046.

87) *BJ.*, No.6863. 83, 164, 223, 405, 581, 825, 830, 1463, 1496, 3617-3626, 3878, 4061, 4242, 4814, 5007, 5088, ... 6932. 참고.

88) *BJ.*, No.1639.

89) *BJ.*, No.6731, 6809.

90) *BJ.*, No.385, 1148, 1765, 2054, 2058, 2101, 2902, 2915, 2958, 3170, 4816, 4978, 4981, 5007, 5021, 6732, 6734, 6784, 6809, 6842, 6875, 6878, 6892, 6908, 6918, 6934. 참고.

91) *마8:22.

92) *BJ.*, No.2439.

93) *BJ.*. No.2455.

94) JG., *KM*, 318-322.

95) *BJ.*, No.5089. 클라우센에 관한 주장은 Niels Thulstrup, *Kierkegaard's Relation to Hegal*, 40-42, 57, 104, 108, 127, 196, 212. JG, *SKB*, 29, 32, 36, 61, 139, 147-148, 321, 493, 536, 729. 참고.

96) *마5:45.

97) *BJ.*, No.5100.

98) *BJ.*, No.1169, 4180, 5403, 6042, 6309, 6310, 6311, 6341, 6344, 6591, 6625, 6730.

99) *BJ.*, No.5089.

100) *BJ.*, No.2653, 5646, 5686, 5903, 6220, 6256, 6257, 6271, 6317, 6325, 6338, 6367, 6526, 6533, 6577, 6587, 6616, 6655, 6665, 6753, 6936, 6947. 참고.

101) *BJ.*, No.3304. *CUP.*, 59. SK는 1849년 그의 나이 36세가 되던 해, 철학적 체계가 아닌, 기존의 기독교계에 저항하는 SBNR 사상을 세상 밖으로 표출하기 시작했다.

102) *BJ.*, No.3099. 확실히 기독교가 필요한 것은 배신자들이다. 기독교계는 교활하게 진정한 기독인이 되기를 원한 것이 아니라, 그렇게 되려는 겉모양만 가짐으로써 기독교를 배신했다. 지금은 배반자들이 필요하다. 그러나 이 개념, 배반자들은 변증법적이다. 말하자면, 그 악마는 배반하도록 더 많은 사람들을 얻기 위한 목적으로 기독교를 공격하는 것이 아니라, 기독인들을 공격하는 그의 배신자들, 스파이들을 가지고 있다. 하나님도 역시 배반자들을 가지고 있다. 무조건 그에게 복종하며 기독교가 무엇인지 사람들이 알도록 하기 위하여 기독교를 나타내는 하나님을 두려워하는 배반자들. 기존 기독교계는 그들을 배반자로 여기는 것을 나는 확신한다. 왜냐하면, 기독교계는 거대한 사기에 의하여 기독교를 불법적으로 소유하고 있기 때문이다.No.6523.

103) *BJ.*, No.2004.

104) JG., *KM*, 500-502.

105) *BJ.*, No.2952.

106) *BJ.*, No.526

107) *민11:25-30.

108) *욜2:28-32.

109) *벧전2:9

110) *행3:21.

111) *고전15:28.

112) 심영보, *사이버신학과 디지털교회*, 65-73,

113) *창2:9

114) 닐 스티븐슨, *스노크래시*, 357-358.

115) *왕상15:13, 왕하13:6, 21:7.

116) Neal Stephenson, *Snow Crash*, 192.

117) *Ibid.*, 246-7.

118) *BJ.*, No.6154, *SLW.* 187. SK의 또 하나의 모토- "낡은 옷에 새 헝겊 조각을 대는 사람은 한 사람도 없다."-는 마치 "새 술은 새 부대에 담으라"(눅5:38)는 그리스도의 말씀과 같다. No.6184.

119) *BJ.*, No.5215. *예수의 나팔 소리에 의하면, "어떤 사람이 내 말을 듣고서, 그것을 지키지 않을지라도, 나는 그를 심판하지 않는다. 내가 온 것은 세상을 심판하려는 것이 아니라 구원하려는 것이다."(요12:47)

XII

1) *BJ.*, No.405.

2) *BJ.*, No.4666.

3) *마20:22.

4) *BJ.*, No. 4666.

5) *BJ.*, No.4904.

6) *BJ.*, No.3515.

7) *BJ.*, No.175, 1258, 1259, ... 4676, 4697, 4839.

8) *BJ.*, No.463, 1490, 1682, 4450, 6146, 6235, 6645.

9) *BJ.*, No.3756.

10) *BJ.*, No.4661.

11) *BJ.*, No.4667.

12) *BJ.*, No.4950.

13) *BJ.*, No.6686.

14) *BJ.*, No.4867.

15) *BJ.*, No.6688.

16) *BJ.*, No.6727. "영이 존재하는 곳에 교회가 있다."

17) *BJ.*, No.6727.

18) *BJ.*, No.6731. *An Open Letter*과 *Armed Neutrality*를 참고

19) *The Point of View, 30. BJ.* No.2729.

20) *BJ.*, No.2729.

21) *TC.*, 221.

22) *마8:18-22. *BJ.* No.4894.

23) *BJ.*, No.6732.

24) *BJ.*, No.6919.

25) *BJ.*, No.6727.

26) 심영보, *사이버신학과 디지털 교회.* 109-120.

27) *슥5:1.

28) *CA.*, 77.

29) *Ibid.*, 76-77.

30) Paul Tillich, *Systematic Theology Volume III.* 50-51, 119, 388. 6, 140, 144, 153, 220, 369-72, 374.

31) 시간의 일부가 존재해 왔으며 존재하지 않는다. 반면에 다른 시간이 존재할 것이며 아직 존재하지 않는다. ..... 만약 '지금'이 존재하지 않는다면. 그러나 과거는 존재했으며, 어떤 시간에 존재하기를 중단했음이 분명하다면, '지금들' 역시 서로 동시성이 될 수 없다. 그러나 과거의 '지금'은 항상 존재하기를 중단했음이 틀림없다. Aristotle, *Physica*, Book IV, 10. Mark C. Taylor, *Kierkegaard's Pseudonymous Authorship.* 84-85. 재인용.

32) *CA.*, 75.

33) 아르키메데스 점은 움직이지 않는 한 점만 주어진다면, 그 점을 받침대로 삼아 지렛대를 이용해 지구를 들어 올릴 수 있다. 움직일 수 없는 확실한 지식의 기초, 모든 것을 떠받치는 근본 토대의 역 할을 한다. 관찰자가 탐구 주제를 총체적 관점에서 객관적으로 지각할 수 있는 유리한 가설적 지점을 가리킨다. 즉 그 연구 대상에서 "자신(관찰자)을 제거하기"라는 이상이다. 하인츠폰 푀르스터에 의하면, 객관성은 관찰자 없이 관찰이 행해질 수 있다는 망상과 다를 바 없다고 주장한다.

34) *BJ.*, No.683.

35) *BJ.*, No.3988.

36) *BJ.*, No.3426.

37) *BJ.*, No.5092.

38) *Ibid.*

39) "음향학의 아버지"라고 불리는 클라드니는 눈으로 소리를 보게 하는 음향의 시각화, 혹은 형상화를 제시한다.

40) 우리가 사는 세상 속에는 실제로 존재하지만 눈에는 보이지 않는 것들이 있다. 공기 속의 산소도 우 리가 눈으로 확인할 수 없지만 수많은 증거들이 산소가 공기 속에 있다는 것을 알 수 있게 한다. 이러한 특징은 소리도 가지고 있다. 귀의 청각을 통해 소리가 있다는 것을 알 수 있지만 눈으로 확인 할 수는 없다. 그러나 소리를 눈으로 확인할 수 있는 방법을 제시한다. 소리에 대해서 알게 되었지만 아직 소리가 어떤 모습인지 알 수 없었다. 클라드니는 막대, 현 등의 진동을 실험적으로 연구하여 고체에서 음의 빠르기를 측정하고, 또 오르간 파이프에 공기를 넣고 기체 내 음의 속도를 측정하기도 했다.

41) *BJ.*, No.5099.

42) *Ibid.*

43) Nels F.S. Ferre, *The Christian Understanding of God.* 111.

44) * "믿음은 바라는 것들의 근본이며, 비가시적인 것들의 증거이다."(히11:1)

XIII

1) Vigilius Haufniensis는 *불안의 개념(CA)*의 저자이다.

2) *CDR*, 29.

3) *BJ.*, No.4057, 5025-7, 5037.

4) *BJ.*, No.4148.

5) *BJ.*, No.4063.

6) 재 나무인 Ydgrasill이라는 거목이 있으며, 이 나무 꼭대기에는 하늘들이 있으며, 나무뿌리는 인간들, 거인들, 죽은 자들이라는 세 갈래 영역으로 나뉘어져 있다.

7) *BJ.*, No.4064.

8) *BJ.*, No.2727.

9) *BJ.*, No.431.

10) *BJ.*, No. 2511.

11) *BJ.*, No. 6391.

12) *BJ.*, No.2731-2733.

13) *BJ.*, No.2728.

14) *마25:31-46

15) 종교적 다원주의는 종교의 공존을 지향하며 타종교에 대한 존중의 의미가 내포되어 있다. 일부 개신교 종파는 로마 가톨릭에 대해 저항하는 주장하고, 모든 종류의 근본주의 기독교인들은 이교도와 마술과 같은 종교적 관행이 이단이라고 가르치기도 한다.

16) *BJ.*, No.67-69, 73, 78-79, ... 4323-63, ... 6881, 6882, 6969.

17) 일부 철학자와 학자들은 오늘날의 독특한 역사적 순간, 문명의 신흥 행성 단계에서 발생하는 객관적 이고 주관적인 조건이 글로벌 시민으로서 국제적인 정체성의 출현과 글로벌 시민운동의 형성가능성에 대한 잠재력을 창출한다고 주장한다. 현대의 많은 국제적인 사상가들, 예를 들면, 틱낫 한(Nhat Hanh), 길로이(Paul Gilroy), 아피아(Kwame Anthony Appiah), 프레스코(Jacque Fresco), 벡 (Ulrich Beck), 아치부기(Daniele Archibugi) 등은 세계주의를 부르짖고 있다. https://en.wikipedia.org/wiki/Main_Page

18) *BJ.*, No.1703, 6002, 6063, 6160.

19) Derrida, *Of hospitality*. Stanford, 2000. https://en.wikipedia.org/wiki/Hospitality

20) *행17:26-27.

XIV

1) *BJ.*, No.371-409.

2) *BJ.*, No.6477.

3) *BJ.*, No.81.

4) *BJ.*, No.590.

5) *BJ.*, No.695.

6) *BJ.*, No.708.

7) *BJ.*, No.1840.

8) *BJ.*, No.2046.

9) *BJ.*, No.6075.

10) *BJ.*, No. 6391.

11) *BJ.*, No.6918.

12) *BJ.*, No.6932.

13) *BJ.*, No.6936.

14) *BJ.*, No.6347.

15) *BJ.*, No.6521.

16) *BJ.*, No.6614.

17) *BJ.*, No.6709a.

18) *BJ.*, No.6769.

19) *BJ.*, No.6872.

20) *BJ.*, No.6902.

21) *BJ.*, No.6901.

22) *BJ.*, No.5913.

23) *요14:21.

24) *BJ.*, No.6523.

참고문헌

[국외문헌: 1차]

George J. Stack, *Kierkegaard's Existential Ethics*. The University of Alabama Press. 1977.

Henning Fenger, Translated from the Danish by C. Schoolfield, Kierkegaard, *The Myths and their Origins*. 1980.

Howard V. Hong and Edna H. Hong, *Soren Kierkegarrd's Journals and Papers*, Indiana University Press. 1967.

John W. Elrod, *Kierkegaard and Christendom*. Princeton University Press. 1981.

Joseph H. Smith, M.D., *Kierkegaard's Truth: The Disclosure of the Self.* 1981.

Joskim Garff, *Søren Kierkegaard A Biography*. Princeton University Press, 2000.

_____, *Kierkegaard's Muse*. Princeton University Press, 2013.

Kierkegaard, *The Myths and their Origins*. Yale University Press. 1980.

Mark C. Taylor, *Kierkegaard's Pseudonymous Authorship*. Princeton University Press. 1975.

Niels Thulstrup, *Kierkegaard's Relation to Hegel*. Princeton University Press, 1980.

Robert Denoon Cumming, *Starting Point*. The University of Chicago Press. 1979.

Robert L. Perkins, *Kierkegaard's Fear and Trembling*. The University of Alabama Press. 1981.

Søren Kierkegaard, *The Book of Judge*(1849), *Søren Kierkegaard's Journals & Papers*. 1967.

Søren Kierkegaard, *Either/Or A Fragment of Life,* Alastair Hannay, 1992.

_____, *The Sickness unto Death*, Alastair Hannay, 1989.

_____, *Fear and Tremble*, Alastair Hannay, 1985.

_____, *Concluding Unscientific Postscript*,

_____, *Attack Upon "Christendom"*,

_____, *The Concept of Irony*, William Collins Sons & Co. 1965.

[국외문헌: 2차]

Andre Green, *The Tragic Effect*. Alan Sheridan, 1979.

Adrian Thatcher, *The Ontology of Paul Tillich*. Oxford University Press. 1978.

Berel Lang, *The Anatomy of Philosophical Style*. Basil Blackwell, 1990.

Ben Witherington III, *Women in the Ministry of Jesus*. Cambridge Uniersity Press, 1984.

C. G. Jung, *Psychological Reflections*. Bollingen Foundation Inc. 1953.

Charles Hampden-Turner, *Maps of The Mind*. "The Paradox of Creativity:

David Lodge, *Modern Criticism and Theory*. Longman, 1988.

David F. Swenson and Walter Lowrie, *Kierkegaard's Concluding Unscientific Postscript*. Princeton University Press, 1941.

David F. Swenson and Lillian M. Swenson, *The Gospel of Suffering*. Minneapolis, 1948.

Denis De Rougemont, *Love in the Western World*. Princeton University Press. 1956.

D.M. Mackinnon, *The Philosophical Frontiers of Christian   Theology*. Cambridge University Press. 1982.

Edith Kern, *Existential Thought and Fictional Technique*. Yale University Press. 1970.

Elizabeth Boyden Howes and Sheila Moon, *Man the Choicemakers*. The Westminster Press Philadelphia, 1973.

Frank Barron and Jay Ogilvy". Collier Books, 1981.

Gerald L. Schroeder, *The Science of God*. Broadway Books, 1997.

Gerhard Sauter, *Eschatological Rationality*. Baker Books, 1996.

Giorgio Agamben, *Pilate and Jesus*. Stanford University Press. 2015.

H. S. Harris, *Hegel's Development, Night Thoughts*. (Jena 1801-1806) Oxford: Clarendon Press, 1983.

Ihab hassan, *The Postmodern Turn*. Ohio State University, 1987.

Jacques Derrida, *Of Grammatology*. Translated by Gayatri Chakravorty Spivak. The Johns Hopkins University Press. 1974.

_____, *Margins of Philosophy*. Translated, with Additional Notes, by Alan Bass. The University of Chicago Press. 1982.

_____, *Of Spirit: Heidegger and The Question*. 1989.

Jacques Ellul, *Hope in Time of Abandonment*. The Seabury, 1977.

Jerzy Kosinski, *The Painted Bird. Bantam Books*. 1965.

J. E. Barnhart, *Religion and the Challenge of Philosophy*. Littlefield, Adams & Co., 1975.

J. Hillis Miller, *Fiction and Repetition*. Harvard University Press, 1982.

Jonathan Culler, *On Deconstruction*. Cornell University Press. 1982.

John Barth, *Lost in the Funhouse*, Anchor Books Doubleday. 1987.

_____, *Chimera*. Greenwitch, Conn. Fawcett, 1973.

_____, *LETTERS*. New York. G. P. Putnam. 1983.

Jonathan Culler, *On Deconstruction*. Cornell University Press, 1982.

Jolande Jacobi, *C. G. Jung: Psychological Reflections*. Princeton University Press, 1953.

Kenneth Burke, *A Rhetoric of Motives*. University of California Press. 1969.

Kurt Vonnegut, Jr. *Slaughterhouse-Five Or The Children Crusade*. A Delta Book. 1969.

Lee M. Capel, *Søren Kierkegaard The Concept of Irony*. Indiana University Press, 1965.

Leeming, *Encyclopedia of Creation Myths*. Volume 1. Volume 2.

Leopold Damrosch, Jr. *God's Plot & Man's Stories*. The University of Chicago Press. 1985.

Louismackey, *Kierkegaard: A kind of Poet*. University of Pennsylvania Press. 1971.

Lucian Goldmann, *The Hidden God*. Routledge & Kegan Paul Ltd., 1964.

Mark C. Tayler, *Kierkegaard's Pseudonymous Authorship*. Princeton University Press, 1975.

M. Kroy, *The Conscience A Structureal theory*. A Halsted Press Book, 1974.

Martin Buber, *I and Thou*. Charles Scribner's Sons. 1970.

Martin Coyle, Peter Garside, Malcolm Kelsall, John Peck, *Encyclopedia of Literature and Criticism*. Routledge, 1991.

Michael Heim, *The Metaphysics of Virtual Reality*. Oxford University Press, 1993.

Nathan A. Scott, JR., *Mirrors of Man in Existentialism*, Collins. 1969.

Neal Stephenson, *Snow Crash*. Bantam Spectra, 1992.

Nels F.S. Ferre, *The Christian Understanding og God*. Greenwood Press, Publishers. 1951.

Norman Reed Cary, *Christian Criticism in The Twentieth Century*. National University Publication, 1975.

Osho, *Intimacy: Trusting Oneself and the Other*. St. Martin's Griffin. 2001.

Patricia Waugh, *Metafiction*. Methuen. 1984.

Paul davies, *The Mind of God*. A Touchstone Book, 1992.

Paul J. Olscamp, *The Moral Philosophy of George Berkeley*. Martinus Nijhoff, 1970.

Paul Ricoeur, *The Symbolism of Evil*. Beacon Press: Boston, 1967.

Paul Tillich, *The New Being*. New York Charles Scribner's Sons. 1955.

_____, *Systematic Theology Volume III*. The University of Chichago, 1963.

_____, *Dynamics of Faith*, Harper Colophon Books, 1957.

_____, *The Courage to Be*. Collins. 1952.

Paul Zweig, *The Heresy of Self-Love*. Princeton University Press, 1968.

Ralph Harper, *The Seventh Solitude*. The Johns Hopkins Press. 1965.

Ralph Henry Johnson, *The Concept of Existence in the Concluding Unscientific Postscript*. Martinus Nihoff, The Hague. 1972.

Ronald E. Santoni, *Religious Language and the Problem of Religious Knowledge*. Indiana University Press. 1968.

Tom F. Driver, *Patterns of Grace*. Harper & Row, Publishers. 1977.

Walter Lowrie, *Kierkegaard's Attack upon "Christendom"*. Princeton University Press, 1968.

_____, *Fear and Tremble*. 1954.

William Hubben, Dostoevsky, *Kierkegaard, Nietzsche, and Kafka Four Prophets of Our Destiny*. Collier Books. 1952.

[하이퍼텍스트]

https://blog.naver.com/jdewpoint
https://blog.naver.com/jdewpoint/222151042904
https://blog.naver.com/jdewpoint/222556025387
https://blog.naver.com/jdewpoint/222587921090
http://transhumanity.net.
https://en.wikipedia.org/wiki/Main_Page
https://en.wikipedia.org/wiki/Hospitality

[국내문헌]

심영보, *고갈과 소생의 변증법.* 한국학술정보(주), 2006.
_____, *사이버신학과 디지털교회.* 한국학술정보(주), 2008.
_____, *하나님의 실수.* ㈜에세이퍼블리싱, 2010.
_____, *사이버신학과 사이버은총.* 한국학술정보(주), 2011.
_____, *사이버신학 시간의 본질이란 무엇인가?* BookLab, 2013.
_____, *나는 이슬이다.* 한국학술정보(주), 2021.
표재명 지음/박정원 엮음, *덴마크에서 날아온 엽서,* 드림디자인, 2021.

[번역서]

Kim, Tony, *Resonableness of Faith: A Study of Kierkegaard's "Philosophical Fragments",* 윤덕영 옮김, *키르케고르 신앙의 합리성.* 홍성사, 2018.
M. Kory, *The Conscience A Structural Theory,* 심영보 옮김, *마음의 지도 I.* 넥서스, 1997.
Thomas Nail, *Being and Motion,* Oxford University Press, 2019. 최일만 옮김, *존재와 운동.* 앨피, 2021.
Umberto Eco & Jean-Claude Carriere, *Nesperez Pas Vous Debarrasser Des Livres.* Grasset & Fasquelle, 2009. 임호경 옮김, *책의 우주.* 열린 글들, 2011.

심영보

연세대학교 신학대학원(M.Div.)
영문학박사(Ph.D)
대전대학교 영문학과 교수
대전대학교 한방병원 원목(Chaplain)
사이버신학자
사이버은총교회(Cyber Grace Church)목사
사이버신학연구소장

■ 저술과 논문
- 『소생과 고갈의 변증법』(한국학술정보, 2006)
- 『사이버신학과 디지털교회』(한국학술정보, 2008)
- 『하나님의 실수』(에세이퍼블리싱, 2010)
- 『사이버신학과 사이버은총』(한국학술정보, 2011)
- 『은유신학과 디지털-생태신학』(한국학술정보, 2012)
- 『시간의 본질이란 무엇인가』(북랩, 2013)
- 『마음의 지도 I』(번역, 넥서스, 1997)
- 「키에르케고르의 콤플렉스」
- 「죽음의 미학: 죽음은 예술이다」
- 「So It Goes의 미학」
- 「우연적 필연성/필연적 우연성」
- 「고갈과 소생의 변증법」 외 20편

Blog: https://blog.naver.com/jdewpoint
E-mail: jdewpoint@naver.com / 1983208@daum.net
C.P: 010-2415-8517

키에르케고르의 콤플렉스와 사이버신학사상
Kierkegaard's Complex and Cyber Theology
키에르케고르의 *재판관의 책*

초판인쇄 2022년 05월 06일
초판발행 2022년 05월 06일

지은이 심영보
펴낸이 채종준
펴낸곳 한국학술정보㈜
주소 경기도 파주시 회동길 230(문발동)
전화 031) 908-3181(대표)
팩스 031) 908-3189
홈페이지 http://ebook.kstudy.com
전자우편 출판사업부 publish@kstudy.com
등록 제일산-115호(2000. 6. 19)

ISBN 979-11-6801-470-1 93230